用心雕刻每一本……

http://site.douban.com/110283/
http://weibo.com/nccpub

用心字里行间　雕刻名著经典

公 司 理 财

（第6版）

斯蒂芬·罗斯
〔美〕 伦道夫·韦斯特菲尔德 著
布拉德福德·乔丹

张建平 译

人民邮电出版社
北 京

图书在版编目（CIP）数据
公司理财:第 6 版 /（美）罗斯（Ross, S. A.），韦斯特菲尔德（Westerfield, R.W.），乔丹（Jordan, B. D.）著；张建平 译．
—北京：人民邮电出版社，2013.5（2017.3 重印）
ISBN 978-7-115-31452-9
I. ①公… II. ①罗… ②韦… ③乔… ④张… III. ①公司－财务管理－教材 IV. ① F276.6
中国版本图书馆 CIP 数据核字（2013）第 069682 号

Stephen A. Ross, Randolph W. Westerfield, Bradford D. Jordan
Essentials of Corporate Finance, 6th Edition
ISBN 0-07-340513-2

公司理财（第 6 版）

◆ 著　［美］斯蒂芬・罗斯　伦道夫・韦斯特菲尔德
　　布拉德福德・乔丹
译　张建平
策　划　刘　力　陆　瑜
责任编辑　颜林柯　王润秋
装帧设计　陶建胜

◆ 人民邮电出版社出版发行　北京市东城区夕照寺街 14 号 A 座
邮编　100061　电子邮件　315@ptpress.com.cn
网址　http://www.ptpress.com.cn
电话（编辑部）010-84937150　（市场部）010-84937152
三河市少明印务有限公司印刷
新华书店经销

◆ 开本：710 × 1000　1 /16
印张：29.25
字数：569 千字　2013 年 5 月第 1 版　2017 年 3 月第 2 次印刷
著作权合同登记号　图字：01-2008-2556

ISBN 978-7-115-31452-9/F

定价：68.00 元

本书如有印装质量问题，请与本社联系　电话：(010) 84937153

内容提要

本书是前美国金融协会主席、著名金融/财务学者斯蒂芬·罗斯及其团队的一部财务管理名著，内容清晰简洁、通俗易懂，深受广大读者的好评。全书共分为8编17章，精选了财务管理入门、财务报表和现金流、未来现金流量的价值确定、股票与债券定价、资本预算、风险与收益、长期融资、短期理财等方面的核心内容；围绕公司理财的整体框架，运用现代财务管理的核心概念，系统且有效地传达了公司理财的基本理论、基本方法和实务技能。

本书可作为财务管理、市场营销、运营管理、会计专业的学生以及MBA学员的教材，也可为财务专业的初学者和非财务人员提供参考。

作者简介

Stephen A. Ross

斯蒂芬·罗斯，麻省理工学院斯隆管理学院

斯蒂芬·罗斯先生是麻省理工学院斯隆管理学院财务经济学教授。作为在财务和经济领域著述最为丰富的作者之一，罗斯教授以他在发展套利价格理论上所做的工作，以及通过研究信息折射理论、代理理论、期权定价、利率期限结构理论和其他诸多领域所做出的大量贡献，成为备受称道的著名学者。罗斯曾任美国金融协会主席，现在担任数家学术期刊和实务杂志的副主编。他还是 CalTech Freddie Mac 的受托人。

Randolph W. Westerfield

伦道夫·韦斯特菲尔德，南加州大学马歇尔商学院

伦道夫·韦斯特菲尔德先生是南加州大学马歇尔商学院的院长及查尔斯·桑顿金融学教授。

在来到南加州大学之前，他曾是宾夕法尼亚大学沃顿商学院财务系主任，并在那里执教20年。他还曾是包括健康联合管理公司及尼古拉斯·阿普尔盖特成长基金在内的几家上市公司的董事会成员。他所擅长的领域包括：公司财务政策、投资管理和分析、兼并和收购以及股票市场价格行为。

Bradford D. Jordan

布拉德福德·乔丹，肯塔基大学卡罗尔马丁加藤商业经济学院

布拉德福德·乔丹先生是肯塔基大学财务教授和加藤研究员。长期以来，他对公司理财的理论和实务一直保持着浓厚兴趣，而且在公司理财和金融管理政策的各个层面上拥有丰富的经验。乔丹教授在诸如资本成本、资本结构和证券价格行为等领域发表了大量的论文。

前　言

在《公司理财》第 6 版里，我们继续重点关注我们的目标读者——商科或公司理财专业的学生。这门课程可能不容易教授，原因之一是公司理财课程通常是所有商科学生都要学习的，所以大部分学生并非来自财务专业也就不足为奇了。实际上，这也可能是他们当中许多人所学的惟一一门财务课程。有鉴于此，我们编写本书的宗旨是：以能被最广泛读者接受的方法，传授公司理财中最重要的概念和原理。

为达上述目的，我们在保持用现代思路论述公司理财的同时，努力发掘其核心精要（本书书名也因此而得）。我们一直认为：公司理财的主题由少数几个非常有效的直觉活动构成；同时我们也深信，在一门基础性课程中，理解“为什么”和知道“怎么样”至少同样重要。基于之前版本的良好的市场反馈，还有从我们的另一本教材——《公司理财基础》（现第 8 版）的反馈来看，大多数人同意这样的观点。

显然，本教程不是一本百科全书。正如目录所表明的，它一共有 17 章。每一章大约有 30 页[1]，目的是可以使内容在一个学期内被均匀讲解。此书的大部分内容实际上可在一个学期或一个季度内授完。写一本供一个学期讲授的教材，意味着在主题和内容的深度上必须进行取舍。自始至终我们努力通过介绍和涵盖精要内容来实现均衡，而将一些更专业的主题留待后续课程探讨。

我们一直强调并且在本版中仍然努力改进的是可读性和教学法。《公司理财》的编写采取了一种轻松的、交谈式的风格，以引导学生参与课程学习之中，而不把学生仅仅当做一个被动的信息接受者。我们发现这一方式能显著增强学生自主阅读和学习的意愿。在课堂规模越来越大而时间要求越来越紧的今天，我们认为这是入门教材必须具备的一个本质特征。

在编写本书的过程中，我们始终关注那些确实相关且有用的内容。因此，我们总是尽力避免单纯的理论探讨；对那些直觉上显而易见的或实际用途有限的内容，我们尽量不做冗长繁复的计算。

1　译者注：指英文原版书的页数。

因此，《公司理财》中集中体现了三大特色：

强调直觉 我们总是努力先从常识和直觉的角度对实践中应用的原理进行区分和解释，然后做深入的细化分析。先用非常通用的术语讨论基本概念，然后以具体的案例说明财务主管在一个特定的情况中会如何决策。

统一的价值评估方法 我们认为净现值（NPV）这个基本概念是公司理财的基础。许多教材对其仅点到为止，对这一重要原则并不做持续、系统的探讨。NPV 的最基本和最重要的含义是：NPV 代表的是（投资的）市场价值超过其成本的部分。在过分强调对 NPV 进行机械运算而忽略理解其内涵的方式中，这一含义通常会被遗忘。而《公司理财》中的每一个主题都深深植根于价值评估，我们自始至终在努力阐述：每一项特定决策对企业的价值会产生怎样的影响。

强调管理视角 学生们不应忽略这样一个事实：财务管理涉及管理。我们强调财务主管作为决策者的职责，也强调管理性投入和决断的必要性。我们有意识地回避了财务管理中的“暗箱操作”手法，并对财务分析中常见的似是而非或独断片面之处进行必要的澄清说明，描述了可能存在的陷阱，讨论了其局限性。

今天，当我们准备再次进入市场时，我们的目标是坚持和强化那些使我们延续至远的原理。不论怎样，我们基于从读者那里得到的大量反馈编写了这一版本，并使它的安排比以前的版本更加灵活。我们通过提供大量颇具特色的内容，使本书在内容覆盖和教学方法方面更具灵活性，以便帮助学生更好地学习公司理财。我们还广泛搜集所能得到的公司理财教材的授课、学习和技术支持方面的信息，以使我们提供的综合教学资料更具灵活性。我们相信：无论是单独使用这本教材，还是与其他工具一起使用，你都会发现，这一版本的综合效用将会满足你当前以及未来不断变化的需求。

斯蒂芬·罗斯

伦道夫·韦斯特菲尔德

布拉德福德·乔丹

目 录

第一编 财务管理概览

第二编 理解财务报表和现金流

第三编 未来现金流量的价值确定

第四编 股票与债券定价

第五编 资本预算

第六编 风险与收益

第七编 长期融资

第八编 短期理财

第 1 章

财务管理入门

苹果电脑公司是由两个合伙人在一间车库里创立的。公司成长得非常快，到了 1985 年，已发展成为一家发行股票 6 000 万股、总市值超过 10 亿美元的大型上市公司。当时，公司的显要人物、合伙创始人之一——30 岁的史蒂夫·乔布斯持有公司股票 700 万股，总市值大约 1.2 亿美元。

虽然他在公司中拥有如此地位，而且为公司的创立和成长立下了汗马功劳，但在 1985 年苹果公司的财务状况恶化时，乔布斯还是被迫放弃了经营权，随后便辞了职。

当然，一个优秀的企业家是垮不掉的，乔布斯随后创办了 Pixar 动画工作室，该公司负责为卖座的电影，如《超人总动员》《汽车总动员》《美食总动员》制作动画。并且，事实表明因果报应，苹果发现自己在“Wintel 联盟”的世界里苦苦挣扎，并且还决定继续挣扎下去，直到它聘用了一位新的临时首席执行官——史蒂夫 · 乔布斯。随着乔布斯的回归，苹果的财富大幅攀升。2001 年 11 月，苹果推出了第一款 iPod 音乐播放器。到 2007 年初，这款播放器的销量突破了 1 亿台。而在同一时期，公司的 iTunes Store 售出超过 25 亿首歌曲、5 000 万个电视节目和 130 多万部电影。并且，在世人的长久期待中，苹果终于以其新潮、时尚的 iPhone 手机宣布进军移动电话领域。

了解乔布斯由车库企业家到公司经理，再到辞职员工，最后又成为首席执行官的历程，可以引导我们思考这样一些内容：公司的组织形式、公司目标以及公司控制。所有这些内容都将在本章讨论。

在开始学习财务管理之前，我们需要指出两个中心问题：首先，什么是公司理财或商业财务？财务主管的作用是什么？其次，财务管理的目标是什么？

1.1　公司理财的基本内容

在开始深入学习和研究“公司理财”（缩写为 corp.fin.）这门课之前，最好先对其所涉及的领域有一个很好的了解。我们的目标是引导你对公司理财的一些重要领域及所涉职位有所了解，同时还将论述公司财务如何与其他方面（如营销、管理和会计）相结合。

四个基本领域

传统的财务论题可以归入以下四个主要领域：

1. 公司理财
2. 投资
3. 金融机构
4. 国际财务管理

下面将依次对这四个领域进行讨论。

公司理财　公司理财是这四个领域中的第一个，也是本书的主要论题。我们将在下一节对此进行探讨，届时再对其进行详细的讨论。有一点需要指出：**公司理财**这个术语似乎意味着我们所涉及的都是与公司相关的问题，但事实上，几乎我们考察的所有论题的范围都较为宽泛。可能**商业财务**的说法要更准确些，但即便如此也还是太窄了，因为在下面将要讨论的这些主题中，至少有一半的财务思想和原则是可以适用于不同领域的财务管理的。

投　资　一般说来，投资领域处理的是金融资产，如股票和债券。这部分包括如下重要问题。

1. 是什么决定了金融资产（譬如股票）的价格？

2. 与金融资产投资相关的潜在风险和报酬是什么？
3. 持有怎样的金融资产组合才是最佳的？

专注于投资领域的学生有不同的职业机会，最常见的是成为一名股票经纪人。股票经纪人通常在一些大公司（如美林证券）工作，为客户提供投资类型的建议，帮助他们进行买卖决策。金融顾问的作用要小一点，但不一定是经纪人。

投资组合管理是与投资相关的第二个职业领域。基金经理，顾名思义，是为投资者管理资金。例如，单个的投资者会频繁地购入共同基金。这些基金由不同来源的资金汇合起来，然后再由基金经理进行投资管理。基金经理也为养老基金、保险公司和其他类型的机构进行资金的投资和管理。

证券分析是第三个领域。证券分析师对不同的投资工具（如某个公司的股票）进行研究，然后确定其价格是否合理。要做到这一点，分析师要深入研究公司和行业报告，以及很多其他的信息来源。经纪人和基金经理通常要依靠证券分析师的信息和建议。

这些相关的投资领域与财务的许多其他领域一样，拥有一个令人感兴趣的特性：假如做得很好，就会得到很高的财务回报（换言之，能赚一大堆钱！）。当然，这些领域竞争激烈，要求很高，因此，并非谁都能从事这些领域。

金融机构　金融机构主要指那些处理金融事务的企业。银行和保险公司可能是你最熟悉的金融机构。此类金融机构雇用人员从事一系列与金融相关的工作。例如，银行的商业贷款职员需要考察在贷款的存续期内某个企业是否有足够的金融头寸。在保险公司里，分析师需要确定某个特定的风险是否适于承保以及保险费率的高低。

国际财务管理　国际财务管理不像上面所谈的那样有专门的领域，换句话说，国际财务管理涉及的是公司理财、投资或者金融机构的国际方面。例如，一些基金经理和证券分析师专门研究非美国公司。与此类似，许多美国企业有许多海外业务需要那些熟悉国际业务（如汇率和政治风险）的职员。银行经常需要进行跨国界的贷款，所以，银行也需要国际专家。

为什么要学习理财

谁需要懂得理财？一个字——你。实际上，即使你不打算从事财务方面的工作，你也需要财务方面的知识。请看如下分析。

营销与财务　假如你对营销感兴趣，你也需要了解财务方面的知识。例如，营销人员经常要面对预算，他们需要懂得如何在营销支出和计划之间实现最佳平衡。项目的各种成本和收益分析是公司理财最重要的方面，所以你在公司理财中学到的工具对于营销调研、营销与分销渠道的设计、产品的定价等是至关重要的。

财务分析师在很大程度上依靠营销分析师，而且他们需要共同对项目和产品的盈利能力进行评估。正如我们在后面章节将要看到的，销售预测对于每个新产品的分析来说都是一个关键的因素，而这种销售预测一般是由营销人员和财务人员共同制定的。

除此之外，金融行业需要雇用营销人员来销售金融产品，如银行账户、保险政策和共同基金。金融服务营销是发展最快的营销类型之一，成功的金融服务营销人员回报丰厚。要想在这个领域工作，你显然需要理解金融产品。

会计与财务　对于会计师来说，财务管理是必修课——特别是在小公司里，除了传统的会计职责之外，会计师通常还需要进行财务决策。而且，随着金融世界越来越复杂，为了理解许多新的金融合约的含义及其对财务报表的影响，会计师必须懂得财务管理。除此之外，成本会计与公司理财的联系尤其紧密，它们有共同的主题和关注事项。

财务分析师要广泛地使用会计信息，他们是这些信息最重要的最终用户之一。对财务管理的理解有助于会计人员认识到哪种类型的信息更为重要，以及会计信息在实践中如何应用（或被滥用）。

管理与财务　战略管理是管理最重要的领域之一。在思考公司战略的时候，如果没有同时兼顾财务战略，就很容易导致灾难的发生。因此，战略管理者必须对企业计划的财务部分有很好的理解。

更一般地讲，各类管理人员必须很清楚地认识到他们的工作对公司盈利能力的影响，而且他们应该能够通过各自的努力使公司的盈利状况得到改善。这就是学习理财的收获：什么样的商业活动能够创造价值。

你与公司理财　学习财务管理的最重要原因可能是：你必须进行一些财务决策，而这对于你本人来说也非常重要。例如，今天当你进入任何一家公司的时候，你不得不决定如何对你的退休金进行投资。在后面的章节里你会发现，你的决策对于你将来的财务状况有极大的影响。例如，你是否梦想去创立自己的企业？如果在开始之前你还没有一点财务知识的话，你就只能祈求上帝保佑了；你最终会艰难地认识到这一点。在你取回下次助学贷款前，想知道你的助学贷款的偿还额已经有多高了吗？你可能不知道，但我们将会告诉你如何进行计算。

这些仅是财务对你个人和公司产生影响的一些例子。无论你是否愿意，你都不得不考察和理解财务问题，而且不得不进行财务决策。我们希望你能做出聪明的决策，所以继续往下读吧。

1.2　公司理财与财务管理人员

现在我们继续对公司理财和财务管理人员的工作进行定义。

什么是公司理财

假定你现在要开设自己的公司。无论是哪种类型的公司，你都必须以某种形式回答下面三个问题：

1. 你将做何种长期投资？也就是说，你将进入哪个行业，需要何种厂房、机器和设备？
2. 投资项目的长期融资来源是什么？你将引入其他股东，还是举债？
3. 你将如何管理每天的财务活动，比如向客户收款或向供应商付款？

这些并不是仅有的问题，但属于最重要的问题。从广义上讲，公司理财就是研究如何回答这些问题的。下面的章节里我们将依次对其进行考察。

财务主管

财务管理职能通常与公司的一位高级管理人员相关，一般将其称为首席财务官（CFO）或财务总监。图 1.1 是一个简化的组织结构图，它突出了财务活动在大型公司里的作用。财务副总裁或财务总监协调财务长和会计长的活动。会计长主要负责

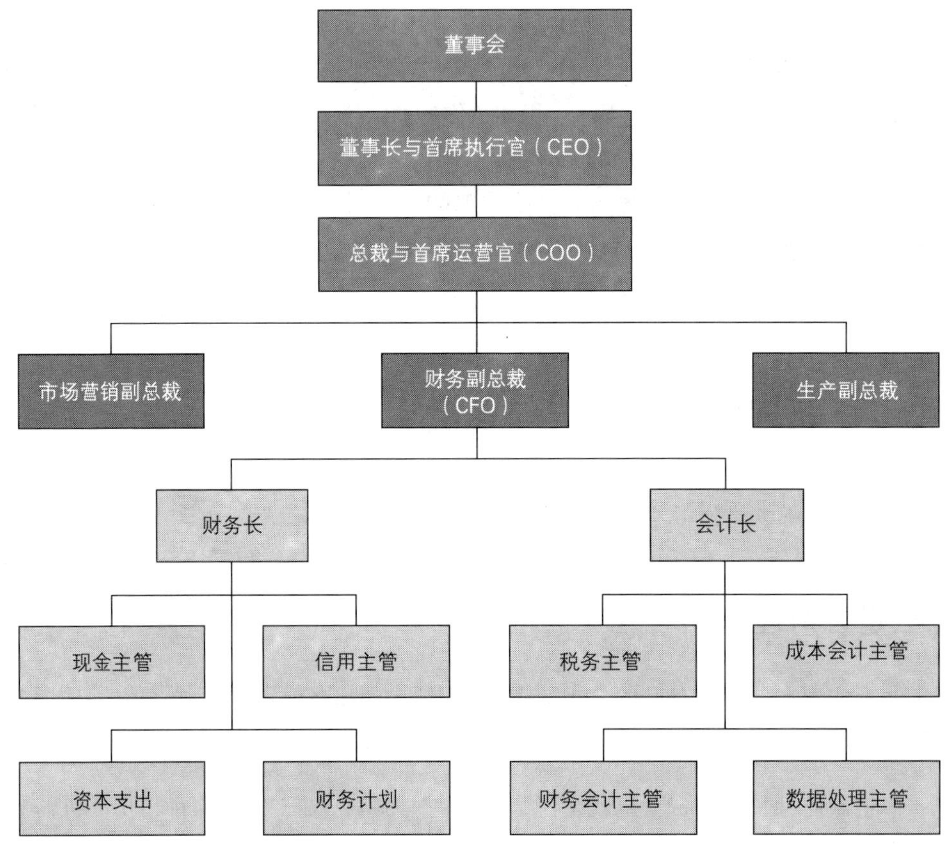

图 1.1　一个简化的组织结构图

确切的头衔与组织结构会因公司的不同而有所差异。

成本会计、财务会计、税收以及管理信息系统。财务长负责管理公司的现金、信用政策、财务计划的制定以及资本支出。这些财务活动与前述三个一般性问题是相关的，而且后面的章节将主要讨论如何处理这些问题。本书将主要研究财务长所负责的活动。在一家小公司里，财务长和会计长可能是一个人，只设一个办公室。

财务管理决策

正如上面讨论的，财务主管必须考虑三个基本类型的问题。接下来我们对这些问题进行更详细的讨论。

资本预算　第一个问题是关于公司的长期投资项目。公司长期投资的计划与管理过程称为**资本预算**（capital budgeting）。在进行资本预算时，财务主管需要寻找那些收入大于成本的投资机会。简单地讲，这意味着资产所带来的现金流量的价值要大于其成本。

抛开特定的投资项目，财务主管必须考虑他们预期会获得多少现金，什么时候得到，以及获得这些现金的可能性。对未来现金流量的大小、时间和风险的评估称为资本预算。实际上，当我们对企业决策进行评估时，现金流量的大小、时间和风险是我们所要考虑的最重要的事情。

资本结构　财务主管的第二个问题是企业如何获得长期投资所需要的资金。企业的**资本结构**（capital structure，或财务结构）是指企业用来支持其经营活动的长期债务与股东权益的特定组合。财务主管需要考虑两方面的问题：首先，公司应该借多少钱？其次，成本最低的资金来源有哪些？

除了确定财务结构，财务主管还需要决定以何种方式、从哪里融得这些资金。与长期融资相关的费用可能相当大，所以必须对不同的可能性进行评估；而且，企业会以各种方式从众多的债权人那里获得融资，选择债权人和贷款类型是财务主管的另一项工作。

营运资本管理　第三个问题是有关**营运资本**（working capital）的管理问题。营运资本这一术语是指公司的短期资产（例如存货）和短期负债（例如对供应商的欠款）。公司的营运资本管理是一项日常活动，它能保证公司持续经营，避免生产中断及由此带来的巨大损失。这项工作涉及与公司的现金收付相关的许多活动。

下面这些有关营运资本的问题必须得到回答：（1）手头应该持有多少现金和存货？（2）我们是否应该对客户进行赊销？（3）我们将如何获得必需的短期融资？假如我们要获得短期融资，来源是什么？怎样去做？这些问题只是公司营运资本管理的一些例子。

结　论　我们所阐述的公司理财的三个领域——资本预算、资本结构和营运资本管理——是非常宽泛的划分。每个领域都包括许多专题，每个领域我们都只列出了少数问题。后面章节将会对此详细论述。

1.3 企业组织形式

美国的一些大公司（如 IBM 和埃克森石油公司）几乎都采取了公司制的组织形式。我们将对企业组织的三种不同形式——独资企业、合伙企业和公司制——进行考察，看看为何人们对其各有偏好。

独资企业

独资企业（sole proprietorship）是由一个人拥有的企业，这是最简单的企业形式，也是规范程度最低的企业形式。由于这个原因，独资企业要多于任何其他形式的企业，而且许多后来发展成为大型公司的企业都始于独资企业。

独资企业的所有利润都归业主本人所有——这是独资企业制较好的一面；不利之处是业主对于企业债务承担无限责任——这意味着债权人有权要求将业主的个人资产用来抵债。同样，企业主的个人资产与企业资产之间也没有明显的界限，所以企业所得作为个人所得缴纳税款。

独资企业的寿命以业主个人的生命为限，而且很重要的一点是，企业股权价值以业主的个人财富为限。这一缺陷意味着如果资本金不足，企业将难以开拓新的机会。独资企业的股权很难转移，因为这意味着需要将整个企业出售给新的所有人。

合伙企业

合伙企业（partnership）与独资企业类似，只是业主（合伙人）是两个或更多。在一般合伙企业中，所有的合伙人共同分享收益和承担损失，而且所有合伙人都对企业债务负无限责任。合伙企业收益与损失的分配方法在合伙协议里予以规定。这个协议可以是不正规的口头协议，例如“让我们创立一个草地平整企业”，或者是一份冗长的书面文件。

而在一家有限合伙企业里，一个或几个一般合伙人经营企业并承担无限责任，但也有一个或几个不经常参与企业管理的有限合伙人。有限合伙人对于企业债务所承担的损失仅限于合伙人在企业中所占的股份。这种有限合伙组织形式在房地产企业中很常见。

合伙企业的优缺点与独资企业基本相同。建立在不太正规的协议基础上的合伙企业容易组建且花费不多。一般合伙人对于合伙企业的债务负无限责任，而且当合伙人死亡或希望出售整个企业的时候合伙企业才会终止其寿命。对于合伙人来说，所有的收入都须作为合伙人的个人所得纳税，而且其股权资本之和仅限于合伙人的混合财富之和。一般合伙人的股权很难转移，因为必须制定新的合伙协议。有限合伙人的权益可以出售，但通常较难找到买主。

因为一般合伙人对合伙企业的所有债务负连带责任，因此书面协议就很重要。如果合伙人的权利和义务没有明确规定的话，以后经常会造成误解。假如你是一名有限合伙人，你不必深度介入企业的决策，除非你愿意承担一般合伙人的义务。原因是假如事情变糟的话，由于你平时较深地参与了企业决策，因此，你可能会被视为一名一般合伙人，尽管你声称你是一名有限合伙人。

基于上面的讨论，独资企业与合伙企业的主要缺点是 :（1）所有者对企业债务负无限责任 ;（2）企业的生命期是有限的 ;（3）所有权的转让比较困难。这三个缺点构成了一个核心问题 : 受融资能力所限，此类企业的发展能力可能非常有限。

公　司

公司（corporation）是美国最重要的企业组织形式。公司是一个“法人”，与其所有者相分离，拥有自然人所具有的许多权利、义务和权益。公司可以借款并拥有财产，可以提出诉讼或者被诉，可以签署合同。公司甚至可以成为合伙企业的普通合伙人或有限合伙人，可以持有其他公司的股票。

不足为奇的是，从某种程度上建立一个公司比建立其他形式的企业更为复杂。创立一家美国公司包括准备公司章程和一系列规章制度。公司章程必须涵盖一些特定的内容，包括公司的名称、预计的存续期限（可以是无限的）、企业的目标及发行股票的数量等。在美国，这些信息一般必须提供给公司所在的州。对于大多数法律事务来讲，公司是该州的“居民”。

规章制度描述的是公司如何规范其自身的存在和发展。例如，规章制度规定董事的选举方式。股东可以修改或扩展这些规章制度。

在一家大公司里，股东和管理层通常是两个独立的群体。董事会由股东选举产生，管理层则由董事会任命。管理层需要依据股东的意愿处理公司事务。从理论上讲，是股东控制公司，因为董事是由他们选举产生的。

由于存在所有权和经营权的分离，公司这种组织形式具备了一些优势。所有权（由股份体现）很容易转移，所以公司的生命也就可以是无限的。公司以自己的名义举债，因此，公司的股东对公司债务只负有限责任，其损失的最高限度就是他们的投资额。

公司制企业在融资上具有优越性是因为：所有权转移相对容易、股东对企业债务仅承担有限责任以及企业的生命无限性。如果一个公司需要新的股权资本，它可以发行新股票并吸收新股东。股东的人数可以非常多：规模较大的公司可能拥有上千甚至数以百万计的股东。例如，通用电气公司（即人们熟知的 GE 公司）拥有约 100 亿股流通股和 400 万个股东。

公司组织形式有一个重大弊端：由于公司是一个法人，所以必须纳税；而且，以股利形式付给股东的钱又要作为股东的个人所得税被征收，这就是重复纳税。这意味着公司利润被征税两次，赚得利润时在公司层面上征税，发放利润时又在个人层面上征税。

当今全美 50 个州都已立法允许建立一种相对较新的公司组织形式——有限责任公司（LLC）。建立这一组织形式的目的是使企业能够在纳税方面享有合伙企业的优惠，同时所有者只需承担有限责任。所以，有限责任公司实质上是合伙企业和公司的混合体。尽管各州对有限责任公司的界定各不相同，但美国国内税务局（IRS）对此更有发言权。除非有限责任公司符合某些特定标准，否则国内税务局可以将其视为公司而对其进行双重课税——在本质上，有限责任公司不能太像一个公司，否则会受到美国国内税务局这样的处理。到目前为止有限责任公司已非常普遍，例如，华尔街最后几个合伙企业之一高盛公司，也已决定将自身从一个私营的合伙企业转变成一个有限责任公司（它后来发展为一家上市公司）。基于以上避免被当成公司的考虑，大型的会计师事务所和律师事务所都已转变成有限责任公司。

公司的其他类型

世界上的公司有许多种类。当然，具体的法律和法规也会有所不同，但公司这一组织形式的实质是不变的——公众持有和责任有限。这些公司类型时常被称为：股份公司、有限责任公司、公众有限公司或者股份有限公司。

表 1.1 给出了一些著名的跨国公司及其所属的国家和公司类型。

表 1.1
跨国公司

公 司	所属国家	公司类型
宝马 AG	德国	公司
Dornier GmbH	德国	有限责任公司
罗尔斯 · 罗伊斯 PLC	英国	公众有限公司
壳牌英国 Ltd.	英国	公司
Unilever NV	荷兰	有限责任公司
菲亚特 SpA	意大利	公众有限公司
萨伯 AB	瑞典	股份公司
标致 SA	法国	股份公司

1.4 财务管理的目标

在研究财务决策之前，我们首先需要理解财务管理的目标，因为对财务管理目标的理解是制定和评价财务决策的客观基础。

利润最大化

利润最大化可能是最常被人引用的企业目标，但它并不是一个精确的目标。我们指的是今年的利润吗？如果是这样的话，那么推迟机器厂房的维护，减少库存以及其他一些短期生产可降低成本的举措，将可能带来当前利润的上升，但这些举措却不一定对企业有利。

利润最大化目标指的可能是一些“长期的”或“平均的”利润，但其实际意思还是不太明确。首先，它所指的是会计利润还是每股盈余？正如我们将要看到的，很难说这些数字对于公司来说是好还是坏。其次，长期究竟是指多长时间？正如一位知名的经济学家评论的，从长期来看，我们每个人都有一死。更确切地说，这个目标无法告诉我们当前利润与未来利润之间的关系。

公司理财的目标

公司的财务主管代表公司的股东进行财务决策。有了这个前提条件，虽然不用列出财务主管的所有可能的目标，但我们确实需要回答一个更为基本的问题：从股东的角度来看，什么决策算是一个好的财务管理决策？

如果我们假定股东购买股票是为了寻求经济收益，那么答案很明显：好的决策会提升股票的价值，而差的决策则会使股票的价值降低。

因此我们可以得出这样一个结论：财务主管应以股东利益最大化作为自己的行事准则，通过制定决策来提高股票的价值。于是，公司财务主管的合理目标可以很容易地表述为：

> 财务主管的目标是使当前公司股票的每股价值最大化。

股票价值最大化这一目标避免了上述其他目标所存在的一些问题。在评价的标准上不存在含糊，而且没有长期与短期这一问题。我们的目标可以明确地表达为当前股票价值的最大化。当然，股票价值最大化同每股市场价格的最大化是一回事。

公司理财目标更通用的表述

对于上面所阐述的财务管理目标（股票价值最大化）来说，显然会出现这样一个问题：如果公司并没有发行股票，财务管理的目标又是什么呢？公司并不是企业的惟一类型，而且很多公司的股票很少交易，所以很难说出某一特定时间的每股价值是多少。

只要是以营利为目的的企业，只需要做一点修正。公司股票价值之和等于所有者权益的市场价值之和。因此，财务管理目标的更通用的表述为：

> 使现有股东权益的市场价值最大化。

有了这个目标，企业是独资企业、合伙企业还是公司制企业也就没有关系了——对于任何一种企业类型来说，好的财务决策都会提升所有者权益的市场价值，反之亦然。

最后，我们的目标并不意味着财务主管可以为了公司股东权益价值的最大化而采取不合法的或是不道德的行为。财务主管应通过寻找那些自由市场所需的能够为企业创造价值的商品或服务来为其所有者服务。

《萨班斯-奥克斯利法案》

为了回应包括诸如安然、世界通讯、泰科和 Adelphia 公司（美国第六大有线电视公司）在内的公司丑闻，美国国会于 2002 年颁布了《萨班斯–奥克斯利法案》（Sarbanes-Oxley Act，以下简称 SOX 法案）。该法案即是大家所熟知的"Sarbox"，它旨在加强对企业会计欺诈和财务舞弊行为的抵制。该法案的主要内容已经于 2004 年 11 月 15 日开始生效。

SOX 法案所包含的诸多规定是为了确保公司能够出具真实的财务报表。例如，上市公司官员必须复核并签署公司的年度报告，他们必须证实公司所出具的年度报告中不包含虚假陈述或者有重大遗漏，并且要确保财务报表公允反映该公司的财务业绩。从本质上讲，SOX 法案使得公司管理层亲自为公司财务报表的准确性负责。

由于 SOX 法案的广泛性规定，使得公司遵从该法案要付出高昂的成本，因此导致了一些意想不到的结果。自该法案实施以来，数百家上市公司选择了"go dark"，这意味着其股份将不再在主要的股票市场进行交易，在这一情况下，SOX 法案也就不再适用了。这些公司大多表示，它们这样做是为了避免遵从成本。因此具有讽刺意味的是，在这种情况下，法律只是消除了公司年报对公众的披露，而不是提高了披露。

SOX 法案也可能影响在美国上市的公司数量。例如，总部设在佛罗里达州博因顿海滩的 Peach Holdings 公司，当其决定于 2006 年上市时，它并没有选择在美国上市，而是选择在伦敦证券交易所另类投资市场（Alternative Investment Market，AIM）上市。这是因为，如果在美国上市，该公司必须支付 10 万美元的费用，以及为了遵从 SOX 法案还要另支付约 200 万美元。相反，该公司在 AIM 的股票发行费用只有 50 万美元。在 AIM 上市的公司数量证实了 SOX 法案造成的美国上市公司的流失：在 2005 年，有 355 家公司在 AIM 上市，而只有 126 家公司在纳斯达克上市。

1.5　代理问题与公司控制

我们已经看到，公司财务主管采取措施提高公司股票的价值，以最大程度地增加股东的利益。然而，我们也会发现，在大公司里控制权是分散到数额庞大的众多股东手里的，这种控制权的分散使管理层可以对公司实施有效控制。那么，管理层是否一定会按照股东的意愿行事呢？换句话说，管理层会不会以损害股东的利益为代价来满足自己的私欲呢？下面我们将简要论述这一问题。

代理关系

股东与管理层之间的关系称为代理关系。只要有人（委托人）雇用他人（代理人）代表自己的利益行事，代理关系就会存在。例如，你可能雇用某人（代理人）出售你在入学前拥有的一辆汽车。在所有此类关系中，委托人与代理人之间存在着发生利益冲突的可能性，这种冲突被称为**代理问题**（agency problem）。

假定你雇某人出售你的汽车，而且你同意在汽车售出时对其支付固定数量的佣金，那么代理人的动机就是卖掉汽车，而不是获得最好的价钱；假如你对其支付一定比例的佣金，如销售额的10%，那么就不会存在这个问题。这个例子表明，代理所获报酬的方式是影响代理问题的一个因素。

管理层的目标

要了解管理层与股东的利益存在哪些差别，可假定某公司正在考虑进行一项新的投资。预期新投资会对股价产生好的影响，但也存在风险。公司所有者希望接受该项投资（因为每股价值会提升），而管理层却不一定会同意，因为事情可能会发生不利变化，导致管理人员失掉他们的工作。假如管理层不接受该项目，股东就可能失去一个有价值的投资机会。这就是代理成本的一个例子。

此外，对于管理者来说，他们可能倾向于使他们所控制的资产实现最大化，或者更一般地，使企业拥有更大的实力或财力。这个目标可能会使他们更加重视企业的规模或成长。例如，管理者被起诉在对另一个企业的收购中支付过高的价格——只是为了扩大企业的规模或展示企业实力，这样的情形并不少见。很显然，假如确实支付了过高的价格，这样的收购对于收购方的股东来说则是不利的。

我们的讨论指出，管理层可能过于强调组织的生存以确保其工作的安全性；而且，管理层可能不喜欢外界的干预，所以独立性与公司自足可能会成为重要的目标。

管理人员是否会依照股东利益行事

实际上，管理人员是否按照股东的最佳利益行事取决于两个因素：首先，管理层的目标与股东的目标是否一致——这个问题主要取决于管理者获取报酬的方式；其次，如果管理人员不为股东的目标考虑，他们是否会被撤换——这个问题与公司的控制权相关。正如我们将要讨论的，我们有许多理由相信，即使在大型公司里，管理层也有很大的积极性按照股东的意愿行事。

管理人员的报酬　管理层有很强的经济动因来提高每股价值，主要有两个原因：首先是管理人员尤其是高层管理者的报酬，通常与一般的财务绩效尤其是每股价值联系在一起。例如，管理人员通常会获得以固定价格购买股票的期权。股票越值钱，期权的价值也就越大。激励管理者的第二个动因来自对工作的期望——如果公司业绩好就可能获得提升。更一般地，那些能够有效满足股东目标的经理人在市场上供不应求，从而会获得更高的薪水。

实际上，那些能够成功实现股东目标的管理人员会获得丰厚的报酬。例如，Abercrombic & Fitch 公司的首席执行官迈克尔·杰弗里斯，仅 2006 年就获得了约 1.15 亿美元的薪酬收入，虽然这还远低于著名导演斯蒂芬·斯皮尔伯格（3.32 亿美元）的收入，但却比著名模特帕丽斯·希尔顿（700 万美元）的收入高得多。

公司控制　公司最终的控制权在股东手里，他们选举产生董事会，再由董事会聘用管理人员。不满意的股东采取行动更换现有的管理层称为**代理权之争**。代理权是代表他人进行投票的权利。当一群股东征求代理权以便更换现行董事会并进而更换管理层时，事情就会演化成代理权之争。

更换管理层的另一种方法是通过公司并购。比起管理有方的公司，经营管理不善的公司更可能成为被收购对象。因此，为避免被其他公司收购，管理层必须积极主动地依股东的意愿行事。几乎每一家上市公司管理人员的薪酬和其他许多信息都能够在网络上方便获得。

有些时候，很难说清楚一家公司的管理层是否真的是为了股东利益最大化而行事，2005 年，软件巨头甲骨文公司和仁科公司的合并就是个典型的例子。当甲骨文公司开出收购价格时，仁科公司一再地拒绝。2004 年 11 月，仁科公司的董事会拒绝了甲骨文公司“最佳的和最终的”出价，甚至在有 61% 的股东对这一出价投赞成票的情况下，该公司董事会还是拒绝了甲骨文公司的收购。因此，在这种情况下，仁科公司的董事会这样做真的是为了股东的最佳利益吗？起初，这种做法可能看起来并不像那样，但是，当甲骨文公司将它的每股出价提高 2 美元时，仁科公司的董事会就欣然接受了这次收购。因此，通过“拒不让步”，仁科公司的管理层为公司股东争取到了更高的出售价格。

结　论　现有的理论和证据都认为公司控制权在股东手里，股东财富最大化是公司的目标。即便如此，也经常会发生这样的情形：经营目标的取得是以牺牲股东利益为代价的，至少在短期内是如此。

代理问题并不只是公司的专利，只要所有权与经营权分离便会存在代理问题。这种分离在公司这种组织形式上最为常见，但也存在于合伙企业和独资企业这两种企业组织形式中。

利益相关者

到目前为止，我们的讨论暗示，公司的决策只与管理人员和股东的利益相关。当然，这是一种过度简化。员工、客户、供应商甚至政府，都与公司有相关的经济利益。

这些不同的群体被称为公司的**利益相关者**（stakeholder）。一般来说，利益相关者是除股东和债权人之外可能对公司的现金流量有要求权的人，这些人也试图对公司施加控制，而且也许会因此损害所有者的利益。

1.6　金融市场与公司

我们已经知道，公司这种组织形式的主要优点是：能比其他形式的企业更迅速、更容易地转移其股权，融资也更为方便。这两个优点都因为金融市场的存在而得到强化——金融市场在公司理财方面具有极为重要的作用。

源自企业和流入企业的现金流

公司与金融市场之间的关系如图 1.2 所示。我们用箭头绘出了现金从金融市场流

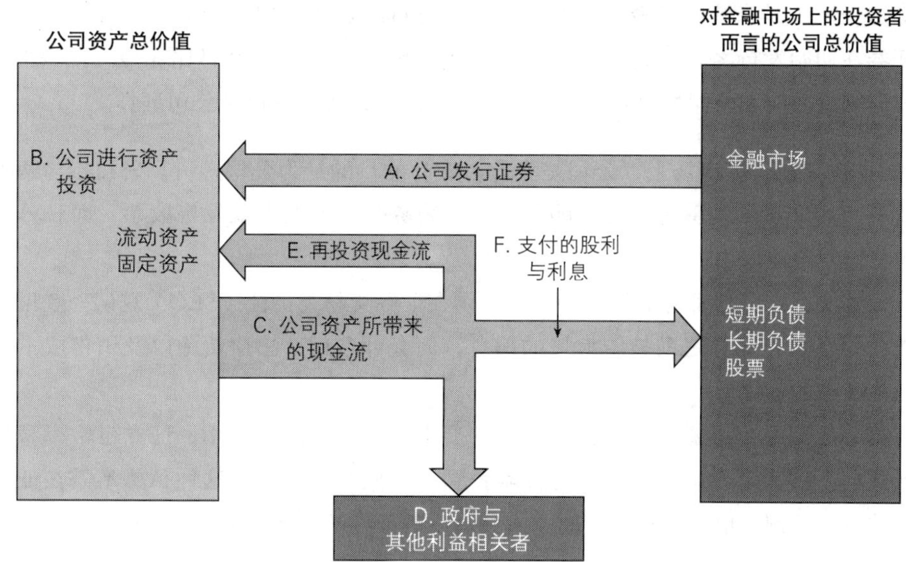

A. 公司发行证券筹资。
B. 公司进行资产投资。
C. 公司经营产生的现金流。
D. 现金以税收的形式支付给政府。
其他利益相关者也可能得到现金。
E. 再投资现金流又返回公司。
F. 现金以利息和股利的形式向投资者支付。

图 1.2　公司和金融市场之间的现金流

向公司和由公司流向金融市场的过程。

假定从公司发行股票和借款筹资开始。现金流从金融市场流向公司（A）。公司将现金投向流动资产和固定（长期）资产（B）。这些资产产生了一些现金（C），其中有一部分用于交税（D）。交税之后，一些现金在公司内进行再投资（E）。剩余部分返回金融市场，支付给债权人和股东（F）。

与任何市场一样，金融市场是买卖双方进行交易的场所。在金融市场上买卖的是股票与债务证券。然而，金融市场自身也有很大区别。最大区别是所交易证券的种类、交易的方式，以及买卖双方的当事人。接下来我们讨论其中的一些区别。

一级市场与二级市场

金融市场为股票和债券提供了一级市场和二级市场这样的双重服务功能。一级市场这一术语是指政府和企业初始发行证券进行融资所形成的交易，而二级市场则指证券在初始发行之后又进行了交易所形成的市场。当然，股票只能由公司来发行，而债券则是政府和公司均可发行。在随后的讨论中，我们只讨论公司证券。

一级市场 在一级市场上，公司是卖方，交易的目的是为公司融资。公司参与两类主要的市场交易：公募与私募。顾名思义，公募是向普通大众发售股票，而私募则是向特定对象协议出售。

根据法律，公开发行的债券与股票必须在证券交易委员会（SEC）登记。登记时要求公司在发售证券之前披露大量的信息，而会计费用、法律费用以及销售成本会是一笔不小的数字。

部分原因是为了避免各种监管条例的要求和公募的高额费用，证券也常以私募的形式向一些大型金融机构如人寿保险公司和共同基金发售。这种私募不需在证券交易委员会登记，也不需要承销商（向公众出售证券的专业投资银行）的参与。

二级市场 二级市场所涉及的是股东之间和债权人之间的交易。因此，二级市场为公司证券所有权的转移提供了便利。尽管发行证券进行融资的公司仅直接参与一级市场的交易（当其发售证券进行筹资时），但二级市场对于大公司来说仍然是至关重要的，原因是当投资者知道这些证券日后可以在必要时售出后，他们将更愿意参与一级市场的交易。

经销与拍卖市场 二级市场有两种形式：拍卖市场与经销市场。一般说来，经销商为自己进行买卖，并要承担风险。例如一个汽车经销商要买进和卖出汽车。相反，经纪人和代理商在买卖双方之间进行撮合，但他们自身对所交易的商品没有所有权。例如房地产代理商一般并不买卖房屋。

股票和长期债券的经销市场被称为柜台交易（over-the-counter，OTC）市场。债券的大部分交易是在柜台市场上进行的。柜台交易这一称谓是指过去全国范围内的证券事实上都在柜台上进行交易的旧时代，而在今天，大部分股票市场和几乎所有长期债券市场都没有一个集中的地点——大量的经销商是通过电子设备联系在一起的。

拍卖市场在两个方面与经销市场不同：首先，一个拍卖市场（或者说交易）都有一个具体的交易场所（如华尔街）；其次，经销市场上大多数交易都是由经销商做成的；而拍卖市场的主要目的是进行买卖双方之间的撮合，经销商在其中的作用是有限的。

公司证券的交易　在美国，大多数大公司的股票都是在有组织的拍卖市场上进行交易的，其中最大的市场要数纽约股票交易所（NYSE），它占到拍卖市场上所有交易额的 85% 以上。其他的拍卖交易所包括美国证券交易所(AMEX)和地区性的交易所，如太平洋股票交易所。

除了股票交易所之外，还存在一个很大的 OTC 市场。1971 年，美国全国证券商协会（NASD）为经销商和经纪人提供了一套称为纳斯达克（NASDAQ）的自动报价系统。在纳斯达克上市的公司的数量大约是 NYSE 的 3 倍，但它们一般规模较小且交易不够活跃。当然，也有一些例外，例如微软和英特尔的股票都在 OTC 市场交易。然而，纳斯达克股票市场的总价值大大低于纽约股票交易所的价值。（2000 年初纳斯达克市场达到巅峰，其市值曾一度超越纽约股票交易所。——译者注）

当然，美国之外也有许多大的金融市场，美国公司也日益期盼去这些市场融资。东京股票交易所（TSE）和伦敦股票交易所（LSE）是最为知名的两个。OTC 市场没有固定地点意味着国界并不会成为一个大的障碍，而且目前有一个大的国际 OTC 债券市场。由于全球化的进展，金融市场已经发展到了可以让各种金融工具进行连续交易的地步，而且这些交易是全球化的。

挂　牌　在有组织的交易所交易的股票被称为在此交易所挂牌。为了获得上市资格，公司必须达到最低的标准，例如对资产规模与股东数量的要求。不同交易所的要求是不同的。

在美国，纽约股票交易所的要求条件最为苛刻。它对上市公司的年营业额、资产规模以及净发股票的数量和市值均有最低要求。

第2章

财务报表、税负和现金流

2007年1月，福特汽车公司的投资者收到了令人震惊的消息：几乎一夜之间，该公司的净资产蒸发了27亿美元。在这么短的时间内，是什么原因导致公司这么大的损失呢？答案是，2006年年初会计准则的变化，要求公司在其资产负债表上披露养老金计划的资金短缺数额，这使得福特公司的负债大幅增加，从而导致其净资产大幅下降。

同时，新会计准则也极大地影响了其他公司的财务报表。例如，2006年，美国航空公司在其财务报表上披露了3.4亿美元的费用。总体而言，会计准则的变更导致《财富》100强公司蒸发了约1 600亿美元的市值。

那么，会计准则的变更真的导致福特公司损失了27亿美元吗？美国航空公司的股东真的损失了3.4亿美元吗？这两个问题的答案均是：可能不是。这一章将说明隐藏在会计数据背后的财务真相，我们要做的是通过检查现金流量表这一关键内容来揭示真相。

在本章，我们将研究财务报表、税负和现金流量。我们的重点并不是编制财务报表。相反，我们认识到财务报表通常只是财务决策信息的主要来源，所以我们的目标是简要地考察这些报表，指出与财务决策相关的一些方面。我们会特别关注有关现金流量的一些实践细节问题。

在阅读的时候，请特别关注两个重要的区别：（1）账面价值和市场价值的区别；（2）会计收益和现金流量的区别。这些重要的区别将贯穿全书。

2.1　资产负债表

资产负债表（balance sheet）是显示企业在某一特定日期账面价值的财务报表，它反映了企业在某一时点的概况，是反映和概括在某一特定时点企业所拥有的（资产）、企业所欠的（负债）以及这两者之间的差额（股东权益）的一种便捷的方式。图 2.1 显示了资产负债表是如何编制的。如图所示，左边列出了企业的资产，右边列出了负债和权益。

资产：资产负债表的左侧

资产可分为流动资产和固定资产。固定资产有着相对较长的寿命。固定资产既可以是有形的，比如卡车或计算机；也可以是无形的，比如商标或专利权。流动资

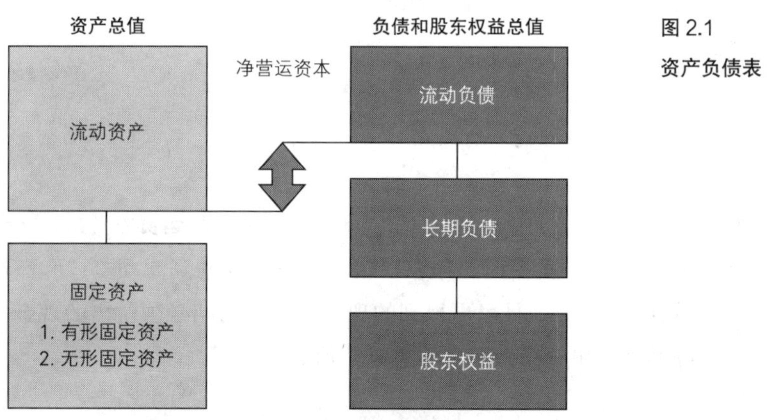

图 2.1
资产负债表

产的变现时间少于一年，这意味着它通常在 12 个月内转化为现金。例如，存货的购买和重新售出大多在一年内完成，因此被归为流动资产。很明显，现金是流动资产，应收账款（客户欠企业的钱）也是流动资产。

负债和所有者权益：资产负债表的右侧

资产负债表如图 2.1 所示，其右侧首先列出企业的负债。负债可分为流动负债和长期负债。流动负债与流动资产一样，其期限少于一年（这意味着必须在一年内偿还），流动负债列在长期负债的前面。应付账款（企业欠供应商的钱）便是流动负债的一例。

不在一年到期的负债划归长期负债。企业必须在 5 年后偿还的贷款便属于长期负债。企业可从不同的渠道获得长期贷款。我们将用*债券*（bonds）和*债券持有人*（bond holders）这两个词分别指代长期负债和长期债权人。

最后，资产（流动资产和固定资产）总额与负债（流动负债和长期负债）总额之间的差额被定义为*股东权益*，也称为*普通股权益*或*所有者权益*。资产负债表的这一特征体现了一个事实：如果企业将其全部资产出售，所得收益在偿还其全部负债后剩余的部分均归股东所有。因此，资产负债表之所以平衡，是因为其左侧的价值永远等于其右侧的价值；也就是说，企业资产的价值等于其负债和股东权益价值的总和：

$$资产 = 负债 + 股东权益 \tag{2.1}$$

以上便是资产负债表恒等式，它永远都是成立的，因为股东权益的定义就是资产与负债之间的差额。

净营运资本

如图 2.1 所示，企业流动资产和流动负债之间的差额为**净营运资本**（net working capital）。当流动资产超过流动负债时，净营运资本为正。联系到流动资产和流动负债的定义，这意味着在未来 12 个月里可得到的现金超过了同期必须付出的现金。因此，在经营状况良好的企业里，净营运资本总是正值。

例 2.1　编制资产负债表

某企业拥有流动资产 \$100，净固定资产 \$500，短期负债 \$70，长期负债 \$200。请问如何编制资产负债表？股东权益是多少？净营运资本是多少？

在本例里，总资产为 \$100 + \$500 = \$600，总负债为 \$70 + \$200 = \$270，因此股东权益为这两者的差额：\$600 − \$270 = \$330。由此资产负债表便为：

资产（\$）		负债与股东权益（\$）	
流动资产	100	流动负债	70
固定资产净值	500	长期负债	200
		股东权益	330
总资产	600	负债与股东权益总值	600

净营运资本为流动资产与流动负债的差额，即 \$100 − \$70 = \$30。

表 2.1　美国公司资产负债表

美国公司资产负债表 2007 年、2008 年 12 月 31 日（单位：百万美元）					
	2007	2008		2007	2008
资　产			**负债和股东权益**		
流动资产			流动负债		
现金	104	160	应付账款	232	266
应收账款	455	688	应付票据	196	123
存货	553	555	小计	428	389
小计	1 112	1 403			
固定资产			长期负债	408	454
厂房和设备净值	1 644	1 709			
			股东权益		
			普通股及发行溢价	600	640
			留存收益	1 320	1 629
			小计	1 920	2 269
资产合计	2 756	3 112	负债和股东权益合计	2 756	3 112

表 2.1 列出了一家虚拟的美国公司的简化资产负债表。在查看资产负债表时，必须牢记三个特别重要的问题：流动性、负债与权益以及市场价值与账面价值。

流动性

流动性是指一项资产转化为现金的速度及其容易程度。黄金是流动性较强的资产，而定制的生产设备流动性较差。实际上流动性有两个衡量指标：转化为现金的容易程度及其价值的损失程度。任何资产均可迅速转化为现金，只要我们将其价钱降到足够低的水平。因此，高流动性的资产是指能迅速转化为现金并且在价值上没有显著损失的资产；而流动性差的资产则指只有在大幅度降价的情况下才能迅速转化为现金的资产。

资产通常按照流动性递减的顺序列示在资产负债表上，也就是说，流动性最强的资产列在最前面。流动资产的流动性相对较强，包括现金以及其他预计能在 12 个月内转化为现金的资产。例如，应收账款代表销售已实现但尚未从顾客处收到的款项——我们很自然地期望它们在不久的将来能转化为现金。在流动资产中，存货的流动性恐怕是最差的，至少对于很多企业来说是这样。

大部分固定资产的流动性相对较差，这包括建筑物以及在正常的经营活动中无法转化为现金的设备等有形资产（当然，它们有助于企业现金的创造）。无形资产，比如商标，并没有实物形态，但其价值可能会很大。与有形的固定资产一样，无形资产一般不会转化为现金，通常被视为没有流动性。

流动性是宝贵的。企业的流动性越强，就越不会碰到财务困境（即在偿还债务或购买所需资产时遇到困难）。然而，持有流动性强的资产通常是不挣钱的。例如，在所有的投资中，现金的流动性最强，但有时会根本没有任何收益——现金只是处于闲置状态。所以，在获得流动性所带来的好处和放弃潜在的收益之间，存在着此消彼长的关系。

负债与权益

只要企业借入资金，通常就将对其现金流量的第一求偿权给予债权人。权益所有人只能得到剩余的价值，即在偿付了债权人之后剩余的部分。剩余部分的价值便是企业的股东权益，也就是企业的资产价值与负债价值的差额。

股东权益 = 资产 − 负债

在会计概念上这是正确的，因为股东权益便被定义为这个剩余部分；更为重要的是，在经济概念上，这也是正确的：企业在出售其全部资产且偿还其全部负债之后，剩余的现金便属于股东。

企业的资本结构中债务的使用称为财务杠杆。企业的负债越多（占资产的比例越大），其财务杠杆的程度就越高。在以后的章节中会提到，负债之所以被喻为杠杆，正是因为用它会大幅放大收益和损失。因此，财务杠杆既会增加股东的潜在收益，也会增大出现财务困境和企业破产的可能性。

市场价值与账面价值

任何资产的真实价值即为其市场价值，也就是当我们实际出售它时所能获得的现金。与之相对应，资产负债表上所显示的资产价值是账面价值，它通常不是资产的真实价值。按照美国**公认会计准则**（Generally Accepted Accounting Principles，缩写为 GAAP，在编制待审计的财务报表时必须遵守的一套通用标准和程序）的规定，待审计的财务报表一般按照历史成本列示资产。换言之，企业按照资产的购置成本将其列示在账簿上，而无论它们是在多久之前购置的，也不管它们现在价值几何。

对于流动资产而言，其市场价值和账面价值可能比较接近，因为流动资产在一段相对较短的时间内就完成了购置和转化为现金的过程。但在其他情况下，市场价值和账面价值的差别会很大；而且，对于固定资产而言，如果其市场价值（该资产的出售价格）和账面价值相等，则纯粹是一个巧合。例如，一家铁路公司可能会拥有一个世纪或是更早以前购买的广袤土地，该公司当时支付的款项会成百上千倍地少于当前的市值，但资产负债表上显示的仍然是其历史成本。

管理者和投资者经常对企业的市场价值感兴趣，该信息不会显示在资产负债表上。由于资产负债表是按照成本列示资产的，这意味着列示总资产和企业的市场价值之间没有必然的联系。事实上，企业可能拥有其他很多最宝贵的资产——优秀的管理水平、良好的企业信誉、能干的员工——所有这些根本不会显示在资产负债表上。举个例子，很多知名企业最宝贵的资产之一就是它们的商标名称，有证据显示，“可口可乐”、“微软”以及“IBM”的商标价值均超过 500 亿美元。

同样，资产负债表上的所有者权益价值与权益的真正市场价值之间也没有必然的相关性。因此对于财务主管而言，权益的账面价值并不是特别重要，重要的是其市场价值。此后，我们在提到资产的价值或是企业的价值时，一般是指它的市场价值。例如，当我们说财务主管的目标是增加股票的价值时，我们指的是股票的市场价值。

例 2.2 市场价值与账面价值

克林宫公司固定资产的账面价值为 $700，其重估市场价值大约为 $1 000。净营运资本的账面价值为 $400，但如果清算掉所有的流动性账户，约能获得 $600。克林宫有 $500 的长期负债，既是账面价值，也是市场价值。那么权益的账面价值是多少？市场价值呢？

我们可编制两张简化的资产负债表——一张按照账面价值，一张按照市场价值：

克林宫公司资产负债表

账面价值与市场价值（$）

	账面	市场		账面	市场
资产			**负债和所有者权益**		
净营运资本	400	600	长期负债	500	500
固定资产净值	700	1 000	股东权益	600	1 100
	1 100	1 600		1 100	1 600

在本例中，股东权益的实际价值几乎是其账面价值的两倍——账面价值与市场价值的区别之所以重要，正是因为前者可能与后者迥然不同。

2.2 损益表

损益表（income statement）是衡量企业在一段时期内（通常是一个季度或是一年）的经营成果的财务报表。损益表等式为：

$$收入 - 费用 = 利润 \qquad [2.2]$$

资产负债表是一个存量的概念，而损益表则是一个流量的概念。表 2.2 给出了美

表 2.2
美国公司损益表

美国公司 2008 年损益表（单位：百万美元）		
净销售收入		1 509
产品销售成本		750
折旧		65
息税前利润		694
支付利息		70
税前利润		624
所得税		212
净利润		412
股利	103	
转入留存收益	309	

国公司的简化损益表。

通常，损益表首先报告的是来自企业主要经营业务的收入和费用。后续部分包括财务费用（如支付利息）等项目。支付的所得税单独报告。最后一项是净利润（也就是所谓的“底线”）。净利润通常表示为每股净利润，称为*每股收益*（earnings per share，EPS）。

如上表所示，美国公司支付了 \$103 的现金股利。净利润与现金股利之间的差额 \$309，是该年留存收益的增加额。该数额将被增加到资产负债表中的累积留存收益中。如果回头再去看看美国公司的两张资产负债表，你会发现留存收益的确增加了相应的数额，即 \$1 320 + \$309 = \$1 629。

例 2.3　每股收益和每股股利

假设美国公司在 2008 年底有 2 亿发行在外的股份。根据以上的损益表，每股收益为多少？每股股利呢？

从损益表中可知，美国公司在该年获净利润 \$4.12 亿。总股利为 \$1.03 亿。既然有 2 亿股流通在外，我们便可计算每股收益和每股股息，如下所示。

每股收益 = 净利润 / 总流通在外股份

= \$4.12 亿 /2 亿股 = \$2.06/ 股

每股股利 = 股利总额 / 总流通在外股份

= $1.03 亿 /2 亿股 = $0.515/ 股

在查看损益表时，财务主管必须将三个问题牢记在心：公认会计准则、现金项目和非现金项目、时间和成本。

公认会计准则和损益表

按照公认会计准则编制的损益表将在收入发生时就对其加以反映，而不必等到收到现金时才进行确认。其一般原则（确认原则）是：当提供商品或者劳务的过程实际已经完成，并且商品或者劳务的价值已经确定或能够可靠计量时，就应该确认收入的实现。在实践中，该原则通常意味着在销售实现时就确认收入，而并不一定与收到现金的时间相一致。

损益表上所列示的费用是建立在配比原则的基础之上的，此处的基本指导思想是：首先，按照上述方法确定收入；其次，将为创造这些收入而发生的成本与收入相配比。因此，如果我们将所生产的产品赊销出去，就应当在销售实现时确认收入，而与该产品的生产和销售相关的成本费用也应在同一时间确认。再次，实际的现金流出可能发生在另一时间。因此，这种收入和费用的确认方式导致的结果是，损益表显示的数额可能并不完全代表该特定期间实际的现金流入和流出额。

非现金项目

会计收益与现金流量产生出入的一个主要原因是：损益表包含**非现金项目**（noncash items），即与收入相配比但并不直接影响现金流量的费用项目，其中最重要的一项就是折旧。假设某企业以现金购买了一台 $5 000 的固定资产。很明显，在购买时企业发生了 $5 000 的现金流出。然而，会计人员不会将这 $5 000 作为费用扣除，而是把该资产按照 5 年的期限进行折旧。

假设依据直线折旧法进行折旧，且该资产的价值在期末注销为零，那么每年会有 $5 000/5 = $1 000 作为费用扣除。必须认识到，这个 $1 000 的扣除并不是现金，它只是一个会计数字。实际的现金流出早在购买资产时就已经发生了。

正如我们将看到的，对于财务主管而言，现金流入与流出的实际发生时间对于合理估计市场价值极为重要，所以我们需要了解如何从非现金会计分录中分离出现金流。在实际中，现金流量和会计收益之间的差异可能非常大。例如，在 2006 年的第二季度，汽车制造商通用汽车公司（GM）报告了约 32 亿美元的损失，这听起来似乎很糟糕，但通用汽车同时也公布了 7 亿美元的正的现金流量。在很大程度上，导致这一巨大差异的原因是，该公司有约 34 000 名员工参加了提前退休激励计划，因此产生了巨大的非现金费用。

时间与成本

把将来的时间分成两个部分（短期内和长期内）是很有用的，它们并不是精确的时间划分，区分它们的主要标志在于成本究竟是固定的还是变动的。在长期内，企业所有的成本都是变动的。只要有足够的时间，资产就能够变卖出去，债务就能够被偿还掉，等等。

然而，如果是在一个较短的时间范围内，有些成本实际上是固定的——无论如何都必须支付（例如财产税）。其他成本，比如支付给员工的工资、支付给供应商的款项仍然是变动的。因此，即使是在短期内，企业也可以通过变动这些领域内的费用支出来改变其产出水平。

对于财务主管而言，固定成本与变动成本之间的区别常常是很重要的，但是损益表上的成本报告方式无助于区分成本，原因在于，会计人员在实务上倾向于把成本区分为产品成本或期间成本。

产品成本包括原材料成本、直接人工成本和制造费用，它们在损益表上反映为产品销售成本，但是既包括固定成本，又包括变动成本。与此类似，期间成本是指发生在某一特定时期内的成本，可以分为销售费用、总务费用或是管理费用。期间成本既可以是固定成本，也可以是变动成本。例如，企业总裁的工资便是期间费用，它很可能是固定的，至少在短期内是这样。

我们对资产负债表和损益表的使用是基于很多假设的。

盈余管理

公认会计准则要求企业客观、准确地报告财务业绩，然而，在现实中，公司对此却有相当大的回旋余地，因而公司对其报告的业绩拥有明显过多的自由裁量权。

例如，公司经常偏于向投资者展示其盈利已是稳步增长的，为此它们可能会采取一些措施来高报或者低报不同时期的收益，以此平滑收益的大幅波动。这种做法就是盈余管理。

2.3 税 负

所得税可能成为企业金额最大的现金流出。比如 2007 年，沃尔玛的税前盈余约是 190 亿美元，它支付的各种税达到 64 亿美元之多，约占税前盈余的 34%。税单的金额由税务法则（一套经常修订的规则）决定。在这一部分，我们将介绍公司税率以及纳税额的计算。合伙企业和个人独资企业按个人所得税表计算纳税额，我们在这里对此不加讨论，但基本程序和公司所得税相同。

如果你觉得税法的各项条款看起来很奇怪或是错综复杂，请记住税法是政治力量而不是经济力量的结果。因此，它不必有经济意义。

公司所得税

2007 年适用的公司税率如表 2.3 所示，它有一个奇怪的特征——税率并非是一直上升的。如表所示，公司税率从 15% 上升到 39%，但是对于 335 000 美元以上的收入，税率又降低到 34%，然后再上升到 38%，接着又下降到 35%。

据现行税法的制定者的说法，只有四档税率：15%、25%、34% 和 35%。之所以

表 2.3
公司税率

应税收益（$）	税率（%）
0~ 50 000	15
50 001~ 75 000	25
75 001~ 100 000	34
100 001~ 335 000	39
335 001~10 000 000	34
10 000 001~15 000 000	35
15 000 001~18 333 333	38
18 333 334+	35

会有 38% 和 39% 的税率，是因为额外费用有时会加在 34% 和 35% 的税率上。所以实际上有六档税率，正如我们所看到的。

平均税率和边际税率

在做财务决策时，区分平均税率和边际税率是很重要的。**平均税率**（average tax rate）是应税收益除以应纳税额的结果，换言之，也就是收益中用于纳税的部分所占的百分比；而**边际税率**（marginal tax rate）则是指每多挣 1 美元需额外缴纳的税款。表 2.3 所示的税率均为边际税率。换句话说，表 2.3 中的税率仅适用于所注明范围内的收益部分，而并非是所有的收益。

平均税率与边际税率之间的区别可以用一个简单的例子来说明。假设我们的公司有 200 000 美元的应税收益，那么应纳税额为多少？从表 2.3 中，我们可以计算出应纳税额：

$$
\begin{aligned}
0.15 \times \$\ 50\,000 &= \$\ 7\,500 \\
0.25 \times (\$\ 75\,000 - \$\ 50\,000) &= 6\,250 \\
0.34 \times (\$100\,000 - \$\ 75\,000) &= 8\,500 \\
0.39 \times (\$200\,000 - \$100\,000) &= \underline{39\,000} \\
&\ \ \underline{\underline{\$61\,250}}
\end{aligned}
$$

因此我们的应纳税总额为 \$61 250。

本例中，平均税率为多少？我们有 \$200 000 的应税收益和 \$61 250 的应纳税额，所以平均税率为 \$61 250/\$200 000=30.625%。边际税率又是多少呢？如果我们多赚 1 块钱，那一块钱所适用的税率为 39%，所以我们的边际税率为 39%。

例 2.4　税负的深层意义

阿格伦公司有 \$85 000 的应税收益，其应纳税额为多少？平均税率又是多少？边际税率呢？

从表 2.3 可知，适用于第一个 \$50 000 的税率为 15%，适用于下一个 \$25 000 的税率为 25%，接下来在 \$100 000 之内的金额适用于 34% 的税率。所以阿格伦公司必须支付 0.15× \$50 000 + 0.25×\$25 000 + 0.34 ×(\$85 000 − \$75 000) = \$17 150。因此平均税

率为 $17 150/$85 000 = 20.18%。而边际税率为 34%，因为，如果阿格伦多赚取 1 美元的应税收入，这 1 美元的税率为 34%。

表 2.4 总结列出了一些不同的应税收益、边际税率和平均税率。注意，平均税率和边际税率是如何在 35% 时达到一致的。

对固定税率而言，只有一个适用于所有收益水平的税率。在这种情况下，边际税率和平均税率总是相等的。美国现行的公司税是建立在修订的固定税率基础之上的，也就是说，只有在最高收益段才能成为真正的固定税率。

在观察表 2.4 时，可注意到公司赚得越多，其应税收益中用来纳税的比重就越大；换言之，在现行税法的规定下，即使边际税率会下降，平均税率也根本没有下降的趋势。如表 2.4 所示，平均税率从 15% 开始，最高一直上升到 35%。

与财务决策相关的通常是边际税率，其原因在于任何新的增量利润都会按照边际税率纳税。鉴于财务决策通常与新的利润或者现行利润的变化有关，这个税率会告诉我们它对纳税额的边际影响。

在税务法则对公司的影响方面，还有最后一个问题值得注意。如果我们的应税收益超过了 $18 330 000，那么税额便固定为应税收入的 35%，这一点很容易得到证实。同时，对于应税收益在 $335 000~$10 000 000 之间的广大中型公司而言，税率则为固定的 34%。鉴于我们讨论的对象通常是大企业，可以假设平均税率和边际税率均为 35%，例外情况特别指出。

表 2.4 公司税和税率

(1) 应税收益（$）	(2) 边际税率（%）	(3) 纳税总额（$）	(3)/(1) 平均税率（%）
45 000	15	6 750	15.00
70 000	25	12 500	17.86
95 000	34	20 550	21.63
250 000	39	80 750	32.30
1 000 000	34	340 000	34.00
17 500 000	38	6 100 000	34.86
50 000 000	35	17 500 000	35.00
100 000 000	35	35 000 000	35.00

2.4 现金流

此处我们开始讨论现金流量这个问题，它可能是从财务报表中所能得出的最重要的财务信息。所谓现金流量，是指流入的金额、流出的金额以及它们之间的差额。例如，如果你是一家企业的业主，你可能非常关心某一特定年份里你究竟从企业中得到了多少现金。如何确定现金流量的金额便是我们下面将要讨论的问题。

还没有标准的财务报表能按照我们期望的那样披露这项信息，因此我们将讨论如何为美国公司计算现金流量，并指出该结果与标准财务报表的计算有何不同。重要提示：有一张标准的财务报表叫做现金流量表，但它涉及的是一个颇为不同的问题，不应与本部分的内容混为一谈。

从资产负债表等式中，我们知道企业资产的价值等于其负债的价值加上权益的价值。同样，源自企业资产的现金流量必须等于流向债权人的现金流量与流向股东（如果该企业不是公司的话则是业主）的现金流量之和：

源自资产的现金流量 = 流向债权人的现金流量 + 流向股东的现金流量　　[2.3]

这便是现金流量恒等式，它所反映的是：企业通过其不同的活动创造现金，这些现金要么用来支付给债权人或别的方面，要么付给企业主。下面我们便来讨论构成现金流量的不同部分。

源自资产的现金流

源自资产的现金流量（cash flow from assets）包括三个组成部分：经营性现金流量、资本性支出以及净营运资本的变化。**经营性现金流量**（operating cash flow）指的是源自企业日常生产和销售活动的现金流量——与企业为其资产融资相关的费用通常不包括在内，因为它们并不属于经营费用。

在正常的经营活动中，企业的一部分现金流量又以投资的形式重新进入企业。资本性支出是指在资本性资产上的净支出（固定资产的购买减去固定资产的出售）。最后，净营运资本的变化是指在净营运资本上所花费的数额，它是通过期间内净营运资本的变化来衡量的，代表了流动资产减去流动负债数额的净增加额。下面我们将更具体地讨论现金流量的三个组成部分。在所有的例子中，数字的单位都以百万美元计。

经营性现金流量 为了计算经营性现金流量，我们必须计算收入减去成本的数额，但是不能包括折旧，因为它并不是现金流出；也不能包括利息，因为它是财务费用；而所得税则必须包括在内，因为它必须以现金支付。

让我们来看一下美国公司的损益表（表 2.2），可以看到息税前收益为 \$694，这大概就是我们所需要的数字，因为它并不包括支付的利息。我们还需要做两项调整：首先，折旧是一项非现金性费用，为了计算现金流量，我们首先需要加上 \$65 的折旧费用，因为它并不是现金性费用；另一项调整便是减去 \$212 的所得税，因为它们是用现金支付的，得出来的结果便是经营性现金流量：

美国公司 2008 年经营性现金流量（$）	
息税前利润	694
+ 折旧	65
− 所得税	212
经营性现金流量	547

所以美国公司 2008 年的经营性现金流量为 \$547。

经营性现金流量是一个很重要的数字，因为它能够告诉我们，在基本水平上，一个企业来自其日常运作的现金流入是否足以维持其日常的现金流出。因此，负的现金流量通常是出现经营困难的标志。

当我们谈及经营性现金流量时，可能会有些令人不快的混淆。在会计实务中，经营性现金流量被定义为净收益加上折旧。对于美国公司来说，这就是 \$412 + \$65 = \$477。经营性现金流量的会计定义与我们此处的定义有一个重要的不同点：在计算净收益时扣除了利息。请注意，我们前面计算出的 \$547 和这个 \$477 之间的差异为 \$70，正是当年所付利息的金额。因此现金流量的会计定义把支付的利息看做一项经营性费用，而我们的定义则把它视为财务费用。如果没有利息费用，这两个定义将是一致的。

为了计算出美国公司源自资产的现金流量，我们需要考虑这 \$547 中有多少被重新投入到公司里。让我们首先来考虑用于固定资产的支出。

资本性支出 净资本性支出是用花费在固定资产上的数额减去固定资产出售所得到

的数额。在 2007 年底，美国公司的净固定资产（表 2.1）为 \$1 644。2008 年，损益表上的折旧额为 \$65。因此，如果不购买任何新的固定资产，年末的净固定资产将为 \$1 644 − \$65 = \$1 579。2008 年的资产负债表显示净固定资产为 \$1 709，所以在年内固定资产上的支出总额为 \$1 709 − \$1 579 = \$130：

期末净固定资产	1 709
− 期初净固定资产	1 644
+ 折旧	65
固定资产上的净投资	**130**

这个 \$130 便是 2008 年的净资本性支出。

净资本性支出是否可能为负数呢？答案是肯定的。如果企业出售的资产比其购买的多，这种情况就会发生。此处的净值是指固定资产采购额减去固定资产出售所得后的净值。

净营运资本的变化　除了投资于固定资产以外，企业还将投资于流动资产。例如，回到表 2.1 的资产负债表，我们可以看到 2008 年底美国公司的流动资产为 \$1 403，而 2007 年底流动资产为 \$1 112，所以在该年，美国公司以 \$1 403 − \$1 112 = \$291 投资于流动资产。

随着企业对流动资产投资的改变，其流动负债通常也会发生改变。为了确定净营运资本的变化数额，最简单的方法便是找出期初和期末净营运资本（net working capital，NWC）之间的差额。2003 年末的净营运资本为 \$1 403 − \$389 = \$1 014；类似地，在 2007 年末净营运资本为 \$1 112 − \$428 = \$684。因此，通过这些数字我们可以得到：

期末 NWC	1 014
− 期初 NWC	684
NWC 的变化	**330**

净营运资本由此增加了 \$330；换言之，美国公司该年有 \$330 的 NWC 净投资。

结　论　计算出了以上那些数字，我们便可以计算源自资产的现金流量了。源自资产的总现金流量等于经营性现金流量减去投资于固定资产和净营运资本的数额。所以，对美国公司而言，我们可得到如下信息。

美国公司 2008 年源自资产的现金流量（$）	
经营性现金流量	547
– **净资本性支出**	**130**
– **净营运资本的变化**	**330**
源自资产的现金流量	87

从以上现金流量公式可知，源自资产的现金流量 $87 等于企业流向债权人的现金流量与流向股东的现金流量之和。下面我们将考虑这两个项目。

对于一家成长型的公司来说，拥有负的现金流量毫不奇怪——正如我们下面将要看到的，负的现金流量意味着：那一年企业通过借款和发行股票筹集的资金比其支付给债权人和股东的钱要多。

“自由”现金流量 源自资产的现金流量有时也称为**自由现金流量**（free cash flow）。当然，实际上并没有“自由”现金流量这类东西（这只是我们所希望的）；这一名称是指可以用这些现金自由地支付给股东和债权人，因为不用考虑在营运资本和固定资产上的投资支出。我们对这一重要概念仍然沿用“源自资产的现金流量”这一称谓，因为在实际工作中计算自由现金流量的方法有所差别，不同的使用者往往采用不同方法。然而无论什么时候，当你听到“自由现金流量”这一术语时，你应该明白，正在讨论的是源自资产的现金流量或十分类似的东西。

流向债权人和股东的现金流

流向债权人和股东的现金流量代表了某年内向债权人和业主的净支付额。**流向债权人的现金流量**（cash flow to creditors）是指支付的利息减去新增净借款额；而**流向股东的现金流量**（cash flow to stockholders）是指支付的股利减去新增净权益资本。

流向债权人的现金流量 看看表 2.2 中的损益表，可以发现美国公司向债权人支付了 70 美元的利息。再看表 2.1 中的资产负债表，长期负债上升了 $454 – $408 = $46。因此，美国公司付出了 $70 的利息，但它又额外借入了 $46。由此，流向债权人的净现金流量如下所示。

美国公司 2008 年流向债权人的现金流量（$）	
支付的利息	70
– 新增净借款额	46
流向债权人的现金流量	**24**

有时，流向债权人的现金流量也被称为流向债权持有人的现金流量，我们将交替使用这两种说法。

流向股东的现金流量　从损益表上可知，支付给股东的股利为 $103。为了算出新增净权益资本，我们需要看一看普通股及发行溢价账户——该账户会告诉我们公司究竟出售了多少股票。在该年里，该账户增加了 $40，也就是说新增净权益资本为 $40。由此，我们有：

美国公司 2008 年流向股东的现金流量（$）	
支付的股利	103
– 新增净权益资本	40
流向股东的现金流量	63

所以 2008 年流向股东的现金流量为 $63。

结　论

我们要做的最后一件事情就是验证现金流量恒等式是成立的，从而确保我们没有犯任何错误。从前面可以得出，源自资产的现金流量为 $87，流向债权人和股东的现金流量为 $24 + $63 = $87，因此所有的数字互相都得到了验证。表 2.5 总结了不同现金流量的计算方法，以便日后查阅。

正如我们的讨论所体现的，企业关注其现金流量是很重要的。下面这首诗形象地说明了关注现金流量的原因，除非企业的所有者想让企业完结。

银行家说："关注现金流量。"

在一个阴郁的午夜，我疲惫不堪地思考着许多古怪的会计问题，
挖空心思（良心没有丝毫的不安）去钻新税法的空子。

表 2.5

现金流量总结

1. 现金流量公式

源自资产的现金流量 = 流向债权人（债权持有人）的现金流量
+ 流向股东（业主）的现金流量

2. 源自资产的现金流量

源自资产的现金流量 = 经营性现金流量
– 净资本性支出
– 净营运资本（NWC）的变化

而此处：

经营性现金流量 = 息税前利润（EBIT）+ 折旧 – 所得税

净资本性支出 = 期末净固定资产 – 期初净固定资产 + 折旧

净营运资本的变化 = 期末净营运资本 – 期初净营运资本

3. 流向债权人（债券持有人）的现金流量

流向债权人的现金流量 = 支付的利息 – 新增净借款额

4. 流向股东（所有者）的现金流量

流向股东的现金流量 = 支付的股利 – 新增净权益资本

突然我听到房门被敲了一下，
仅此而已，再无其他。

我的心感到了一阵刺痛，我的耳朵听到了钱币在叮当作响。
一位熟悉的、令人生畏的银行家走了进来，
他的脸像美元般发绿，当他计算数字时，美元的光芒在眼中闪烁。
“现金流。”银行家说，再无其他。

我以前总认为有净利润就好。
但是银行家的回应是咆哮：
“不。你的应收账款比天还要高，大量坏账要注销。
重要的应该是现金流。”
“关注现金流。”他重复道。

接着我试图讲讲我们可爱的存货，尽管巨大，却很有戏。
但是银行家看到了它在猛涨，
他沉闷地哼了一下，挥舞着胳膊，咆哮说：

"停！够了！支付利息，不要再给我任何东西！"

然后我开始寻找非现金项目，以替代现金的流出。
为了使报表没有负数，我扣回了折旧，
但我的银行家说我做事太过轻率，
他震颤着，开始咬牙切齿。

当我向他要求贷款时，他哼哼着说，
利率是基本利率再加 8 个百分点，
而且为了确保我能还债，他坚持要有抵押——
我所有的资产，再加上头皮。
只能如此，一个标准利率。

尽管报表上显示出盈利，我已窘迫得前胸贴后背。
客户还款缓慢，现金流出不息，
应收账款的增长令人难以置信。
解不脱的痛楚——结果毋庸置疑！
我还听见银行家发出一声不祥的低语，
"关注现金流。"

赫伯特 · 贝里

对此我们只能说："阿门。"

第3章

与财务报表相关的工作

2007年1月，著名的摩托车制造商——哈雷戴维森公司的股票交易价格约为71美元。在此价位上，该公司的市盈率（PE）是18，这意味着投资者愿意支付18美元的价格来换取该公司1美元的盈利。同时，投资者也愿意支付巨额的3 900美元购买Ciena公司（主营通信网络设备）1美元的盈利。然而，投资者却只愿意支付微薄的5美元和8美元的价格分别购买阿纳达科石油公司和美国钢铁公司的1美元的盈利。有些公司的股票，例如北电网络公司（Nortel Networks），尽管没有盈利（实际上是亏损的），但它的每股市价却达到27美元左右。同时，包含全美500家最大上市公司的“标准普尔500指数”(S&P's) 的平均市盈率约为18。所以说，哈雷戴维森公司的市盈率仅在均值附近。

当我们看到上述数据时，很自然会产生以下疑问：为什么投资者愿意支付那么高的价格去投资Ciena公司的股票，而以如此低的价格去购买阿纳达科石油公司的股票呢？为了弄清这一问题，我们有必要对相对盈利能力和发展潜力等课题进行深入研究，同时，我们还必须懂得如何比较各家公司的财务和经营信息。恰巧这些课题正是本章要探讨的内容。

市盈率仅是财务比率之一，在本章中我们将会看到很多这样的比率，它们均用于概括公司财务状况的某个特定方面。除了分析财务比率及其含义外，我们还会说明由谁来使用这些信息以及为什么需要使用这些信息。

每个人都需要理解这些比率。管理者们将会发现，从公司的盈利能力到员工的生产效率，几乎公司的每一个特征都能被各种比率所概括。营销人员关注成本、成本加成和利润等相关比率，生产人员则比较关注营运效率方面的比率，会计人员需要了解财务比率，因为财务比率是反映财务报表信息最为普遍、最为重要的形式。

实际上，无论你身处哪一领域，你都会深刻意识到你所获得的报酬与某一组（或某一些）比率相关——也许，这就是你学习本章的最佳理由。

在第 2 章，我们曾讨论过一些关于财务报表和现金流量的基本概念，本章将继续讨论上一章未讨论完的论题。本章的目的在于扩展对使用（以及滥用）财务报表信息的理解。

在财务报表上具备的良好实践知识是值得向往的，这是因为财务报表及其衍生出的数据是公司内部及公司外部交流财务信息的基本方式。简言之，很多企业财务上的用语都植根于本章所讨论的概念中。

在最完美的情形下，财务主管拥有关于公司全部资产的所有市场价格信息，而这种情形少而又少（倘若曾有的话）。因此，我们依赖会计数据来获取大多数财务信息的原因在于，我们通常无法获取所需要的全部（甚至只是部分）市场信息。衡量商业决策有意义的惟一标准是看其是否创造经济价值（参见第 1 章）。然而，在很多重要的情形下，由于我们无法看到市场价值的影响，也就不大可能直接做出上述判断。

我们意识到，会计数据对经济事实的反映通常是苍白无力的，而它们往往又是最易获取的信息资料。例如，对于私营企业、非营利组织以及小型公司而言，几乎不存在多少市场价值信息。在这些情况下，会计人员的报告职能显得至关重要。

显然，会计人员的一项重要职能是通过一种有利于做出决策的形式向使用者报告财务信息。然而，到达使用者手中的信息往往不是这种形式；换句话说，财务报表没有附使用者指南。本章是为弥补这个缺憾而采取的一系列措施的第一步。

3.1　标准化的财务报表

显然，我们很想把某家公司的财务报表与类似公司的财务报表进行比较。然而，一个难题接着就来了——由于各家公司的规模不同，直接比较其财务报表几乎是不可能的。

例如，福特和通用在汽车市场上互为对手，但是通用的规模大得多（就其资产而言），因此将两者直接进行比较也是很困难的。倘若一个公司的规模发生了变化，将同一公司在不同时点的财务报表进行比较也是很困难的。假使我们想要比较通用和丰田，规模这一问题将会更显复杂；也就是说，如果丰田的财务报表是以日元标价的，那么我们既要面临规模的差异，又要面临通货的差异。

鉴于比较的目的，我们显然要试着以某种方法来使财务报表标准化。一个相当普遍并且极其有效的方法就是用百分比代替所有具体的金额，这样形成的财务报表被称为**共同比报表**（common-size statements，所有项目均以百分比显示的标准化财务报表。资产负债表的项目以资产的百分比显示，损益表的项目则以销售额的百分比显示）。下面我们将仔细阐述该问题。

共同比资产负债表

为了方便对照，表 3.1 列示了普鲁弗洛克公司 2007 年及 2008 年的资产负债表。通过用总资产的百分比来表示每一个具体项目，我们在原表的基础之上构造了共同

表 3.1

普鲁弗洛克公司资产负债表
2007 年、2008 年 12 月 31 日
（单位：百万美元）

	2007	2008
资　产		
流动资产		
现金	84	98
应收账款	165	188
存货	393	422
小计	642	708
固定资产		
厂房设备（净值）	2 731	2 880
资产合计	3 373	3 588
负债与股东权益		
流动负债		
应付账款	312	344
应付票据	231	196
小计	543	540
长期负债	531	457
股东权益		
普通股本及发行溢价	500	550
留存收益	1 799	2 041
合计	2 299	2 591
负债及股东权益合计	3 373	3 588

比资产负债表。表 3.2 列示的就是普鲁弗洛克公司 2007 年和 2008 年的共同比资产负债表。

由于四舍五入带来的误差，某些合计数并非一一对应得分毫不差；同时，也应注意到整体的变化为零，这是因为期初数与期末数之和必须等于百分之百。

在这种形式下，阅读和比较财务报表要相对简单得多。例如，仅就上述两张普鲁弗洛克公司的财务报表来看，2008 年的流动资产占总资产的 19.7%，高于 2007 年的 19.1%；而在此期间，流动负债占整个负债及股东权益的比例由 16.0% 下降到 15.1%。同样，股东权益总额占整个负债及股东权益的比例由 68.1% 上升至 72.2%。

表 3.2

普鲁弗洛克公司

共同比资产负债表

2007 年、2008 年 12 月 31 日

	2007（%）	2008（%）	变化幅度（%）
资　产			
流动资产			
现金	2.5	2.7	+ 0.2
应收账款	4.9	5.2	+ 0.3
存货	11.7	11.8	+ 0.1
小计	19.1	19.7	+ 0.6
固定资产			
厂房设备（净值）	80.9	80.3	− 0.6
资产合计	100.0	100.0	0.0
负债及股东权益			
流动负债			
应付账款	9.2	9.6	+ 0.4
应付票据	6.8	5.5	− 1.3
小计	16.0	15.1	− 0.9
长期负债	15.7	12.7	− 3.0
股东权益			
普通股本及发行溢价	14.8	15.3	+ 0.5
留存收益	53.3	56.9	+ 3.6
小计	68.1	72.2	+ 4.1
负债及股东权益合计	100.0	100.0	0.0

总之，经过对流动资产与流动负债的比较，可见在一年间普鲁弗洛克公司的变现能力大有提高。与此同时，普鲁弗洛克公司负债的减少额为总资产的 1%。我们得出这样的结论：资产负债表已经变得更为“强大”了。

共同比损益表

把表 3.3 列示的损益表标准化的一个有效方法是：将其中每一个项目都用其占销售总额的百分比来表示，如表 3.4 中所示。

这种损益表告诉我们总销售收入中的每 1 美元是怎样被使用的：对于普鲁弗洛克公司的每 1 美元销售额来说，利息费用占 0.061 美元，而所得税费用占据了另外的 0.081 美元。当所有款项都支付了之后，0.157 美元流至底线（即为净利润），而这一数目又一分为二：0.105 美元留在公司，0.052 美元支付股利。

这些百分比在比较的过程中相当有用。例如，一个非常关键的数据就是成本的百分比。就普鲁弗洛克公司而言，每 1 美元销售中的 0.582 美元用于支付产品销售成本。为普鲁弗洛克公司的主要竞争对手计算这一相同百分比是很有意思的，从中我们可以看出普鲁弗洛克在成本控制方面做得怎样。

表 3.3

普鲁弗洛克公司 2008 年损益表 （单位：百万美元）		
销售收入		2 311
销售成本		1 344
折旧		276
税息前利润		691
利息费用		141
税前利润		550
所得税（34%）		187
净利润		363
股利	121	
留存收益增加额	242	

表 3.4

普鲁弗洛克公司 2008 年共同比损益表（%）		
销售收入		100.0
销售成本		58.2
折旧		11.9
税息前利润		29.9
利息费用		6.1
税前利润		23.8
所得税（34%）		8.1
净利润		15.7
股利	5.2	
留存收益增加额	10.5	

3.2　比率分析

避免在比较不同规模的公司时出现问题的另一个方法，就是计算并比较财务比率。**财务比率**（financial ratios）是由公司的财务信息决定并用于比较目的的一些关键财务数据之间的相互关系，这些比率用来比较和探求不同财务信息之间的相互关系。下面我们将介绍一些较为常见的比率，当然，还有许多我们没有谈到的比率。

在比率分析中存在这样一个问题，就是不同人员、不同资料来源往往不是采用同一种方法来计算比率，因而产生了混乱。在此，我们所用的特定定义可能会也可能不会与你在别处所见到的或将要见到的完全一样。倘若要将比率作为分析的工具，你应该非常仔细地记载你是如何计算每一个比率的；又如果，你要将你的数据与其他来源的数据相比较，那么你必须弄清楚那些数据是如何计算出来的。

稍后，我们将在本章中讨论如何使用比率以及在比率使用中会出现的问题。就目前而言，在我们讨论每一项比率前，应存如下疑问。

1. 如何计算某项比率？
2. 该比率是用于衡量什么内容的，为什么要对其加以关注？
3. 衡量单位是什么？

4. 高值或低值告诉我们什么信息？这些数值可能产生怎样的误导？
5. 如何完善该衡量方法？

传统上，财务比率分成以下几类：

1. 短期偿债能力比率，或称变现能力比率；
2. 长期偿债能力比率，或称财务杠杆比率；
3. 资产管理比率，或称周转率；
4. 获利能力比率；
5. 市场价值比率。

我们将依次介绍上述比率。只要不另行说明，在演算普鲁弗洛克公司的比率时，我们都将使用其截至 2008 年底的资产负债表。

短期偿债能力比率，或曰变现能力比率

顾名思义，短期偿债能力比率是一组反映企业变现能力信息的比率，这组比率有时也被称为变现能力比率（liquidity measures），它们关注的首要问题是企业能否在短期内、在不受任何不正常压力的情况下偿还其短期负债。因而，这些比率把重点放在流动资产和流动负债上。

显然，短期负债的债权人对变现能力比率有特别的兴趣。由于财务主管常常与银行及其他短期借贷商发生工作往来，因而他们对于这些比率的理解至关重要。

关注流动资产和流动负债的一个优点在于，它们的账面价值同市场价值很可能相差不大。这些资产和负债在企业中存在的时间常常是（尽管并非总是）比较短的，它们的账面价值和市场价值在短时间内也不至于相差很大。另一方面，像任何其他类型的现金类似物一样，流动资产和流动负债能够并且的确会发生相当快的变化，因此，今天的数据很可能无法成为未来的可靠指南。

流动比率 **流动比率**（current ratio）是最广为人知且使用最为广泛的比率。正如你所猜测的，流动比率的定义是这样的：

流动比率 = 流动资产 / 流动负债 [3.1]

对于普鲁弗洛克公司而言，其 2008 年的流动比率为：

流动比率 = \$708 / \$540 = 1.31 倍

原则上，流动资产和流动负债反映的是未来 12 个月内的现金流量状况，因此流动比率是衡量短期变现能力的指标。计量单位要么是金额，要么是倍数。因此我们可以说，普鲁弗洛克公司每 \$1 的流动负债就对应 \$1.31 的流动资产；也可以说，普鲁弗洛克公司的流动负债有 1.31 倍的保障。

对于债权人尤其是供应商这样的短期债权人来说，流动比率愈高愈好；就企业而言，一个较高的流动比率说明其具有较强的变现能力，但也可能说明其现金或其他短期资产未能被有效利用。排除某些异常情况，我们期望见到的流动比率至少为 1，因为小于 1 的流动比率意味着净营运资本（流动资产与流动负债之差）为负值，这对于一个健康的企业来说是不正常的，至少对大多数类型的商业企业是这样。

同其他比率一样，流动比率受不同类型交易的影响。例如，假设某公司通过长期借款筹集资金，该交易在短期内的影响是现金的增加和长期负债的增加，而流动负债未受任何影响，这样的话，流动比率就会升高。

总之应注意到，一个明显较低的流动比率对于一家具有大量未动用的借款能力的公司来说并非一定是坏征兆。

例 3.1　常见事件

假设某公司要向一些供应商和短期债权人付款，其流动比率将如何变化？又假设该公司要购买一些存货，则其流动比率又会发生怎样的变化？如果该公司要出售某些商品又会怎样？

第一种情况提出的问题容易引人上当，其变化结果是流动比率会偏离 1。假如该比率大于 1（在通常情形下），它将会变得更大，但若是小于 1，它就会变得更小。为了说明此点，不妨假设某公司有 \$4 的流动资产及 \$2 的流动负债，那么其流动比率为 2。假如我们为减少流动负债而支付了 \$1 的现金，那么新的流动比率应为 (\$4 − \$1)/(\$2 − \$1) = 3。倘若我们颠倒原来的假设，即流动资产为 \$2 而流动负债为 \$4，那么同样的变化将使流动比率由 1/2 下降到 1/3。

第二种情况不那么具有迷惑性，其流动比率不会有任何变化，这是因为在现金减少的同时存货增加了——流动资产的总数未受到任何影响。

在第三种情况中，流动比率往往会上升，其原因在于，存货通常以其成本列示，而销售价格通常要高于其成本（差额就是增值部分）。无论是现金还是应收款项，其增加额都大于存货项目的减少额。这就会增加流动资产，从而使流动比率上升。

速动比率（酸性测试比率） 存货往往是变现能力最差的流动资产。由于对存货的质量未加考虑，存货的账面价值最不能准确地反映其市场价值。因为一些存货最终损坏了、过时了，或是丢失了。

更为关键的是，存货过大往往是短期内有麻烦的标志。公司有可能高估了其销售额，从而导致了过多的采购或是大量地生产。在这种情况下，公司很可能有相当一部分的变现能力被束缚在流动缓慢的存货上面。

为了进一步衡量变现能力，我们引入了速动比率，或是酸性测试比率，它的计算方法与流动比率几乎一样，只是减去了存货：

速动比率 =（流动资产 − 存货）/ 流动负债 [3.2]

应注意到，用现金购买存货并不影响流动比率，但是会降低速动比率。这再一次体现了存货的变现能力比现金差。

对普鲁弗洛克公司来说，其 2008 年的速动比率为：

速动比率 =（\$708 − \$422）/ \$540 = 0.53 倍

在此，速动比率反映的信息与流动比率反映的颇有差异，这是因为存货的价值占普鲁弗洛克公司流动资产的一半以上。夸张一点地说，假使存货里含有未出售的核电厂，也应引起注意了。

现金比率 一个极短期的债权人很可能会对现金比率感兴趣：

现金比率 = 现金 / 流动负债 [3.3]

你可以核实一下，普鲁弗洛克公司的这项比率为 0.18。

长期偿债能力比率

长期偿债能力比率说明企业在长期内偿还其债务的能力或其财务杠杆水平，这些比率有时被称为财务杠杆比率或简称为杠杆比率。在此，我们介绍三种经常使用的比率及其简单变形。

总负债比率 总负债比率中的负债是指企业的全部负债，无论债务何时到期，也无论债权人是谁。定义这个比率有好几种方式，最简单的一种如下所示。

总负债比率 =（资产总额 − 权益总额）/ 资产总额

=（\$3 588 − \$2 591）/ \$3 588 = 0.28 倍　　[3.4]

在本例中分析师可能会说，普鲁弗洛克公司使用了 28% 的负债。[1] 但是，这个值是高了还是低了，它的高低是否有意义，这些都有赖于其资本结构中的财务杠杆是否有正面效应——此点将在后面的章节论述。

普鲁弗洛克公司每 \$1 的资产中有 \$0.28 的负债。因此，每 \$0.28 的负债就对应有 \$0.72（\$1 − \$0.28）的权益。有了对此点的认知，我们可以在总负债比率的基础上推出另两个有用的比率，负债 – 权益比率和权益乘数：

负债 – 权益比率 = 负债总额 / 权益总额

= \$0.28/\$0.72 = 0.39 倍　　[3.5]

权益乘数 = 资产总额 / 权益总额

= \$1/\$0.72 = 1.39 倍　　[3.6]

事实上，权益乘数等于负债 – 权益比率加上 1 并非巧合：

权益乘数 = 资产总额 / 权益总额 = \$1/\$0.72 = 1.39 倍

=（权益总额 + 负债总额）/ 权益总额

= 1 + 负债 − 权益比率 = 1.39 倍

应注意到，任意给出这三个比率中的一项，你就能很快地计算出其他两项，因此它们反映出的信息是一致的。

利息保障倍数　另一个通常用来衡量长期偿债能力的比率是利息保障倍数（times interest earned，TIE）。同样，这个比率也有好几种可能的（也是普遍的）定义，在此我们介绍最为传统的一种：

利息保障倍数 = 息税前利润 / 利息费用

= \$691/\$141 = 4.9 倍　　[3.7]

顾名思义，这个比率衡量的是一个公司的利息债务有多大程度的偿还保障，有

1　倘若该公司有优先股的话，此处的权益总额包括优先股（详见第 7 章）。这个等式的分子是流动负债加长期负债。

时该比率也被称为利息覆盖率或已获利息倍数。就普鲁弗洛克公司而言，其利息费用有 4.9 倍保障。

现金覆盖率　TIE 比率的一个问题就是它是在息税前利润的基数上形成的，而息税前利润无法真正地衡量出能够用来支付利息费用的现金，其理由是属于非现金费用的折旧费被扣减了。由于利息费用通常被认定为一笔现金流出（对债权人而言），因此现金覆盖率的定义之一为：

现金覆盖率 =（息税前利润 + 折旧）/ 利息费用

=（\$691 + 276）/ \$141 = \$967/\$141 = 6.9 倍　　[3.8]

此处的分子为息税前利润与折旧费之和，此和简称为 EBDIT（earnings before depreciation, interest, and taxes，即折旧、利息及税前利润），它是衡量公司通过运营创造现金能力的基本标准，又常作为判断现金流量是否足够偿还其财务负担的依据。

资产管理比率或周转率

下面，我们将注意力放到普鲁弗洛克公司资产使用的有效性上。这个部分的比率有时也称为资产利用能力比率。这里我们所讨论的特定比率都可被解释为周转率指标。这些比率被用来描述企业运用其资产创造销售收入的有效程度。我们首先讨论两个重要的流动资产：存货和应收账款。

存货周转率以及存货平均周转天数　2008 年，普鲁弗洛克公司的产品销售成本为 \$1 344，年末存货为 \$422。根据这些数据，其存货周转率可计算为：

存货周转率 = 产品销售成本 / 存货

= \$1 344/\$422 = 3.2 次　　[3.9]

从某种意义上说，我们出售或周转所有的存货 3.2 次。只要我们没有因为存货短缺而耽误销售，那么这个比率越高，我们对存货的管理就越有效率。

倘若我们了解到一年中的存货周转率为 3.2 次，那么我们就能计算出平均需要多长时间来周转存货，其结果就是存货周转天数。

存货周转天数 = 365 天 / 存货周转率

= 365 天 /3.2 = 114 天　[3.10]

简言之，这个值告诉我们存货在售出之前平均要存放 114 天；换言之，假设我们使用的是最近的存货和成本数据，我们当前的存货将在 114 天后消耗完毕。

例如，我们常听到这样的话“大华汽车公司的存货期为 60 天”，这意味着，以现在的日销售速度，该公司要花 60 天的时间才能卖光手头的存货，我们也可以说该公司目前的存货可以销售 60 天。

应收账款周转率以及应收账款周转天数　我们衡量存货的标准可反映出我们能以多快的速度销售产品。现在让我们来看看回收销售账款的速度又有多快。应收账款周转率的定义与存货周转率相同：

应收账款周转率 = 销售收入 / 应收账款

= $2 311/$188 = 12.3 次　[3.11]

粗略来说，我们一年里回收赊销账款并且再借出的次数为 12.3 次。[1]

假如我们把它转换为天数，这个比率会更有意义，所以应收账款周转天数为：

应收账款周转天数 = 365 天 / 应收账款周转率

= 365 天 /12.3 = 30 天　[3.12]

所以平均而言，30 天我们可收回赊销账款。顺理成章地，这个比率常常被称为平均收款期（average collection period，ACP）。

还应注意到，倘若我们使用最近的数据，也可以说我们目前有 30 天的销售收入尚未收回。在后面讨论信用政策的章节里，我们将学到更多有关这方面的知识。

例 3.2　应付账款周转率

这是应收账款收账期的一个变异。平均而言，普鲁弗洛克公司要花多长时间来支付其账款？为了回答这个问题，我们需要用产品销售成本来计算应付账款周转率。

产品销售成本为 $1 344，而其应付账款是 $344，则其周转率为 $1 344/$344 = 3.9 次。

1　这里隐含的假设是所有的销售均为赊销。若实际情况并非如此，则我们只能将赊销总额而不是销售总额代入计算式中。

因此，应付账款周转一次约需 365 天 /3.9 = 94 天。那么平均而言，普鲁弗洛克公司 94 天付款一次。作为一个潜在的债权人，我们有必要关注这项事实。

总资产周转率 离开存货或应收账款这样的具体项目，我们能够思考一个重要的“总体周转比率”，即总资产周转率。顾名思义，总资产周转率应为：

总资产周转率 = 销售收入 / 总资产

= \$2 311/\$3 588 = 0.64 次 [3.13]

换句话说，对于每 \$1 的资产，我们能创造出 \$0.64 的销售收入。

与总资产周转率密切相关的资本密度比率是总资产周转率的倒数，它可以被解释为，欲创造 \$1 的销售收入需要投入多少资产。高数值是与资本密集型企业（例如公众设施）相对应的。就普鲁弗洛克公司而言，其总资产周转率为 0.64，所以假如我们倒置此值，就得出其资本密度为 \$1/0.64 = \$1.56；也就是说，普鲁弗洛克公司要投入 \$1.56 的资产来创造 \$1 的销售收入。

例 3.3 周转率问题

假设某个特定公司总资产中的每 \$1 会带来 \$0.40 的销售收入。该公司的总资产要多长时间周转 1 次?

此处总资产周转率为每年 0.40 次，因此该公司的总资产要花 1/0.40 = 2.5 年的时间全部周转 1 次。

获利能力比率

在这一部分我们要讨论的比率可能最广为人知、也是使用最为广泛的财务比率——以这样或那样的形式，它们被用于衡量公司使用并管理其资产创造的效益。这组比率的焦点放在底线（即净利润）上。

利润率 公司投放了大量的注意力在其利润率上。

利润率 = 净利润 / 销售收入

= \$363/\$2 311 = 15.7%　[3.14]

这个数据告诉我们，在会计意义上，普鲁弗洛克公司每 1 美元的销售收入创造出略低于 16 美分的利润。

在其他条件相同的情况下，谁都希望有一个相对较高的利润率和相对较低的费用 – 销售收入比率。然而，需要补充的是，其他条件并非总是相同的。

例如，降低销售价格常会使销售量增加，但是同时会引起边际利润率的缩小。总利润（更重要的是经营性现金流量）可能会上升，也可能会下降。因此，边际利润率缩小了并不一定是件坏事儿。难道就不能像常说的那样“如此低的价位让我们在出售商品时少赚了一笔，但我们可以薄利多销”？[1]

资产报酬率　资产报酬率（return on assets，ROA）是用来衡量每 1 美元资产所产生利润的指标。有几种方式可以定义这项比率，最普遍的一种是：

资产报酬率 = 净利润 / 总资产

= \$363/\$3 588 = 10.12%　[3.15]

权益报酬率　权益报酬率（return on equity，ROE）是用来衡量股东在该年度的获利情况的比率。由于我们的目的是要使股东受益，因此从会计意义上来说，ROE 是评定业绩的真正收益性标准。ROE 通常这样衡量：

权益报酬率 = 净利润 / 权益总额

= \$363/\$2 591 = 14%　[3.16]

因此，普鲁弗洛克公司股东权益中的每 1 美元都能创造出 14 美分的利润，但这仅在会计意义上是正确的。

由于 ROA 和 ROE 是普遍使用的数据，我们有必要强调，牢记这两项会计比率是相当重要的。基于这个原因，这两项比率也可被称为账面资产报酬率和账面权益报酬率。另外，ROE 有时也被称为净资产报酬率。无论其称谓是什么，将此比率与金融市场中的利息率相比是不恰当的。

ROE 大于 ROA 的事实反映了普鲁弗洛克公司对财务杠杆的运用。下面，我们

1　不，不是这样的。利润可以很小，但必须是正的！

将更详细具体地阐明两者间的关系。

市场价值比率

最后一组比率的基数中有一部分并不一定来源于财务报表，如每股的市场价格。显然，只有公开上市的公司才能直接计算这些比率。

我们不妨假设普鲁弗洛克公司现有 3 300 万股股份流通在外，并且年末时的每股售价为 88 美元。倘若普鲁弗洛克公司的净利润是 36.3 亿美元，那么我们可以计算出其每股收益（EPS）为：

EPS = 净利润 / 流通在外的股票数量
　　= $363/33 = $11　　[3.17]

市盈率　衡量市场价值的首要比率是*市盈率*（price-earnings，PE），其定义为：

PE = 每股市价 / 每股收益
　 = $88/$11 = 8 倍　　[3.18]

通俗地讲，普鲁弗洛克公司股票的售价是其收益的 8 倍，也可以说普鲁弗洛克公司的股票含有或“承载”的 PE 乘数为 8。

由于 PE 这一比率衡量的是股东们愿意出多少钱来购买当前盈利中的 1 美元，因此较高的 PE 值通常意味着公司拥有相当不错的发展前景。当然，倘若一个公司毫无或几乎没有盈余，其 PE 值可能相当大；因此，与以前一样，我们必须谨慎小心地解释这项比率。

市净率　第二个常用的衡量标准就是*市净率*：

市净率 = 每股市价 / 每股账面价值
= $88/（$2 591/33）= $88/$78.5 = 1.12 倍　　[3.19]

应注意到，每股账面价值是由股东权益总额（并不仅是普通股总额）除以流通在外的股数而得。

由于每股账面价值是一会计数据，因此它反映的是历史成本。从非严格的意义上讲，市场价值比率比较的是股东投资的市场价值与其投资成本。一个小于 1 的值意味着整体而言公司未能成功地为股东创造价值。

到此我们完成了对一些常用比率的介绍。我们当然能够为你介绍更多这样的比率，但上述种种已够用。下面我们将讨论使用这些比率的几种方法，而不再限于介绍如何计算它们。表 3.5 概括了我们讨论过的所有比率。

表 3.5　常用财务比率

1. 短期偿债能力比率或是变现能力比率

$$流动比率 = \frac{流动资产}{流动负债}$$

$$速动比率 = \frac{流动资产-存货}{流动负债}$$

$$现金比率 = \frac{现金}{流动负债}$$

2. 长期偿债能力比率或是财务杠杆比率

$$总负债比率 = \frac{资产总额-权益总额}{资产总额}$$

$$负债-权益比率 = \frac{负债总额}{权益总额}$$

$$权益乘数 = \frac{资产总额}{权益总额}$$

$$利息保障倍数 = \frac{息税前利润（EBIT）}{利息费用}$$

$$现金覆盖率 = \frac{息税前利润（EBIT）+折旧}{利息费用}$$

3. 资产利用能力比率或是周转率

$$存货周转率 = \frac{产品销售成本}{存货}$$

$$存货周转天数 = \frac{365天}{存货周转率}$$

$$应收账款周转率 = \frac{销售收入}{应收账款}$$

$$应收账款周转天数 = \frac{365天}{应收账款周转率}$$

$$总资产周转率 = \frac{销售收入}{总资产}$$

$$资本密度比率 = \frac{总资产}{销售收入}$$

4. 获利能力比率

$$销售利润率 = \frac{净利润}{销售收入}$$

$$资产报酬率（ROA） = \frac{净利润}{总资产}$$

$$权益报酬率（ROE） = \frac{净利润}{权益总额}$$

$$ROE = \frac{净利润}{销售收入} \times \frac{销售收入}{资产} \times \frac{资产}{权益总额}$$

5. 市场价值比率

$$市盈率 = \frac{每股市价}{每股收益}$$

$$市净率 = \frac{每股市价}{每股账面价值}$$

3.3　杜邦等式

正如我们在讨论 ROA 和 ROE 时提及的，这两种衡量获利能力的比率间的差异，反映出对债务融资或财务杠杆的运用。在这一部分，我们将深入考察把 ROE 分成不同部分的一种著名方法，从而进一步阐明两者间的关系。

首先，让我们回顾一下 ROE 的定义：

权益报酬率 = 净利润 / 权益总额

我们可以将这个比率乘以（资产 / 资产），不改变其结果：

权益报酬率 = 净利润 / 权益总额
　　　　　=（净利润 / 权益总额）×（资产 / 资产）
　　　　　=（净利润 / 资产）×（资产 / 权益总额）

应注意到，我们现在已将 ROE 表示为其他两个比率——ROA 和权益乘数的乘积：

ROE = ROA × 权益乘数 = ROA ×（1 + 负债 – 权益比率）

例如，回顾普鲁弗洛克公司的情况，我们可以见到其负债 – 权益比率是 0.39，ROA 为 10.12%。此刻，我们可以由上述方法计算出普鲁弗洛克公司的 ROE：

ROE = 10.12% × 1.39 = 14%

通过把分子、分母同乘以总销售收入，我们可以进一步地分解 ROE：

$$\text{ROE} = \frac{\text{销售收入}}{\text{销售收入}} \times \frac{\text{净利润}}{\text{资产}} \times \frac{\text{资产}}{\text{权益总额}}$$

对上式进行一下整理，ROE 变为：

$$\text{ROE} = \frac{\text{净利润}}{\text{销售收入}} \times \frac{\text{销售收入}}{\text{资产}} \times \frac{\text{资产}}{\text{权益总额}}$$

$$= \text{利润率} \times \text{总资产周转率} \times \text{权益乘数} \qquad [3.20]$$

刚才我们所做的是将 ROA 分解为它的两个组成部分——利润率和总资产周转

率。最后的表达式称为**杜邦财务分析体系**（Du Pont identity，一个流行的表达式，将 ROE 分解为三个部分：获利能力、资产管理效率以及财务杠杆），该法是由杜邦公司推广采用的。

我们可以利用普鲁弗洛克公司的数据来验证这个关系：其利润率为 15.7%，总资产周转率是 0.64，因此 ROE 应该为：

$$
\begin{aligned}
\text{ROE} &= \text{利润率} \times \text{总资产周转率} \times \text{权益乘数} \\
&= 15.7\% \times 0.64 \times 1.39 \\
&= 14\%
\end{aligned}
$$

这里所得的 ROE 为 14%，正是我们在前面所得的。

杜邦体系告知我们 ROE 受三方面的影响：

1. 获利能力（用利润率衡量）；
2. 资产管理效率（用总资产周转率衡量）；
3. 财务杠杆（用权益乘数衡量）。

无论是在公司运营上，还是在资产利用上（或两者兼有），效率不佳都会从缩减的资产报酬率上显现出来，而这又将导致一个较低的 ROE。

鉴于杜邦体系所示，一个公司似乎可以通过增加其负债额来提高其 ROE，而这种情况只有当公司的 ROA 超过其负债利息率时才成立；更为重要的是，负债融资的运用同时还存在其他一些影响，而且，正如我们在后几章中将要探讨的，一个公司所使用杠杆的程度依其资本结构政策而定。

在这一部分，我们所讨论的 ROE 的分解是系统地进行财务报表分析的便捷之路。如果 ROE 不令人满意，那么杜邦体系会告诉你从哪里寻找原因。

3.4　内部增长率以及可持续增长率

一个公司的资产报酬率和权益报酬率常用来计算另外两个数据，而这两个数据与公司的增长能力有关——我们将在后面对其进行阐述，现在我们先介绍两个基本比率。

股利支付和盈余留存

正如我们在很多地方所见的，一个公司的净利润分为两部分：第一部分是支付给股东的现金股利，剩余下来的则是留存收益的增加。例如，从表 3.3 中可知，普鲁弗洛克公司的净利润为 \$363，其中的 \$121 用于支付股利。倘若我们把支付的股利用净利润的百分比来表示，其结果就是*股利支付率*：

$$\begin{aligned}\text{股利支付率} &= \text{现金股利}/\text{净利润}\\ &= \$121/\$363\\ &= 33.33\%\end{aligned}\qquad [3.21]$$

这一结果告诉我们，普鲁弗洛克公司支付的股利占其净利润的 1/3。

任何普鲁弗洛克公司未以股利形式支出的利润都应保留在公司里，因此我们定义*盈余留存比率*为：

$$\begin{aligned}\text{盈余留存比率} &= \text{留存收益增加额}/\text{净利润}\\ &= \$242/\$363\\ &= 66.67\%\end{aligned}\qquad [3.22]$$

因此，普鲁弗洛克公司保留了 2/3 的净利润。盈余留存比率也可认为是*再投资比率*，因为事实上是将净利润的这一部分再度投入企业中。

应注意到，净利润不是用来支付股利就是拿去再投资，因此股利支付比率和再投资比率之和为 1；也就是说，当你知道其中之一，你就能立刻计算出另一个。

例 3.4 支付与留存

门松 – 玛莉莲公司通常以净利润的 40% 支付股利，其再投资比率是多少？如果净利润为 \$800，它的股东真正能收到多少？

如果支付比率是 40%，那么盈余留存比率，或是再投资比率应是 60%，这是因为两者的和必为 100%。股利则是 \$800 的 40%，即 \$320。

ROA、ROE和企业发展

投资者和其他一些相关人士常常对公司销售收入的增长速度十分感兴趣。有必要认识到这样一个重要的事实：倘若销售要增长，至少从长期来看资产也应得到相应的增长；再者，如果资产要增长，那么公司必定要为新增资产的支付筹集大笔资金。换句话说，发展需要融资，即一个公司的增长能力有赖于其融资政策。

一个公司会有两个广泛的融资来源——*内部融资和外部融资*。内部融资仅涉及公司盈余中再投资到企业里的那部分，外部融资则包括借贷和发行股票筹集的资金。

内部增长率　假设一个公司的发展依靠的融资仅采用内部融资的形式——这意味着该公司不会借贷任何资金，也不会发行任何新股。该公司能以多快的增长率发展？答案可由**内部增长率**（internal growth rate，一个公司仅靠内部融资而得以发展的最大可能的增长率）给出：

$$\text{内部增长率} = \frac{\text{ROA} \times b}{1 - \text{ROA} \times b} \qquad [3.23]$$

此处的 ROA 正是常说的资产报酬率，而 b 则是我们刚刚讨论过的盈余留存比率，或是再投资比率。

例如，就普鲁弗洛克公司而言，我们早先计算过的 ROA 是 10.12%；同时，我们又得到其盈余留存比率为 66.67% 或 2/3，因此其内部增长率为：

$$\begin{aligned}\text{内部增长率} &= \frac{\text{ROA} \times b}{1 - \text{ROA} \times b} \\ &= \frac{0.101\,2 \times 2/3}{1 - 0.101\,2 \times 2/3} = 7.23\%\end{aligned}$$

因此，假如普鲁弗洛克公司仅靠内部融资，它的最大增长率为每年 7.23%。

可持续增长率　倘若一个公司仅仅依靠内部融资，经过一段时间之后，其负债比率将会下降，原因在于，资产增长的同时总的负债将保持不变（甚至，如果有一部分还掉的话，负债就会减少）。通常，公司会有一个特定的总负债比率或权益乘数被认为是理想化的比率（其原由将在第 13 章中加以介绍）。

有了上述认识，现在我们要考虑公司能以多快的增长率发展，倘若（1）它希望保持一个特定的总负债比率，以及（2）它不想发行新股票。一个公司想要避免发行股票的原因多种多样，而且实际上业已成立的公司很少出售新股票。在上述两个假设的基础之上，能达到的最大发展速度称为**可持续增长率**（sustainable growth rate，一个公司通过保持固定的负债比率，而且不发行新股，而能得以发展的最大可能的增长率）：

$$\text{可持续增长率} = \frac{\text{ROE} \times b}{1 - \text{ROE} \times b} \qquad [3.24]$$

应注意到，除了用 ROE 替换了 ROA 之外，其余的同内部增长率一般相同。

试看普鲁弗洛克公司的情况，我们在早先算得的 ROE 是 14%，而我们又知道其盈余留存比率为 2/3，因此我们能轻松地计算出可持续增长率：

$$\begin{aligned}\text{可持续增长率} &= \frac{\text{ROE} \times b}{1 - \text{ROE} \times b} \\ &= \frac{0.14 \times \frac{2}{3}}{1 - 0.14 \times \frac{2}{3}} = 10.29\%\end{aligned}$$

倘若将 10.29% 的可持续增长率同 7.23% 的内部增长率相比较，你很可能想知道为什么前者会大些——原因在于，当公司发展之时，如果它想保持一个不变的负债比率，那么它将额外借入资金。这笔新的借贷是内部融资外的一项额外的融资来源，因此普鲁弗洛克公司能够扩张得更为迅速。

增长的决定因素 在前一部分我们看到，通过运用杜邦财务分析体系可将权益报酬率（ROE）分解为几个不同的组成部分。由于 ROE 在确定可持续增长率时尤为重要，因此决定 ROE 的重要因素同时也是决定增长率的重要因素。

正如我们所见，ROE 可以表示为三个因素的乘积：

$$\text{ROE} = \text{销售利润率} \times \text{总资产周转率} \times \text{权益乘数}$$

假如我们考察一下可持续增长率的表达式，就不难发现提高 ROE 会使该式的分子扩大而分母缩小，从而就会提高可持续增长率。提高再投资比率会带来同样的效果。

综上所述，我们所得出的结论就是，公司可持续发展的能力确实有赖于以下四个因素。

1. 销售利润率。销售利润率的增加会提高公司创造内部资金的能力，从而促进公司的可持续发展。

2. 总资产周转率。公司资产周转率提高了，每 1 美元资产所产生的销售收入就增加了。销售的增加会减少公司对新资产的需要，这样就会提高可持续发展速度。应注意到，提高资产周转率的作用同减少资本密度带来的效果一般相同。
3. 财务政策。负债－权益比率的增加会提高公司的财务杠杆，这样就使额外的负债融资成为可能，从而提高可持续增长率。
4. 股利政策。支出的股利占净利润百分比的减少将提高盈余留存比率。这种提高能从内部创造股东权益，从而促进企业内部的以及可持续的发展。

可持续增长率是一个极其有用的数据，它明确解释了公司四大主要方面的关系：由销售利润率衡量的获利能力，由总资产周转率衡量的资产利用效率，由负债－权益比率衡量的财务政策，以及由盈余留存比率衡量的股利政策。倘若销售收入的增长率高于可持续增长率，公司就必须提高其销售利润率，提高其总资产周转率，提高其财务杠杆，增加其盈余留存比率，或是发行新股募集增量资金。

表 3.6 概括了内部增长率和持续增长率。

表 3.6
内部增长率和可持续增长率的总结

1. 内部增长率

$$内部增长率 = \frac{ROA \times b}{1 - ROA \times b}$$

此处，ROA = 资产报酬率 = 净利润 / 总资产

b = 再投资（盈余留存）比率

= 留存收益增加额 / 净利润

内部增长率是无须任何外部融资来源就能达到的最大增长率。

2. 可持续增长率

$$可持续增长率 = \frac{ROE \times b}{1 - ROE \times b}$$

此处，ROE = 权益报酬率 = 净利润 / 权益总额

b = 再投资（盈余留存）比率

= 留存收益增加额 / 净利润

= 1 - 股利支出率

可持续增长率是通过保持一个不变的负债 - 权益比率，且无须外部的股东权益融资就能达到的最大增长率。

3.5　使用财务报表信息

本章最后的内容是要详细讨论财务报表分析的一些实际问题，重点解释进行财务报表分析的理由，如何获取作为标准的信息，以及在此过程中遇到的一些问题。

为什么要评估财务报表

正如我们所讨论过的，查看会计信息的首要理由是我们没有也无法合理地期望获取市场价值信息。必须强调的一点是，无论我们何时获悉市场信息，我们都应用它来替换会计数据。同样，如果会计数据与市场数据不相符，首先考虑的应是市场数据。

财务报表分析从根本上说是对“例外管理”的运用。在很多情况下，这些分析概括地将某个公司的各项比率同平均的或具有代表性的比率进行比较——对那些与平均值相差甚远的比率将进一步研究分析。

内部使用　一个公司的财务报表信息在其内部有多种用途，其中最为重要的一项是业绩评估。例如，人们常用利润率、权益报酬率这类用于衡量业绩的会计指标来对经理们进行评估，并且给予相应的报酬；同时，运用财务报表的信息还能比较一个公司不同部门的业绩情况。

财务报表信息的另一个重要的内部使用就是为未来做计划。财务报表的历史信息不仅对勾画未来的蓝图很有帮助，而且对检查计划中前提假设的真实性大有裨益。

外部使用　财务报表对于公司外部的相关人士也很有用处，这些人士包括短期债权人、长期债权人以及潜在投资者。例如，在决定是否给予一个新客户商业信用时，参考这些信息是相当有用的。

同时，我们也能用这些信息来评价供应商，而供应商则可通过我们的报表来决定是否继续给予我们商业信用。大客户会用这些信息判定我们是否能在未来持续发展。信用评级机构则依靠财务报表去评估公司整体的信用度。总之，财务报表是公司财务状况良好的首要信息来源。

再者，这些信息在评价公司的主要竞争对手时也十分有用。我们可能计划推出一个新产品，需考虑的首要问题是新产品的推出是否会立刻带来竞争。在这种情况下，我们会对竞争对手的财务实力产生浓厚的兴趣，因为我们想知道他们是否负担得起必要的发展费用。

最后，我们可能想兼并另一家公司，财务报表信息在发掘潜在目标以及决定买入价多少时十分重要。

选择基准

如果我们想在财务报表的基础之上评估某个部门或公司，一个基本问题接踵而至：我们如何选择一个统一基准，或是比较标准？在这一部分，我们将初步说明一些方法。

时间－趋势分析　我们可以使用的标准之一就是历史数据。不妨假设一下，最近的财务报表信息表明某一特定公司的流动比率为 2.4——回顾过去的 10 年，我们可能会发现这个比率在此期间以较为稳定的速度下降了。

基于此点，我们很想知道该公司的流动性状况是否恶化了。当然，这可能是公司为了更有效地利用其流动资产而产生的某些变化，也可能是该公司的业务性质已有所改变，抑或是其商业运作方式发生了变化。倘若对之进行仔细调查，我们可能会发现以上任何一种解释都是有可能的，而这正是我们所说的例外管理中的一例——呈恶化的时间趋势并不一定都是坏事，但它值得进一步调查研究。

同类群体分析　建立统一基准的另一个方法就是找出相同类别的公司，也就是说，它们会在同一市场中竞争，拥有相似的资产，以及具有类似的运作方式。换句话说，我们有必要找到一个同类群体。显而易见，由于不存在两个一模一样的公司，要完成上述工作确有困难。最终，选定什么公司作为比较的标准是具有主观性的。

用来识别潜在同类公司的一个普遍方法就是依据**标准行业分类编码**［Standard Industrial Classification（SIC）code，此为美国政府的编码，根据企业运作的类型将公司进行分类］。这是为了满足统计报告的需要，由美国政府创建的四位编码。SIC 编码相同的公司通常被认为是类似的。

SIC 编码中的第一个数字代表企业的总类型。例如，涉足金融、保险及房地产的公司的 SIC 编码以 6 打头。余下的每一个数字都会进一步缩小行业范围。因此，SIC 编码以 60 打头的公司几乎全是银行以及类似银行的企业，那些以 602 开头的绝大部分是商业银行，而 SIC 编码 6025 则指隶属于联邦储备体系的国家银行。表 3.7 列示

表 3.7
节选的两位 SIC 编码

农业、林业、渔业	零售业
01 农产品——谷类	54 副食品行业
02 林业	55 汽车交易业以及加油站
采矿业	58 饮食行业
10 冶金	金融、保险以及房地产业
13 石油、天然气开采	60 银行业
建筑业	63 保险业
15 房屋建筑	65 房地产业
16 房屋以外的建筑	服务业
制造业	78 影视业
28 化学工业以及相关产品	80 保健服务业
29 原油提炼	82 教育服务业
35 机器制造业，不包括电器	
37 交通设备	
交通、通信、电子、天然气以及卫生事业	
45 航空业	
49 电子、天然气以及卫生事业	

的是节选出的两位编码（SIC 编码的四个数字中的前两位）以及它们所代表的行业。

1997 年初，一种新的行业分类体系即北美行业分类体系（North American Industry Classification System，NAICS，发音为“nakes”）成立，其目的是取代较早使用的标准行业分类编码，而且可能会成为最终版本。但是，标准行业分类编码目前仍然被广泛使用。

SIC 编码并不是十全十美的。例如，假设你在查看沃尔玛这个美国最大的零售商的财务报表，其相关的 SIC 编码是 5310——指的是百货公司。快速浏览一下最近的财务数据库，你将发现大约 20 个大型的公共公司有相同的 SIC 编码，但是，你可能会认为某些并不适宜。凯马特看起来是个合理的同类，但内曼 · 马库斯（Neiman-Marcus，美国以经营奢侈品为主的高端连锁百货公司。——编者注）也具有同样的行业编码。沃尔玛和内曼 · 马库斯果真具有可比性吗？

正如此例所示，盲目地以 SIC 编码为基础确定平均水准是不恰当的；相反，分析师常常会挑出一组基本竞争者，然后仅仅根据这个组设定一套平均标准。同时，我们备加关注的是行业中的一组领先企业，而非平均水准的公司。该组被称为标杆群体，只因我们渴望像他们那样。在这种情况下，财务报表分析会向我们揭示还有

表 3.8　节选财务报表信息

RETAIL—Hardware Stores NAICS 444130 (SIC 5072, 5251)									
Comparative Historical Data				Current Data Sorted By Sales					
			Type of Statement						
11	17	17	Unqualified		1		1	3	12
42	54	52	Reviewed		13	11	12	11	5
85	110	109	Compiled	14	40	22	23	7	3
34	52	78	Tax Returns	15	39	9	9	5	1
57	76	89	Other	16	40	7	12	7	7
4/1/01–3/31/02 ALL	**4/1/02–3/31/03 ALL**	**4/1/03–3/31/04 ALL**		**54 (4/1–9/30/03) 0–1MM**	**1–3MM**	**3–5MM**	**291 (10/1/03–3/31/04) 5–10 MM**	**10–25 MM**	**25MM & OVER**
229	309	345	**NUMBER OF STATEMENTS**	45	133	49	57	33	28
%	%	%	**ASSETS**	%	%	%	%	%	%
6.1	6.0	6.4	Cash & Equivalents	5.7	6.9	6.9	5.9	7.1	3.8
13.3	13.8	13.6	Trade Receivables (net)	8.1	10.8	15.3	17.6	18.4	18.8
48.9	50.5	50.1	Inventory	52.6	51.1	52.1	47.2	46.3	47.7
1.3	1.8	1.9	All Other Current	1.5	2.2	1.3	3.0	.5	1.9
69.6	72.2	71.9	Total Current	68.0	71.1	75.6	73.6	72.3	72.1
17.8	17.0	16.7	Fixed Assets (net)	20.6	16.3	13.8	16.5	16.6	18.5
3.1	1.7	1.5	Intangibles (net)	2.4	1.4	1.3	1.0	.2	3.7
9.5	9.2	9.8	All Other Non-Current	8.9	11.3	9.3	8.8	10.9	5.7
100.0	100.0	100.0	Total	100.0	100.0	100.0	100.0	100.0	100.0
			LIABILITIES						
8.0	11.3	9.4	Notes Payable—Short Term	11.8	8.4	8.7	8.5	10.3	12.1
3.8	3.5	2.9	Cur. Mat.—L/T/D	2.6	2.8	2.8	4.0	2.5	1.6
15.6	15.5	15.3	Trade Payables	9.3	13.0	19.9	18.9	15.9	19.2
.2	.2	.2	Income Taxes Payable	.0	.2	.0	.3	.2	.1
8.1	7.0	7.3	All Other Current	7.8	7.7	7.7	6.5	5.2	8.0
35.6	37.4	34.9	Total Current	31.5	32.1	39.2	38.2	34.0	41.0
20.6	19.0	20.6	Long Term Debt	31.7	24.0	19.1	15.1	10.6	11.9
.1	.1	.1	Deferred Taxes	.0	.1	.2	.1	.2	.4
6.3	5.0	5.1	All Other Non-Current	9.8	4.8	4.0	4.3	2.2	6.3
37.4	38.5	39.2	Net Worth	26.9	39.0	37.5	42.3	53.0	40.5
100.0	100.0	100.0	Total Liabilities & Net Worth	100.0	100.0	100.0	100.0	100.0	100.0
			INCOME DATA						
100.0	100.0	100.0	Net Sales	100.0	100.0	100.0	100.0	100.0	100.0
35.3	35.7	36.1	Gross Profit	39.6	37.0	35.8	34.3	34.3	32.9
33.1	33.1	33.9	Operating Expenses	39.5	34.5	33.1	31.5	32.3	29.8
2.2	2.5	2.3	Operating Profit	.1	2.5	2.8	2.8	2.0	3.1
.4	.2	−.1	All Other Expenses (net)	.5	.0	−.4	−.1	−1.1	.1
1.8	2.3	2.3	Profit Before Taxes	−.4	2.4	3.1	2.9	3.1	3.0

M = $ thousand; MM = $ million.

Interpretation of Statement Studies Figures: RMA cautions that the studies be regarded only as a general guideline and not as an absolute industry norm. This is due to limited samples within categories, the categorization of companies by their primary Standard Industrial Classification (SIC) number only, and different methods of operations by companies within the same industry. For these reasons, RMA recommends that the figures be used only as general guidelines in addition to other methods of financial analysis.

表 3.9 节选比率

RETAIL—Hardware Stores NAICS 444130 (SIC 5072, 5251)

Comparative Historical Data							Current Data Sorted by Sales											
						Type of Statement												
	11		17		17	Unqualified				1				1		3		12
	42		54		52	Reviewed				13		11		12		11		5
	85		110		109	Compiled		14		40		22		23		7		3
	34		52		78	Tax Returns		15		39		9		9		5		1
	57		76		89	Other		16		40		7		12		7		7
	4/1/01–		**4/1/02–**		**4/1/03–**									**291 (10/1/03–3/31/04)**				**25MM**
	3/31/02		**3/31/03**		**3/31/04**					**54 (4/1–9/30/03)**				**5–10**		**10–25**		**&**
	ALL		**ALL**		**ALL**			**0–1MM**		**1–3MM**		**3–5MM**		**MM**		**MM**		**OVER**
						NUMBER OF												
	229		309		345	**STATEMENTS**		45		133		49		57		33		28
						RATIOS												
	3.7		3.7		3.7			6.7		4.4		3.2		3.3		3.1		2.7
	2.2		2.2		2.4	Current		2.9		2.6		2.3		2.4		2.1		1.8
	1.4		1.5		1.5			1.3		1.7		1.6		1.4		1.5		1.5
	1.0		1.1		1.1			1.2		1.1		1.3		1.0		1.4		1.0
	.5	(308)	.5		.6	Quick		.6		.5		.5		.7		.6		.6
	.2		.2		.3			.2		.3		.3		.3		.4		.3
7	49.8	**7**	49.8	**6**	56.5	Sales/	**3**	112.6	**5**	67.5	**7**	55.3	**10**	36.4	**7**	51.7	**7**	53.2
15	24.5	**14**	26.5	**14**	26.3	Receivables	**10**	35.2	**11**	31.8	**19**	18.9	**17**	21.1	**22**	16.8	**17**	21.3
27	13.4	**29**	12.4	**28**	13.2		**24**	15.3	**21**	17.2	**35**	10.5	**33**	10.9	**40**	9.1	**37**	10.0
81	4.5	**85**	4.3	**80**	4.6	Cost of Sales/	**105**	3.5	**101**	3.6	**81**	4.5	**70**	5.2	**61**	6.0	**71**	5.1
121	3.0	**120**	3.0	**120**	3.0	Inventory	**181**	2.0	**127**	2.9	**120**	3.0	**96**	3.8	**101**	3.6	**87**	4.2
163	2.2	**171**	2.1	**174**	2.1		**271**	1.3	**179**	2.0	**187**	1.9	**136**	2.7	**136**	2.7	**142**	2.6
18	20.0	**17**	21.3	**18**	20.6	Cost of Sales/	**2**	179.2	**15**	24.0	**19**	19.0	**24**	15.5	**20**	18.2	**23**	16.1
29	12.7	**30**	12.3	**28**	13.2	Payables	**20**	18.5	**25**	14.4	**36**	10.3	**32**	11.5	**27**	13.7	**32**	11.5
46	7.9	**50**	7.4	**44**	8.3		**39**	9.4	**41**	8.9	**62**	5.9	**47**	7.8	**37**	9.9	**52**	7.0
	4.4		4.2		4.0	Sales/		2.6		3.8		4.2		4.9		5.7		5.3
	6.7		7.0		6.2	Working Capital		4.0		5.6		7.1		7.2		8.5		10.0
	12.9		12.3		12.1			13.6		11.1		11.9		14.0		12.5		13.8
	4.8		8.1		7.8	EBIT/		3.4		7.2		7.0		10.9		13.7		11.9
(213)	2.1	(269)	2.8	(314)	3.1	Interest	(40)	1.0	(120)	2.9	(42)	3.0	(55)	3.5	(29)	6.7		4.8
	1.1		1.1		1.2			−.7		1.2		1.6		1.6		2.4		2.8
	4.5		5.5		5.2	Net Profit + Depr.,				6.0		5.9		3.7		5.0		
(53)	2.0	(73)	2.4	(74)	1.9	Dep., Amort./			(25)	1.9	(13)	3.1	(16)	1.2	(12)	1.7		
	1.1		.5		1.1	Cur. Mat. L/T/D				1.4		1.2		.3		.8		
	.2		.2		.1	Fixed/		.1		.1		.1		.1		.2		.3
	.4		.4		.4	Worth		.6		.4		.3		.4		.3		.5
	1.1		1.0		.9			UND		1.0		.7		1.1		.4		.9
	.6		.7		.6	Debt/		.6		.6		.5		.6		.5		.8
	1.7		1.5		1.5	Worth		1.9		1.6		1.6		1.3		.8		1.4
	4.8		3.7		4.1			UND		4.4		4.6		3.0		1.9		3.0
	27.6		29.2		29.6	% Profit		48.4		29.7		27.2		28.3		20.9		38.8
(203)	10.4	(277)	11.9	(315)	12.3	Before Taxes/	(35)	6.5	(119)	14.3	(47)	10.3	(55)	14.4		11.3	(26)	16.8
	1.6		2.2		3.0	Tangible Net Worth		.0		1.9		7.0		4.7		3.8		8.3
	9.1		11.5		10.4	% Profit Before		7.4		10.4		9.2		12.3		10.1		12.3
	3.2		4.7		4.5	Taxes/Total Assets		.4		4.6		5.5		5.0		4.1		7.3
	.2		.2		.6			−4.2		.3		1.8		1.8		2.0		3.1

(continued)

表 3.9 节选比率（续）

RETAIL—Hardware Stores NAICS 444130 (SIC 5072, 5251)									
Comparative Historical Data				Current Data Sorted by Sales					
			Type of Statement						
40.5	41.1	42.9	Sales/	35.6	45.8	51.7	50.5	35.8	42.0
20.4	19.6	21.5	Net Fixed Assets	16.1	21.7	23.6	19.9	21.9	19.9
8.7	9.2	10.9		6.6	8.8	13.8	10.7	13.1	12.6
3.0	3.1	3.0	Sales/	2.3	2.8	3.0	3.2	3.4	3.5
2.4	2.4	2.4	Total Assets	1.8	2.3	2.4	2.7	2.6	2.8
1.8	1.8	1.8		1.2	1.8	1.8	2.0	2.2	2.0
.7	.7	.7	% Depr., Dep.,	.9	.7	.8	.5	.6	.7
(200) 1.2	(266) 1.2	(291) 1.2	Amort./Sales	(33) 2.0	(108) 1.2	(42) 1.3	(54) 1.2	(31) 1.0	(23) 1.1
2.2	2.0	2.0		3.0	2.5	1.8	1.7	1.6	1.8
2.0	2.3	2.1	% Officers',	3.4	2.4	1.7	2.2	1.7	
(136) 4.0	(168) 4.0	(201) 3.4	Directors', Owners'	(24) 6.4	(85) 4.5	(37) 2.5	(32) 3.0	(18) 2.3	
6.1	7.0	5.7	Comp/Sales	8.9	6.3	3.9	4.2	2.9	
2517327M	**3762671M**	**4042329M**	Net Sales ($)	**26717M**	**249144M**	**193860M**	**401344M**	**531452M**	**2639812M**
1153657M	**1607310M**	**1667038M**	Total Assets ($)	**16485M**	**116465M**	**96858M**	**171385M**	**200351M**	**1065494M**

M = $ thousand; MM = $ million

多大差距。

有了对 SIC 编码局限性的了解，我们现在可以看一下某个具体的行业。假设我们处在家具零售行业中。表 3.8 包括了该行业中一些精简的共同比财务报表，资料来源于 RMA——这类信息的来源之一。表 3.9 则包含了从同种来源中挑选出的一些比率。

这里呈现出大量的信息。在表 3.8 的右边，我们看到按照销售额分成的不同组别的当前信息。在每一个销售组中都记录了共同比信息。例如，销售额在 0.1 亿 ~2.5 亿美元间的公司，其现金和现金等价物占总资产的 7.1%，总共 345 个公司里有 33 个属于这组。

在左边，我们有全组的三年来的历史信息的总括。例如，在此三年中，经营费用从占销售额的 33.1% 上升到 33.9%。

表 3.9 节选了一些比率，它们同样是在右边按各销售组反映，而在左边按时间反映。为了弄清楚如何使用这些信息，不妨假设我们公司的流动比率为 2。基于表中的比率，这个值是不是不正常？

试看整个组最近一年的流动比率（从左边数第三列），我们见到三个数据。位于中间的 2.4 是中位数，它意味着 345 家公司中有一半的公司的流动比率低于这个值，而另一半的流动比率则高于它。另两个数据则是最高的以及最低的 1/4 值。因此，有 1/4 的公司具有高于 3.7 的流动比率，而另有 1/4 的公司的流动比率低于 1.5。我们的值为 2，恰恰落在这个区间里，因此它看起来并不是很不正常。这个比较证明除了知道平均值之外，对比率范围的认知也是相当重要的。应注意到，流动比率在过去三年十分稳定。

除了在此检验时用的比率，还有好多比率信息来源。

例 3.5 更多的比率

看一下表 3.9 中销售 / 应收账款和 EBIT/ 利息费用这两个数据，其总的中位数值为多少？这些比率又是什么？

倘若你稍许回顾一下我们前段的讨论，你将会看到它们分别是应收账款周转率以及利息保障倍数（TIE）。整个组的应收账款周转率的中位数值为 42.2 次。因此，应收账款的收账期应是 365/42.2=9，这是一个激进的数值。TIE 的中位数则是 3.6 次。括号中的数据表明该计算是基于 582 个公司中 507 家的情况，也仅对这 507 家有意义——其原因在于，可能仅有 507 家公司支付的利息数额比较大。

财务报表分析中的问题

我们在结束本章之前将讨论在使用财务报表时可能会出现的问题。无论从哪方面讲，财务报表分析中的基本问题是，没有任何一条理论可以帮助我们识别哪些项目或是哪些比率应加以关注，哪些能指导我们设立统一基准。

正如我们在其他章节中所讨论的，在很多情况下，财务原理和经济逻辑给价值和风险判定提供了指南。这类帮助在财务报表中是极为罕见的。这就是我们无法说哪些比率最重要，也无法说明一个高的或低的值意味着什么的原因。

一个尤为严重的问题就是，很多公司都是企业集团，它们或多或少拥有不相关的生产线。这类公司的合并财务报表无法完全适合任何一个行业类别。例如，回到百货公司上，西尔斯公司的 SIC 编码是 6710（控股公司），这是由于它有多样的财务运作以及零售业营运。总之，只有当公司严格处在同一类的行业中，而且该行业富有竞争力，同时仅有一种运作方式的时候，我们所描述的同类分析才能发挥最好的效果。

另一个日渐普遍的问题就是，一个行业中的主要竞争对手以及同类成员可能会遍布全球各地——汽车行业就是明显的一例。这里的问题是，来自美国之外的财务报表不一定会符合 GAAP（更为准确的是，不同的国家会有不同的 GAAP）。不同标准和不同流程的存在，使得比较各国的财务报表相当困难。

即使明显处在同一行业中的公司，也可能无法进行比较。例如，起初用于创造能量的发电设施都被分在同一组（SIC 4911）。该组常被认为是同质的。然而，公用设施通常以规定的专营事业方式运作，因此它们无法相互竞争。有很多企业有股东，也有很多企业无股东而以合伙的形式组织起来。从水力发电到核能，有多种不同的方式产生能量，因此在经营活动上也能产生较大的差异。最终，获利能力受控制环境的强烈影响，因此不同地方的设施可能非常类似，但会显现出极为不同的利润。

其他的一些一般性问题也常会突然出现。首先，不同的公司会采用不同的会计程序——如存货的记账方法。这就使比较报表变得困难了。其次，不同公司结束其会计年度的时间不同。对于季节变动性大的公司（如圣诞节期间的零售商）而言，由于一年中的账目波动较大，因此比较其资产负债表会颇为困难。最后，对于任一特定公司来说，诸如某项资产销售由一次性利润这样的非常见或短暂事件，很可能会影响其财务业绩。任务公司的比较中，这样的事件可能带来误导信号。

第4章

价值确定入门：货币的时间价值

2006年4月21日，丰田汽车公司的子公司——丰田汽车信贷公司(Toyota Motor Credit Corporation，以下简称TMCC)公开发行了一些债券，在该债券的条款中，TMCC承诺在2036年4月23按照每张10 000美元的价格向该债券的持有者进行偿付，但是投资者们在此日期之前不会有任何收益。投资者以每张1 163美元的价格从TMCC购入债券，因此他们在2006年4月12日放弃了1 163美元是为了在30年后获得10 000美元。这样的债券让你在今天付出一笔钱，而得到一个在将来的某日收到一大笔钱的承诺，它可能是诸多证券类型中最简单的了。

今天放弃1 163美元以便在30年后获得10 000美元，这是否是一项好交易呢？从有利的方面看，你的每1美元投入都能收到9美元的回报，这听起来似乎还不错；但不利的方面是你必须等待30年才能得到这笔钱。因此，你必须懂得如何分析这种交易的利弊，本章将为你的分析提供必要的工具。

明确说来，我们的目标是向你介绍财务中最重要的原理之一——货币的时间价值。你将学会如何确定未来的某笔现金流入在今日的价值。这是一项非常基础的商业技能，并且是对各种不同类型的投资和融资计划进行分析的理论基础。事实上，几乎所有的商业活动——无论它们源自营销、管理、生产运作还是战略方面，都要将今天的耗费与将来的预计收益相比较。如何进行这项比较是每个人都必须了解的，本章将领你入门。

财务主管所面临的基本问题之一，就是如何确定未来将收到的一笔现金在今天的价值。例如，威力球彩票发行公司累积的赌注是 1.1 亿美元——这是否意味着赢得头奖的彩票值 1.1 亿美元呢？答案是否定的，原因在于该赌注实际上将在 20 年的期间内，以每年 550 万美元的方式支付给获奖人。那么该彩票究竟值多少钱呢？答案有赖于货币的时间价值，而这正是本章所关注的课题。

在最为普遍的意义上，货币的时间价值指的是今天握在手中的 1 美元要比将来某日可获得的 1 美元有更大的价值。从实际的角度看来，其原因之一就是你在等待的期间内可以赚取利息；因此，今天的 1 美元能够增长——比将来的 1 美元要多。今日的货币与明日的货币之间的取舍所依赖的因素之一，便是投资所能赚取的回报率。本章的目标就是要明确地评价今天的资金与将来某日的资金之间的关系。

全面了解本章内容对理解后几章的内容至关重要，因此你很有必要特别仔细地学习本章。我们将在本章中列举一些例子。在很多问题中，你的答案或许会和我们的有些不同——其产生的原因在于四舍五入的不同，但不必对此太过多虑。

4.1 终值和复利

首先我们将学习的是终值。**终值**（future value，FV）指的是按照某个既定利率增长的一笔投资在某段时期之后的价值；换句话说，终值就是一笔投资在将来某时点的现金价值。我们将从研究最简单的情况开始——单个期间的投资。

单个期间的投资

假设你在年利率为 10% 的储蓄账户上存入 100 美元，一年后你将有多少钱？你将得到 110 美元——这个 110 美元等于你原有的本金 100 美元加上你赚得的 10 美元的利息。我们把这 110 美元称为 100 美元在年利率为 10% 时的一年期的终值，也就是说，在给定利率为 10% 的情况下，今天的 100 美元在一年后值 110 美元。

总的来说，假如利率为 r 时你在某一个时期存在投资，你每 1 美元的投资将会增长为（$1 + r$）美元。在我们的例子中，r 是 10%，因此你所投资的每 1 美元将增长为 $1 + 0.10 = 1.1$ 美元；在此例中你投资了 100 美元，因此你最终得到 $\$100 \times 1.10 = \$110$。

多个期间的投资

再回到上述我们所做的 100 美元的投资，假如利率不变，两年后你会得到多少钱？如果你把 110 美元全部留在银行，你将在第二年赚得 $110 × 0.10 =$11 的利息，因此你能得到的钱的总数为 $110 + $11 = $121。这 121 美元就是 100 美元在年利率为 10% 时的两年期终值。看待此问题的另一种方式就是从现在算起的一年之后，你成功地将 110 美元以 10% 的利率再投资一年。这就变成了单个期间的问题，因此最终你所投资的每 1 美元将成为 1.1 美元，或者说总和为 $110 × 1.1 = $121。

这 121 美元由四个部分组成：第一部分是 100 美元的原始本金，第二部分是在第一年赚得的 10 美元利息，第三部分是在第二年所赚得的另一个 10 美元利息，这样加起来就是 120 美元，最后得到的 1 美元（第四部分）就是你第一年收到的利息在第二年里所赚得的利息：$10 × 0.10 = $1。

这个将所投资的本金和由此积累的利息再多存放一个期间从而将利息进行再投资的过程就是**复利**（compounding）。复利的意思就是**利息的利息**（interest on interest，将前一次的利息进行再投资而获得的利息），因此我们把其结果称为**复利利息**（compound interest，原始本金以及将前期利息再投资产生的利息）。在**单利**（simple interest，仅由原始本金投资而获得的利息）的情况下，利息没有被再投资，因此在每个时间段里利息只能由原始本金赚取。

例 4.1 利息的利息

假设你确定了一项年利率为 14% 的 2 年期投资。如果你投资了 $325，两年后你会得到多少钱？以单利计算是多少？在复利下又该是多少？

在第 1 年末，你将得到 $325 ×(1 + 0.14) = $370.50。如果你将这个总额再投资，由此得到的是复利，即你将在第 2 年年末获得 $370.50 × 1.14 = $422.37。所以你所赚得利息的总额是 $422.37 − $325 = $97.37。在单利计算的情况下，你的原始本金 $325 每年赚得的利息是 $325 × 0.14 = $45.50，两年的总和为 $91，而 $97.37 − $91 = $6.37 则来源于复利。你可以如此检验这个结果——第 1 年的利息所得是 $45.50，那么该利息所得在第 2 年所赚取的利息就等于 $45.50 × 0.14 = $6.37，正如我们先前所计算的。

现在让我们来仔细看一下如何计算出 121 美元这个终值。我们将 110 美元乘以 1.1

得到 121 美元，而 110 美元同样是由 100 美元乘以 1.1 得到的，也就是说：

$$
\begin{aligned}
\$121 &= \$110 \times 1.1 \\
&= (\$100 \times 1.1) \times 1.1 \\
&= \$100 \times (1.1 \times 1.1) \\
&= \$100 \times 1.1^2 \\
&= \$100 \times 1.21
\end{aligned}
$$

那么我们不妨再问一下，我们的 100 美元在三年后会增长到多少？同样，两年后我们以 10% 的年利率将 121 美元进行一年期的投资。我们所投资的每 1 美元将最终变为 1.1 美元，其总额为：$\$121 \times 1.1 = \$133.1$，因此这个 133.1 美元就是：

$$
\begin{aligned}
\$133.1 &= \$121 \times 1.1 \\
&= (\$110 \times 1.1) \times 1.1 \\
&= (\$100 \times 1.1) \times 1.1 \times 1.1 \\
&= \$100 \times (1.1 \times 1.1 \times 1.1) \\
&= \$100 \times 1.1^3 \\
&= \$100 \times 1.331
\end{aligned}
$$

你很可能会注意到这些计算的一个规律，因此我们可以进一步得出普遍的结论。正如我们的例子中所显示的，在利率是 r 时，将 1 美元投资 t 个期间所得的终值是：

$$\text{终值} = \$1 \times (1+r)^t \qquad [4.1]$$

表达式 $(1+r)^t$ 有时也被称为利息终值系数（或简称为终值系数），也就是以 r 为利率将 1 美元投资 t 个时期，它可简写为 FVIF（r，t）。

在我们的例子中，你的 100 美元在 5 年后会值多少钱？我们可以先计算相关的终值系数：

$$(1+r)^t = (1+0.10)^5 = 1.15 = 1.6105$$

由此，你的 100 美元将会增长到：

$$\$100 \times 1.6105 = \$161.05$$

表 4.1 列示了你的 100 美元在每一年的增长情况。如表所示，每年赚得的利息等

表 4.1
$100 在利率为 10% 时的终值

年数	期初数额	利息所得	期末数额
1	$100.00	$10.00	$110.00
2	110.00	11.00	121.00
3	121.00	12.10	133.10
4	133.10	13.31	146.41
5	146.41	14.64	161.05
		利息总额 $61.05	

于期初数额乘以 10% 的利率。

在表 4.1 中应注意到你所赚得的利息总额为 61.05 美元。在这 5 年的投资期中，若以单利计算，每年应有 $100 × 0.10 = $10 的利息，因此 5 年就应有 50 美元的利息，另外的 11.05 美元利息则来源于复利。

图 4.1 说明了表 4.1 中的复利增长。应注意到每年的单利是不变的，但是你所赚得的复利却每年递增。复利的金额逐年增大的原因是越来越多的利息累积在一起，所以就会有更多金额被用于复利计算。

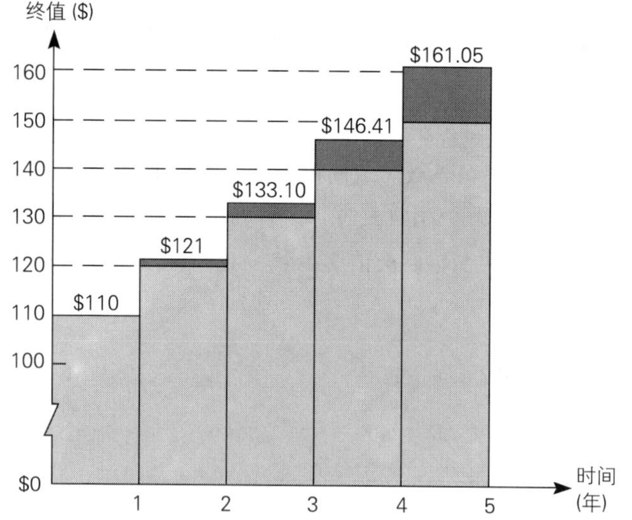

100美元本金在利率为10%时的增长情况。深色的阴影部分代表总额中来源于复利的部分。

图 4.1
终值、单利和复利

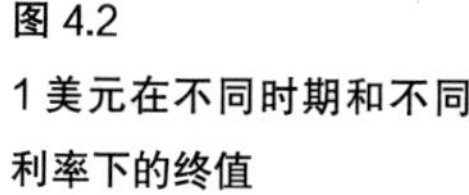
图 4.2
1 美元在不同时期和不同利率下的终值

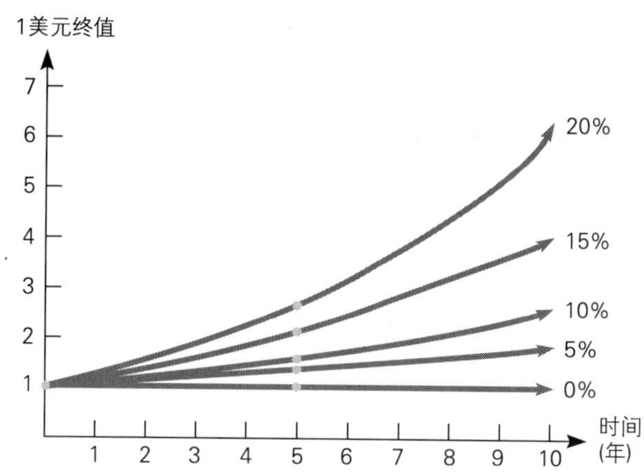

终值的大小取决于设定的利率，对于长期投资来说尤其是这样。图 4.2 绘制了 1 美元在不同利率和不同期限下的终值，从而说明了其间的关系。应注意到在利率为 20% 时，1 美元在 10 年后的终值是 6.20 美元，但在利率为 10% 时，其 10 年后的终值却为 2.60 美元。在此种情况下，利率的加倍使得终值不止增加了一倍。

为了解决终值的问题，我们必须找到相关的终值系数。有几种不同的方法可确定终值系数。在前面所举的例子中，我们可以将 1.1 连乘 5 次。这样做的效果当然是不会错的，但是当投资期相当长 (如 30 年的) 时，这样计算势必非常麻烦。

幸运的是，有几种更为简单的方法来获得终值系数。很多计算器都有一个标记着“y^x”的键。通常你只需输入 1.1，而后按此键，再输入 5，最后按“=”键就能得到答案。这种方法迅速而准确，因此它是计算终值系数的一条简单之路。

另外，你也可以查表求得一些通用的利率和期限的终值系数。表 4.2 便列示了相关的一些系数。如图所示，找到利率为 10% 的那一列，然后往下找到期限为 5 的那

表 4.2
利息终值系数

期限	利率			
	5%	10%	15%	20%
1	1.0500	1.1000	1.1500	1.2000
2	1.1025	1.2100	1.3225	1.4400
3	1.1576	1.3310	1.5209	1.7280
4	1.2155	1.4641	1.7490	2.0736
5	1.2763	1.6105	2.0114	2.4883

一行，我们不难发现该系数正是我们计算过的 1.6105。

类似表 4.2 这样的表格已不像以往那般常用了，原因在于出现了价格不高的计算器，而且它们仅能提供较少一部分的利率。利率往往引用到小数点后第三、四位，因此能精确地列示出这些系数的图表会相当大。基于此，使用那些图表上的数据不太现实。

当然这些表格仍有其有用之处。为了确认你的计算是否正确，可以从表中选出一个系数，然后自行计算是否能够得到与表中相同的答案。图表中现有足够多的数据可供选用。

例 4.2 复利

某项投资的利率为 12%，而你认为此利率不错，就投资了 400 美元，你在 3 年后会得到多少钱？ 7 年后又会得到多少钱？在第 7 年年末能赚得多少利息？其中有多少源自复利？

根据我们先前所讨论过的，我们可以这样计算利率为 12% 时 3 年期的终值系数：

$$(1 + r)^t = 1.12^3 = 1.4049$$

那么 \$400 将会增长到：

$$\$400 \times 1.4049 = \$561.97$$

在 7 年之后，你将会得到：

$$\$400 \times 1.12^7 = \$400 \times 2.2107 = \$884.27$$

因此，在 7 年之后你能得到多于本金两倍的金额。

由于你投资了 \$400，那么终值为 \$884.27 时的利息是 \$884.27 − \$400 = \$484.27。当利率为 12% 时，你所投资的 \$400 每年所赚得的单利是 \$400 × 0.12 = \$48，7 年的单利总额为 \$48 × 7 = \$336，因此另外的 \$484.27 − \$336 =\$148.27 的利息则来自复利。

复利在短期内的效果不是很明显，但是随着期限的增长，它的作用是相当大的。试举一个较为极端的例子，假设你的某个极为节俭的先辈为你投资了 5 美元，该投资的利率是 6%，投资期限是 200 年，那么今天你能得到多少钱？其终值系数相当于 1.06^{200} = 115 125.90（在任何一个表格中你都无法找到这个数据），因此在今天你

可以得到 \$5 × 115 125.90 = \$575 629.50。应注意到，每年的单利仅仅是 \$5 × 0.06 = \$0.30——200 年的总和为 60 美元，那么余下的那部分就来自再投资——这就是复利的力量！

例 4.3　那个岛值多少钱？

为了进一步阐述复利在长期范围上的作用，不妨来看看彼得•麦纽因特和印第安人的案例。1626 年，麦纽因特以价值为 \$24 的商品和小饰品购买了整个曼哈顿岛——这个价格听起来很便宜，但是印第安人也能从该交易中获得很不错的结果。为了弄明白其中原由，不妨假设印第安人卖掉了商品并且将得到的 \$24 以 10% 的利率进行投资，那么到今天印第安人会得到多少钱呢？

此交易至今大约过了 380 年。利率为 10% 时，\$24 能够在这段时期内大幅增长——到底是多少呢？该终值系数约为：

$$(1 + r)^t = 1.1^{380} \approx 5\ 000\ 000\ 000\ 000\ 000$$

那也就是 5 后面跟有 15 个零。终值系数带来的结果是 \$24×3 后面再加 15 个零，也就是 \$120 后面加 15 个零。

\$120 000 000 000 000 000 确实是很多钱——到底是多少呢？假如你有这笔钱的话，你就能买下整个美国，余下的钱还可以买下加拿大、墨西哥乃至余下的世界。

这当然是一个夸张的例子。在 1626 年，要想进行一笔利率为 10% 且 380 年都不减息的投资可不是件容易的事。

4.2　现值和折现

在讨论终值的时候，我们考虑的是这样的问题：假如年报酬率为 6.5%，6 年之后 2 000 美元的投资将增长为多少钱？这个问题的答案也就是我们所谓的利率为 6.5% 期限是 6 年时 2 000 美元投资的终值（答案是 2 918 美元左右）。

在财务管理中另一类问题出现得更多，而它与终值有明显的关系。不妨假设你想在 10 年后获得 10 000 美元，并且每年的投资报酬率是 6.5%。为了达到此目标，你需要在今日投资多少钱？可以核算出该答案是 5 327.26 美元——我们是怎样得到此答案的呢？请继续往下读。

单个期间

我们可以看到：利率为 10% 时 1 美元在一年期的终值是 1.10 美元。现在我们提出一个稍有差别的问题：在利率为 10% 时，想在一年后获得 1 美元，我们现在需要投资多少钱？换句话说，我们已知道此处的终值为 1 美元，那么**现值**（present value，缩写为 PV，未来的现金流量按照适当折现率折现而得的现在价值）是多少？求得这个答案并非难事。无论我们现在投资多少，资金在一年后都会增长 1.1 倍。由于我们想在一年后收到 1 美元：

现值 × 1.1 = \$1

得出的现值是：

现值 = \$1/1.1 = \$0.909

在此例中，现值就是下面这个问题的答案：如果利率为 10%，那么要在现今投资多少钱才能在一年后获得 1 美元？现值也就是终值的反面。与复利计算资金在将来的价值相对应，我们将资金**折现**（discount，计算未来资金的现值），以计算其现在的价值。

例 4.4 单个期间的现值

假设你想在明年花 400 美元购买课本。你可以在你的资金上赚得 7% 的利息。现在你需要投资多少?

我们需要知道利率为 7% 时一年后的 400 美元的现值。计算过程同上：

现值 × 1.07 = \$400

我们现在可以计算出现值为：

现值 = \$400 ×（1/1.07）= \$373.83

因此，$373.83 就是现值，也就是说，在利率为 7% 时将这笔钱投资一年你将得到的终值是 $400。

从我们举的例子中可见，一个期间后所收到的 $1 的现值通常可以表示为：

$$PV = \$1 \times [1/(1+r)] = \$1/(1+r)$$

下面，我们将介绍如何计算某笔资金未来的两期或更多期之后的现值。

多个期间的现值

假设你在两年后需要 1 000 美元。假如利率为 7%，那么现在你必须投资多少钱，才能确保在你需要的时候拿到这 1 000 美元呢？换句话说，假如相关的利率为 7%，两年后的 1 000 美元在如今的现值是多少？

基于你在终值上所学的知识，你应知道多少钱会在两年后增长到 1 000 美元；换句话说，其计算应该是这样的：

$$\begin{aligned}\$1\,000 &= PV \times 1.07 \times 1.07\\ &= PV \times 1.07^2\\ &= PV \times 1.1449\end{aligned}$$

有了这个数，我们可以计算出其现值是：

现值 = $1 000/1.1449 = $873.44

因此，$873.44 就是你为了达到目标而投资的金额。

例 4.5　储　蓄

你很想买一辆新汽车。你有 $50 000，但那辆汽车价值 $68 500。假如利率为 9%，现在你必须投资多少钱才能在两年后买到那辆汽车？你现在的钱够吗？假定汽车价格保持不变。

我们必须知道的是两年后的 $68 500 在今日的现值，假定利率是 9%，根据我们的讨论可得到如下结果。

PV = $68 500/1.09^2 = $68 500/1.1881 = $57 655.08

即使你愿意等待两年，你现在也还差 $7 655。

现在，你大概可以总结出计算现值同计算终值大同小异，并且得出的结果看上去很相似。当折现率为 r 时，t 个时期后的 $1 在今日的现值是：

$$PV = \$1 \times [1/(1+r)^t] = \$1/(1+r)^t \quad [4.2]$$

包含在括号里的数目 $1/(1+r)^t$ 有几个不同的称谓：由于它是用来折现一笔未来的现金流量的，它常被称为折现系数。有了这个名字，不难得出在计算中所用的利率常被称为**折现率**（discount rate，用于计算未来现金流量的现值的利率）。在讨论现值时我们将使用这种说法。括号里的数目也可以被称为利率为 r% 时 t 个时期后的 1 美元的利息现值系数（或简称为现值系数），并且通常被缩写为 PVIF（r，t）。最后，通过计算一笔未来现金流量的现值确定其在今日的价值的方法，通常被称为**折现现金流量价值评估法**［discounted cash flow（DCF）valuation］。

为了解释清楚这点，不妨假设你在 3 年后需要 1 000 美元。给定的利率为 15%。那么现在你需要投资多少钱？为了得到此答案，我们必须确定在利率为 15% 时，3 年后的 1 000 美元在此刻的现值是多少。为此，我们将 1 000 美元按 15% 的利率折现至今。根据上述数据，其折现系数应为：

$$1/(1+0.15)^3 = 1/1.5209 = 0.6575$$

你必须投资的金额是：

$$\$1\,000 \times 0.6575 = \$657.50$$

我们把这个 657.50 美元称为在利率为 15% 时，3 年后获得的 1 000 美元在今天的（或折现的）价值。

正如终值系数有其相应的表格那样，现值系数也有它自己的表格，并且使用它们的方法相同（倘若你想使用的话）。表 4.3 包含了一小部分这样的系数。

在表 4.3 里，我们刚才计算过的折现系数（0.6575）能够在标有“15%”的这一列的第三行找到。当然，你也可以使用财务计算器。

表 4.3
利息现值系数

期 限	利 率			
	5%	10%	15%	20%
1	0.9524	0.9091	0.8696	0.8333
2	0.9070	0.8264	0.7561	0.6944
3	0.8638	0.7513	0.6575	0.5787
4	0.8227	0.6830	0.5718	0.4823
5	0.7835	0.6209	0.4972	0.4019

例 4.6　欺骗性广告

最近，一些商家都这样宣称："来试用一下我们的产品。如果你试了，我们将为你的光顾支付 $100！"假如你看到这样的话语，你会发现他们给你的是一个在 25 年左右之后支付给你 $100 的存款证书。如果该存款的年利率是 10% 的话，现在他们真正能给你多少钱?

你真正得到的是在 25 年后才能获得的 $100 在今日的现值。假若折现率是每年 10%，那么折现系数应是：

$$1/1.1^{25} = 1/10.8347 = 0.0923$$

这就告诉你：在折现率为 10% 时 25 年后的 $1 在今天仅值 9 美分多一点儿。由此可得，该促销仅能给你 0.0923 × $100 = $9.23。可能这个足以吸引顾客，但是它的确不是 $100。

随着付款期的增长，现值将会下降。正如例 4.6 中所示，随着时间范围的增长现值会变小。如果你看得足够远的话，现值将会近于零。在同一给定的期限内，折现率越高现值就越低；也就是说，现值和折现率呈负相关。折现率升高则现值下降，反之亦然。

图 4.3 说明了时间、折现率以及现值之间的关系。应注意到，当时间达到 10 年以上时，现值将比将来的数额小得多。

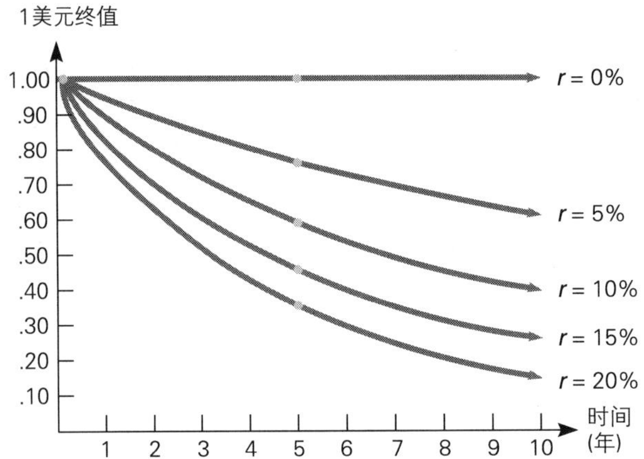

图 4.3
1 美元在不同的期限和利率下的现值

4.3 现值和终值的其他内容

倘若你回顾一下我们得出的有关现值和终值的表达式，你会发现两者之间有一层非常简单的关系。在这一部分，我们将分析这个关系以及一些相关的课题。

现值与终值

我们所谓的现值系数就是终值系数的倒数：

终值系数 $= (1 + r)^t$

现值系数 $= 1/(1 + r)^t$

事实上，在很多计算器上计算现值系数的简单方法就是先计算出终值系数，而后按 1/x 键得出其倒数即可。

倘若我们用 FV_t 来表示 t 个时期后的终值，终值和现值之间的关系可以简写如下：

$$\mathrm{PV} \times (1 + r)^t = \mathrm{FV}_t$$

$$\mathrm{PV} = \mathrm{FV}_t/(1 + r)^t = \mathrm{FV}_t \times [1/(1 + r)^t] \quad [4.3]$$

我们将最后一个结果称为现值的基本公式。在整个课本中我们会常用到这个公式。有许多关于此公式的推导，但是它是反映财务中许多重要思想的基本公式。

例 4.7　投资估价

为了说明如何运用现值和终值，不妨看一下下面这笔简单的投资：你的公司提议花 \$335 买一笔资产。该投资非常安全。你将会在 3 年后以 \$400 出售该资产。你还知道你可以冒极小的风险将这 \$335 以 10% 的利率投资到别处。对于提议的投资计划你是如何考虑的?

这并不是一个很好的投资项目。为什么呢? 原因在于你可以将这 \$335 以 10% 的利率投资到别处，如果你这样做的话，3 年后它将增长到：

$$\begin{aligned}\$335\times(1+r)^t &= \$335\times1.1^3\\ &= \$335\times1.331\\ &= \$445.89\end{aligned}$$

由于提议的投资仅能回报 \$400，它不如我们的另一个选择好。另一个同样说明问题的方式就是在利率为 10% 时，计算 3 年后得到的 \$400 在今日的现值：

$$\$400\times[1/(1+r)^t] = \$400/1.1^3 = \$400/1.331 = \$300.53$$

这就告诉我们只用花 \$300 就能在 3 年后获得 \$400，而不是花费 \$335。稍后我们将会回到这类问题上来。

确定折现率

显然，我们往往需要确定某笔投资中隐含的折现率是多少——我们可以通过基本现值公式来完成这项工作：

$$PV = FV_t/(1+r)^t$$

这个公式仅含四个部分：现值（PV）、终值（FV_t）、折现率（r）以及投资期限（t）。给定其中之三，我们就能求出第四个。

例 4.8　找出单个期间投资的 r

现在考虑一笔 1 年期的投资：假设你投入了 \$1 250，而后将收回 \$1 350，那么该投资的利率是多少?

首先，在单期的案例中，答案是相当明显的。在 \$1 250 之外你能获得整整 \$100，因此该投资隐含的利率就是 \$100/\$1 250=8%。

更规范的做法是从基本现值公式得出答案，现值（现在你必须投入的金额）是 1 250 美元，而终值（现值将会增长到的数额）是 1 350 美元，其期限是 1 年，因此我们可以得到：

$$\$1\ 250 = \$1\ 350/(1 + r)^1$$
$$1 + r = \$1\ 350/1\ 250 = 1.08$$
$$r = 8\%$$

当然，在这个简单的案例中，没有必要非得做这样的演算，但是正如我们在下面所描述的，期数越多就会越麻烦。

为了阐述多个期间将会发生什么事情，我们不妨讨论这样的一笔投资：它需要花费 100 美元，并且能在 8 年后增加一倍。为了将该投资与其他投资相比较，我们很希望知道其中隐含的折现率。这个折现率被称为回报率，有时被简称为投资的回报。在此例中，我们的现值是 100 美元，而终值是 200 美元（本金的两倍），并且其期限是 8 年。为了计算回报，我们可根据基本现值公式得出：

$$PV = FV_t/(1 + r)^t$$
$$\$100 = \$200/(1 + r)^8$$

它可以写成：

$$(1 + r)^8 = \$200/\$100 = 2$$

现在我们需要求出 r，有如下三种方法：

1. 使用财务计算器；
2. 将等式两边同时开 8 次方来求得 $1 + r$ 的值。八次方根应该是 1.09，这就是说 r 是 9%；
3. 使用终值表。8 年的终值系数等于 2。假如你在终值表中看期限为 8 年的那一行，你将看到终值系数为 2 之处在 9% 这一列，这再次证明了此处的回报率是 9%。

实际上，在这个特殊的案例中，有一个有效的方法来求 r 的值——72 规则。对于合理的回报率来说，使本金加倍的时间约为 72/r%。在我们的例子中，这就意味着 72/r% = 8 年，也就是我们所得出的 r 是 9%。这条规则对于计算 5% ~ 20% 这个范围内的折现率是相当准确的。

例 4.9　使你的资金翻倍

你获得如下承诺：某笔投资每 10 年使你的资金翻倍一次。该投资的回报率大概是多少?

根据 72 规则，回报率可由 72/r%=10 得出，因此该比率就约等于 72/10=7.2%。核算后可得其准确答案是 7.177%。

于 1790 年 4 月 17 日逝世的本杰明 · 富兰克林遗留的资金引发了一个更为极端的案例：在本杰明 · 富兰克林的遗嘱中，他将 1 000 英镑给了马萨诸塞州以及波士顿市；他将同样多的一笔钱留给了宾夕法尼亚州以及费城。这笔钱是富兰克林在职期间所得，但是他认为政治家不能因其服务而获得报酬（当代的政治家们显然是不认同此观点的）。

富兰克林最初指定这笔钱应该在他死后 100 年再支付，并且要用于培训年轻人。然而后来由于一些法律的争端，这笔钱被定为在 1990 年支付，即富兰克林死后 200 年。到那时，宾夕法尼亚州的遗产已增长到 200 万美元，而马萨诸塞州的遗产已增长到 450 万美元。这笔钱是用来资助位于波士顿市和费城的富兰克林学院的。假设 1 000 英镑等价于 1 000 美元，那么这两个州赚得的回报率是多少（1792 年前美元还不是美国的官方货币）？

对于宾夕法尼亚州来说，其终值是 200 万美元且现值是 1 000 美元，其间经历了 200 年，因此如下所示我们必须这样求 r：

$$\$1\ 000 = \$2\ 000\ 000/(1 + r)^{200}$$

$$(1 + r)^{200} = 2\ 000$$

在求解 r 时，我们可以看到宾夕法尼亚州的资金每年增长 3.87%。然而马萨诸塞州的资金做得更好——计算可得其回报率为 4.3%。小小差异能够带来巨大的变化！

例 4.10 为上大学进行存款

估计在 8 年之后你将需要大约 \$80 000 送你的孩子上大学。现在你有 \$35 000。如果每年你能赚得 20% 的利息，你能达到目标吗？利率为何值时你恰好能实现目标？

如果你能赚得 20% 的利息，8 年后 \$35 000 的终值将是：

$$FV = \$35\,000 \times 1.20^8 = \$35\,000 \times 4.2998 = \$150\,493.59$$

因此你能轻松实现目标。可能的最小利率是下面的未知数 r：

$$FV = \$35\,000 \times (1 + r)^8 = \$80\,000$$
$$(1 + r)^8 = \$80\,000/\$35\,000 = 2.2857$$

因此，终值系数是 2.2857。在终值系数表中找 8 年期这一行，我们可看到求得的终值系数大约处在 10%（2.1436）和 12%（2.4760）之间，因此若有 11% 的利率的话，你就能刚好达到目标。为得出准确答案，我们可以使用财务计算器或是求出 r 的值：

$$(1 + r)^8 = \$80\,000/\$35\,000 = 2.2857$$
$$1 + r = 2.2857^{(1/8)} = 2.2857^{0.125} = 1.1089$$
$$r = 10.89\%$$

例 4.11 在 18 262.5 天后退休

你很想在 50 年后成为一个百万富翁再退休。倘若现在你有 \$10 000，怎样的回报率才能让你实现目标？

此处的终值是 \$1 000 000，而现值是 \$10 000，并且在退休前有 50 年。我们需要计算未知的折现率，如下所示：

$$\$10\,000 = \$1\,000\,000/(1 + r)^{50}$$
$$(1 + r)^{50} = 100$$

因此其终值系数就是 100——你可以查得其隐含的折现率大概是 9.65%。

确定期数

假设我们对购买一项价值 50 000 美元的资产相当感兴趣。我们现有 25 000 美元。如果我们能在这 25 000 美元上赚得 12% 的年利率，那么多长时间以后我们才能获得 50 000 美元？找寻此答案就是要求解基本现值公式中的最后一个变量，即期数。你大概早已知道如何求得这个问题的答案。注意到我们需要使资金翻倍。根据 72 规则，在利率为 12% 时，其期数应为 72/12 = 6 年。

为了求出更精确的答案，我们可以再度使用基本现值公式。现值是 25 000 美元，终值是 50 000 美元。在折现率为 12% 时，基本等式如下所示：

$$\$25\,000 = \$50\,000/1.12^t$$

$$\$50\,000/25\,000 = 1.12^t = 2$$

因此我们得出利率为 12% 时的终值系数为 2。现在我们需要求解 t。如果你在终值系数表中找出利率为 12% 的那一列，你就能看到终值系数 1.9738 处在期数为 6 的这一行。因此，正如我们所计算的，需要 6 年的时间来实现目标。为了得到精确的答案，我们必须准确无误地计算 t 值（或使用财务计算器）。如果你这样做了，你就会发现其答案是 6.1163 年，因此我们在此例中的估算相当贴近精确值。

例 4.12　等待收购 Godot 公司

你为了收购 Godot 公司而存款。Godot 公司价值总额是 $1 000 万。现在你有 $230 万。假如你的本金能赚取 5% 的利率，那么你要等待多长时间？如果利率为 16%，又需要等多长时间？

利率为 5% 时，你将要等待很长一段时间。根据基本现值公式可得：

$$\$2.3 = \$10/1.05^t$$

$$1.05^t = 4.35$$

$$t = 30 \text{ 年}$$

利率为 16% 时，情况会好一些——核算可得需要 10 年的时间。

第5章

折现现金流量的价值评估

Bengie Molina、Vernon Wells 和 BarryZito（这三个人皆为美国著名的棒球运动员）三者之间有什么共同点吗？这三个棒球运动员选手都于 2006 年年底签订了金额巨大的职业合同。例如，Bengie 与旧金山巨人队签订的合同价值高达 1 600 万美元。这个价格还不错，特别是对于那些以“补手装备”（tools of ignorance，棒球运动中捕球手常用的行语）维持生计的人而言。但这个价格还远没有 Barry 和 Vernon 的高，他俩的签约价格均高达 1.26 亿美元。

进一步看一下这些数字，Barry 和 Vernon 确实拿的很多，但事实上并不像开价那样高。以 Barry 的合同为例，虽然从报道来看，这个合约的价值高达 1.26 亿美元，但这笔钱实际上是分很多年支付的：2007 年 1 000 万美元，2008 年 1 450 万美元，2009~2011 年都是 1 850 万美元，2012 年 1 900 万美元，2013 年 2 000 万美元，2014 年 700 万美元（虽然它可能高达 1800 万美元）。由此可知，由于所付薪酬分散于各个年度，我们必须考虑货币的时间价值，这意味着 Barry 收到的薪酬要远低于开价。他们实际上到底拿了多少钱呢？本章将为你介绍“知识工具”，用来解答这个问题。

在前一章里，我们学会了如何计算将来的一笔款项的现值，这是一个有用的技巧，但我们仍需进一步了解如何处理将来有多笔款项的情况，因为这种情况更为普遍。例如，大部分的贷款（包括学生贷款）都涉及在今天收到一大笔款项而在将来分期偿还的情况。

更为普遍的是，企业的大多数决策，包括营销、生产和战略方面的决策，都涉及将今天发生的成本和预期的现金流入进行对比的情况。对成本收益之间的衡量取舍便需要用到本章介绍的工具。

鉴于折现现金流量如此重要，能较好地掌握该项内容的学生会发现生活将变得容易得多，现在好好掌握它会使你将来免去很多麻烦。

前面的章节介绍了折现现金流量价值评估的基本原理。到目前为止，我们只涉及了单项现金流量。在实际生活中，大多数投资项目具有多重现金流量。例如，如果西尔斯百货公司想开设一家新的分部，那么在初始阶段将有一大笔现金流出，然后在很多年里都会有现金流入。在本章里，我们将讨论如何衡量这种类型投资的价值。

在你结束本章的学习时，你应当掌握一些实用的技巧。例如，你将知道如何计算你的汽车分期付款额，或者是学生贷款的偿还额。你还能知道在每月最少花费多少的情况下，你的信用卡会正好花完（尽管我们并不推荐这种做法）。我们将会告诉你如何比较利率，以确定哪个最高、哪个最低。我们还会告诉你利率可以用不同的方式表示，有的方式甚至是具有欺骗性的。

5.1　多重现金流量的终值和现值

迄今为止，我们所关注的对象仅限于一笔现款的终值，或者是一笔未来的现金流量的现值。在本部分里，我们将开始学习多重现金流量的价值评估方法——我们从终值开始探讨。

多重现金流量的终值

不妨假设今天你把 100 美元存入一个利率为 8% 的账户；一年之后，你再存入另外 100 美元。两年之后，你将会得到多少钱？这个问题相对比较简单。在第 1 年年末，你将有 108 美元，再加上你存入的第二个 100 美元，总计为 208 美元。这 208 美元以 8% 的利率又存了一年。在第 2 年年末，这笔钱的价值为：

$\$208 \times 1.08 = \$224.64$

图 5.1 是一条时间轴，它显示了这两个 100 美元的终值计算过程。类似的图表在解答复杂的问题时非常有用：任何时候，只要你在求现值或终值的问题上遇到了麻烦，画上一条时间轴通常能对你有所帮助。

在图 5.1 的第一部分，我们把现金流量表示在时间轴上。最重要的是：当现金流量实际发生时我们要把它们记录下来。此处，第一笔现金流量发生在今天，我们标

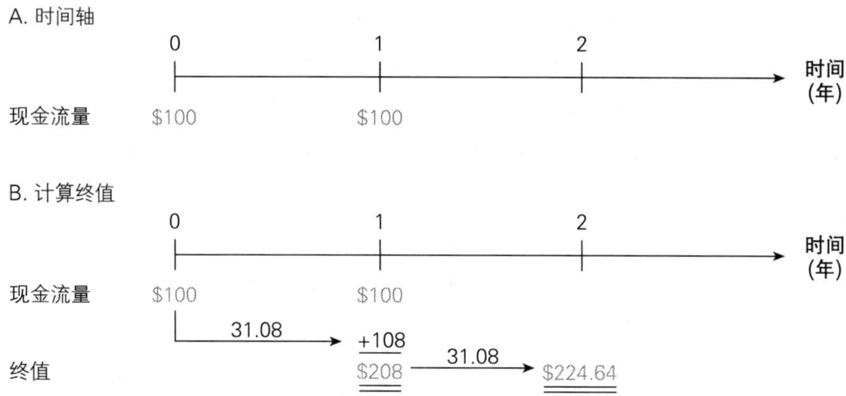

图 5.1 绘制并使用时间轴

注为时点 0——由此我们在时间轴的 0 时点处标上了 100 美元。第二笔 100 美元发生在 1 年后的今天，所以我们把它写在时点 1 处。在图 5.1 的第二部分，我们一次计算一个期间内的终值，最后得到 224.64 美元。

例 5.1 再次讨论存款问题

在未来 3 年里，你能够在每年末将 \$4 000 存入一个年利率为 8% 的账户。你现在已有 \$7 000 在该账户中，那么 3 年后你会有多少钱？ 4 年后呢？

在第 1 年年末，你将有：

\$7 000 × 1.08 + \$4 000 = \$11 560

在第 2 年年末，你将有：

\$11 560 × 1.08 + \$4 000 = \$16 484.80

在第 3 年重复这一过程，你将得到：

\$16 484.80 × 1.08 + \$4 000 = \$21 803.58

因此，3 年后你将得到 \$21 803.58。如果你将这些钱在该账户里多存 1 年，那么在第 4 年年末你将得到：

\$21 803.58 × 1.08 = \$23 547.87

在我们计算这两笔 100 美元存款的终值时，我们只是计算了每一年年初的金额，然后将其转入下一年——其实还有一种更为简便的方法。第一笔 100 美元以 8% 的利率存了两年，因此它的终值为：

$\$100 \times 1.08^2 = \$100 \times 1.1664 = \$116.64$

第二笔 100 美元以 8% 的利率存了一年，因此它的终值为：

$\$100 \times 1.08 = \$108.00$

这两项终值的和与我们先前计算的总终值完全一致：

$\$116.64 + \$108 = \$224.64$

从这个例子可知，计算多重现金流量终值的方法有两种：（1）将每年的累积余额一次性地进行复利计算；（2）分别计算各笔现金流量的终值，然后进行加总。两种方法殊途同归，因此你可以采用任意一种方法。

为了更好地解释这两种终值的计算方法，不妨来看看下面的例子：假设在未来 5 年里每年末存入 2 000 美元；当前的余额为 0，利率为 10%。我们首先画一条时间轴，如图 5.2 所示。

请注意，在时间轴上开始没有任何事项，直到第 1 年年末我们做出第一笔 2 000 美元的投资。这笔 2 000 美元赚取了 4 年（并非 5 年）的利息；同时请注意到最后一笔 2 000 美元的投资是在第 5 年年末做出的，因此它没有赚取任何利息。

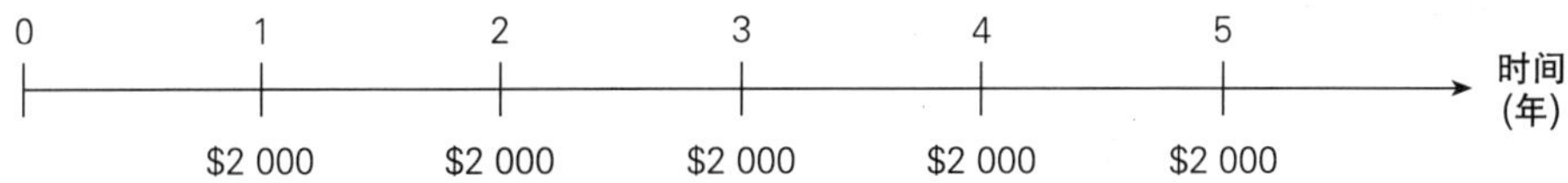

图 5.2　5 年间每年 2 000 美元的时间轴

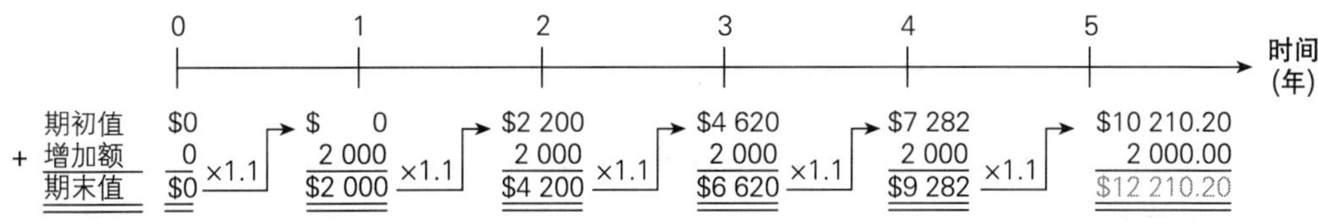

图 5.3　每期一次复利计算终值

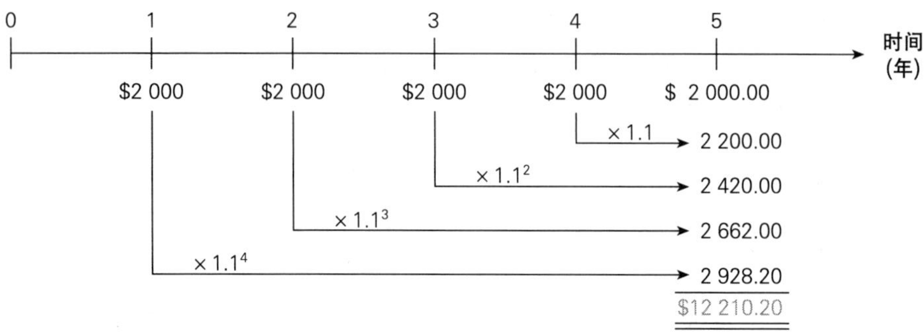

图 5.4　分别对每笔现金流量进行复利计算，以求得终值

图 5.3 演示了每期一次对投资进行复利计算的过程。如图，终值为 12 210.20 美元。

图 5.4 演示了对同一问题的计算，但使用的是第二种方法。自然，答案是一样的。

例 5.2　再谈储蓄问题

如果你在第 1 年存入 \$100，第 2 年存入 \$200，第 3 年存入 \$300，那么 3 年后你有多少钱？这其中有多少是利息收入？如果你不再追加存款，那么 5 年后你会有多少钱？假设整个期间利率均为 7%。

我们将分别计算每笔存款在 3 年后的终值。请注意 \$100 要赚取两年的利息，\$200 赚取一年的利息，最后的 \$300 没有利息。由此终值应为：

$$
\begin{aligned}
&\$100 \times 1.07^2 &&= \$114.49\\
&\$200 \times 1.07 &&= \ \ 214.00\\
+\ &\$300 &&= \ \ \underline{300.00}\\
&\text{总终值} &&= \underline{\underline{\$628.49}}
\end{aligned}
$$

所以，终值为 628.49 美元。总利息为：

$$\$628.49 - (100 + 200 + 300) = \$28.49$$

5 年里可以得到多少钱呢？我们已知道在 3 年里得到了 \$628.49，如果再多存 2 年，它会增长到下面这个数。

$\$628.49 \times 1.07^2 = \$628.49 \times 1.1449 = \$719.56$

注意，我们也可以分别计算每笔资金的终值。同样，在期限问题上要小心。正如前面所计算的，第一笔资金赚取 4 年的利息，第二笔资金赚取 3 年的利息，最后一笔资金赚取两年的利息：

$$
\begin{aligned}
\$100 \times 1.07^4 &= \$100 \times 1.3108 = \$131.08 \\
\$200 \times 1.07^3 &= \$200 \times 1.2250 = \ \ 245.01 \\
+\ \$300 \times 1.07^2 &= \$300 \times 1.1449 = \underline{\ \ 343.47} \\
\text{总终值} &= \underline{\underline{\$719.56}}
\end{aligned}
$$

多重现金流量的现值

很明显，我们经常需要计算一系列未来现金流量的现值。同终值问题一样，我们也有两种方法计算现值问题：既可以每期进行一次折现，也可以分别计算现值然后进行汇总。

不妨假设你在第 1 年需要 1 000 美元，第 2 年需要 2 000 美元。如果你的资金能赚取 9% 的利息，那么你现在必须存入多少钱，才能保证将来所需？换言之，当利率为 9% 时，这两笔现金流量的现值是多少？

在利率为 9% 时，两年后的 2 000 美元的现值是：

$\$2\,000/1.09^2 = \$1\,683.36$

1 年后的 1 000 美元的现值是：

$\$1\,000/1.09 = \$917.43$

因此，现值总额为：

$\$1\,683.36 + \$917.43 = \$2\,600.79$

为了证明 2 600.79 美元的正确性，我们可以检验在第 2 年付出 2 000 美元之后就没有钱剩下了。如果我们把 2 600.79 美元按照 9% 的利率投资 1 年，可以得到下面这个数。

$2 600.79 × 1.09 = $2 834.86

我们取出 1 000 美元，剩下 1 834.86 美元。这笔钱又赚取了 1 年的 9% 的利息，最终得到：

$1 834.86 × 1.09 = $2 000

这与我们的计划完全相符。正如本例所示，一系列未来现金流量的现值正是你为了在将来得到这些现金流量而必须在今天支付的金额（在一定折现率的基础上）。

计算多重现金流量现值的另一种方法就是按期折现。举例来说，假设我们有一项投资，在未来的 5 年里，必须每年年末支付 1 000 美元。如果要计算现值，我们可以将每笔 1 000 美元分别折现，而后进行汇总。图 5.5 按照 6% 的折现率列示了这种方法。如图 5.5 所示，最后的答案是 4 212.37 美元（由四舍五入引起的微小差异忽略不计）。

还有另外一种方法，我们可以将最后一笔现金流量折回一个期间，然后与倒数第二笔现金流量相加：

$1 000/1.06 + $1 000 = $943.40 + $1 000 = $1 943.40

而后，我们可以将这笔金额再往前折现一期，然后加上第 3 年的现金流量：

$1 943.40/1.06 + 1 000 = $1 833.40 + 1 000 = $2 833.40

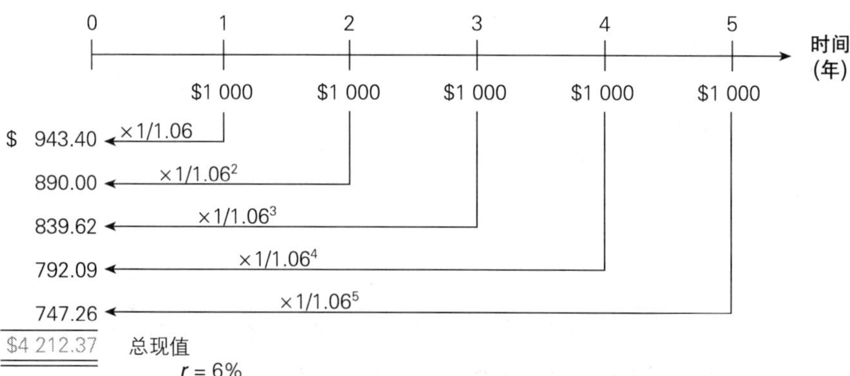

图 5.5　将现金流量分别折现计算现值法

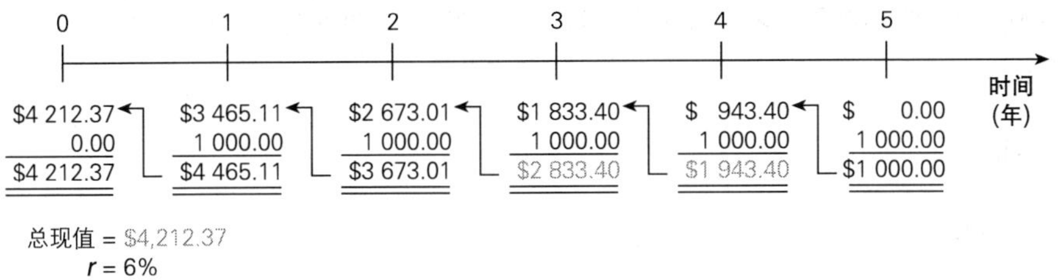

图 5.6　按期折现法计算现金流量

这个过程可以按需要不断重复。图 5.6 演示了这种方法以及余下来的计算过程。

例 5.3　投资价值几何?

你面临一项投资，其在第 1 年年末给你 \$200，第 2 年 \$400，第 3 年 \$600，第 4 年 \$800。你在类似的投资上可赚得 12% 的收益。你最多可为这笔投资付多少钱?

我们需要按照 12% 的折现率计算这些现金流量的现值，将它们分别进行计算可得：

$$
\begin{aligned}
\$200 \times 1/1.12^1 &= \$200/1.1200 = \$\ \ 178.57 \\
\$400 \times 1/1.12^2 &= \$400/1.2544 = \quad 318.88 \\
\$600 \times 1/1.12^3 &= \$600/1.4049 = \quad 427.07 \\
+\$800 \times 1/1.12^4 &= \$800/1.5735 = \quad \underline{508.41} \\
\text{总现值} &= \$1\ 432.93
\end{aligned}
$$

假如你的资金能够获得 12% 的回报，你用 1 432.93 美元的初始投资可以获得如上所示的现金流量，因此，这就是你最多愿意支付的金额。

例 5.4　投资价值几何？第二部分

你面临一项投资，其将付给你三笔 \$5 000 的款项：第一笔收入发生在 4 年后，第二笔在 5 年后，第三笔在 6 年后。如果你能有 11% 的收益率，那么这项投资现在最多值多少钱？这些现金流量的终值是多少?

我们先回答第二问，再回答第一问，以便说明问题。6 年后现金流量的终值如下所示。

$$\$5\,000 \times 1.11^2 + \$5\,000 \times 1.11 + \$5\,000 = \$6\,160.50 + \$5\,550 + \$5\,000$$
$$= \$16\,710.50$$

那么现值为：

$$\$16\,710.50/1.11^6 = \$8\,934.12$$

让我们来检验一下。按照分别计算各现金流量现值的方法，这些现金流量的现值为：

$$\$5\,000 \times 1/1.11^6 = \$5\,000/1.8704 = \$2\,673.20$$
$$\$5\,000 \times 1/1.11^5 = \$5\,000/1.6851 = 2\,967.26$$
$$+\$5\,000 \times 1/1.11^4 = \$5\,000/1.5181 = \underline{3\,293.65}$$
$$\text{总现值} = \underline{\underline{\$8\,934.12}}$$

这与我们前面的计算结果完全相同。这个例子要说明的是，我们可以按照任一顺序计算现值和终值，并且用最便捷的方法将它们进行转换——只要我们使用相同的折现率以及正确的期数，各种方法的答案都是相同的。

有关现金流量时间确定的要点

在进行现值和终值问题的计算时，现金流量的时间确定问题尤为关键。几乎所有的类似计算中都有一个隐含的假设条件，那就是现金流量发生在每期的期末。事实上，我们讨论过的所有公式、标准的现值表或终值表中的所有数字以及（更重要的是）财务计算器或者电子表格里所有当前（或是默认的）设置，都假设现金流量发生在每期的期末。只要没有明确给出相反假设，你就应当认为现金流量是发生在期末的。

为了迅速说明此点，不妨假设有一个 3 年的投资项目，它第一年的现金流量是 100 美元，第二年的现金流量是 200 美元，第三年是 300 美元。你要按此条件画一条时间轴。在没有进一步信息的情况下，你应当假定该时间轴是这样的：

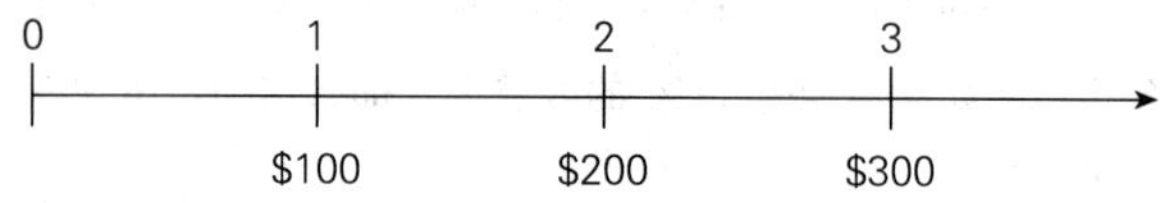

请注意，在我们的时间轴上第一笔现金流量发生在第一期的期末，第二笔发生

在第二期的期末，而第三笔发生在第三期的期末。

5.2　等值现金流量的价值评估：年金和永续年金

我们经常会遇到多重现金流量数额相等的情况。例如，一种非常普遍的贷款偿还计划要求借款人在某段时间内以一系列的等额支付来偿还贷款。几乎所有的消费贷款（例如汽车贷款）和房屋抵押贷款都要求等额偿还，并且通常是按月进行。

更一般的是，在某个确定的期数内，发生在每期期末的一系列确定金额的现金流量被称为普通**年金**（annuity）；或者，更为准确的说法是，这些现金流量以普通年金的形式发生。在财务安排中经常会出现年金形式，并且还有一些有用的便捷方法来确定年金的价值。我们将在下面讨论这些问题。

年金现金流量的现值

不妨假设有一笔资产能在未来 3 年的每年年末支付 500 美元。来自这项资产的现金流量是以 3 年期、每期 500 美元的普通年金的形式出现的。如果我们希望获得 10% 的收益率，那么我们愿意为这笔年金支付多少钱？

从前一部分可知，我们可以按照 10% 的折现率把这三笔 500 美元的支付额分别折现至今，从而得出总现值：

$$
\begin{aligned}
\text{现值} &= \$500/1.1^1 + \$500/1.1^2 + \$500/1.1^3 \\
&= \$500/1.10 + \$500/1.21 + \$500/1.331 \\
&= \$454.55 + \$413.22 + \$375.66 \\
&= \$1\ 243.43
\end{aligned}
$$

这种方法还算不错。然而，我们经常会遇到现金流数量很多的情况。例如，一个典型的房屋抵押贷款要求在 30 年内按月进行偿付，那么共有 360 次付款。倘若我们想确定这些付款的现值，找出一个简便方法就很有必要了。

鉴于年金中的每期现金流量都是相同的，我们可以在基本现值公式的基础上推导出一个极其有用的变形形式。经过推导，在回报率或者说利率为 r 时，持续 t 个期间、每期 C 美元的年金的现值如下所示。

$$年金现值 = C \times \left(\frac{1 - 现值系数}{r}\right)$$
$$= C \times \left\{\frac{1 - [1/(1+r)^t]}{r}\right\} \quad [5.1]$$

第一行括号中的式子有时被称为年金现值系数，简写为 PVIFA（r，t）。

年金现值的表达式看起来颇有些复杂，但它的使用并不困难。请注意到第二行方括号中的式子 $1/(1+r)^t$ 正是我们前面所计算过的现值系数。在我们上面的例子中，利率为 10%，期数为三年，由此通常的现值系数为：

$$现值系数 = 1/1.1^3 = 1/1.331 = 0.75131$$

为了计算年金现值系数，我们只需将以上的答案代入即可：

$$年金现值系数 = (1 - 现值系数) / r$$
$$= (1 - 0.75131) / 0.10$$
$$= 0.248685/0.10 = 2.48685$$

正如我们前面所计算的，500 美元年金的现值是：

$$年金现值 = \$500 \times 2.486\ 85 = \$1\ 243.43$$

例 5.5 你能够负担多少钱?

在仔细地研究了你的预算之后，你确定可以每月支付 \$632 买一辆新跑车。你从当地银行得知，在 48 个月之内的现行利率为每月 1%，那么今天你能借多少钱?

为了确定你能够借多少钱，我们需要计算在月利率为 1% 时，48 个月每月支付 \$632 的现值。这项贷款的偿付采取的是普通年金的形式，所以年金现值系数为：

$$年金现值系数 = (1 - 现值系数) / r$$
$$= [1 - (1/1.01^{48})] / 0.01$$
$$= (1 - 0.6203) / 0.01 = 37.9740$$

有了这个系数，我们就能计算出 48 个月里每笔 \$632 的现值是：

$$现值 = \$632 \times 37.9740 = \$24\ 000$$

因此，\$24 000 就是你有能力偿还的数额。

年金表　与普通现值系数有表格一样，年金系数也有表格：表 5.1 便列举了若干这样的系数。为了找到我们刚才计算过的年金现值系数，先看期限为 3 年的那一行，再找到利率为 10% 的那一列。在行与列交汇处的数字应当是 2.4869（四舍五入到小数点后四位），与我们算出来的一样。你自己可以多算几个这样的系数，并与表中的结果进行比较，以确保你已经学会了。如果你正在使用财务计算器，只需输入 1 美元作为支付额，并计算现值，其结果应该就是年金现值系数。

表 5.1

年金现值系数

	利率			
期数	5%	10%	15%	20%
1	0.9524	0.9091	0.8696	0.8333
2	1.8594	1.7355	1.6257	1.5278
3	2.7232	2.4869	2.2832	2.1065
4	3.5460	3.1699	2.8550	2.5887
5	4.3295	3.7908	3.3522	2.9906

计算支付额　假设你想新建一家企业，专营现在最流行的健康食品——冻牦牛奶。为了生产和营销产品，你需要借入 100 000 美元。你认为这股潮流不可能持久，你希望在 5 年内每年偿还相等的数额，以便很快地还清贷款。如果利率为 18%，那么每年的还款额应是多少？

在本题中，我们知道现值为 100 000 美元，利率为 18%，期数为 5 年。每年的还款额是相等的，所以我们需要找出相关的年金系数，求出未知的现金流量数：

$$\text{年金现值} = \$100\,000 = C \times (1 - \text{现值系数})/r$$

$$\$100\,000 = C \times (1-1/1.18^5)/0.18$$

$$= C \times (1-0.4371)/0.18$$

$$= C \times 3.1272$$

$$C = \$100\,000/3.1272 = \$31\,978$$

因此，你的 5 笔付款额每笔均接近于 32 000 美元。

例 5.6 求出付款次数

在过春假时你多花了些钱，所以你的信用卡里欠了 \$1 000。你只能承担每月的最少还款额——\$20。信用卡的月利率是 1.5%。你需要多长时间才能还清这 \$1 000？

此处我们面临的问题是月利率为 1.5%、每月的支付额为 \$20 的年金，支付的期数未知。现值为 \$1 000（你今天所欠的数额）。我们需要做一点代数运算（或者是使用财务计算器）：

$$\$1\,000 = \$20 \times (1-\text{现值系数})/0.015$$
$$(\$1\,000/20) \times 0.015 = 1-\text{现值系数}$$
$$\text{现值系数} = 0.25 = 1/(1+r)^t$$
$$1.015^t = 1/0.25 = 4$$

这道题目浓缩成了这样一个问题：在月利率为 1.5% 时，需要多长时间你的资金才能翻 3 番？根据我们在前面的章节中学到的，答案是 93 个月左右：

$$1.015^{93} = 3.99 \approx 4$$

在这个利率下你需要花费 93/12=7.75 年左右的时间。

求出利率 我们要问的最后一个问题是有关年金中隐含的利率。例如，一家保险公司愿意在 10 年内每年付给你 1 000 美元，只要你现在愿意支付 6 710 美元。这项 10 年的年金中隐含的利率是多少？

在本题中，我们已知现值（\$6 710）和现金流量（\$1 000），还知道该投资的期限（10 年）。我们所不知道的就是折现率：

$$\$6\,710 = \$1\,000 \times (1-\text{现值系数})/r$$
$$\$6\,710/\$1\,000 = 6.71 = \{1-[1/(1+r)^{10}]\}/r$$

期数为 10 时的年金系数等于 6.71，我们要从上面的等式中求出未知数 r。然而，我们不可能从算术上直接求解——惟一的办法是利用系数表或是使用试算平衡法来求出 r。

在系数表中，查看期数为 10 的那一行，你会发现与系数 6.7101 对应的是 8%，所以保险公司给出的利率正是 8%；或者，我们可以将不同的数值代入 r 进行计算，直到非常接近于 6 710 美元这个答案。使用试算平衡法颇有些麻烦，但幸运的是，机器最擅长解决这类问题。[1]

为了举例说明如何通过试算平衡法来找到答案，不妨假设你的一位亲戚想借 3 000 美元，她答应在 4 年内每年还给你 1 000 美元，那么她给你的利率是多少？

此处的现金流量采取的是 4 年期、1 000 美元的年金形式，现值为 3 000 美元，需要求出折现率 r。我们此处最基本的目标是让你体会到年金价值和折现率之间的关系。

我们需要从某处起步，而 10% 便是一个很好的起点。在 10% 时，年金系数为：

年金现值系数 = $(1-1/1.10^4)/0.10 = 3.1699$

因此利率为 10% 时的现金流量的现值为：

现值 = \$1 000 × 3.1699 = \$3 169.90

可以看到我们已经进入了正确的轨道。

10% 的折现率是高了还是低了呢？回想一下，现值和折现率是呈反方向运动的：提高折现率将使现值下降，反之亦然。此处我们的现值过高了，因此是折现率低了。我们可以再试试 12%：

现值 = \$1 000 × $(1-1/1.12^4)/0.12$ = \$3 037.35

现在我们几乎接近正确答案了。我们的折现率仍然稍稍有些低（因为现值稍稍有点高），所以我们再试试 13%：

现值 = \$1 000 × $(1-1/1.13^4)/0.13$ = \$2 974.47

这个数比 3 000 美元要低，因此我们知道答案处于 12% 和 13% 之间，看起来应当是 12.5%。你可以再试着多算一会儿，看看能否得出约为 12.59% 的答案。

1　财务计算器便是利用试算平衡法来找出答案的，这就是计算器在给出答案前看上去在“思考”的原因。实际上，在期间数小于 5 时，直接求出 r 是可能的，但通常不值得去做这么麻烦的计算。

年金的终值

有时候知道计算年金终值的简便方法也是很有好处的。正如你所预想的，年金不仅有现值系数，它同样也有终值系数。总的来说，年金的终值系数为：

$$\begin{aligned}年金终值系数 &= (终值系数 - 1) / r \\ &= [(1+r)^t - 1] / r \qquad [5.2]\end{aligned}$$

为了演示我们是如何使用年金终值系数的，不妨假设你计划每年把 2 000 美元存入一个利率为 8% 的退休基金账户。如果你在 30 年后退休，那时你将会有多少钱？

此处的年数 t 为 30 年、利率 r 为 8%，所以我们可以按照下面的方法计算年金终值系数：

$$\begin{aligned}年金终值系数 &= (终值系数 - 1) / r \\ &= (1.08^{30} - 1) / 0.08 \\ &= (10.0627 - 1) / 0.08 \\ &= 113.2832\end{aligned}$$

因此 30 年期、2 000 美元年金的终值为：

$$\begin{aligned}年金终值 &= \$2\,000 \times 113.2832 \\ &= \$226\,566.4\end{aligned}$$

有关预付年金的问题

到目前为止，我们只讨论了普通年金——它无疑是很重要的，但还有一种相当普遍的变形形式。回想一下，普通年金的现金流量发生在每期期末。例如，当你借入一笔按月还款的贷款时，第一笔还款通常发生在你获得贷款后的一个月。然而，当你租入一套公寓时，通常必须立即支付第一笔租金，而第二笔租金的支付则发生在第二个月的月初，以此类推。租金便是预付年金的例子之一。**预付年金**（annuity due）是一种现金流量发生在每期期初的年金。几乎任何一种需要我们在每期期初预付相同金额的财务安排都是预付年金。

计算预付年金的价值有几种不同的方法。计算预付年金的现值的一种方法可以用时间轴来表示。假设一笔预付年金有 5 笔付款，每笔 400 美元，相关的折现率为 10%，时间轴如下所示：

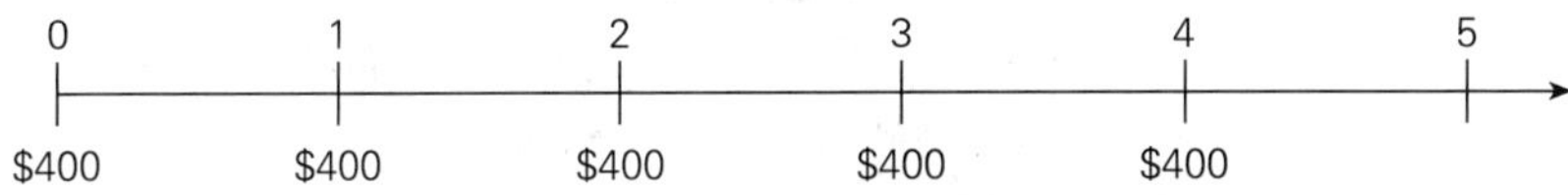

注意此处的现金流量与一笔四年期的普通年金相同，惟一的区别在于在时间点 0 处多了一笔 400 美元。你可以自己算一下，在利率为 10% 时，一笔四年期 400 美元的普通年金的现值为 1 267.95 美元。如果再加上那笔多出的 400 美元就得到了 1 667.95 美元，这正是这笔预付年金的现值。

还有一种更为简便的方法可以用来计算预付年金的现值或终值。如果把实际发生在每期期初的现金流量假定为发生在期末，那么我们可以将每笔现金流量再往回折一个时期。只要把我们的答案乘以（$1+r$）就可以了，r 就是折现率。实际上，预付年金和普通年金的价值之间的关系是：

$$\text{预付年金价值} = \text{普通年金} \times (1+r) \qquad [5.3]$$

这个公式对于现值和终值来说都是成立的，所以预付年金价值的计算包含了两个步骤：（1）把它当成普通年金计算现值或是终值；（2）将答案乘以（$1+r$）。

永续年金

我们已经看到一系列等值的现金流量可以被视为年金。年金的一个重要特例便是等值的现金流量永远持续下去，这样的一项资产被称为**永续年金**（perpetuity），因为现金流量的发生是永不停息的。永续年金也被称为**统一公债**（consol），尤其是在加拿大和英国。例 5.7 便是一个重要的永续年金的例子。

鉴于永续年金现金流量的数量是无穷的，很明显我们不可能通过折现每笔现金流量来计算它的现值。幸运的是，永续年金的价值确定是最容易的一种。永续年金的现值是：

$$\text{永续年金现值} = C/r \qquad [5.4]$$

例如，某项投资许诺给出一笔 500 美元的永续年金，你在这项投资上要求的收

表 5.2

年金和永续年金的计算方法

1. 符号

PV = 现值，未来现金流量在今天的价值

FV_t = 终值，现金流量在将来的价值

r = 利率，收益率或每期的贴现率，一般（但不总是）一年。

t = 期数，一般（但不总是）为年数

C = 现金流量

2. 每期现金流量为 C，利率为 r，t 期以后的终值为：

$FV_t = C \times [1/(1+r)^t]/r$

等值的一系列现金流量被称为年金，而公式 $[1/(1+r)^t]/r$ 被称为年金终值系数。

3. 每期现金流量为 C，利率为 r，t 期以后的现值为：

$PV = C \times \{1-[1/(1+r)^t]\}/r$

公式 $\{1-[1/(1+r)^t]\}/r$ 被称为年金现值系数。

4. 每期现金流量为 C 的永续年金现值为：

$PV = C/r$

永续年金是永远持续下去、每期现金流量相等的年金。

益率是 8%，那么这项投资的价值是多少？这项投资的价值是：

永续年金的现值 $= C/r = \$500/0.08 = \$6\ 250$

此处结束了有关具有多重现金流量投资的价值评估的讨论。为了便于以后的查阅，表 5.2 总结了前面所介绍的年金和永续年金的基本计算方法。

例 5.7 优先股

优先股是永续年金的一个重要的例子。当一家公司出售优先股时，购买者被承诺：今后每期（通常是一季）都会得到固定的现金股利——这种股利必须在普通股股利之前被支付，所以使用“优先”这一术语。

假定弗利尼公司希望以每股 \$100 的价格出售优先股。一种类似的、已发行优先股的价格是每股 \$40，而且每季提供 \$1 的股利。如果想继续出售这种优先股，应该提供多高的股利呢？

现已发行优先股的现值为 \$40，股利为每季度 \$1。

现值 = \$40 = \$1 × (1/r)

r = 2.5%

要想具有竞争力，弗利尼公司这次新发行也必须提供每季 2.5% 的收益，所以，假如现值为 \$100，那么股利必定是 :

现值 = \$100 = C × (1/0.025)

C = \$2.5 (每季)

5.3　比较利率：复利期间的影响

我们要讨论的最后一个问题是利率的标示方法，此主题会造成一些疑惑，因为利率有多种标示方法。有时候利率的标示是由惯例造成的，而有时却是法律的要求。然而，有时侯，利率标示的方法可能带有故意欺骗性，会误导借款人和投资者。我们将在本节讨论这些主题。

有效年利率与复利计算

假如名义利率为 10%，每半年计息一次，这实际上意味着每 6 个月付息 5%，于是很自然地产生了第二个问题 : 每 6 个月付 5% 与每年付 10% 是相同的吗？很显然，答案是否定的。假如你以 10% 的利率投资 1 美元，年末你将得到 1.10 美元。假如你的投资是每 6 个月计息一次的话，两期（即 1 年）以后你将得到 :

$$\$1 \times 1.05^2 = \$1.1025$$

这要多出 0.0025 美元，原因很简单 : 在前 6 个月以后，你得到了 \$1 × 0.05=5 美分的利率，而在其后的 6 个月内，这 5 美分利息也会生息，因此要多出 5 × 0.05=0.25 美分。

正如我们的例子中所显示的那样，年利率 10% 且每半年计息一次，实际上相当于每年付息 10.25%。任何时候，只要在一年内计算复利，我们就应该考虑实际利率是多少。

在我们的例子中，10% 被称为**名义利率**（stated interest rate），或**标示利率**（quoted interest rate，账面利率），当然可能还会有其他名称。10.25% 是你实际上将会获得的利息，称为**有效年利率**（effective annual rate，EAR）。要对不同的投资或利率进行比较，我们通常需要将其转化为有效利率。下面将对一般的转换方法进行讨论。

计算并比较有效年利率

为了说明为什么计算有效年利率是重要的，假定你经过走访获得如下三个利率：

A 银行：利率 15%，每天计息一次

B 银行：利率 15.5%，每季度计息一次

C 银行：利率 16%，每年计算利息一次

假如你正在考虑开立一个存款账户，哪家银行是最佳选择呢？如果它们代表的是贷款利率，哪家最好呢？

首先，C 银行每年的利率是 16%，由于在一年中没有重复计算利息，这就是有效利率。B 银行的实际支付额是 0.155/4 = 0.03875，或者说每季度 3.875%；依此利率计算，1 美元的投资 4 个季度以后将会增至：

$$\$1 \times 1.03875^4 = \$1.1642$$

因此，有效利率 EAR 为 16.42%。对于一个储户来讲，这比 C 银行提供的 16% 好多了，但是对于借款人来说则比不上 C 银行的 16%。

A 银行每天计息——这听起来有点极端，但实际上每天计息是很常见的。此处每日利率实际上是：

$$0.15/365 = 0.000411$$

即每天 0.0411%。按此利率计算，1 美元在投资了 365 天后将增长为：

$$\$1 \times 1.000411^{365} = \$1.1618$$

其有效年率为 16.18%。对存款人而言，它比 B 银行的 16.42% 要差；而对借款人来说，它又不如 C 银行的 16% 的年利率。

这个例子说明了两个问题：首先，最高的名义利率并非就是最好的；其次，1 年

内的复利计算会导致名义利率与实际利率之间的较大差异。请记住，有效利率是你所得到或支付的。

如果考察我们的例子，你会发现我们是分三步来计算的：首先用名义利率除以复利次数，接下来我们将结果加 1，然后以复利计算次数为指数计算其幂，最后我们再减去 1。假如我们用 *m* 代表 1 年内利息计算的次数，这些步骤可以简单总结如下：

$$\text{EAR} = (1 + \text{名义利率} / m)^m - 1 \qquad [5.5]$$

例如，假定我们有 12% 的名义利率且每个月计算一次利息。在这种情况下，利息每年要计算 12 次，所以 *m* 是 12，你可以这样来计算有效利率：

$$\text{EAR} = (1 + \text{名义利率} / m)^m - 1$$
$$= (1 + 0.12/12)^{12} - 1$$
$$= 1.01^{12} - 1$$
$$= 1.126825 - 1$$
$$= 12.6825\%$$

例 5.8　EAR 是什么？

一家银行提供 12% 的利率且每季度计息一次。假如你在一个账户存有 \$100，第一年年末你将得到多少钱？ EAR 呢？两年后你又能得到多少钱？

银行实际上提供每季度 12%/4 = 3% 的利率。假如你投资了 \$100，在每季度利率为 3% 的情况下，一年后的终值为：

$$\text{终值} = \$100 \times 1.03^4$$
$$= \$100 \times 1.1255$$
$$= \$112.55$$

EAR 是 12.55%：\$100 ×（1 + 0.1255）= \$112.55。

我们可以用两种方法来确定两年后的终值。一种方法是认识到两年与 8 个季度是相同的；在每季度利率为 3% 的情况下，8 个季度以后你将会得到如下数目。

$$\$100 \times 1.03^8 = \$100 \times 1.2668 = \$126.68$$

另外，我们可以采用 12.55% 的 EAR 来确定两年后的价值，所以，两年后你将会得到：

$$\$100 \times 1.1255^2 = \$100 \times 1.2688 = \$126.68$$

因此，两种方法得到的结果是一致的。这说明了一个重要的问题，即任何时候当我们计算现值或终值时，我们所采用的利率必定是实际利率或有效利率。在本例中，每季度实际利率是 3%。有效年利率为 12.55%。如果我们知道了 EAR，采用哪种方法其实并不重要。

例 5.9 标示利率

既然你已经知道了如何将名义利率转化为 EAR，现在考虑相反的情况：假定作为一个贷款人你想在一笔特定的贷款上挣得有效年利率 18%。在每月计息一次的情况下，名义利率应该是多少?

在本例中，我们知道 EAR 是 18%，并且知道这是每月计息一次的结果。以 q 代表名义利率，我们得出：

$$\text{EAR} = (1 + \text{名义利率}/m)^m - 1$$
$$0.18 = (1 + q/12)^{12} - 1$$
$$1.18 = (1 + q/12)^{12}$$

我们需要解出这一方程得到名义利率——这种计算同我们在第 4 章中寻找未知利率的计算是一样的：

$$1.18^{(1/12)} = 1 + q/12$$
$$1.18^{0.08333} = 1 + q/12$$
$$1.0139 = 1 + q/12$$
$$q = 0.0139 \times 12$$
$$= 16.68\%$$

因此，你所标示的年利率应是 16.68%，每月计息一次。

有效年利率与贷款的年百分率

一个利率是否属于有效年利率有时难以确定，一个恰当的例子是贷款的**年百分率**（annual percentage rate，APR）。美国的《诚信贷款法》要求贷款人几乎对于所有的客户贷款都披露 APR，这一利率必须在贷款文件中的显要位置明确标示。

APR 必须计算和列示，另外一个明显的问题会出现：APR 是否就是有效年利率？换句话说，假如银行提供 APR 为 12% 的汽车贷款，贷款人是否确实要支付 12% 的利息？令人奇怪的是，答案通常是否定的。这里可能会产生疑惑——我们将接下来探讨。

由 APR 产生疑惑是因为法律要求贷款人以某种特定方式对 APR 进行计算。按照法律，APR 等于每期的利率乘以 1 年中的期间数。例如，假如一家银行的利率是 1.2%，乘以 1 年中的期间数，那么 APR 就报告为 1.2% × 12 = 14.4%。所以从我们一直在探讨的角度上讲，APR 是标示的或名义的利率。例如，如果 APR 是 12%，每月付息一次，那么每月实际利率是 1%。这种贷款的 EAR 是：

$$\begin{aligned}\text{EAR} &= (1 + \text{APR}/12)^{12} - 1 \\ &= 1.01^{12} - 1 = 12.6825\%\end{aligned}$$

例 5.10　你所支付的利率是多少？

某个信用卡规定的利率是 18%，每月付息一次。这种信用卡的实际利率是多少？

根据我们的讨论，每月付息一次，在 APR 为 18% 的情况下，每个月的实际利率是 0.18/12 = 0.015，或者说每月 1.5%。因此 EAR 为：

$$\begin{aligned}\text{EAR} &= (1 + 0.18/12)^{12} - 1 \\ &= 1.015^{12} - 1 \\ &= 1.1956 - 1 \\ &= 19.56\%\end{aligned}$$

这就是你实际支付的有效年利率。

APR 同 EAR 之间的差别可能并非总是那么大，但《诚信贷款法》要求贷款人对于贷款的“实际利率”的报告却并不那么“诚信”了，不无讽刺意味。

EAR、APR、财务计算器和电子表格

财务计算器可以将名义利率（或者说 APR）转换为 EAR，或者进行反向计算。然而，不同计算器的步骤是很不同的，以至于我们无法用一般的术语进行描述，你必须参考计算器的操作说明。然而，在特定情况下，我们所指的 EAR 在计算器上被标记为“EFF”（*effective* 的缩写）。更加棘手的是，我们所指的名义利率（或者说 APR）被标记为“NOM”（*nominal* 的缩写）；然而，名义利率这一术语有不同的意义(我们将在下一章探讨)。所以，请记住这里的名义利率是指 APR。

利用电子表格，我们可以很容易地进行这些转换。例如，要在 Excel 中将名义利率（或者说 APR）转换为有效年利率，利用公式 EFFECT（nominal_rate，npery），这里 nominal_rate 是名义利率或者 APR，而 npery 是每年计算的复利的期间数。同样，要想将 EAR 向名义利率转换，采用 NOMINAL（effect_rate，npery），这里 effect_rate 是 EAR。

5.4　贷款类型和贷款的摊销

无论何时，当贷款(出借)人发行债务的时候，需要就本金（初始贷款额）的偿还制定一些条款。例如，贷款可能会分期等额偿付，也可能到期一次性偿还。因为本金和利息的偿还方式是由所涉及的有关各方商定的，所以其实有无数种方法。

在本节中，我们要对一些常见的还款方法进行讨论——更复杂的方法一般都以它们为基础。贷款的三种基本类型是纯贴现贷款、仅付息贷款和分期清偿贷款。这些贷款的计算将直接用到我们已经推出的现值计算原则。

纯贴现贷款

纯贴现贷款（pure discount loan）是最简单的贷款形式。对于这样的贷款，借款人今天得到现金并在将来的某个时间一次性偿还一定的款项。例如，对于 1 年期 10% 纯贴现贷款，我们将要求借款人 1 年以后为今天的每 1 美元贷款归还 1.1 美元。

由于纯贴现法很简单，我们已经知道如何进行计算。假定一名借款人在 5 年后有 2.5 万美元的偿还能力。假如我们充当贷款(出借)人，并希望获得 12% 的利息，

则今天愿意贷出多少款项呢？也就是说，我们在今天愿意为 5 年后的 2.5 万美元付出多少呢？根据第 4 章的计算，我们知道答案是折现率为 12% 的 5 年后的 2.5 万美元的现值：

$$
\begin{aligned}
现值 &= \$25\ 000/1.12^5 \\
&= \$25\ 000/1.7623 \\
&= \$14\ 186
\end{aligned}
$$

当贷款期限很短时（例如 1 年或者更短），纯贴现贷款法是常用的。最近几年，对于许多长期贷款来说，这种方法也日渐普遍。

例 5.11　国库券

当美国政府需要短期借款（1 年或更短）的时候，它是通过出售国库券（Treasury bill，缩写为 T-bill）来实现的。国库券是美国政府对将来在某一时间（例如 3 个月后或者 12 个月后）偿还一定款项的承诺。

国库券是纯贴现贷款。假如国库券将在 12 个月后偿还 \$10 000，市场利率是 7%，那么现在的市场售价应该是多少呢？

由于利率是 7%，1 年后 \$10 000 的国库券的现值为：

$$现值 = \$10\ 000/1.07 = \$9\ 345.79$$

仅付息贷款

这是第二种贷款类型，其付款计划要求借款人每期支付利息，并在将来的某一时点归还全部的本金（初始贷款额），这种贷款类型被称为仅付息贷款。注意，假如只有 1 期的话，纯贴现贷款同仅付息贷款的结果相同。

例如，对于 3 年期、利率为 10% 的仅付息贷款来说，借款人将在第 1 年和第 2 年年末支付 \$1 000 × 0.10 = \$100 的利息。第 3 年年末，借款人将归还 1 000 美元的本金和另外 100 美元的利息。同样，50 年期的仅付息贷款要求借款人在今后 50 年每年支付利息并最后支付本金。在极端情况下，借款人将需要每期都支付利息而永远不需归还本金——正如我们在本章前面部分讲到的那样，其结果是永续年金。

大多数公司债券都具有一般的仅付息贷款的形式。因为我们将在下一章对债券进行详细考察，故此处对其不做详细讨论。

贷款摊销

对于纯贴现或者纯利息贷款来说，本金是一次性支付的；与它们相对应的是贷款摊销。采用这种方法，贷款人要求借款人将贷款本金分期偿还。通过定期定额减少本金最终还清贷款的过程被称为贷款摊销。

贷款摊销的简便方法是使借款人每期归还利息外加固定数量的本金。这种方法对于中期企业贷款来说是常见的。例如，假定一家公司取得了金额为 5 000 美元、5 年期、利率为 9% 的贷款。贷款协议要求借款人每年根据贷款余额支付利息，并将贷款余额每年减少 1 000 美元。由于贷款金额每年减少 1 000 美元，到第 5 年的时候就会偿还完毕。

在我们正在考虑的例子中，注意到总支付额每年都将减少，原因是贷款余额逐渐降低，每年的利息支出也在下降，而 1 000 美元的本金减少额却是固定的。例如，第 1 年的利息将是 $5 000 × 0.09 = $450，总付款额将是 $1 000 + $450 = $1 450；第 2 年的贷款余额为 4 000 美元，所以利息将是 $4 000 × 0.09 = $360，总付款额是 1 360 美元。我们可以计算剩余每年的支付额并编制如下一张简单的摊销进度表：

年	期初余额	总付款额	支付的利息	支付的本金	期末余额
1	$5 000	$1 450	$ 450	$1 000	$4 000
2	4 000	1 360	360	1 000	3 000
3	3 000	1 270	270	1 000	2 000
4	2 000	1 180	180	1 000	1 000
5	1 000	1 090	90	1 000	0
合计		$6 350	$1 350	$5 000	

请注意，每年支付的利息都等于期初余额乘以利率；还需注意的是，期初等于前一年的期末余额。

最常见的贷款摊销方法可能是借款人每期都支付一个惟一的、固定的金额。几乎所有的消费贷款（例如汽车贷款）都以这种方式分期清偿。例如，假设有一笔 5 年期，利率为 9%、金额为 5 000 美元的贷款采用此方法摊销，那么摊销进度表会是怎样的呢？

首先我们需要确定付款额。根据本章前面的讨论，我们知道这项贷款的现金流是以普通年金的形式出现。在本例中，我们可以解出每期的偿还金额：

$$\$5\ 000 = C \times (1 - 1/1.09^5)/0.09$$
$$= C \times (1 - 0.6499)/0.09$$

解出：

$$C = \$5\ 000/3.8897$$
$$= \$1\ 285.46$$

因此借款人每年需要等额支付 1 285.46 美元。这样能否还清贷款呢？我们通过填写一个摊销进度表来检查。

在前面的例子中，我们知道本金每年是递减的。接下来我们计算所需支付的利息。在本例中，付款总额是已知的，我们因此可以计算出利息，并从付款总额中减去，以算出每年所还的本金。

如前面的计算所示，第一年的利息为 450 美元。由于总付款额是 1 285.46 美元，第一年支付的本金必定为：

支付的本金 = \$1 285.46 − \$450 = \$835.46

因此贷款的期末余额为：

期末余额 = \$5 000 − \$835.46 = \$4 164.54

第二年的利息是 \$4 164.54 × 0.09 = \$374.81，而且贷款余额下降 \$1 285.46 − \$374.81 = \$910.65。我们可以将所有相关计算在本页下表进行总结：

年	期初余额	总付款额	支付的利息	支付的本金	期末余额
1	\$5 000.00	\$1 285.46	\$ 450.00	\$835.46	\$4 164.54
2	4 164.54	1 285.46	374.81	910.65	3 253.88
3	3 253.88	1 285.46	292.85	992.61	2 261.27
4	2 261.27	1 285.46	203.51	1 081.95	1 179.32
5	1 179.32	1 285.46	106.14	1 179.32	0.00
合计		\$6 427.30	\$1 427.31	\$5 000.00	

由于贷款余额会降至零，5 年等额付款确实会将贷款全部偿还。注意，每期支付的利息都在下降——这并不奇怪，因为贷款余额正在下降。在总付款额一定的情况下，每期偿还的本金必然在上升。

假如比较本节中的两种贷款摊销方法，你将会发现在总量等额偿还方式下，其利息总额要较高（二者分别是 1 427.31 美元和 1 350 美元），原因是此种方式下贷款本金的偿付额在早期较少，所以利息也就较高；但这并不意味着一种贷款方式优于另外一种，而只能说明某种贷款方式的本金的有效偿付速度要快于另外一种。例如，在每年总偿付额相等的情况下，第一年贷款本金下降了 835.46 美元，而在第一种方式下则是 1 000 美元。

最后，我们关注一种对你来说可能特别重要的贷款来结束这个讨论。助学贷款是许多大学生重要的经济来源，用来支付学费、买书、买新车、合租房屋和办理许多其他的事情。有时候学生们看起来并没有完全注意到，这种贷款有一个严重的“缺陷”——它们必须偿还。

第6章

利率与债券定价

在证券的基本类型中，债券是比较简单的一种。你借给某公司 10 000 美元，这个公司定期向你支付利息，到期日时再还给你 10 000 美元的本金。但是，债券也有不同寻常的特征。

2002 年，由传奇投资家沃伦·巴菲特经营的伯克希尔·哈撒韦公司发行了一种非同寻常的债券。大致来说，该债券的购买者为了持有债券必须支付利息给伯克希尔公司，而且利息还必须预先支付。此外，这种债券的售价是 10 663.63 美元，而伯克希尔公司却只承诺在五年后偿还 10 000 美元给债权人。那么，投资者对这种令人匪夷所思的债券有什么反应呢？答案是，他们居然购买了价值 4 亿美元的这种债券。

本章将利用我们所学的货币时间价值方面的知识，向你介绍如何对债券这一常见的金融资产进行定价，接下来再讨论债券的特征、类型以及债券市场的运作。

正如我们将看到的，债券的价格与利率密切相关，所以本章将继续对与利率有关的一些问题进行讨论。显然，利率对每个人都很重要，因为利率构成了所有类型的企业（无论是大是小）都必须为其借入的资金支付利息的基础。

本章的目的是向你介绍债券。首先，我们将向你介绍如何运用第 4 和第 5 章的方法来进行债券定价；接下来，我们将讨论债券的特性以及债券是如何进行交易的。我们将学到的重点是：债券的价值在很大程度上取决于利息率的高低，因此在本章结束的时候我们将对利息率及其特点进行考察。

6.1 债券和债券定价

当一家公司（或者政府）希望从公众那里获得长期借款时通常会发行（或者说出售）债务证券，这种有价证券一般被称为债券。在本节中我们将阐述公司债券和一些与债券相关的术语的不同特性，接下来我们将讨论与债券相关的现金流量，并讨论如何采用折现现金流量法对债券进行价值评估。

债券的特性与价格

正如我们在前面章节提到的那样，债券通常是一种仅付息贷款，它意味着借款人每期都将支付利息，但在最后一期之前是不用归还本金的。例如，假定百克公司想借款 1 000 美元，期限是 30 年，同类公司发行的债券的利息率是 12%。因此，百克公司将在 30 年内每年支付 0.12 × \$1 000 = \$120 的利息；在 30 年期限结束的时候，百克公司将会偿还 1 000 美元。正如本例所反映的那样，债券是一种相对简单的融资安排。然而，与债券相关的术语很多，所以我们将用这个例子来对一些更加重要的术语进行定义。

在我们的例子中，百克承诺的 120 美元的正常利息支出称为债券的**券面利息**（coupon）。由于利息是不变的而且每年都要支付，我们现在所讨论的债券类型有时称为*固定利率债券*。债券在期末所要偿付的是其**票面价值**（face value），或称**面值**（par value）。正如我们的例子所示，公司债券的票面价值一般都是 1 000 美元，而且按面值出售的债券被称为*面值债券*。政府债券通常有较高的面值。最后，年券面利息除以债券票面价值的结果称为**券面利率**（coupon rate）。在本例中，因为 \$120/\$1 000 = 12%，所以债券的券面利率是 12%。

从债券发行至其面值被支付的年数称为债券的**到期日**（maturity）。公司债券通常在开始发行时有 30 年的到期时间，当然这也会有所不同。债券一旦发行，到期的时间就会随时间流逝而减少。

债券价值与收益

市场利率会随着时间而改变，但是，债券的现金流量将保持不变，因此，债券的价值将会波动：当利率上升的时候，债券剩余现金流量的现值会下降，因此债券的价值会降低；反之，当利率下降的时候，债券的价值会上升。

要确定某一时点的债券价值，我们需要知道距离债券到期日还有多长时间、债券的面值、券面利息、市场上类似债券的利率。市场要求的某种债券的利率称为债券**到期收益率**（yield to maturity，YTM），这一利率有时称为债券的短期收益率。利用这些信息，我们可以计算现金流量的现值，从而对债券的当前市场价值进行估计。

例如，假设 Xanth 公司计划发行 10 年期的债券。Xanth 债券的年息是 80 美元，同类债券的到期收益率是 8%。根据上面的讨论，Xanth 债券将在今后的 10 年里每年支付 80 美元的利息。10 年以后，Xanth 将向债券所有者偿还 1 000 美元。债券的现金流量如图 6.1 所示。该债券应该卖多少钱？

正如图 6.1 所示，Xanth 债券的现金流量是由年金和到期一次偿还的面值两部分组成的。因此我们通过分别计算这两部分的现值然后将结果加总得到债券的市场价值。首先，按照现行的市场利率 8%，10 年后偿还的 1 000 美元的现值为：

$$\text{现值} = \$1\,000/1.08^{10} = \$1\,000/2.1589 = \$463.19$$

其次，债券需在 10 年里每年支付 80 美元，年金序列的现值为：

$$\begin{aligned}\text{年金现值} &= \$80 \times (1 - 1/1.08^{10})/0.08\\ &= \$80 \times (1 - 1/2.1589)/0.08\\ &= \$80 \times 6.7101\\ &= \$536.81\end{aligned}$$

我们现在将两部分加起来得到债券的价值：

$$\text{债券的总价值} = \$463.19 + \$536.81 = \$1\,000$$

计算结果表明正好应该按照面值出售。这不是一个巧合。现行的市场利率是 8%。作为一种固定利息债券，此债券的利率是多少？在券面利息为 80 美元的情况下，债

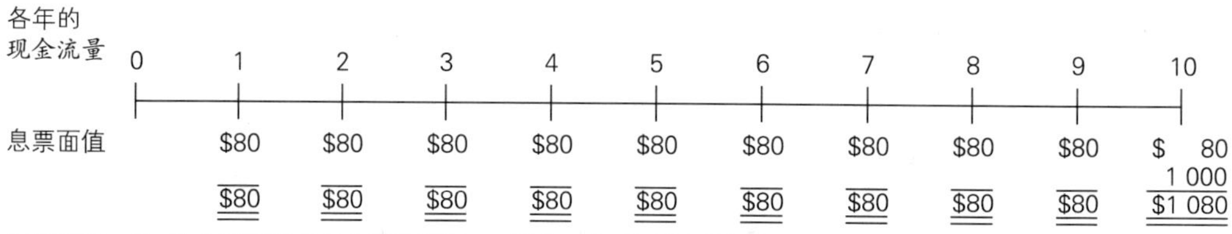

如图所示，Xanth公司债券每年的利息是$80，并在10年后到期时偿付面值$1 000。

图 6.1 Xanth 公司债券的现金流量

券只有在利率为 8% 时才能正好以面值 1 000 美元出售。

为说明利息率是如何变化的，假定现在已经过了一年，Xanth 债券现在还有 9 年到期。假如市场利息率已经上升到 10%，债券的价值将会是多少？为此，我们再以 9 年而非 10 年来重复现值的计算，并以 10% 而非 8% 的收益率来计算。首先，9 年后偿还的 1 000 美元在利息率为 10% 时的现值为：

$$现值 = \$1\ 000/1.10^9 = \$1\ 000/2.3579 = \$424.10$$

其次，债券现在每年的利息是 80 美元，持续 9 年，利率为 10% 的时候年金序列的现值为：

$$\begin{aligned}年金现值 &= \$80 \times（1 - 1/1.10^9）/0.10\\ &= \$80 \times（1 - 1/2.3579）/0.10\\ &= \$80 \times 5.7590\\ &= \$460.72\end{aligned}$$

现在我们可以将两部分加起来获得债券的价值：

$$债券总值 = \$424.10 + \$460.72 = \$884.82$$

因此，债券将以大约 885 美元的价格出售；也就是说，在利息率为 8% 的情况下，当债券的价格被定为 885 美元时，其收益率会达到 10%。

Xanth 公司的债券现在以低于 1 000 美元的价格出售。为什么呢？因为市场利率是 10%。作为一份面值为 1 000 美元的固定利率债券，它仅仅依照 8% 的券面利率来支付利息。由于债券的利率低于市场利率，投资者只愿意出借低于到期偿还的 1 000 美元的资金。由于债券的出售价格低于面值，因此被称为贴息债券。

使利率上升到 10% 的惟一方法是使价格降至 1 000 美元以下，以便购买者能够获得折价收益。对于 Xanth 的债券来说，885 美元要比账面价值低 115 美元，所以那些购买并持有债券的投资者将会获得 80 美元的年收益和到期时 115 美元的资本收益，后一部分收益是用于补偿低于市场利率的券面利率的。

折价 115 美元的另一种理解是：该债券 80 美元的利息要比利率等于市场利率（10%）的债券的利息低 20 美元。债券只有在年息为每年 100 美元的情况下才等于 1 000 美元。从某种意义上讲，一个购买并持有债券的投资者将会在 9 年内每年放弃 20 美元的收益。在利率为 10% 时，年金现值为：

$$
\begin{aligned}
\text{年金现值} &= \$20 \times (1 - 1/1.10^9)/0.10 \\
&= \$20 \times 5.7590 \\
&= \$115.18
\end{aligned}
$$

这正是折价的金额。

如果利率下降了 2% 而非上升 2%，Xanth 公司债券应该卖多少钱呢？正如你可能猜想的那样，债券的售价将会超过 1 000 美元。这样的债券被称为溢价发行或者说溢价债券。

这种情形同折价债券是相反的。市场利率只有 6%，而 Xanth 债券的票面利率是 8%。投资者情愿为高出的名义利率付出溢价。在本例中，相关的折现率是 6%，还有 9 年到期。面值 1 000 美元的债券的现值为：

$$\text{现值} = \$1\,000/1.06^9 = \$1\,000/1.6895 = \$591.89$$

利息的现值为：

$$
\begin{aligned}
\text{年金现值} &= \$80 \times (1 - 1/1.06^9)/0.06 \\
&= \$80 \times (1 - 1/1.6895)/0.06 \\
&= \$80 \times 6.8017 \\
&= \$544.14
\end{aligned}
$$

我们可以将这两部分的价值加在一起得到债券的价值：

$$\text{债券的总价值} = \$591.89 + \$544.14 = \$1\,136.03$$

因此债券的价值大约要比面值高出 136 美元。我们可以又一次验证：注意到根据当前的市场情况现在的利息要高出 20 美元。9 年期利率为 6%，20 美元的年金现值为：

$$
\begin{aligned}
\text{年金现值} &= \$20 \times (1 - 1/1.06^9)/0.06 \\
&= \$20 \times 6.8017 \\
&= \$136.03
\end{aligned}
$$

这与我们的计算结果正好相同。

通过这个例子我们现在可以写出债券价值的一般表达式。假设一份债券：(1) 在到期时面值为 F；(2) 每期支付利息为 C；(3) 到期时间为 t；(4) 收益率为 r，则：

$$\text{债券价值} = \text{C} \times [1/(1+r)^t]/r + F/(1+r)^t$$

$$\text{债券价值} = \text{券面利息的现值} + \text{面值的现值} \qquad [6.1]$$

例 6.1 半年期券面利息

在现实中，美国发行的债券一般每年要付息两次。所以，假如普通债券的券面利率是 14%，那么债券的所有人每年将会得到 \$140，但这个 \$140 是分两期获得的——每期 \$70。假定我们正在考察这样一份债券，其名义到期收益率为 16%。

债券的名义收益有点类似 APR，名义利率等于每期的实际年利率乘以期数。在本例中，名义收益率为 16% 且每半年付息一次，真实的收益率是每 6 个月 8%。债券 7 年以后到期。债券的价格是多少？此债券的有效年利率是多少？

根据上面的讨论，我们知道债券是折价出售的，因为当市场要求每 6 个月回报率是 8% 时，券面利率只有 7%。所以，假如我们的答案超过了 \$1 000，那么我们肯定计算错了。

要得到确切的答案，我们首先计算 7 年期、面值 \$1 000 的债券的现值。这个 7 年的期限共包括 14 个 6 月期。在每期利率为 8% 的情况下，价值为：

$$\text{现值} = \$1\,000/1.08^{14} = \$1\,000/2.9372 = \$340.46$$

券面利息可以视为 14 期、每期 \$70 的年金。在折现率为 8% 的情况下，年金的现值为：

$$
\begin{aligned}
\text{年金现值} &= \$70 \times (1 - 1/1.08^{14})/0.08 \\
&= \$70 \times (1 - 0.3405)/0.08 \\
&= \$70 \times 8.2442 \\
&= \$577.10
\end{aligned}
$$

总现值也就是债券的售价：

总现值 = \$340.46 + \$577.10 = \$917.56

为了计算债券的有效收益率，注意到每 6 个月 8% 相当于：

有效年利率 = $(1 + 0.08)^2 - 1 = 16.64\%$

因此，有效收益率为 16.64%

正如本节所述，债券价格和利率通常沿着相反的方向移动：当利率上升时，债券的价值同其现值一样将会下降；同样，当利率下降时，债券价值会上升。即使我们认为债券是没有风险的（因为借款人确信他能够归还所借款项），持有债券也会存在风险——我们接下来讨论这一点。

利率风险

由银行利率的波动而给债券持有者带来的风险称为利率风险。债券利率风险的大小取决于价格相对于利率变化的敏感性，这个敏感性直接取决于两个因素：到期时间和券面利率。正如我们马上将会看到的，在对债券进行考察时，你需要记住以下两点：

1. 其他条件相同的情况下，到期时间越长，利率风险越大；
2. 所有其他条件相同的情况下，券面利率越低，利率风险越大。

我们用图 6.2 来说明上面的第一点。如图所示，我们计算并绘出在不同利率时券面利率为 10% 的 1 年期和 30 年期的债券价格。请注意，连接 30 年期债券的直线的斜率要比 1 年期的更陡——这种斜率告诉我们：利率相对较小的变化将会导致债券价格的较大变化。比较而言，一年期债券价格的曲线相对利率变化的敏感性要低。

凭直觉我们可以知道，长期债券有更高的利率敏感性的原因是：债券价值的一大部分来自 1 000 美元的面值。如果在一年内收回的话，这个面值的现值所受利率变化的影响比较小。但是，即使利率只有很小的变化，如果重复计算到 30 年中，对现值也有较大的影响。因此，对于长期债券来讲面值的现值变化更大。

另外一点需要知道的是，利率风险同金融与经济风险一样，以递减的速率上升。

图 6.2

利率风险和到期时间

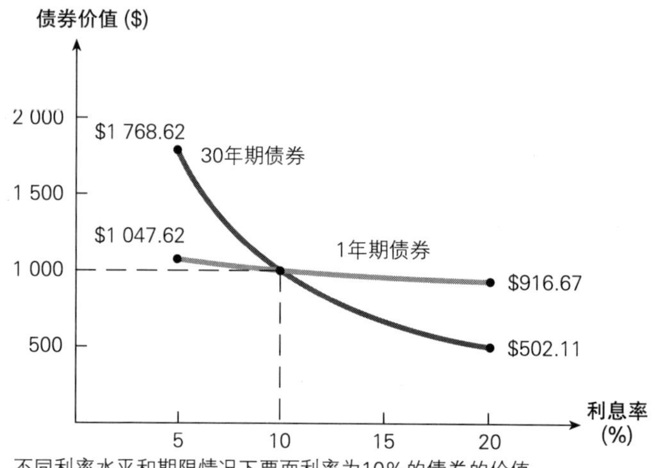

不同利率水平和期限情况下票面利率为10%的债券的价值

	到期时间	
利息率 (%)	1 年 ($)	30 年 ($)
5	1 047.62	1 768.62
10	1 000.00	1 000.00
15	956.52	671.70
20	916.67	502.11

换句话说，假如我们拿 10 年期债券与 1 年期债券对比，我们会发现 10 年期债券有更高的风险。然而，假如你拿 20 年期债券同 30 年期债券相比，你会发现 30 年期债券的风险只是稍微有一点高，这是因为 30 年期债券有更长的到期日，但风险的差异却相当小。

利率较低的债券有较高的风险的原因易于理解。正如我们前面所讨论的，债券的价值取决于券面利息的现值和票面额的现值。假如两份债券有不同的券面利率和相同的到期日，那么利率较低的债券的价值更多地取决于到期收回面值的大小。因此，在所有其他条件相同时，利率变化时价值的变化更大。换句话说，利率较高的债券会在早期收回更多的现金，所以其价值相对折现率的变化敏感性要小一点。

直到最近，所发行债券的期限几乎从来没有超过 30 年。然而，1995 年 11 月，南方贝尔公司的主要业务单位发行了 5 亿美元 100 年期的债券。与此类似，沃尔玛、可口可乐和荷兰银行巨头 ABN-Amro 都在 1993 年夏秋季发行了 100 年期的债券。这些公司发行期限如此之长的债券的原因是：利息率已经跌落到如此低的历史水平，而且发行者希望将低利率在很长的时间内锁定。目前公司债券的记录保持者好像是桑弗拉公众持股 SA———一家国际银行持股的公司，其在 1997 年 10 月发行的债券期限竟达到 1 000 年！在这些相对较近的债券之前，似乎上一次发行 100 年期的债券是在 1954 年 5 月——芝加哥和东方两家铁路公司发行的。

我们可以利用南方贝尔公司发行的 100 年期和另外一种债券来说明利率风险。下表提供了这两次发行的一些基本数据，以及债券在不同时点的价格信息。

到期日	券面利率（%）	价值 1995/12/31（$）	价格 1996/7/31（$）	1995~1996 的价格变化率（%）	价格 2005/1/14（$）	1996~2005 的价格变化率（%）
2095	7.00	1 000.00	800.00	−20.0	1 150.20	+43.78
2033	6.75	976.25	886.25	− 9.2	1 033.30	+16.59

由表格可以推出以下几点：首先，利率在 1995/12/31~1996/7/31 年之间有了明显的提高（为什么？）。期限较长的 100 年到期的债券价值损失了整整 20%，相对而言另外一种债券的价值仅下跌了 10%，这表明期限较长的债券有更高的利率风险。另外，1996 年之后利率下降了，100 年期债券的价值是短期债券价值的两倍还多。

计算到期收益：更多的试错

一般而言，我们都知道债券的价格、券面利率和到期日，但不知道其到期收益率。例如，假如我们对 6 年期、利率为 8% 的债券感兴趣，一名经纪人向你开出了 955.14 美元的报价，那么此债券的收益率为多少？

我们已经知道债券的价格可以写作年金和偿还的本金的现值之和。知道在 6 年内每年会获得 80 美元的利息，而且票面价值为 1 000 美元，我们可以说债券价格是：

$$\$955.14 = \$80 \times [\ 1-1/(1+r)^6\ ]\ /r + 1\ 000/(1+r)^6$$

这里 r 是未知利率，或者说到期收益率。这样我们有一个方程和一个未知变量，但我们不能直接解出 r——找出答案的惟一办法是采用试错法。

这与我们在上一章考察过的、试图寻求年金的未知利率的问题在本质上是一样的。然而，由于存在 1 000 美元这个面值，寻求债券的收益更为复杂。我们可以通过利用已知的债券价格和收益来加速试错的过程。在本例中，债券的利息是 80 美元，而且以折价的方式出售。因此我们知道收益要大于 8%。现在我们计算利率为 10% 时的价格。

表 6.1
债券定价的总结

1. 寻求债券的价值

债券价值 = $C \times [1 - 1/(1+r)^t]/r + F/(1+r)^t$t

这里

C = 债券每期支付的利息

r = 每期利率

t = 期数

F = 债券的票面价值

2. 寻求债券的收益

给定债券的价值、利息、到期时间和账面价值，寻求内部收益率，只能采用试错法。要做到这一点，在上面的公式中分别试用不同的折现率，直到计算的债券价值等于给定的债券价值。请记住利率的增大会降低债券的价值。

$$
\begin{aligned}
\text{债券价格} &= \$80 \times (1 - 1/1.10^6)/0.10 + 1\,000/1.10^6 \\
&= \$80 \times 4.3553 + 1\,000/1.7716 \\
&= \$912.89
\end{aligned}
$$

当利率为 10% 时，我们所计算的价值要低于实际的价格，所以 10% 太高了。真正的收益率必定在 8%~10% 之间。此时，我们可以采用“插值法”来寻找答案。你可能将希望接下来采用 9%——假如你这样做了，你将会发现这实际上是债券的到期收益率。

我们对债券定价的讨论总结在上表 6.1 中。

例 6.2 债券收益

你正在对两份除利息外其他方面都相同的债券的价格进行考察，它们都是 12 年到期。第一份债券有 10% 的券面利率并以 $935.08 的价格出售，第二份债券的券面利率是 12%。你认为它将以什么价格出售?

由于两份债券很相似，它们所定的价格应该能获得相同的收益水平。首先我们需要计算 10% 券面利率的收益率。同前面一样，我们知道收益必定高于 10%，因为债券是折价销售的。债券有比较长的 12 年期限。我们已经知道长期债券的价格对于利率的变化较为敏感，所以收益可能会接近 10%。简单的试错法会发现收益率实际上是 11%。

$$
\begin{aligned}
\text{债券价值} &= \$100 \times (1 - 1/1.11^{12})/0.11 + \$1\,000/1.11^{12} \\
&= \$100 \times 6.4924 + \$1\,000/3.4985 \\
&= \$649.24 + \$285.84 \\
&= \$935.08
\end{aligned}
$$

收益率为 11% 时，第二份债券将会溢价销售，因为其利息是 $120。我们可以计算它的价值：

$$
\begin{aligned}
\text{债券价值} &= \$120 \times (1 - 1/1.11^{12})/0.11 + \$1\,000/1.11^{12} \\
&= \$120 \times 6.4924 + \$1\,000/3.4985 \\
&= \$779.08 + \$285.84 \\
&= \$1\,064.92
\end{aligned}
$$

6.2 债券的更多特性

本节将详细描述典型的长期公司债券的一些基本术语和特性，继续讨论公司债务。在下一节我们将会讨论与长期债务相关的其他问题。

公司发行的证券大体可以分为股权证券和债务证券。从最宽泛的角度讲，债务的特点体现在它代表的是必须偿还的东西，这是借款的后果。当公司借款的时候，它们一般都会承诺定期支付利息，并偿还最初所借款项（即本金）。提供贷款的人或公司称为债权人，或债主；借款的公司称为债务人，或者借款人。

从财务的角度讲，债权与股权的主要差别如下：

1. 债务不属于公司的所有者权益。债券人通常没有投票权。
2. 公司所支付的债务利息被视为一项业务成本，且可以全额抵税；而支付给股东的股利则不享受税收减免。
3. 未偿还的债务是公司的负债。如果没有得到偿还，债券人在法律上对公司有要求权。此种行为可以导致公司被清算或者重组（即破产的两种后果）。因此，发行债券的成本之一是可能会出现财务失败，而如果发行股票的话却不会出现此种可能。

债务还是权益

有时候一种特定的证券到底是债务还是权益并不十分明确。例如，假定一家公司发行了一种永续债券，而且利息只能从公司的利润中支付（前提是存在利润）。很难说这是否确实是一种债券，而且这主要是法律和文字游戏的问题，法律和税务部门有最终的发言权。

公司非常乐于创造新奇的、混合的证券，这些证券有许多股权的特性，却被当做债券。很明显，债券与股权的区别对于税收目的来说是非常重要的。所以公司试图创造本质上是股权的债务证券的一个原因是，可以取得税收上的好处以及对于公司来说股权在破产时的好处。

这里有一条通用的规则，即股权体现的是所有权，而且是剩余所有权。这意味着股权持有者在债权人之后得到偿付。因此，持有债券和持有股权的风险和收益是不同的。举一个简单的例子，持有债务证券的最大化收益最终是贷款额限制，而持有股东权益的潜在收益却没有上限。

长期债务的基本知识

极端地讲，长期债务是发行公司到期支付本金并按期支付应付利息的一项承诺。除此之外，还有一些特性能使这些证券互相区分开。接下来我们会讨论这些特性。

长期债务工具的到期期限是债券发行在外且有未偿付余额的时间长度。债务证券可以是短期的（1 年或者更短）或长期的（期限超过 1 年）。[1] 短期债务有时是指无基金公债。[2]

债务证券一般被称为票据、信用债券或者债券。严格地讲，债券是一种安全的债务。然而，通常使用的债券一词是指各种长期抵押债券或者信用债券。因此，我们将继续用此术语来指代长期债务。

长期债务的两种主要形式是公募与私募发行。我们主要考察的是公募发行。我们所说的这些特性大多数也适用于私募发行的长期债券。公募与私募的主要区别是：

---

1 对短期债务和长期债务之间的区别并没有普遍的认同，此外，人们经常提到中期债务，它具有超过 1 年、短于 3~5 年或 10 年的到期期限。

2 把短期债务转为长期债务是金融行话，它通常指长期，因此一个计划为其债务提供资金的公司可能会以长期债务代替短期债务。

后者直接与出资者进行交易而不向公众公开发行；因为这是一项私下交易，主要条款由各参与方来定。

长期债务还存在其他一些范畴，包括证券、回收特性、评级、偿债基金和保护性条款。下表列出了五月百货商店 1994 年 8 月 4 日发行的债券的这些特性。如果对其中的一些术语不熟悉也不用担心，我们将会对它们进行讨论。

五月百货商店债券的特点		
条　款		解　释
发行数量	2 亿美元	公司发行了价值 2 亿美元的债券。
发行日期	1994/8/4	债券的发行日期是 1994/8/4。
到期日	2024/8/1	本金将在债券发行 30 年以后偿还。
票面价值	$1 000	债券的面额是 1 000 美元。
年利率	8.375	持有每股债券每年将获得 $83.75 的利息收入（8.375%× 票面价值）。
发行价格	$100	发行价格将是票面价值 $1 000 的 100%。
利息支付日	2/1，8/1	$83.75/2 = $41.875 的利息将在这些天支付。
担保	无	此债券是信用债券。
偿债基金	从 2005/8/1 年开始的每一年	公司每年都会支付偿债基金。
赎回条款	在 2004/8/1 之前不能收回	债券具有延期赎回条款。
赎回价格	最初 $104.188，下降到 $100	在 8/1/04 之后，公司可以以每股 $1 041.88 的价格赎回债券，到 8/1/14 的时候下降到 $1 000。
评级	穆迪的 A2	这是穆迪的较高评级之一。债券违约风险很小。

许多这些特性将在债券契约中详细讨论，所以首先要讨论这一点。

债券契约

债券契约（indenture）是公司（借款人）同债权人签订的书面协议，有时它所指的是“信托契约”。[1] 通常，公司需要指定一名受托人（可能是一家银行）作为债券持有人的代表。受托公司必须：（1）确保债券契约的条款得到遵守；（2）对偿债基金进行管理（在下面进行叙述）；（3）在出现违约（即公司未能按时偿付）的时候作为

1　贷款协定或贷款合同通常用于私募发行的债券和定期贷款。

债券所有人的代表。

债券契约是一个法律文件，它可能多达几百页，读起来令人乏味；然而，这是一种非常重的文件，因为它通常包含如下条款：

1. 债券的基本条款。
2. 债券发行总量。
3. 对用作担保的财产的描述。
4. 偿付条款。
5. 赎回条款。
6. 保护性条款的细节。

我们接下来讨论这些特性。

债券条款 公司债券的面值通常都是 1 000 美元，它被称为本金，并在债券的凭证上标明。所以，假如公司想借 100 万美元的话，它应该发售 1 000 张债券。债券的面值（初始会计值）几乎总是等于票面价值，而且在实践中这两个术语通常互换使用。

公司债券通常以**登记表格**（registered form）的形式存在。例如，债券契约通常有这样的叙述：

> 债券每半年付息一次，分别于 1 月 1 日和 7 月 1 日向 6 月 15 日和 12 月 15 日交易日结束时登记在册的人支付。

这意味着公司有一名登记员，由他来记录每张债券的所有权以及所有权的变化。公司通过直接向登记的债券所有人的地址邮寄支票来支付本金和利息。公司债券可能被登记并附上“券面利息”。要想取得利息，持有者必须将券面利息与债券凭证分开，然后将其邮寄到公司登记员（支付代理）那里。

另外一种情况是**不记名债券**（bearer form），这意味着证书是最基本的所有权证据，而且公司将会“支付持有者”。所有权不是以登记的形式存在，与附券面利息的记名债券一样，债券凭证的持有者需将券面利息分离并邮寄给公司以便收取利息。

不记名债券有两个缺陷：首先，如果丢失或被窃则很难弥补；其次，因为公司不知道谁拥有债券，无法在重要事件发生时通知债券所有人。不记名债券曾是最主要的债券类型，但现在（在美国）已经远不如记名债券普遍了。

担　保　债务担保是根据用来保护债权人的担保物的不同而划分的。

附属抵押品（或称证券抵押品）是一个通用术语，指的是用作付款担保的证券（如债券和股票）。例如，抵押信托债券通常需要公司持有的普通股做担保。然而，附属抵押品这一术语通常指的是用作债务担保的任何资产。

抵押担保品是指借款人用作抵押的不动产，所涉及的资产一般都是房地产，如土地和建筑物。描述抵押品的法律文件被称为抵押信托契约或者信托契约。

有些抵押是针对特定的资产，如有轨电车。地毯式抵押担保更为常见，它涉及公司所有的房地产。[1]

债券通常代表的是公司的非担保债务。**信用债券**（debenture）是未担保的债券，没有进行任何资产担保——表1考察过的五月百货商店债券就是一个例子。**票据**（note）通常是指原始发行期限在10年内的、没有担保的金融工具。信用债券的持有者只对担保之外的资产有要求权，也就是说，只有那些在抵押担保品和附属担保品之外的资产才在考虑之列。

我们在这里和本章其他部分所使用的是美国的标准术语。在美国之外的其他国家，同样的术语可能有不同的意义。例如，英国政府发行的债券（gilts，金边债券）被称为财政"股票"；而且，在英国，debenture一词是指有担保的债务。

目前美国工业类和金融类公司向公众发行的债券几乎都是信用债券。然而，大多数公用事业和铁路债券都有资产担保。

优先受偿性　从一般意义上讲，优先受偿性是指在偿还顺序上优先于其他债权人。有时债务被标记为优先证券或次级证券，以表示债务在偿还时的先后顺序。有些债务被称为后偿债务，例如后偿（附属）信用债券。

一旦发生违约的情形，后偿（附属）债务的持有者必须将优先受偿权让给其他特定的债权人——通常，这意味着附属债权人只有在特定债权人得到补偿以后才可能得到支付。但是，债权的受偿顺序不可能次于股权。

偿还款项　债券可以在到期的时候得到偿付，到时债券持有人将得到票面价值的金额，或者它们也可能部分或者全部在到期之前偿付。某些形式的先期偿付更常见，通常通过偿债基金的形式进行。

偿债基金（sinking fund）是由债券的受托人管理的、用于偿还债务的资金账户。

1　房地产包括土地及其附属物，不包括现金和存货。

公司每年向受托人支付一定的款项，再由其收回一定比例的债务。受托人可以在市场上购买部分债券，或者提前收回一定比例的所发行债券。下一节将对第二种方法进行讨论。

偿债基金的安排有许多不同的方式，其细节将会在债券合约中明确指出。例如：

1. 有些偿债基金开始于初始发行的大约 10 年之后。
2. 有些偿债基金在整个债券的生命期内等额偿付。
3. 有些高质量的债券所建立的偿债基金不足以赎回全部的发行额。因此，在到期时可能会出现大型“膨胀”偿付。

赎回条款　**赎回条款**（call provision）允许公司在特定的期间以一定的价格回购或者“赎回”所发行的部分或者全部债券。公司债券通常是可以赎回的。

赎回价格一般要高于债券的面值。赎回价格和票面价值的差异称为**赎回溢价**（call premium）。赎回溢价会随着时间的推移而变得越来越小。一种方法是预先将赎回溢价设为等于年度支付的利息金额，然后再随着到期日的靠近而使之逐步降低到零。

赎回条款通常不会在债券生命期的前期实施，这会减少债券持有人在债券发行前几年对提前赎回条款的顾虑。例如，公司可能被禁止在前 10 年将其债券收回，这称为**延期赎回条款**（deferred call provision）。在这个递延期内，债券被认为是**不可提前赎回债券**（call protected bond）。

保护性条款　**保护性条款**（protective covenant）是在债券合约或贷款合约中对公司在债务期内希望采取的某些行为进行限制的条款。保护性条款可以归为两类：积极条款和消极条款。

消极条款是“你不应该”类型的条款，它限制公司可能采取的某些行为。下面是一些典型的例子：

1. 公司必须根据一些规则限制股利的发放量。
2. 公司不能向其他任何债权人做出资产保证。
3. 公司不能同其他公司合并。
4. 在未取得债权人同意的情况下公司不可以将任何主要的资产出售或者租赁出去。
5. 公司不可以发行任何额外的长期债务。

积极条款是“你应该”类型的条款，特别指出了公司同意采取的行为或者公司必须遵守的条件。这里是一些例子：

1. 公司必须将其营运资本保持在某一最低水平之上。
2. 公司必须定期向债权人提供经过审计的财务报表。
3. 公司必须将担保物或证券担保品保持在良好的状态。

上述只是有关条款的一部分，一个特定的债券合约可能有许多不同的要求。

6.3　债券评级

为使自己的债券得到评级，公司通常需要支付费用。债券评级的两家主导公司是穆迪和标准普尔（S&P）。债券评级是对发行债券的公司的信用能力进行评价。穆迪和标准普尔所使用的“信用能力”一词基于公司违约的可能性以及债权人在一旦发生违约的情况下所能得到的保护来定义。

认识到债券评级所关注的仅仅是违约发生的可能性这一点很重要。前面我们已经讨论过利率风险，其被定义为利率的变化给债券价值带来变化的风险。债券评级并不针对这一问题。因此，一个得到很高评级的债券的价值仍然可能变化很大。

债券评级是根据公司提供的信息构建的。评级的类别及其相关信息如下表所示（见下页）。

公司债券可能获得的最高评级是 AAA 和 Aaa，这种债券被认为是质量最好、违约风险也最低的。例如，前面讨论过的 100 年期的南方贝尔公司的债券得到的评级为 AAA。这种最高的评级是不常得到的。AA 或 Aa 是质量很高且很常见的债务类型。评级最低的是 D，专用于那些处于违约状态的债务。

从 20 世纪 80 年代开始，越来越多的债券都以低等级或者说“垃圾”债券的形式出现。假如这些低等级的债券确实得到评级的话，那么主要评级机构对它们的评级会低于投资级——投资级的债券是高于标准普尔的 BBB 级或高于穆迪的 Baa 级的债券。

有些债券被称为“交叉”或“5B”债券，原因是它们被一个评级机构评为 3 个 B（或 Baa）而被另外一个评级机构评为双 B（或者 Ba），是一种“分裂评级”。例如 2001 年 11 月，美国 Tommy Hilfiger 公司向客户整合发行了价值 1.5 亿美元、期

		有投资价值的债券评级				低质量、投机或“垃圾”债券评级					
		高等		中等		低等			极低等		
标准普尔		AAA	AA	A	BBB	BB	B	CCC	CC	C	D
穆迪		Aaa	Aa	A	Baa	Ba	B	Caa	Ca	C	D

穆迪	标准普尔	
Aaa	AAA	得到 Aaa 和 AAA 的债券有最高的评级。这样的债券有极强的还本付息能力。
Aa	AA	评级为 Aa 和 AA 的债券有很强的还本付息能力。这一组同最高评级一起构成了最高等级的债务类别。
A	A	有很强的还本付息能力，尽管比起高评级类别来说，有时容易受到环境和经济条件不利变化的影响。
Baa	BBB	有足够的还本付息能力。但是通常附带许多保护性参数、不利的经济环境或形势的变化，更容易导致相比更高评级的债务来说，还本付息能力的削弱。这些债券是中等风险的债务。
Ba，B Caa Ca	BB，B CCC CC	从遵循债务条款以还本付息的角度讲，这些评级的债券的投资者一般说来会以投机性为主。BB 和 Ba 有最低级别的投机性，而 CC 和 Ca 则有最高级别的投机性。尽管此种债券会有一些保证和保护性特征，但过高的不确定性和在不利条件下过高的风险会使其价值大打折扣。这些问题会导致违约的发生。
C	C	这一评级是为不支付利息的收益债券所保留的。
D	D	这个级别的债务人已经违约，本金和利息的支付都处于拖欠状态。

有时穆迪和标准普尔都会对这些评级进行调整。标准普尔采用加减符号：A+ 是最强的 A 级，而 A- 则是最弱的。穆迪采用 1、2、3 来标示，其中 1 是最高级别。

限为 20 年的优先票据。这种票据被标准普尔评级为 BBB-，而被穆迪公司评级为 Ba1。因此，一个机构将其评级为中等，而另一个机构将其评为垃圾级。

一个债券的信用评级，会随着发行者的财务状况的改善或恶化而改变。例如，2002 年 5 月穆迪公司将世通公司发行的有优先权的、无担保债券的信用级别从 Baa2 下调为 Ba2，从而使该债券变为垃圾级，像这样被降级为垃圾级的债券被称为“堕落的天使”。为什么世通公司的信用等级会被下调呢？有许多原因，但穆迪公司特别关注的是世通首席执行官的辞职、低增长率以及公司每年必须支付 10 亿美元的利息，加上未来两年将有超过 40 亿美元的本金到期的事实。

信用评级是非常重要的，因为违约的情况确实会发生；而且当违约发生时，投资者会损失惨重。例如 2000 年，AmeriServe 食品经销公司为像汉堡王这样的公司提供从汉堡包到赠品玩具等各种货源，其 2 亿美元的垃圾债券就发生了违约——违约后，债券仅以 18 美分成交，投资者损失超过 1.6 亿美元。

在 AmeriServe 的案例中，更糟的是该债券才刚刚发行 4 个月，就使 AmeriServe 公司成为“彻底无赖债券”的冠军。“彻底无赖债券”，对像肯塔基州大学野猫队这样的大学篮球队来说可能是好事情，但对债券市场意味着没有了保证，对投资者而言当然绝非好事。

6.4　债券的不同类型

到现在为止，我们所考虑的只是一般意义上的公司债券。在本节，我们简要地考察政府发行的债券以及债券的一些非一般特性。

政府债券

世界上最大的借款人（广义地讲）是每个人最喜欢的家庭成员——山姆大叔。2007 年，美国政府的总债务是 9 万亿美元或者人均 3 万美元。当政府希望借超过 1 年的资金时，它会向公众出售我们所熟知的国库券票据和债券（实际上，每个月都在这样做）。当前，国库券和债券的到期时间一般是 2 ~ 30 年。

大多数美国国库券只是一般的付息债券。一些早期发行的国库券是可以收回的，而有很少一部分则有非一般的特性。然而，有两件重要的事情需要记住：首先，美国国库券与其他债券都有本质的不同，不存在违约风险，因为（我们希望）国库券总可以有钱去偿还；其次，国库券不用交纳州收入所得税（但需要交纳联邦所得税），换句话说，你所接到的国库券或政府公债利息只需交纳联邦水平的税。

美国各州和地方政府也通过出售票据和债券来筹资，这种发行称为市政票据和债券，或者称为“市政公债”（munis）。与国库券不同的是，市政公债有不同等级的违约风险，而且，实际上它们在评级方面与公司发行的债券很像。另外，市政公债一般都是可以回购的。对于市政公债来说，最有诱惑力的事情是它们的利息是可以免除联邦所得税的（但无法免除州所得税），这就使它们对于高收入、高税收阶层具有很大的吸引力。

由于存在很大的税收差异，市政公债的收益要比那些需要征税的债券的利率低一些。例如，2007 年初高质量的长期公司债券的收益率大约是 5.6%；与此同时，高质量的长期市政公债的收益率大约是 4.0%。假定投资者是处于所得税税率为 30% 的阶层，在其他情况都一样的情况下，这位投资者会偏好 Aa 级的公司债券还是市政公债?

要回答这个问题，我们需要比较两种债券的税后收益率。忽略州税和地方税，市政公债的税前和税后收益率都是 4.0%。发行公司债券的税前收益率为 5.6%，但一旦考虑 30% 的税收，它的税后收益率就只有 0.056 ×（1 − 0.30）= 0.039，即 3.9%。因此，市政公债有更高的收益率。

例 6.3　应纳税债券与市政债券

假定应纳税债券的当前收益率是 8%，而风险与期限可比的市政债券的收益率为 6%。对于处于 40% 税率阶层的投资者来说，哪个更有吸引力？二者的临界税率是多少？你如何解释这个利率?

对于位于 40% 税率阶层的投资者来说，应纳税债券的税后收益率是 8 ×（1 − 0.40）= 4.8%，所以市政债券更具有吸引力。二者的临界税率是对于投资者来说纳税债券与不纳税债券收益相等时的税率。假如用 t^* 来代表二者的临界税率，我们可以得出如下结果：

$$0.08 \times (1 - t^*) = 0.06$$

$$1 - t^* = 0.06/0.08 = 0.75$$

$$t^* = 0.25$$

因此，对于处于 25% 税率阶层的人来说，两种债券都将得到 6% 的税后收益。

零息债券

完全不需支付利息的债券的出售价格大大低于其票面价值，这种债券被称为**零息债券**（zero coupon bond），或者就称为 *Zeroes*。[1]

假定 EIN 公司发行了票面价值为 1 000 美元、5 年期的零息债券，其初始价格为

1　以非常低的券面利率（与零息债券相对应）发行的债券是初始发行折价债券。

508.35 美元。我们可以直接验证，在此价格下债券的到期收益率是 14%，债券生命期的总利息支出是 \$1 000 − \$508.35 = \$491.65。

出于税收抵免的考虑，零息债券的发行者每年都要减除利息（即使事实上并没有支出）；相应地，债券所有人必须为每年应计的利息交税，即使并没有收到什么利息。

对于零息债券来说，每年的利息计算是受美国税法管制的。1982 年之前，美国公司可以通过直线法计算利息的扣除额。对于 EIN 来说，每年的利息扣除额将是 \$491.65/5 = \$98.33。

按照当前的税法，隐含利息是由贷款的摊销决定的。我们可以通过首先计算每年年初的债券价值来做到这一点。例如，1 年以后债券将剩下 4 年到期，所以它将价值 $\$1\,000/1.07^8 = \$582.01$；两年后的价值将是 $\$1\,000/1.07^6 = \$666.34$，等等。每年的隐含利息等于每年债券价值的变化。EIN 公司债券的价值和利息如表 6.2 所示。

值得注意的是，在原有规则下零息债券对于公司更具吸引力，因为利息费用的减少在前面几年更大（将隐含利息费用与直线法计算的利息费用相比较）。

在当前的税法下，EIN 公司可以在第一年扣减 73.66 美元的利息支出，而债券所有者将会为 73.66 美元的纳税收入交税（即使实际没有收到利息）。第二个税负特性使应纳税的零息债券对个人投资者的吸引力有所降低。然而，它们对于那些拥有免税优惠且负有以美元标价的长期债务（如养老基金）的投资者却仍然很具吸引力，因为零息债券未来的美元价值是相对确定的。

有些债券仅在它们生命期的部分时间是零息债券。例如，通用汽车公司发行过一种由零息债券和带息债券组成的混合债券。这些债券是在 1996 年 3 月 15 日发行的，在 2016 年 9 月 15 日以前不支付利息；在此之后，它们开始以每年 7.75% 的利率付息（每半年付息一次），而且一直持续到 2036 年 3 月 15 日到期日。

表 6.2
EIN 公司零息债券的利息支出

年	初值（\$）	终值（\$）	隐含利息费用（\$）	直线法计算的利息费用（\$）
1	508.35	582.01	73.66	98.33
2	582.01	666.34	84.33	98.33
3	666.34	762.90	96.55	98.33
4	762.90	873.44	110.54	98.33
5	873.44	1 000.00	126.56	98.33
合计			491.65	491.65

浮动利率债券

我们在本章谈论过的普通债券都是固定利率的负债，因为利息率是票面值的固定百分比。与此类似，本金也被设定为票面价值。在这些条件下，利息和本金的支付都是固定的。

对于浮动利率债券来说，利率是可以调整的。调整的基础是利率指标，例如国库券利率或 30 年期国债利率。例如，美国政府的 EE 储蓄债券的利率每 6 个月进行一次调整，该利率等于 5 年期的普通国债过去 6 个月平均收益率的 90%。

浮动利率债券的价值取决于利息调整是如何定义的。在大多数情况下，利息的调整要滞后于一些基本利率。例如，假定一次利率调整是 6 月 1 日做出的，这次调整必定是以前 3 个月国库券的简单平均数为基础。大多数浮动利率债券有如下特性：

1. 债券持有人有权在某段规定时间之后，于利息支付日按票面价值向发行人回售债券——这被称为看跌条款，将在下一节讨论；
2. 券面利率有一个上限和下限，这意味着利息有最大值和最小值。在这种情况下，利率被称为是"盖帽的"，而且上限和下限的利率有时被称为"利率套"。

浮动利率债券中一种特别有趣的类型是与通货膨胀相关联的债券，这种债券的利息是随着通货膨胀而调整的（本金额也可能调整）。美国财政部从 1997 年 1 月份开始发行此种债券。这样的发行有时被称为"TIPS"或财政通胀保护证券。其他国家包括加拿大、以色列和英国也发行过类似的证券。

其他类型的债券

许多债券都有不同寻常的，或者说奇特的特性。因此我们将只论及少数几种更为常见的类型。

*收益债券*与普通债券很类似，只是支付的利息要取决于公司的收益。特别是，只在公司有足够收益的情况下才会向债主支付利息。这似乎是一个有吸引力的特性，但收益债券并不常见。

*可转换债券*可以在到期之前按照持有者的意愿转换为一定数量的股票。可转换债券相对比较常见，但最近几年正在减少。

*看跌债券*允许持有人强迫发行者以确定的价格买回。看跌特性与赎回条款正好

相反，是一个较新的发展方向。

一种给定的债券可能有许多不常见的特性。举个例子，美林证券发明了一种非常流行的债券，叫做“流动收益期票”（liquid yield option note），或称 LYON。这种“厨房水池”式的债券有如下特点：可赎回、可回售、零利息、次级债券。对这种债券的定价可能非常复杂。

6.5　债券市场

每天都在进行大量的债券买卖交易。你可能会惊奇地发现某一天的债券交易额非常大，数倍于股票的交易量（我们这里的交易量是指换手的资金量）。这里有一个很小的金融问题：世界上最大的证券市场在哪里？大多数人猜测是纽约股票交易所。事实上，就交易量来讲，世界上最大的证券市场是美国国库券市场。

债券是如何买卖的

正如我们在第 1 章中提到的，债券的大多数交易发生在柜台市场，或者说 OTC。回想一下，这意味着交易没有一个特定的地方。相反，全国（全世界）的交易者随时准备买卖——不同的交易者通过电子系统相联接。

债券市场如此之大的一个原因是：债券的发行数量远远超过了股票的发行数量。这里有两个原因：首先，公司一般仅会发行一种普通股（我们将在下一章对那些例外进行讨论），但是，一家大公司可以很容易地发行十几种甚至更多的票据或债券；更为重要的是，联邦、州和地方借款额是很大的。例如，即使是一个小城市也可能有许多种票据和债券在发行，这些借款主要用于公路、下水道和学校等建设。

由于债券市场几乎整个都是 OTC，所以透明度比较低或没有。我们说金融市场是透明的，指的是价格和交易量都可以看到。例如在纽约股票交易所，每次交易的价格和数量都可以观察到。相对而言，在债券市场上二者通常都是无法看到的：交易是各方私下协商促成的，而且很少或者没有集中交易报告。

尽管债券的总交易量大大超过股票，但每天实际交易的量仍只占债券总量的很小一部分。这一事实加上债券市场缺乏透明度，意味着要想得到单个债券的当前价格是很困难的，尤其是对那些小型公司或者市政公债来说。相反，估计的价格很多，并经常被采用。

债券报价

尽管大多数债券市场通过柜台进行交易，但是也存在一个与纽约股票交易所相联系的债券市场。如果你打算看《华尔街日报》（或类似的金融报刊），你将会发现这个市场上为数不多的、由大公司发行的债券的价格和交易量信息。然而，这一独特的市场仅代表整个市场的一个很小的层面：大多数情况下，它仅是一个“零售”市场，意味着在这里交易的是个人投资者的小型订单。

正如我们前面提到的那样，美国国库券市场是世界上最大的证券市场。与一般的债券市场一样，它也是 OTC 市场，所以其交易量是有限的。然而，与一般债券市场不同的是，国库券的交易量是很大的，尤其是那些新近发行的品种。每一天国库券有代表性的价格都要进行报告。

图 6.3 是从《华尔街日报》节选的部分国库券和债券的报价信息。以“9.000 Nov 18”开始的一项被突出显示。从左向右依次是这样的：9.000 是债券的票面价格，而“Nov 18”告诉我们债券的到期日是 2018 年 11 月。财政公债每半年付息一次且票面价值是 1 000 美元，所以债券将会每 6 个月支付 45 美元的利息直至到期日。

接下来两个信息是买入价和卖出价。一般而言，对于柜台市场或者零售市场来说，**买入价**（bid price）表示交易商愿意支付的买价，而**卖出价**（asked price）是指交易商愿意接受的卖价。二者的差别是**买卖差价**（bid-ask spread），它代表交易商的利润。

由于历史的原因，国库券的价格是用 1/32 表示的。因此，对于 9 Nov 18 的债券来说，135:19 实际上表示债券是以 $135^{19}/32$，或者说票面值的 135.59375% 交易的。对于 1 000 美元的面值来说，它代表 1 355.9375 美元。由于价格是用 1/32 表示的，因此价格的最小变化是 1/32。

紧接着一个数字表示卖出价同前天相比变化了多少个最小单位（例如，几个 1/32），所以在这里卖出价比前一天下跌了 5/32 个百分点，或者说 0.15625 个百分点。剩下的最后一个数字表示根据卖出价计算的到期收益率。请注意这是一份溢价债券，因为其售价超过了它的面值。到期收益率（4.97%）要低于票面利率（9%），这一点不足为奇。

图 6.3 中某些到期日的后面跟着一个“n”，它表示此项是票据而非债券。有些证

Representative Over-the-Counter quotation based on transactions of $1 million or more.

Treasury bond, note and bill quotes are from midafternoon. Colons in bond and note bid-and-asked quotes represent 32nds; 101:01 means 101 1/32. Net change in 32nds. n-Treasury Note. i-Inflation-indexed issue. Treasury bill quotes in hundredths, quoted in terms of a rate of discount. Days to maturity calculated from settlement date. All yields are to maturity and based on the asked quote. For bonds callable prior to maturity, yields are computed to the earliest call date for issues quoted above par and to the maturity date for issues quoted below par.

Rate	Maturity Mo/Yr	Bid	Asked	Chg	Asked Yield	Rate	Maturity Mo/Yr	Bid	Asked	Chg	Asked Yield
3 1/8	Jan 07 n	100:00	100:00	+1	4.80	11 3/4	Nov 14	117:22	117:23	−3	4.87
2 1/4	Feb 07 n	99:27	99:28	+1	4.58	4 1/4	Nov 14 n	96:00	96:00	−3	4.87
6 1/4	Feb 07 n	100:01	100:02	....	4.76	1 5/8	Jan 15 i	93:26	93:27	....	2.48
3 3/8	Feb 07 n	99:27	99:28	+1	4.82	4	Feb 15 n	94:06	94:07	−3	4.87
3 3/4	Mar 07 n	99:24	99:25	....	5.00	11 1/4	Feb 15	141:29	141:30	−5	4.88
3 5/8	Apr 07 n	99:19	99:20	....	5.03	4 1/8	May 15 n	94:29	94:30	−3	4.87
6 5/8	May 07 n	100:13	100:14	....	5.04	1 7/8	Jul 15 i	95:16	95:17	....	2.46
4 3/8	May 07 n	99:24	99:25	....	5.03	4 1/4	Aug 15 n	95:20	95:21	−3	4.87
3 1/8	May 07 n	99:13	99:14	+1	5.04	10 5/8	Aug 15	139:22	139:23	−5	4.88
3 1/2	May 07 n	99:14	99:15	....	5.04	4 1/2	Nov 15 n	97:09	97:10	−3	4.88
3 5/8	Jun 07 n	99:11	99:12	....	5.09	9 7/8	Nov 15	135:09	135:10	−5	4.88
3 7/8	Jul 07 n	99:12	99:13	+1	5.08	2	Jan 16 i	96:06	96:07	....	2.47
2 3/4	Aug 07 n	98:23	98:24	+1	5.10	4 1/2	Feb 16 n	97:07	97:08	−3	4.88
3 1/4	Aug 07 n	99:00	99:00	....	5.10	9 1/4	Feb 16	131:17	131:18	−4	4.89
6 1/8	Aug 07 n	100:16	100:17	....	5.09	7 1/4	May 16	117:11	117:12	−4	4.90
4	Aug 07 n	99:10	99:11	....	5.12	5 1/8	May 16 n	101:23	101:24	−4	4.89
4	Sep 07 n	99:08	99:09	+1	5.10	2 1/2	Jul 16 i	100:09	100:10	−1	2.46
4 1/4	Oct 07 n	99:11	99:12	+1	5.10	4 7/8	Aug 16 n	99:28	99:29	−4	4.89
3	Nov 07 n	98:11	98:12	+1	5.11	7 1/2	Nov 16	119:29	119:30	−4	4.91
4 1/4	Nov 07 n	99:09	99:10	....	5.09	4 5/8	Nov 16 n	98:00	98:01	−3	4.88
4 3/8	Dec 07 n	99:11	99:12	+1	5.07	2 3/8	Jan 17 i	99:03	99:04	−1	2.47
3 5/8	Jan 08 i	100:27	100:28	+1	2.70	8 3/4	May 17	130:18	130:19	−4	4.92
4 3/8	Jan 08 n	99:08	99:09	−1	5.10	8 7/8	Aug 17	132:02	132:03	−5	4.93
3	Feb 08 n	97:28	97:29	....	5.06	9 1/8	May 18	135:22	135:23	−4	4.96
5 1/2	Feb 08 n	100:13	100:14	....	5.05	9	Nov 18	135:19	135:20	−5	4.97
3 3/8	Feb 08 n	98:08	98:09	....	5.07	8 7/8	Feb 19	134:26	134:27	−6	4.99
4 5/8	Feb 08 n	99:16	99:17	....	5.06	8 1/8	Aug 19	128:25	128:26	−5	5.00
4 5/8	Mar 08 n	99:15	99:16	....	5.07	8 1/2	Feb 20	133:00	133:00	−6	5.02
4 7/8	Apr 08 n	99:24	99:25	....	5.05	8 3/4	May 20	135:24	135:25	−6	5.02
2 5/8	May 08 n	97:00	97:01	....	5.01	8 3/4	Aug 20	136:02	136:03	−6	5.04
3 3/4	May 08 n	98:12	98:13	....	5.03	7 7/8	Feb 21	128:03	128:04	−6	5.05
5 5/8	May 08 n	100:22	100:23	....	5.04	8 1/8	May 21	130:30	130:31	−6	5.05
4 7/8	May 08 n	99:24	99:25	−1	5.03	8 1/8	Aug 21	131:08	131:09	−6	5.06
5 1/8	Jun 08 n	100:03	100:04	....	5.03	8	Nov 21	130:09	130:10	−6	5.06
5	Jul 08 n	99:30	99:31	....	5.01	7 1/4	Aug 22	123:07	123:08	−6	5.07
3 1/4	Aug 08 n	97:13	97:14	....	4.98	7 5/8	Nov 22	127:15	127:16	−7	5.07
4 1/8	Aug 08 n	98:23	98:24	....	4.96	7 1/8	Feb 23	122:08	122:09	−7	5.08
4 7/8	Aug 08 n	99:23	99:24	−1	5.03	6 1/4	Aug 23	113:00	113:00	−7	5.08
3 1/8	Sep 08 n	97:03	97:04	+1	4.99	7 1/2	Nov 24	128:06	128:07	−7	5.07
4 5/8	Sep 08 n	99:12	99:13	....	5.00	2 3/8	Jan 25 i	98:17	98:18	−3	2.47
3 1/8	Oct 08 n	97:00	97:00	+1	4.98	7 5/8	Feb 25	129:27	129:28	−7	5.08
4 7/8	Oct 08 n	100:05	100:06	....	5.01	6 7/8	Aug 25	121:13	121:14	−7	5.08
3 3/8	Nov 08 n	97:08	97:09	....	4.97	2	Jan 26 i	92:30	92:31	−3	2.47
4 3/4	Nov 08 n	99:18	99:19	....	4.98	6	Feb 26	111:05	111:06	−7	5.08
4 3/8	Nov 08 n	98:30	98:31	....	4.98	6 3/4	Aug 26	120:18	120:19	−7	5.07
4 5/8	Nov 08 n	99:11	99:12	−1	4.97	6 1/2	Nov 26	117:21	117:22	−8	5.07
3 3/8	Dec 08 n	97:06	97:07	....	4.94	2 3/8	Jan 27 i	98:23	98:24	−4	2.45
4 3/4	Dec 08 n	99:19	99:20	−1	4.96	6 5/8	Feb 27	119:12	119:13	−8	5.07
3 1/4	Jan 09 n	96:26	96:27	....	4.95	6 3/8	Aug 27	116:17	116:18	−7	5.07
3 7/8	Jan 09 i	102:17	102:18	....	2.52	6 1/8	Nov 27	113:17	113:18	−8	5.06
4 7/8	Jan 09 n	99:25	99:26	....	4.97	3 5/8	Apr 28 i	119:13	119:14	−5	2.44
4 1/2	Feb 09 n	99:03	99:04	....	4.95	5 1/2	Aug 28	105:23	105:24	−7	5.06
3	Feb 09 n	96:07	96:08	....	4.95	5 1/4	Nov 28	102:17	102:18	−6	5.05
2 5/8	Mar 09 n	95:11	95:12	....	4.94	5 1/4	Feb 29	102:18	102:19	−8	5.05
3 1/8	Apr 09 n	96:07	96:08	....	4.94	3 7/8	Apr 29 i	124:17	124:18	−4	2.44
3 7/8	May 09 n	97:22	97:23	−1	4.93	6 1/8	Aug 29	114:12	114:13	−8	5.05
5 1/2	May 09 n	101:07	101:08	−1	4.91	6 1/4	May 30	116:16	116:17	−8	5.04
4 7/8	May 09 n	99:26	99:27	−1	4.94	5 3/8	Feb 31	104:23	104:24	−8	5.03
4	Jun 09 n	97:29	97:30	−1	4.92	3 3/8	Apr 32 i	119:12	119:13	−4	2.35
3 5/8	Jul 09 n	97:00	97:01	−1	4.92	4 1/2	Feb 36	92:21	92:22	−8	4.98

资料来源：Reprinted by permission of *The Wall Street Journal*, January 26, 2007. © 2007 by Dow Jones & Company, Inc. All Rights Reserved Worldwide.

图 6.3
《华尔街日报》美国财政票据和债券价格采样

券的到期日后跟有一个"i",那表示我们前面提到过的与通货膨胀相联系的票据。

表中靠后部分标记为 4½ Feb 36 的债券称为"领头"债券，这种债券的收益通常在晚间新闻中都有报道。所以，当你听到长期利率上升的时候，这实际上是说这种债券的收益要提高了（价格将要下降）。

假如你考察了图 6.3 中不同证券的收益率，你将会很明显地发现收益率会随着到期日的不同而变化。为什么会发生这样的事，它意味着什么，这将是我们在下一节要讨论的事。

例 6.4 国库券报价

在图 6.3 中找出到期日为 2015 年 2 月的财政票据，它的票面利率是多少？买入价是多少？上一天的卖出价是多少？

我们会找见一份标记为 11.25 Feb 15n 的票据，它的票面利率是 11.25% 的面值。买入价是 141:29，或者说票面值的 141.90625%。卖出价是 141:30，比上一天上升了 5 个最小变化单位，这意味着前一天的卖出价等于 $141^{30}/_{32} - {}^{5}/_{32}$ =142.09375 = 142:03。

6.6 通货膨胀与利息率

到现在为止，我们对利息率、收益和回报的各种讨论中还没有考虑通货膨胀的影响，由于这是一个重要的因素，我们将考察通货膨胀的影响。

实际利率与名义利率

在对利息率或者任何其他金融市场利率如折现率、债券收益率、回报率和要求收益率进行考察的时候，通常有必要对名义利率和实际利率进行区分。**名义利率**（nominal rate）之所以被称为"名义的"，是因为它们没有对通货膨胀进行调整。**实际利率**（real rate）是经过通货膨胀调整的利率。

要对通货膨胀的影响进行考察，假定价格以每年 5% 的速度增长。换句话说，通货膨胀率是 5%。一项投资在明年的售价是 115.50 美元，在今天的成本是 100 美元。请注意，对于投资者来说，现值为 100 美元而 1 年后为 115.50 美元，收益率是 15.5%，然而在计算 15.5% 的收益率时我们并没有考虑通货膨胀的影响，所以这只是名义利率。

通货膨胀在这里有什么影响呢？要回答这个问题，假定在年初的时候比萨饼的价格是每块 5 美元，也就是说我们可以用 100 美元买到 20 块比萨。由于通货膨胀率是 5%，比萨的价格在年底会上升 5%，即上涨到 5.25 美元。假如我们接受这个投资项目，年底的时候能够买到多少块比萨？如果用比萨的数量来考察，这个项目的收益率是多少？

我们由投资项目所得的 115.50 美元将可以购买 \$115.50/5.25 = 22 块比萨，这比 20 块有所提高，所以我们的比萨收益率是 10%。这就告诉我们：即使项目的名义收益率是 15.5%，由于通货膨胀的存在，我们的购买力也只上升了 10%；换句话说，我们只比原来富有了 10%。在本例中，我们可以说实际收益率是 10%。

另外，我们可以说在 5% 的通货膨胀水平下，我们所得到的 115.50 美元要比实际价值少 5%，因此投资的实际价值是：

$$\$115.50/1.05 = \$110$$

我们所做的事是消除 115.50 美元中的 5% 的通货膨胀率。由于我们放弃了当前的 100 美元的购买力而换得了相应的 110 美元的购买力，所以我们的真实收益率是 10%。现在我们已经排除了未来通货膨胀的影响，这 110 美元是用当前美元购买力来衡量的。

名义收益率与实际收益率之间的差别是很重要的，有必要再次重申：

> 投资项目的名义收益率是所拥有的资金数量变化的百分比。
>
> 投资项目的实际收益率反映的是用手中的美元所能购买到的物品数量变化的百分比，换句话说，即购买力变化的百分比。

费雪效应

在对实际收益率和名义收益率的讨论中所表示的关系通常被称为**费雪效应**（Fisher effect，以伟大经济学家欧文 · 费雪的名字命名）。由于投资者最终关心的是手里的货币究竟能买多少东西，他们要求对通货膨胀进行补偿。我们用 R 表示名义利率，r 表示实际利率。费雪效应告诉我们，名义利率与实际利率以及通货膨胀率之间的关系可以表示为：

$$1+R=(1+r)\times(1+h) \qquad [6.2]$$

这里 h 是通货膨胀率。

在上一个例子中，名义利率是 15.50% 而通货膨胀率是 5%。实际利率是多少？我们可以插入这些数字来计算：

$$1+0.1550=(1+r)\times(1+0.05)$$
$$1+r=1.1550/1.05=1.10$$
$$r=10\%$$

计算得出的实际利率与前面的结果是一致的。再考察一下费雪效应，通过移项我们可以得到：

$$1+R=(1+r)\times(1+h)$$
$$R=r+h+r\times h \qquad [6.3]$$

这就告诉我们名义利率是由三部分组成的：首先是投资项目的实际收益率 r；其次是需要弥补通货膨胀给原有货币投资带来的贬值部分 h；第三部分表示需要弥补通货膨胀给投资项目的收益部分所带来的贬值。

第三部分通常是比较小的，所以常被省去。因此，名义利率约等于实际利率加上通货膨胀率：

$$R\approx r+h \qquad [6.4]$$

例 6.5 费雪效应

假如投资者要求 10% 的真实收益率，通货膨胀率是 8%，名义利率大约是多少？名义利率的精确值呢？

首先，名义利率约等于实际利率与通货膨胀率之和：10% + 8% = 18%。根据费雪效应，我们得到如下结果。

$$1 + R = (1 + r) \times (1 + h)$$
$$= 1.10 \times 1.08$$
$$= 1.1880$$

- 因此，名义利率实际上接近于 19%。

需要指出的重要一点是财务利率（如利息率、折现率和收益率）几乎总以名义利率的形式出现。为了提醒你注意这一点，在大部分讨论中我们将用 R 代替 r 来代表这些利率。

6.7　债券收益的决定因素

现在我们将对债券收益的决定因素进行讨论。特定债券的收益率是对各种因素的反映——有些因素对债券来说是普遍的，有些则是针对所讨论的特定债券的。

利率的期限结构

在任何时点，短期利率与长期利率一般都是不同的：有时候短期利率高一些，有时候低一些。图 6.4 给了我们一个广泛的视角，让我们可以看到几乎两个世纪的长短期利率的变化关系。如图所示，随着时间的推移，无论是正是负，短期利率与长期利率之间的差别从几乎为 0 直至几个百分点。

短期利率与长期利率之间的关系称为**利率的期限结构**（term structure of interest rates）。从更精确的角度讲，利率的期限结构告诉我们各种期限的没有违约风险的、纯贴现债券的名义利率究竟是多少。这些利率从本质上讲是“纯的”，因为它们不包含任何违约风险，在将来会实现一次性偿还。换句话说，期限结构告诉我们不同期限的纯货币时间价值。

当长期利率比短期利率高的时候，我们说期限结构向上倾斜，而当短期利率更高的时候，我们说它是向下倾斜的。期限结构也可能会有“隆起”，当这种情况发生时，通常是由于利率首先上升，但当我们从更长的时期看时，又开始出现下降。期限结构的最常见的形状，尤其是在现代，都是向上倾斜的，但是斜率的变化相当大。

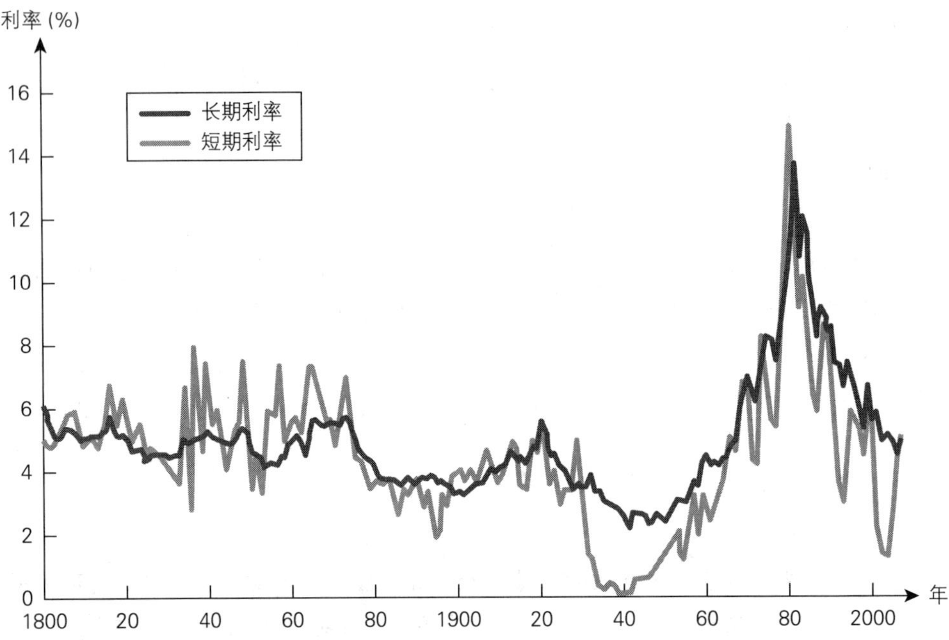

图 6.4 美国利率：1880~2007 年

资料来源：Adapted from Jeremy J. Siegel, *Stocks for the Long Run*, 3rd ed., © McGraw-Hill, 2004, as updated by the authors.

期限结构的形状是由什么决定的？它有三个基本部分。前两个我们已经在上一节讨论过，即实际利率和通货膨胀率。实际利率是投资者由于放弃现金的使用而要求的补偿。你可以将调整通货膨胀影响后的利率想象为货币的纯时间价值。

不论时间长短，真实利率都是每种利率的基本组成部分。当实际利率比较高的时候，所有的利率都有走高趋势，反之亦然。因此，真正决定期限结构形状的不是实际利率；相反，它主要影响利率的总体水平。

相对而言，未来通货膨胀的前景也在很大程度上影响期限结构的形状。投资者贷出款项的时间各不相同，他们认识到未来通货膨胀会侵蚀将来归还的款项，因此，投资者要求以更高的名义利率对这种损失进行补偿，这部分多余的补偿称为**通货膨胀溢酬**（inflation premium）。

假如投资者确信通货膨胀率在将来会更高，那么长期名义利率将比短期利率更高。因此，向上倾斜的期限结构可能是预期通货膨胀上升的一个反映。与此类似，

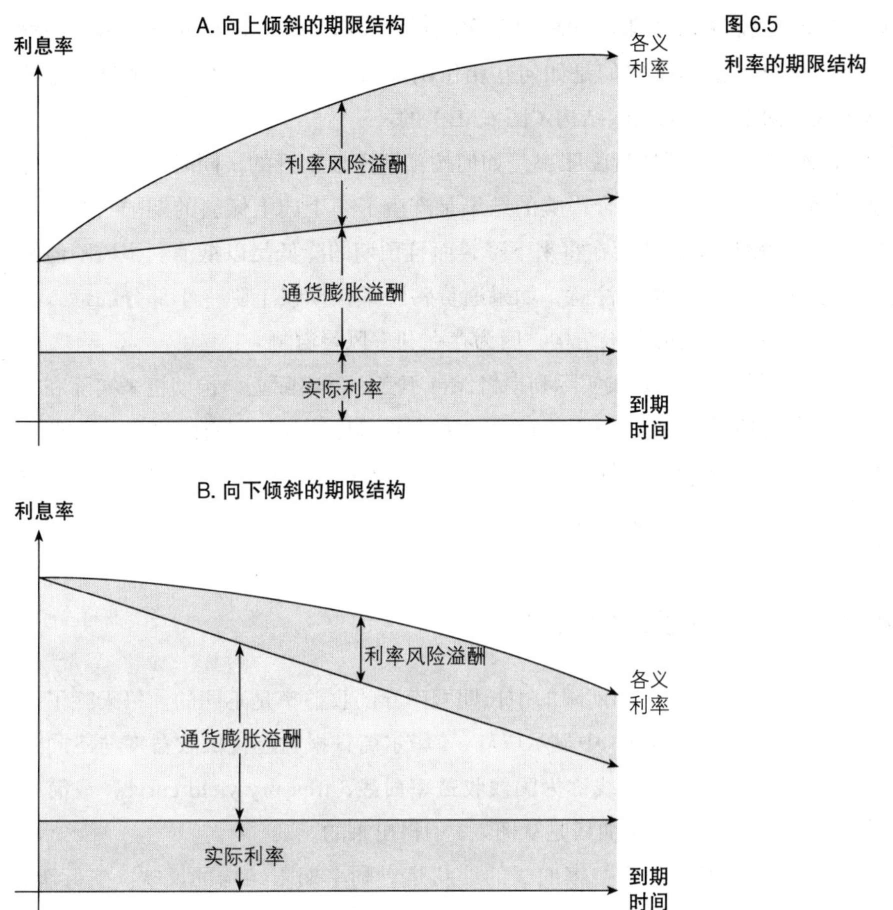

图 6.5

利率的期限结构

一个向下倾斜的期限结构可能反映出人们相信将来通货膨胀率将会下降。

第三，也是最后一点，期限结构也必须考虑利率风险。正如本章前面部分所讨论的，长期债券受利率变化而产生损失的可能性要大大高于短期债券。投资者认识到这种风险，他们要求以更高的利率对所承受的更多风险进行补偿——额外的补偿被称为**利率风险溢酬**（interest rate risk premium）。到期的时间越长，利率风险越大，所以利率风险溢酬随着到期时间的延长而增长。然而，正如我们前面所讨论的，利率风险上升的速度在降低，所以利率风险溢酬也是如此。[1]

1　在过去，利率风险溢酬被称为“流动性”溢酬；如今，流动性溢酬有了一个不同的意思——我们会在下面的内容中讨论。同样，利率风险溢酬有时也称为到期风险溢酬。我们的术语与期限结构的观点一致。

总的来看，我们发现期限结构反映了实际利率、通货膨胀溢价和利率风险溢酬的综合影响，图 6.5 显示了它们是如何互相作用从而产生一个向上倾斜的期限结构（图 6.5A）或是向下倾斜的期限结构（图 6.5B）的。

在图 6.5A 中，请注意通货膨胀率是如何按预期逐渐上升的；同时，利率风险溢酬以递减的速度上升，所以综合影响的结果是产生了一个向上倾斜的期限结构。在图 6.5B 中，通货膨胀率预期会在将来下降，而且预期的降低足以抵消利率风险溢酬并产生向下倾斜的期限结构。注意，如果通货膨胀率预期仅下降一小部分的话，我们仍然可以获得向上倾斜的期限结构，因为存在利率风险溢酬。

我们假定在画图 6.5 的时候实际利率将保持不变——实际上，预期将来实际利率可以比当前实际利率更高或是更低；而且，为简便起见，我们用直线来显示预期将来通货膨胀率将会上升或是降低（但是它们不一定就是这样）：它们可以先上升然后下降，从而导致一个峰形的收益曲线。

债券收益与收益曲线的综合考虑

回到图 6.3，回想一下不同期限的中长期国库券的收益率是不同的。每天除了国库券的价格和收益率要在图 6.3 中显示以外，《华尔街日报》还提供收益率与不同到期日关系的收益曲线。这条曲线称为**国债收益率曲线**（treasury yield curve，或简称收益率曲线）。图 6.6 的收益率曲线是从图 6.3 中得出来的。

正如你所期望的那样，收益率曲线的形状是对利率期限结构的反映。实际上，国债收益率曲线与利率的期限结构几乎是同样的——惟一的区别是，期限结构建立在纯贴现债券的基础上，而收益曲线则建立在附息债券收益的基础上。因此，国库券收益率取决于三个因素，即实际利率、预期未来的通货膨胀率以及利率风险溢酬。

需要提醒你的是，中长期国库券有三个重要的特性，分别是：没有违约风险、需要交税以及具有高度流动性。对于一般债券来说并不是这样，所以当我们对公司和市政当局发行的债券进行考察时需要加进另外一些因素。

首先需要考虑的是信用风险，也就是说，违约的可能性。投资者认识到除国库券以外的发行人可能到期归还，也可能到期无法归还所有的款项，所以他们要求以更高的收益率来对风险进行补偿，这部分额外的补偿称为**违约风险溢价**（default risk premium）。在本章前半部分我们已经知道人们是如何按照债券的风险水平对其进行评级的。如果对债券进行考察你将会发现，评级较低的债券有较高的收益水平。

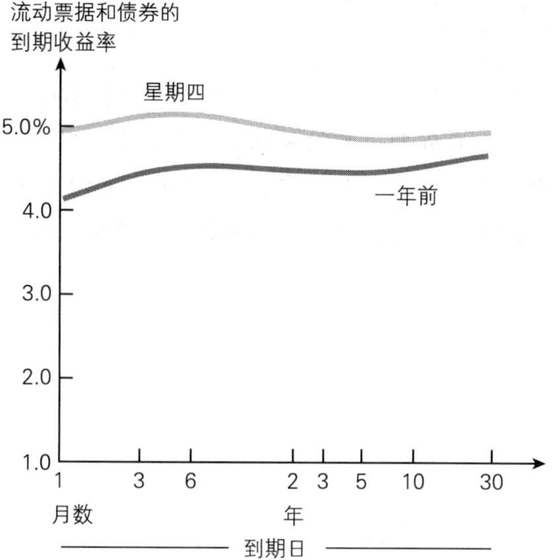

图 6.6
国债收益率曲线
（2007 年 1 月 25 日）

资料来源：Reprinted by permission of *The Wall Street Journal*, January 26, 2007.

有关债券收益有一点很重要，需要有足够的认识，即在计算时假定这些借款能够如期归还。因此，这其实是承诺收益率，而且这可能是也可能不是你将获得的收益。特别是，假如发行者出现了违约，你的实际收益可能要低一些（很可能会低很多）。这个事实对于垃圾债券来说尤其重要。好在市场存在灵活性，这种债券现在一般被称为高收益债券（拥有一道很好的光环），但是现在你认识到这些实际上是高承诺收益的债券。

其次，回忆一下我们在前面讨论过的市政债券是如何免于交纳各种税款并因而使其利率水平比需要纳税的债券低许多的。投资者对纳税债券要求更高的收益率，以便对不利的税收待遇进行补偿，这部分额外的补偿被称为**税收溢价**（taxability premium）。

最后，债券的流动性是不同的。正如我们前面所讨论的，市场上发行的债券种类很多，其中大多数不是按照常规交易的。因此，假如你想要迅速出售债券，你将可能无法获得满意的价格。投资者偏好流动性强的资产，所以他们要求在进行所有其他形式的补偿之前首先进行**流动性补偿**（liquidity premium）。因此，在其他条件相同的情况下，比起流动性好的债券，流动性差的债券有更高的收益率。

结 论

如果将前面讨论过的所有有关债券收益的内容综合起来，我们将发现债券收益率所体现的是超过6个因素的综合效果——首先要反映实际利率水平，除此之外还有5种形式的溢价补偿：(1)预期将来的通货膨胀水平；(2)利率风险；(3)违约风险；(4)税收；(5)流动性的缺乏。因此，债券合理收益率的确定要求对每种影响都进行仔细的分析。

第 7 章

股票市场与股票定价

2007 年 2 月 1 日股票收盘的时候，以出版高质量的大学教科书闻名的出版商麦格劳 – 希尔公司的普通股价格是 67.89 美元。在同一天，生物技术公司安进公司收盘时的股价是 69.49 美元，而石油巨头皇家荷兰壳牌公司的股票收盘价是 67.66 美元。如果只是因为这三家公司的股票价格如此相近，你就认为它们会为各自的股东提供相近的股利回报，那你就错了。事实上，壳牌公司的年度股利是每股 2.52 美元，麦格劳 – 希尔公司是每股 0.73 美元，而安进公司根本就没有支付股利！

正如我们将在本章看到的，当我们试图对普通股进行定价时，当前支付的股利是主要的影响因素之一。然而，对安进公司的股利分配情况进行考察后，我们发现这其中的联系还远不止这些。因此，本章将探讨股利、股票价格以及二者之间的联系。

回顾第 1 章我们知道，财务管理的目的是使实际股票的价格最大化，所以理解每股价值的决定因素是一个关键的问题。当一家公司拥有公开发行的股票时，其股票一般会在一家或者多家股票交易所买卖。因此，我们也将看到公司的股东有一些特定的权利，这些权利的分配方式会对公司的控制和管理产生重大影响。

在前一章我们介绍了债券和债券的定价，本章我们将转向公司融资的另一种主要方式——普通股股票和优先股股票。我们首先描述与股票相关的现金流量，然后导出一个非常著名的结论——股利增长模型；接下来我们考察普通股和优先股的一些不同的特性，主要强调的是股东权益；在本章后部，我们讨论股票是如何进行交易的，以及股票价格和其他重要信息在金融出版物中的列示方式。

7.1 普通股定价

在实践中普通股的定价比债券更加困难，这至少有三个原因：首先，即使是那些预先允诺的现金流量实际上也无法提前了解到；其次，投资生命周期通常是无限的，因为普通股没有到期日；第三，我们无法轻易地获知市场的要求收益率。尽管如此，但正如我们将会看到的，我们可以获得每股股票未来现金流量的现值，借此确定股票的价值。

现金流量

设想你正在考虑购买一只股票：你计划在一年后将其卖掉，你知道那时股票将会价值 70 美元。你估计股票将在年末支付 10 美元的股利。假如你要求在你的投资上获得 25% 的回报，那么你将为此支付的最高价格是多少？换句话说，在要求收益率是 25% 的情况下，10 美元的股利和 70 美元的终值的现值是多少？

假如你今天购买股票并在年末抛掉，你将获得总计 80 美元的现金。当要求收益率是 25% 时：

现值 =（\$10 + \$70）/1.25 = \$64

因此，64 美元就是今天你为股票支付的价格。

更一般的是，设 P_0 是当前的股票价格，P_1 为下期的价格。假如 D_1 是期末支付的现金股利，那么：

$$P_0 = (D_1 + P_1)/(1 + R) \tag{7.1}$$

这里 R 是市场对投资的要求收益率。

请注意，我们现在实际上还没有讲多少东西。假如我们想要确定今天的每股价格（P_0）的话，我们首先需要知道一年以后的价格（P_1）。这一点甚至更难做到，所以我们只是将问题复杂化了。

下一期的股票价格 P_1 是多少？我们一般是不会知道的，相反，假定我们由于某种原因知道第二期的股票价格 P_2。在给定第二期股利 D_2 的情况下，第一期的股票价格将是：

$$P_1 = (D_2 + P_2)/(1 + R)$$

假如我们将 P_1 的表达式代入表达式 P_0，我们将有：

$$P_0 = \frac{D_1 + P_1}{1 + R} = \frac{D_1 + \dfrac{D_2 + P_2}{1 + R}}{1 + R}$$

$$= \frac{D_1}{(1 + R)^1} + \frac{D_2}{(1 + R)^2} + \frac{P_2}{(1 + R)^2}$$

现在我们需要得到两期后的价格，但我们仍然不知道，所以我们可以再一次推迟并写出：

$$P_2 = (D_3 + P_3)/(1 + R)$$

假如我们将 P_2 代回的话，我们有：

$$P_0 = \frac{D_1}{(1 + R)^1} + \frac{D_2}{(1 + R)^2} + \frac{P_2}{(1 + R)^2}$$

$$= \frac{D_1}{(1 + R)^1} + \frac{D_2}{(1 + R)^2} = \frac{\dfrac{D_3 + P_3}{1 + R}}{(1 + R)^2}$$

$$= \frac{D_1}{(1 + R)^1} + \frac{D_2}{(1 + R)^2} + \frac{D_3}{(1 + R)^3} + \frac{P_3}{(1 + R)^3}$$

我们可以将股票价格的问题推广到无限期，注意到这一点是很重要的，不论股票价格是多少，如果将股票的出售延期到无限期，其最终售价的现值实际上是 0。最后留给我们的结论是：股票的当前价格可以视为从第一期开始的无限期的股利现值之和。

$$P_0=\frac{D_1}{(1+R)^1}+\frac{D_2}{(1+R)^2}+\frac{D_3}{(1+R)^3}+\frac{D_4}{(1+R)^4}+\frac{D_5}{(1+R)^5}+\cdots$$

我们在这里已经说明了今天的股票价格等于未来股利的现值之和，那么存在多少未来股利呢？从理论上讲，这个数字是无限的。这意味着我们无法计算股票的现值，因为我们不得不对无限的股利进行估计，然后对之进行折现。在下一节我们将围绕这一问题考察一些特殊的情形。

例 7.1 增长型股票

你可能正在对类似易趣的当前并不支付股利的股票存在疑虑。比较小的增长型公司一般会将所有的利润用于投资，因而不支付任何股利。这些股票是否会一文不值？这要依条件而定。当我们说股票的价值等于未来股利的现值时，我们并没有排除这些股利数字中会有一部分是 0——只是它们不可能全部是 0。

设想一家公司的章程中有一条，就是禁止现在或将来支付股利；公司不可以再借任何资金，以任何形式向股东支付任何现金，以及出售任何资产。这样的公司事实上是不存在的，因为美国国税局（IRS）不希望这样。股东总可以投票修改章程——如果他们希望这样做的话。但是，假如这样的情形确实存在，那么股票的价值是多少呢？

股票的价值绝对等于 0。这样的公司是一个财务“黑洞”。资金进入公司，但却没有产出任何有价值的东西。因为永远不会有人从此项资产上获得任何收益，投资也就没有价值。这个例子有一点不合理，但它说明：当我们说公司不支付股利时，我们的实际意思是它当前不支付股利。

一些特殊的情形

有一些特殊的情形使我们能够获知股票的价值。我们需要做的是对未来的股利模式进行一些简单化的假设。我们所考虑的两个简单情形如下：（1）股利的增长率为 0；（2）股利的增长率是固定的。我们分别考虑这两个情形。

零增长率 零增长率的情形我们已经看到过。公司的普通股支付固定股利的情形与优先股很类似。从第 5 章（例 5.7）我们可以知道，优先股的股利增长率为零，因此股利不随着时间变化。

对于零增长率的普通股来说，这意味着：

$$D_1 = D_2 = D_3 = D = \text{常量}$$

所以，股票的价值为：

$$P_0 = \frac{D}{(1+R)^1} + \frac{D}{(1+R)^2} + \frac{D}{(1+R)^3} + \frac{D}{(1+R)^4} + \frac{D}{(1+R)^5} + \cdots$$

由于股利总是保持不变，股票可以被视为一般的每期的现金流量都是 D 的永续年金。因此每股价值为：

$$P_0 = D/R \qquad [7.2]$$

R 是要求收益率。

例如，假定天堂原型公司的股利政策是每年支付每股 10 美元的股利。假如此政策永远持续下去，如果要求收益率为 20%，那么每股价值是多少？本例中股票的价值等于永续年金的价值，所以股票价值是每股 \$10/0.20 =\$50。

固定股利增长率　假定某公司的股利总是以固定的比率增长——此增长率用 g 来表示。假如 D_0 是刚支付的股利，那么下一期的股利 D_1 是：

$$D_1 = D_0 \times (1+g)$$

第二期的股利是：

$$\begin{aligned} D_2 &= D_1 \times (1+g) \\ &= [D_0 \times (1+g)] \times (1+g) \\ &= D_0 \times (1+g)^2 \end{aligned}$$

我们可以重复这一过程，以得出将来任何时间的股利。一般地，从第 4 章对复利的讨论可以知道，未来第 t 期的股利 D_t 为：

$$D_t = D_0 \times (1+g)^t$$

如果一项资产以固定的比率增长，则可称为**增长性永续年金**。正如我们刚刚看到的，确定此种资产的价值有一个简单的表达式。

固定股利增长率的假定可能让你感觉到这是一个特例。为什么股利会以固定的增长率增长？原因是：对于很多公司来讲，固定股利增长率是一个明确的目标。但是在股利政策这个大标题下，这一主题失去了原来的意义，所以我们将在下一章对其进行进一步的讨论。

例 7.2　股利增长

哈得利公司刚刚支付了每股 \$3 的股利。公司的股利以每年 8% 的固定股利增长率增长，5 年后公司的股利将是多少？

这里我们有 \$3 的当前股利和 8% 的增长率，因此第 5 年的股利将是：

$$\$3 \times 1.08^5 = \$3 \times 1.4693 = \$4.41$$

因此每股股利在未来 5 年里将增长 \$1.41。

假如股利以固定的比率增长，那么我们的问题已由对无限期的未来股利的估计转换为提出单个增长率这个相对简化的问题。在本例中，假如我们用 D_0 代表刚刚支付的股利，g 代表固定增长率，那么股票的价值可以表示为：

$$\begin{aligned} P_0 &= \frac{D_1}{(1+R)^1} + \frac{D_2}{(1+R)^2} + \frac{D_3}{(1+R)^3} + \cdots \\ &= \frac{D_0(1+g)^1}{(1+R)^1} + \frac{D_0(1+g)^2}{(1+R)^2} + \frac{D_0(1+g)^3}{(1+R)^3} + \cdots \end{aligned}$$

只要增长率 g 低于折现率 R，现金流量序列的现值就可以非常简单地表示为：

$$P_0 = \frac{D_0 \times (1+g)}{R-g} = \frac{D_1}{R-g} \qquad [\,7.3\,]$$

这个结论有许多不同的名字，我们将其称为**股利增长模型**（dividend growth model）。无论如何命名，该模型确实很容易应用。为说明这点，假定 D_0 为 2.30 美元，R 是 13%，g 是 5%。在本例中，每股价格是：

$$\begin{aligned} P_0 &= D_0 \times (1+g)/(R-g) \\ &= \$2.30 \times 1.05/(0.13 - 0.05) \\ &= \$2.415/0.08 \\ &= \$30.19 \end{aligned}$$

实际上，我们可以利用股利增长模型得到任何时点的股票价格，而不仅仅是今天的价格。一般地，在时间 t 时股票的价格为：

$$P_t = \frac{D_t \times (1+g)}{R-g} = \frac{D_{t+1}}{R-g} \qquad [7.4]$$

在我们的例子中，假定我们对 5 年后的股票价格 P_5 感兴趣。我们首先需要第 5 期的股利 D_5。因为刚支付的股利是 \$2.30，增长率是每年 5%，D_5 是：

$$D_5 = \$2.30 \times 1.05^5 = \$2.30 \times 1.2763 = \$2.935$$

根据股利增长模型，我们可以得出 5 年后的股票价格：

$$P_5 = \frac{D_5 \times (1+g)}{R-g} = \frac{\$2.935 \times 1.05}{0.13-0.05} = \frac{\$3.0822}{0.08} = \$38.53$$

例 7.3　戈登成长公司

戈登成长公司下期的股利将是每股 \$4。投资者对戈登这样的公司要求的回报率是 16%。戈登公司的股利每年增长 6%。根据股利增长模型，今天戈登公司的股票价格是多少？4 年后的价值呢？

惟一棘手的事情是下一期的股利 D_1 是给定的 \$4，所以我们将不用再乘以（$1+g$）。记住了这一点，每股价格为：

$$\begin{aligned} P_0 &= D_1/(R-g) \\ &= \$4/(0.16-0.06) \\ &= \$4/0.10 \\ &= \$40 \end{aligned}$$

因为我们已经有 1 年后的股利，我们知道 4 年后的股利等于 $D_1 \times (1+g)^3 = \$4 \times 1.06^3 = \$4.764$。因此 4 年后的价格为：

$$\begin{aligned} P_4 &= D_4 \times (1+g)/(R-g) \\ &= \$4.764 \times 1.06/(0.16-0.06) \\ &= \$5.05/0.10 \\ &= \$50.50 \end{aligned}$$

注意到在本例中 P_4 等于 $P_0 \times (1+g)^4$。

P_4 = \$50.50 = \$40 × $1.06^4 = P_0 \times (1+g)^4$

要知道为什么是这样，首先注意到：

$P_4 = D_5/(R-g)$

然而，D_5 等于 $D_1 \times (1+g)^4$，所以我们可以将 P_4 记作：

$$P_4 = D^1 \times (1+g)^4/(R-g)$$
$$= [D_1/(R-g)] \times (1+g)^4$$
$$= P_0 \times (1+g)^4$$

最后一个例子说明股利增长模型做了一个隐含假设，即股票价格将以股利的增长率增长。这实际上并不奇怪，它告诉我们的是：假如一项投资的现金流量随着时间以固定的比率增长，则投资的价值也是如此。

你可能会问：假如股利增长率 g 比折现率 R 高，股利增长模型将会发生什么变化？似乎我们会得到负的股票价格，因为 $R-g$ 将会小于 0——事实上并不会这样。

相反，假如固定增长率超过折现率，股票价格将是无限大的。为什么？假如增长率大于折现率，那么股利现值将会变得越来越大。事实上，如果增长率和折现率相等，情况也是这样。在这两种情形下，用股利增长模型来代替无限的股利序列的简化做法是“非法的”，所以我们得到的股利增长模型是没有意义的，除非增长率小于折现率。

最后，我们得出的固定增长率下的表达式对于任何增长性永续年金都是有效的，而不只是对于普通股的股利。假如 C_1 是增长性永续年金下一期的现金流量，那么现金流量的现值是：

$$现值 = C_1/(R-g) = C_0(1+g)/(R-g)$$

请注意，表达式同一般永续年金的结果有点像——除了分母是（$R-g$）而非 R 这点不同外。

非固定股利增长率 我们考虑的最后一种情况是非固定股利增长率。之所以考虑这种情况，是因为要在计算时把一段有限时间内的“超常”增长率也包括进来。正如我们在前面讨论过的，股利的增长率不可能无限期地超过要求收益率（必要报酬率），但在有限的几年内是可能的。为了避免预测和折现无限期的股利，我们假定股利从将来某个时点开始以固定比率增长。

举一个非固定股利增长率的简单例子，比如考虑一个目前不支付股利的公司的情况。你预测公司在第 5 年会支付第一笔股利且每股 0.50 美元，你期望股利以每年 10% 的比率无限增长下去。对这种公司的要求收益率是 20%，那么今天这只股票的价格是多少？

要得出这只股票今天的价值，我们首先要计算出所有未来股利的价值，然后计算其现值。第一次股利将于第 5 年年底支付，并从此稳定增长下去。根据股利增长模型，我们说这只股票第 4 年年底的股价为：

$$
\begin{aligned}
P_4 &= D_4 \times (1+g)/(R-g) \\
&= D_5/(R-g) \\
&= \$0.50/(0.20-0.10) \\
&= \$5
\end{aligned}
$$

如果这只股票第 4 年时价值为 5 美元，那么我们可以用 20% 折现这个价格，得到其现值：

$$P_0 = \$5/1.20^4 = \$5/2.0736 = \$2.41$$

因此这只股票在今天价值 \$2.41。

如果最初几年内的股利不是 0，非固定股利增长率的问题也只是稍微复杂一点。举个例子，比如你得出对未来 3 年股利的如下预测：

年	预测股利（\$）
1	1.00
2	2.00
3	2.50

第 3 年以后股利以每年 5% 的固定比率增长，其要求收益率是 10%。那么这只股票今天的价值是多少？

在解决非固定股利增长率的问题时，时间轴可能很有用，如图 7.1 所示。要注意

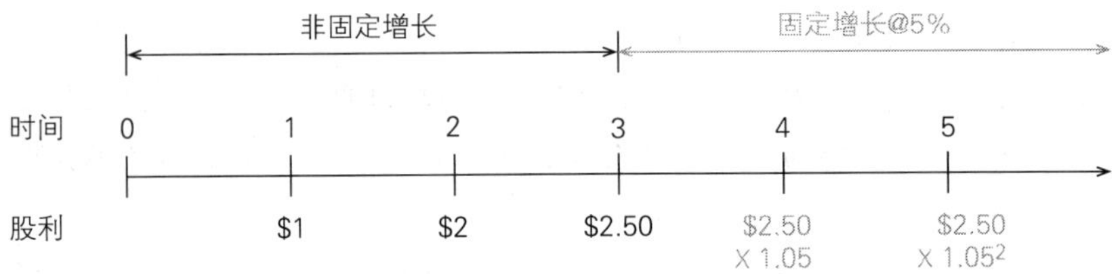

图 7.1　非固定股利增长率

的关键点是固定增长是从何时开始的。正如图中所示，就此题而言固定增长是从时间点 3 开始的；这就是说，我们可以用固定股利增长率模型来计算时间点 3 的股价 P_3。迄今为止，这种情况下最普遍的错误就是错误地辨别固定增长阶段的起点，由此导致在错误的时点上计算未来的股价。

像通常所说的那样，股票价值是其所有未来股利的现值。要计算股票的现值，首先要计算股票在第 3 年年底的价值——同我们以前所做的一样，然后加上从现在到那时（此处为第 3 年）之间的股利的现值。因此，第 3 年的股价为：

$$
\begin{aligned}
P_3 &= D_3 \times (1+g)/(R-g) \\
&= \$2.50 \times 1.05/(0.10-0.05) \\
&= \$52.50
\end{aligned}
$$

现在我们可以计算该股票的总价值——未来 3 年股利的现值与第 3 年股价 P_3 的现值之和：

$$
\begin{aligned}
P_0 &= \frac{D_1}{(1+R)^1} + \frac{D_2}{(1+R)^2} + \frac{D_3}{(1+R)^3} + \frac{P_3}{(1+R)^3} \\
&= \frac{\$1}{1.10} + \frac{\$2}{1.10^2} + \frac{\$2.50}{1.10^3} + \frac{\$52.50}{1.10^3} \\
&= \$0.91 + \$1.65 + \$1.88 + \$39.44 \\
&= \$43.88
\end{aligned}
$$

因此该股票在今天的价值为 43.88 美元。

例 7.4 超常增长

Chain Reaction 公司由于其快速扩张和销售额的爆炸性增长，每年获得奇迹般的 30% 的增长率——你相信这个增长率还将持续 3 年以上，然后跌到每年 10%。如果此后的年增长率保持 10% 不变，这只股票的总价值是多少？该公司刚支付了共 $500 万的股利，且其要求收益率为 20%。

Chain Reaction 的情况就是超常增长的一个例子。要在更长的时间内保持 30% 的增长率是不大可能的。要给其股票定价，我们首先要计算出这个超常增长时期的股利：

年份	总股利（单位：百万美元）
1	5.00 × 1.3 = 6.500
2	6.50 × 1.3 = 8.450
3	8.45 × 1.3 = 10.985

计算第 3 年的价格如下：

$$P_3 = D_3 \times (1 + g) / (R - g)$$

在此 g 是长期增长率，因此：

$$P_3 = 10.985 \times 1.10/(0.20 - 0.10) = 120.835$$

要确定股票现值，需要将这个金额的现值加上未来 3 年股利的现值：

$$\begin{aligned} P_0 &= \frac{D_1}{(1+R)^1} + \frac{D_2}{(1+R)^2} + \frac{D_3}{(1+R)^3} + \frac{D_3}{(1+R)^3} \\ &= \frac{6.50}{1.20} + \frac{8.45}{1.20^2} + \frac{10.985}{1.20^3} + \frac{120.835}{1.20^3} \\ &= 5.42 + 5.87 + 6.36 + 69.93 \\ &= 87.58 \end{aligned}$$

因此该股票今天的总价值是 8 758 万美元。如果有 2 000 万股股票，那么该股票每股价格应为：$8 758/2 000 = $4.38。

要求收益率的构成要素

到现在，我们一直将要求收益率，或者说折现率 R 当做给定的。我们将在第 10 章和第 11 章较多地论述这一主题。现在，我们想要考察股利增长模型对于要求收益率的隐含意义。以前我们可以这样来计算 P_0：

$$P_0 = D_1/(R-g)$$

假如通过移项来解，我们得到：

$$R-g = D_1/P_0$$

$$R = D_1/P_0 + g \qquad [7.5]$$

这就告诉我们总收益率 R 由两部分组成，第一部分 D_1/P_0 称为**股利收益率**（dividend yield），因为它是预期现金股利除以当前价格而得到的，从概念上同债券的当前收益相似。

总收益率的第二部分是增长率 g。我们知道股利增长率也是股票价格增长的比率（如例 7.3）。因此，这个增长率可以解释为**资本利得收益率**（capital gains yield），即投资价值增长率。[1]

为说明要求收益率的组成，假定某股票的销售价格是每股 20 美元，下期股利将是每股 1 美元。股利将以每年 10% 左右的比率永远增长下去。这只股票应该为你提供多高的收益率呢?

股利增长模型计算的总收益率为：

$$R = \text{股利收益率} + \text{资本利得收益率}$$

$$R = D_1/P_0 + g$$

在本例中，总回报率的计算结果为：

$$R = \$1/20 + 10\%$$

$$= 5\% + 10\%$$

$$= 15\%$$

1 我们在这里和其他地方都是宽泛地使用资本收益这一术语。根据资料，资本利得收益（或损失）从严格意义上讲，是美国国税局（IRS）所定义的。按照我们的目的，用“价格增值”比起用资本收益更为准确（但不常见）。

因此，股票的要求收益率是 15%。

我们可以通过计算一年后的价格 P_1 来验证这一答案，采用的要求回报率是 15%。根据股利增长模型，这个价格是：

$$
\begin{aligned}
P_1 &= D_1 \times (1+g)/(R-g) \\
&= \$1 \times 1.10/(0.15-0.10) \\
&= \$1.10/0.05 \\
&= \$22
\end{aligned}
$$

注意，这里 22 美元等于 $\$20 \times 1.1$，所以股票价格增长了 10%，与预计的相同。假如今天每股花费 20 美元，你将在年末得到 1 美元的股利，而且得到 $\$22 - \$20 = \$2$ 的利得。你的股利收益是 $1/20 = 5%。你的资本利得收益率为 $2/20 = 10%，所以你的总收益率将是 5% + 10% = 15%。

表 7.1

股票定价的总结

1. 一般情形

一般地，股票今天的每股价格 P_0 是所有未来股利 D_1、D_2、D_3……的现值：

$$P_0 = \frac{D_1}{(1+R)^1} + \frac{D_2}{(1+R)^2} + \frac{D_3}{(1+R)^3} + \cdots$$

这里 R 是要求收益率。

2. 固定增长率的情形

假如股利是固定的且等于 D_1，那么股价可以写作：

$$P_0 = \frac{D}{R}$$

假如股利以固定比率增长且等于 g，那么价格可以写作：

$$P_0 = \frac{D_1}{R-g}$$

这个结果被称为股利增长模型。

3. 要求收益率 R 可以写作两部分之和

$$R = D_1/P_0 + g$$

这里 D_1/P_0 是股利收益率，g 是资本利得收益率（这同固定股利增长率的情形是相同的）。

要想通过上下文对实际数字有一点感觉，可以考虑一下，根据 2007 年价值线投资调查，好时食品公司的股利预期将在今后 5 年左右的时间以每年 9.5% 的速度增长，相对而言在前 10 年的增长率为 10.5%。在 2007 年，预期下一年的股利将是 1.15 美元。当时的股票价格大约是每股 52 美元。那么投资者对好时食品公司的要求收益率是多少？这里，在好时食品公司的要求收益率为 11.7% 的情况下，股利收益率约是 2.2%，而资本利得收益率是 9.5%。

表 7.1 把我们对股票定价的讨论做了总结。

7.2 普通股和优先股的特性

在讨论普通股的特性的时候，我们强调的是股东权益和股利的支付，对于优先股来说，我们解释“优先”的含义，我们还将讨论优先股是债务还是股权。

普通股的特性

普通股（common stock）这一术语对于不同的人来讲意义是不同的，但它通常是指无论在支付股利还是在破产清算时均无特别优先权的股票。

股东权利 公司的治理结构由股东选举的董事设定，然后由董事会雇用管理人员来实施他们的意图。因此，股东通过投票选举董事会来控制企业。一般只有股东有这种权利。

董事是在每年的股东大会上选举产生的。尽管存在一些例外（我们马上会讨论），但一般的意义是“一股一票”（不是“一个股东，一个投票权”）。因此，公司的民主同政治上的民主是不同的。对于公司的民主来说，“黄金定律”绝对适用。[1]

董事是在年度股东大会上由出席并拥有大多数投票权的股东投票选举产生的。然而，董事选举的实际机制因公司而异——最大的差别是采用累计投票法还是直接投票法。

要说明两种投票程序的不同，设想有一家公司由两名股东组成：史密斯持有 20 股，而约翰持有 80 股。两人都想成为董事，然而约翰不想要史密斯，这里我们假定

---

1 黄金定律：谁拥有黄金，谁就制定规则。

总共需要选举 4 名董事。

累积投票法（cumulative voting）的作用是允许少数股东参与。[1] 假如允许采用累积投票法，每个股东的投票权数量马上就可以确定——这通常按照股份的数量（拥有或控制的）乘以所需选举的董事数量来计算。

在采用累积投票法的情况下，所有董事由一次性投票选举产生。在我们的例子中，这意味着得票最多的 4 个人将会成为新的董事。单个股东可以按照他们的意愿任意分配投票权。

史密斯是否能在董事会中获得一个席位呢？假如我们忽略 5 个人得票相等的情况，那么答案是肯定的。史密斯将投出 $20 \times 4 = 80$ 票，而约翰将投出 $80 \times 4 = 320$ 票。如果史密斯将这些票都投向自己的话，他可以确保获得一个董事席位，原因是约翰不可能将 320 票在 4 个代表之间分配，同时又能使每个人的得票数都大于 80，所以史密斯最差也会排到第 4 名。

假如需要选举 N 名董事，那么 $1/(N + 1)$ 百分比的股票加 1 股一般会保证你获得一个席位。在我们现在的例子中，这是 $1/(4 + 1) = 20\%$（加 1）。所以一次选举产生的席位越多，越容易（也越便宜）赢得一个。

对于**直接投票法**（straight voting）来说，每次投票选举一名董事。史密斯每次可以投 20 票，而约翰可以投 80 票——其结果是，约翰将选出所有的代表。要获得一个席位的惟一办法，是拥有 50% 再加 1 股的投票权；这也将保证你得到每个席位，所以实际上是要么全胜要么全败。

例 7.5　购买选举权

JRJ 公司的股票每股售价 \$20 而且采用累积投票法。其发行在外的股票共有 1 万股。假如需要选举 3 名董事，要保证在董事会获得一个席位，应该花费多少钱?

这里的问题是需要得到多少股票才能得到一个席位。答案是 2 501 股，所以成本是 2 501 × \$20 = \$50 020。为什么是 2 501 股呢？因为剩余的 7 499 股无论怎样在 3 个人之间分配，都无法使他们都获得超过 2 501 个投票权。例如，假定前两个人各获得 2 502 票，那么第 3 个人最多获得 10 000 − 2 502 − 2 502 − 2 501 = 2 495，所以第 3 个席位就是你的。我们可以用前面描述过的公式来验证这一点。

1　少数股东参与，我们是指由拥有相对较少股份的股东参与。

正如我们所说明的，直接投票法会“冻结”少数股东——这就是美国许多州都采用强制累积投票法的原因。在那些采用强制累积投票的州，已经有一些机制制定出来以减小其影响。

一种策略是采用交错投票法来选举董事会。采用交错投票法，在一次特定的选举中只能选出一小部分董事席位。因此，假如每次只选出两名董事，它将需要 1/（2 + 1）= 33.33% 加 1 股来保证一个席位。

总之，交错投票法会产生两个基本影响：

1. 在交错投票法下，采用累积投票法时，少数股东要想选举董事将更加困难，因为每次要选举的董事更少。
2. 交错投票法会使收购的意图更难成功，因为通过选举产生占大多数的新董事变得更为困难。

应该指出，交错选举法可能会用于有益的目的，它提供了“制度记忆”，即董事会的连贯性——这对于那些拥有长期计划和项目的公司来说可能很重要。

代理选举　**代理权**（proxy）是股东授权其他人来行使股东的投票权利。为方便起见，许多公众持股公司的选举实际是通过代理人进行的。

正如我们所看到的，在直接投票法下，每股股票拥有一个投票权，拥有 1 万股的股东则有 1 万个投票权。大公司有成百上千甚至成百万计的股东。股东可以亲临年度股东大会并投票，也可以将投票权转移给另外一个群体。

很明显，管理层总是试图获得尽可能多的代理权。然而，假如股东对管理层不满意，“外部”股东团体可能会试图通过代理权来获得投票权——他们可以通过代理权投票选举足够的董事，以便更换管理层，这就会导致代理权之争。

股票分类　有些公司的普通股不止一种。通常，分类是由不平等的投票权带来的。例如，福特汽车公司发行了 B 类股票，这种股票不进行公开交易（由福特家族持有）；这类股票拥有 40% 的投票权，但只占所发行股票数量的不足 10%。

拥有不同类别股票的公司还存在其他一些情形。通用汽车有“GM 类”的股票（原始股）和其他两种，分别是 E 类（“GME”）和 H 类（“GMH”）股票。这些类别的股票产生的目的，是用来帮助应付两项大型收购——电子数据系统公司和休斯飞机公司。

从理论上讲，纽约股票交易所不允许公司设立拥有不平等投票权的公开交易的普通股，但也存在一些例外（例如福特汽车公司）。除此之外，许多非纽约股票交易所的公司拥有两种普通股。

设立两类或者更多股票的一个主要原因是对公司进行控制。如果得到允许，公司的管理部门就可以通过发行无投票权或者限制投票权的股票来筹措股权资本，同时又能保持对公司的控制。

不平等投票权在美国是一个存在争议的问题，而且"一股一票"这样的观念有很长的历史和很强的生命力。然而，有趣的是，不平等投票权股票在英国以及世界其他地方却相当普遍。

其他权利　公司普通股的价值同股东的一般性权利直接相关。除了投票选择董事的权利，股东通常还有如下权利：

1. 按所持有的股份比例领取股利的权利。
2. 公司清算时按股权比例享有的资产减去负债以后的净资产的份额。
3. 在处理重大的涉及股东权益问题（如公司兼并）时的投票权。投票通常在年度股东会议或特别会议上进行。

除此之外，股东有时对于新发行的股票拥有相应比例的权利，称为*优先购买权*。

从本质上讲，优先购买权意味着：当公司希望发售新股时，应该给现有股东优先于一般大众的购买选择权，目的是为股东提供保护他们现有股权份额的机会。

股　利　公司的一个特性是：它们都有股东并应该按照法律向股东支付股利。**股利**（dividend）体现的是股东直接或间接地向公司贡献资本而得到的回报。股利的支付由董事会决定。

股利包括如下重要特性。

1. 除非公司的董事会宣布发放股利，否则它不构成公司的债务。因此，公司不会因为未能支付股利而破产。股利的数量，甚至是否发放股利，都由公司董事会做决断。
2. 支付的股利不是公司的一项经营费用。股利不能用于避税目的——简言之，股利是从公司的税后利润里支付的。
3. 在大多数情况下，单个股东收到的股利被视为一般收入，需要全额纳税。然而，一家公司持有另一家公司的股票时，却被允许扣减所得股利的 70%，只需要为剩下的 30% 纳税。[1]

优先股的特性

优先股（preferred stock）与普通股的不同在于，其在股利的发放和公司清算时对公司资产的分配方面有优先权。优先意味着优先股股东必须在普通股股东之前得到股利（对于持续经营的公司来说）。

优先股从法律和税收角度讲是股权的一种形式，然而有一点需要强调，就是优先股股东有时没有投票的权利。

优先股价值 优先股有一个账面清算价值，通常是每股 100 美元。现金股利以每股多少钱的形式来描述。例如，通用汽车“5 美元优先”意味着 5% 账面股利率的优先股。

累积和非累积的股利 优先股股利与债券的利息不同。董事会可能不向优先股股东支付股利，而且他们的决策可能与公司的当前净收益没有任何关系。

优先股的应付股利可能是累积的或者非累积的，多数情况下是累积的。假如优先股股利是累积的并且某一特定的年份没有支付的话，它们将被作为一项递延款项。通常，累积优先股股利和当前优先股股利必须在普通股股东得到任何股利之前支付。

未付优先股股利不是公司的债务。普通股股东选出的董事可以将优先股股利无限递延。然而在此情形下，普通股股东必须放弃股利，而且优先股持有者通常会得到投票权和其他权利——如果优先股股利在一定时间内未被支付的话。例如，1996 年夏季美国航空公司在 6 个季度里未能支付一种优先股的股利，因此优先股股东被允许推举两个人代表他们在航空公司的利益。由于股东得不到累积股利的利息，一些人声称公司对延期支付优先股股利的做法有奖励。但是，正如我们已经看到的，这种拖延可能意味着与优先股股东分享控制权。

优先股真是负债吗 我们可以举一个很好的例子说明优先股实际是一种伪装的债务，一种股权债券。优先股股东仅有权获得固定的股利，而且假如公司被清算，优

1 按照规定，70% 的扣除适用于接收股利者拥有不超过公司发行股份数的 20% 的情形。假如公司持有的股权超过 20% 但不超过 80%，扣除是 80%。假如股权超过 80%，公司可以归入“合并”收益，从而可以扣除 100%。

先股股东只能得到优先股的规定价值。通常，优先股也会有信用评级，这一点同债券很相似。此外，优先股有时可以转换为普通股，且通常是可以赎回的。

除此之外，在最近几年，许多新发行的优先股设立了偿债基金。偿债基金的存在可以有效地创造最后到期日，因为它意味着所有发行的股票最后都得收回。由于这些原因，优先股似乎同负债很相似。然而，对于税收目的来说，优先股股利和普通股股利的待遇是一样的。

7.3　股票市场

在第 1 章里，我们曾简要提到，股份是在不同的股票交易所买卖的，而最重要的交易所是纽约股票交易所和纳斯达克。根据我们前面的讨论，股票市场是由**一级市场**（primary market）和**二级市场**（secondary market）组成的。在一级市场或者说新发行市场，股票是第一次进入市场并卖给投资者的；而在二级市场，在投资者之间交易的是现已发行的股份。

在一级市场，公司通过出售股票来筹集资金。我们将在后面的章节详细讨论这一过程。因此本节我们将重点放在二级市场的活动上。我们将通过讨论得出：金融出版物上是如何引用股票价格的。

交易商和经纪人

由于大多数证券交易涉及交易商和经纪人，因此确切地理解交易商和经纪人这两个术语的意义是很重要的。**交易商**（dealer）会保留存货并准备在任何合适的时候出售；相对而言，**经纪人**（broker）将买方和卖方带到一起，但不持有存货。因此，当我们说旧车交易商和房地产经纪人的时候，应该意识到旧车交易商持有存货，而房地产经纪人却没有。

在证券市场，交易商时刻准备从出售证券的投资者那里购买证券，并将其出售给希望购买证券的投资人。回顾前一章，交易商愿意支付的价格称为买入价；而交易商愿意出售股票的价格称为卖出价（有时称为供应价、卖价或要价）；买入价与卖出价之间的差额称为差价，是交易商利润的主要来源。

交易商存在于经济的每一个领域，而不仅仅是股票市场。例如，你所在地的大学书店可能同时是教科书的一级市场和二级市场的交易商：如果你购买一本新书，它就是一级市场交易；如果你买一本旧书，它就是二级市场交易，你会以卖出价支付给书店。如果你将书本卖回给书店，你会收到书店的买入价，这往往是卖出价的一半。书店的价差就是这两种价格的差额。

与之相比，证券经纪人安排投资者之间的交易，将希望购买证券和希望出售证券的人进行匹配。证券经纪人的鲜明特性是，他们自己不从事证券的买卖交易，他们的业务是促成他人之间的交易。

纽约股票交易所的组织

纽约股票交易所，简称 NYSE，即大家所熟悉的大行情板，最近举行了 200 周年庆典。NYSE 自 20 世纪初就已经迁移到了现在的华尔街。从交易的资金量和上市证券的总价值来讲，NYSE 是世界上最大的股票市场。

会　员　纽约股票交易所现在大约有 1 400 个交易**会员**（member），他们在交易所拥有“席位”。总体来说，交易所的会员就是其所有者。交易席位所有者可以在证券大厅买卖证券而不需支付佣金。由于这样那样的原因，交易所席位是有价值的资产并经常被交易。到 2005 年，一个席位的价格达到了 400 万美元。

纽约股票交易所的会员中的大多数被登记为**佣金经纪人**（commission broker）。佣金经纪人的业务是执行客户的订单，进行买卖交易。佣金经纪人对客户的主要责任是为他们的订单取得尽可能好的价格。确切的数字经常在变，但是，通常大约有 500 个会员是佣金经纪人。NYSE 佣金经纪人一般是经纪公司的，例如美林的职员。

纽约股票交易所会员中次多的是**专业交易商**（specialist），这样命名是因为他们中的每一位都被指定为一小组证券的交易商。每只上市的证券都被指定给一名专业交易商，只有很少的例外。专业交易商也被称为“做市商”，因为保持指定给他们的证券的良好、有序交易是他们的义务。

专业交易商给出指定给自己的那些证券的买入价和卖出价。当针对某一证券的买单和卖单存在短暂差异时，通过随时准备以买入价购买和以卖出价出售，专业交易商进行“做市”——就此而言，他们充当了他们自己账户的交易者。

数量居第三位的交易会员是**场内经纪人**（floor broker）。佣金经纪人在过于繁忙而无法处理特定的订单时，就会使用场内经纪人。这些佣金经纪人将把一些订单委托给场内经纪人来执行。场内经纪人有时被称为 2 美元经纪人——这个名称是在标准服务费为 2 美元的时候获得的。

最近几年，场内经纪人在交易大厅变得不再重要，因为出现了高效的**超级 DOT 系统**［Super DOT system，DOT（Designated Order Turnaround）是指定订单流转的缩写］，它允许订单以电子方式直接传递到专业经纪人那里。超级 DOT 交易现在占到 NYSE 交易的大部分份额，尤其是小型订单。

最后，一小部分 NYSE 会员是**场内交易商**（floor trader），他们独立地为他们自己的客户交易。场内交易商试图通过低买高卖来估计临时的价格波动和利润。在最近几十年，场内交易商的数量下降得很快，意味着要想在交易大厅通过短期交易获取利润越来越困难。

运　作　我们已经对纽约股票交易所的构成和主要参与者有了一个基本的概念，现在我们转向交易是如何进行的这一实际问题。纽约股票交易所的基本业务是吸引和处理**订单流**（order flow）。订单流这一术语的意思是客户买卖股票的订单流。纽约股票交易所的客户是由成百万的个人投资者和数以万计的机构投资者组成的，他们填写订单并买卖 NYSE 上市公司的股票。纽约股票交易所在吸引订单方面做得相当成功：当前，一天内有超过 10 亿股股票换手并不奇怪。

场内活动　可能你已经在电视上看到过纽约股票交易所交易大厅，或者你可能访问过纽约股票交易所并从参观走廊（这里值得一游）看到过交易大厅的活动——无论是何种方式，你将会看到一个巨大的房间，大约是一个篮球馆的大小。这个大屋子被称为“the Big Room”，还有另外两个小房间你可能没有看到，其中一个被称为“车库”（Garage），这是其在用于交易以前的字面意义。

交易所的地板上有许多位置，每个位置都像数字 8 的形状。这些位置有多个柜台，在其上面和旁边有许多终端显示屏。人们在柜台前后相对固定的位置上操作。

其他人在交易所周围来回移动，频繁地回复设在交易所墙上的电话。总的来说，这可能会让你想起工蚁围绕蚁穴移动的情景。很自然地你会产生疑问：这些人究竟在那里干什么（为什么有这么多穿着这种可笑外套的人）？

通过对交易所活动的观察，我们可以简单看一下他们在做什么。每个 8 字型位置中的柜台都是一个**专业交易商岗位**（specialist’s post）。专业交易商一般操作他们岗位上的监视器，并管理指定给他们的股票的交易。一般办事员为柜台后面的专业交易商服务。交易所墙上的许多电话和交易大厅之间跑动的是成群的佣金经纪人，他们接收电话订单，再跑到专业交易商的岗位上执行订单，还需要返回来确认订单的执行情况并接收新的客户订单。

为更好地理解纽约股票交易所大厅的活动，现在假定你自己是一个佣金经纪人。你的电话员刚刚递给你一个订单，要为雇用你的经纪公司的客户出售 2 000 股沃尔玛的股票。客户希望你尽快以尽可能高的价格出售。你立刻走回（跑动是违反交易规则的）专业交易商的岗位，沃尔玛的股票将在这里进行交易。

当你走向专业交易商的岗位时，你检查终端显示屏，得到当前的市场价格信息。屏幕显示最后的成交价格是 25.63，而且专业交易商的出价是每股 25.50。你可能立即以专业交易商的价格 25.50 出售，但那样就太简单了。

事实上，作为一名客户代表，你必须得到尽可能好的价格。为订单着想是你的工作，而且你的工作取决于提供令人满意的订单执行服务。所以你环顾四周，寻找那些需要替客户购买沃尔玛股票的经纪人。幸运的是，你很快发现另外一个交易商出价 25.75，你们两人都愿意以 25.63 的价格进行交易。这个价格正好是专业交易商买卖的中间价，同显示的价格相比，你们为各自的客户分别节约了 0.13 × 2 000 = 260。

对于一只交易相对活跃的股票来说，在专业交易商岗位周围可能有许多买家和卖家，大多数交易可能在经纪人之间直接达成，这被称为群体交易。在这种情况下，专业交易商的职责是保留订单并确保所有买家和卖家都能够得到合理的价格，换句话说，专业交易商实际上充当一名仲裁员。

然而，更为常见的是，在专业交易商的周围并没有成群的经纪人。再回到沃尔玛股票交易的例子中，假如你现在不能迅速找到一名需要购买 2 000 股沃尔玛股票的经纪人。因为有一个需要立刻卖掉的订单，你可能没有别的选择而只能以 25.50 的价格卖给专业交易商。在这种情况下，订单的执行成为第一需要，而且专业交易商为你提供了变现所需要的即时订单执行。

最后，注意到在交易所大厅有许多穿着彩色外套的人：外套的颜色代表此人的工作或职位——办事员、跑腿的、参观者、交易所官员等都穿着特定的衣服以便进行识别。而且，繁忙的交易会使人大量出汗，使得面料好的衣服容易磨损——廉价的外套则提供了一些保护。

纳斯达克的运作

从上市公司和交易的股份数量的角度来讲，纳斯达克甚至比纽约股票交易所还要大。正如我们在第 1 章提到的，这个看似有点奇怪、由大写字母组成的名字，是一个缩写词——*NASDAQ*，它代表的是美国全国证券交易商协会自动报价系统，但纳斯达克现在已经是一个独立的名字。

始于 1971 年的纳斯达克市场是一个由证券交易商组成的计算机网络，由这些证券交易商向纳斯达克认股人散发实时的证券价格信息。这些交易商充当纳斯达克上市的证券的做市商。作为做市商，纳斯达克的交易商发布买价和卖价信息，并据此分别接受买卖订单。在每个报价之下，他们也都提供了按照他们的报价承诺交易的股票的数量。

与纽约股票交易所的专业经纪商不同的是，纳斯达克要求那些交易活跃的股票拥有多个证券交易商。因此，纽约股票交易所和纳斯达克之间有两个关键的差异：（1）纳斯达克是一个计算机网络，没有一个实体的交易场所；（2）纳斯达克有多个证券交易商系统而非一个专业经纪商系统。值得注意的是，纳斯达克是通过交易商交易的，不像纽约股票交易所那样在人群之间进行直接的交易。

在纳斯达克系统挂牌的公司大约有 3 200 家，平均每种证券大约有 12 家证券交易公司。传统上，小公司的股票在纳斯达克上市，而当一个公司发展到足够大时，通常会倾向于从纳斯达克转到纽约股票交易所上市。然而，今天一些大公司（如微软、MCI 和英特尔）选择了继续留在纳斯达克。

纳斯达克网络的运作包括三级数据接入。一级数据接入是指在网上免费提供及时、精确的报价。

二级数据接入可以让用户看到所有的纳斯达克证券交易公司的报价，这一级还特别允许进入内部报价。**内部报价**（inside quote）是在纳斯达克挂牌的证券的最高买入价和最低卖出价。现在二级数据接入可从网络获取，通常只需付很少的费用。三级数据接入只供证券交易公司使用，这一级接入允许纳斯达克的交易商输入或者改变他们的报价信息。

纳斯达克实际由三个独立的市场组成：纳斯达克全球精选市场、纳斯达克全球市场和纳斯达克资本市场。全球精选市场是纳斯达克较大、较活跃的证券交易市场，有 1 200 家公司在此挂牌上市（截至 2007 年初），包括一些世界著名的公司，如微软和英特尔。全球市场是规模更小一些的公司的股票交易市场，目前大约拥有 1 450 家

图 7.2

《华尔街日报》的股票报价示例

THE WALL STREET JOURNAL. Saturday/Sunday, February 3 - 4, 2007

NEW YORK STOCK EXCHANGE COMPOSITE TRANSACTIONS

	YTD % CHG	STOCK	SYM	YLD	PE	LAST	NET CHG
	1.4	FourSeasons	FS	...	dd	83.11	-0.13
	-1.1	FraTelecm	FTE	4.6	...	27.39	-0.42
	0.9	FrnklnCovey	FC	...	6	7.06	-0.02
	9.6	FrnklnRes	BEN	.5	23	120.76	-0.64
	-2.9	FredMac	FRE	3.0	...	65.95	0.34
	-0.9	FrptMcCG B	FCX	2.3	8	55.24	-1.53
	-12.6	FremontGen	FMT	3.4	6	14.17	0.56
	1.5	FresensMed	FMS	1.2	27	45.10	-0.21
	4.5	FrshDlMnte	FDP	1.3	dd	15.58	0.17
	-2.4	FrdmnBillRm	FBR	2.6	dd	7.81	-0.01
	0.8	FrontrOil	FTO	.4	8	28.96	-0.05
	8.6	FrontIn	FRO	20.2	...	34.59	0.73
	-1.7	FullrHB	FUL	1.0	11	25.38	0.21
	-0.7	FurnBrndInt	FBN	4.0	14	16.11	-0.39
		G					
	9.3	GATX	GMT	2.0	24	47.37	0.86
	-1.4	GMH CmntiesTr	GCT	6.6	cc	10.01	0.31
	7.7	GolLinhas	GOL	2.3	...	30.89	-0.14
	3.6	GP Strategs	GPX	...	16	8.60	0.02
	-3.4	Gallagr	AJG	4.3	22	28.55	-0.22
	-1.0	GallaherGp	GLH	2.9	...	89.07	-0.24
	3.9	GamcoInv	GBL	.3	18	39.95	0.65
	-2.2	GameStop A	GME	...	37	53.90	0.06
	-1.8	GameStop B	GMEB	...	37	53.75	-0.02
	-1.7	♣ Gannett	GCI	2.1	12	59.46	1.52
	-0.2	Gap Inc	GPS	1.6	19	19.47	-0.12
	6.7	♣ GardnrDenvr	GDI	...	18	39.81	0.76
▲	12.7	Gartner	IT	...	51	22.30	-0.19
	8.5	GatehouseMed	GHS	...	...	20.13	0.59
	-1.5	Gateway	GTW	...	dd	1.98	-0.08
▲	11.6	GaylEnt	GET	...	cc	56.84	1.31
	6.9	GenCorp	GY	...	dd	14.99	-0.23
	7.7	♣ Genentech	DNA	...	45	87.40	0.20
	-1.4	GenlCbl	BGC	...	23	43.08	-0.17
	5.8	GenDynam	GD	1.2	17	78.67	-0.42
	-2.5	GenElec	GE	3.1	18	36.27	0.04
	17.7	GenGrthProp	GGP	2.9	cc	61.48	0.44
	5.3	GenMaritime	GMR	13.0	6	37.06	...
	-0.5	GenMills	GIS	2.6	18	57.31	-0.14
	7.4	GenMotor	GM	3.0	dd	32.99	-0.04
	9.5	Genesco	GCO	...	17	40.86	0.54
	6.1	♣ GeneseWY A	GWR	...	9	27.83	-0.12
▲	12.8	Genesis ADS	GLS	...	...	26.50	0.37
	1.6	GenuinePart	GPC	2.8	18	48.19	0.10
	3.9	♣ GnwrthFnl A	GNW	1.0	13	35.55	0.54
	3.8	♣ GnwrthFnl un		3.9	...	38.05	0.83
	15.4	♣ GeoGrp	GEO	...	41	43.28	-0.70
	11.2	GA Gulf	GGC	1.5	6	21.48	-0.06
	-2.8	♣ GerbScnfc	GRB	...	27	12.21	-0.05
	13.5	Gerdau AmerSt	GNA	.8	8	10.12	-0.10
	6.7	Gerdau	GGB	3.4	...	17.07	0.05
	17.4	GettyImages	GYI	...	24	50.26	-0.16
	2.9	GettyRlty	GTY	5.7	18	31.80	0.21
	-0.3	GiantInd	GI	...	10	74.69	0.19
	11.1	Gildan	GIL	...	29	51.79	-0.07
	4.7	Glatfelter	GLT	2.2	...	16.23	0.12
	5.8	GSK ADS	GSK	3.1	...	55.81	1.10
	3.4	GlimchRlty	GRT	6.9	dd	27.63	0.51
	-1.4	GlblCashAcc	GCA	...	50	16	-0.03
	1.8	GlobalPtnrs	GLP	6.9	11	26.45	0.39
	-16.0	GlblPymts	GPN	.2	23	38.90	-0.15
	13.1	GlblTch	GAI	...	dd	3.11	-0.10
	-0.7	GlobSantaFe	GSF	1.5	17	58.37	0.83
	-10.9	♣ GoldFields ADS	GFI	2.0	23	16.82	-0.17
	-4.2	♣ Goldcp wt 2011		...	...	13.80	-0.21
	-4.3	♣ Goldcp	GG	.7	23	27.22	-0.88
	7.1	GoldmanSachs	GS	.7	11	213.43	1.43
	11.9	GoodmanGlbl	GGL	...	...	19.25	0.83
▲	6.3	Goodrich	GR	1.7	13	48.43	-0.83
	-1.1	GoodrichPet	GDP	...	34	35.80	-0.13
	18.6	Goodyear	GT	...	dd	24.89	0.34
	-3.1	Gottschks	GOT	...	65	11.12	-0.03
	0.6	GvtPropTr	GPT	4.2	dd	10.66	-0.02
▲	11.4	GraceWR	GRA	...	85	22.06	0.01
	5.5	Graco	GGG	1.6	19	41.79	-0.04
	15.2	GrafTech	GTI	...	dd	7.97	-0.16
	10.8	Grainger	GWW	1.5	18	77.50	-0.10
	16.0	GramrcyCap	GKK	6.3	17	35.84	0.34
	9.8	GranitCnstr	GVA	.7	20	55.23	0.55
	-0.8	GrantPrid	GRP	...	13	39.46	0.47
▲	18.7	GrphPack	GPK	...	dd	5.14	0.15
	17.6	GrayTlvsn A	GTNA	1.2	dd	9.67	0.18
	22.6	GrayTlvsn	GTN	1.3	dd	8.99	0.13
	2.8	GpoRadio ADS	RC	5.4	...	11.05	0.10
	8.7	GpoTelevsa ADS	TV	.5	...	29.36	-0.07
	24.6	**GpoTMM ADS**	**TMM**	**...**	**...**	**3.14**	**-0.19**
	-9.3	GungshnRail	GSH	2.4	...	30.75	1.38
	14.4	Guess	GES	...	32	72.55	-1.32
	2.4	GulfPwr nts	GUQ	5.9	...	24.88	0.46
		H					
	-1.6	HCC InsHldg	HCC	1.3	11	31.58	-0.28
	3.3	HDFC Bnk	HDB	.5	...	78	...
▲	12.1	HFF A	HF	...	...	20.97	0.17
	11.8	HNI	HNI	1.4	20	49.67	0.54
	6.9	HRPT Prop	HRP	6.4	13	13.20	0.08
	0.9	HSBC ADS	HBC	4.1	...	92.51	0.19
	6.1	Haemonetic	HAE	...	28	47.76	-0.23
	-4.2	Hallibrtn	HAL	1.0	13	29.75	0.13
	16.0	HnckFabrcs	HKF	...	dd	3.99	-0.05
	11.7	Handleman	HDL	4.2	dd	7.56	0.03
	7.2	Hanesbrands	HBI	...	...	25.32	0.16
▲	**32.8**	**HangerOrtho**	**HGR**	**...**	**dd**	**10**	**0.84**
	2.7	HanovrCmprsr	HC	...	38	19.40	-0.12
	-1.1	HanoverIns	THG	.6	11	48.25	0.08
	2.7	Hanson ADS	HAN	2.5	...	77.71	-0.08
	1.5	Harland	JH	1.4	18	50.95	0.19
	-0.5	HarleyDav	HOG	1.2	18	70.10	1.34
	-2.3	HarmanInt	HAR	.1	25	97.66	0.91
	-16.4	HrmnyGld ADS	HMY	...	...	13.16	-0.48
	2.1	HarrahEntn	HET	1.9	46	84.49	-0.01
	11.1	Harris	HRS	.9	21	50.96	...
	13.4	Harsco	HSC	1.6	19	86.29	-0.36
	-5.2	HarteHanks	HHS	.9	19	26.26	...
▲	2.9	HrtfrdFnl	HIG	2.1	11	96.06	-0.26
	-1.3	♣ Hartmarx	HMX	...	37	6.97	-0.11
	-2.3	HrvstErgyTr	HTE	...	...	21.93	0.15
	-5.9	HarvstNatRes	HNR	...	dd	10	-0.09
▲	5.7	Hasbro	HAS	1.7	26	28.81	0.13
	5.7	HavrtyFurn	HVT	1.7	18	15.65	0.04
	5.3	HavrtyFurn A	HVTA	1.6	18	15.65	0.06
	-0.5	HawElInd	HE	4.6	17	27.02	0.18
	-2.2	Head	HED	...	...	3.62	-0.10
	-4.0	Headwaters	HW	...	12	23	-0.01
	11.7	HlthCrProp	HCP	4.3	31	41.11	-0.11
▲	9.9	HlthCr Reit	HCN	5.4	31	47.30	0.15
	-7.4	HlthMgt A	HMA	1.2	15	19.55	0.04
	0.3	HealthNet	HNT	...	18	48.80	-0.10
	6.9	HlthcrRlty	HR	6.2	46	42.25	-0.21
	6.5	Hlthsouth	HLS	...	...	24.12	-0.19
	-2.9	HealthSpring	HS	...	...	19.77	0.04
	2.1	♣ HearstArgyl	HTV	1.1	37	26.03	0.14
	-3.9	HeartIndPymnt	HPY	.2	39	27.14	0.11
	-7.2	♣ HeclaMin	HL	...	20	7.11	-0.17
	-6.6	Heico	HEI	.2	30	36.25	-0.75
	-6.6	Heico A	HEIA	.3	25	30.43	-0.56
	4.3	Heinz	HNZ	3.0	23	46.93	-0.15
	2.2	HelixEnergy	HLX	...	11	32.06	-0.16
	2.0	Hellenic	OTE	...	...	15.45	0.24
	15.9	HelmPayne	HP	.6	8	28.35	0.46
	-17.6	Herbalife	HLF	...	18	33.10	0.38
▲	5.5	Hercules	HPC	...	10	20.37	-0.05
	4.2	Hershey	HSY	2.1	22	51.88	0.23
	8.7	HertzGlbHldgs	HTZ	...	...	18.90	-0.05
	10.1	♣ Hess	HES	.7	9	54.57	0.03
	4.1	Hewitt	HEW	...	dd	26.80	-0.19
	2.1	HewlettPk	HPQ	.8	19	42.07	-0.29
	9.4	Hexcel	HXL	...	28	19.04	-0.24
▲	12.5	HighlndHspty	HIH	5.5	38	16.03	0.02
	7.9	HighwdProp	HIW	3.9	cc	43.96	0.01
	-0.5	♣ HilbRogl	HRH	1.1	18	41.90	-0.31
	1.4	Hillenbrnd	HB	2.0	16	57.75	0.24
▲	5.8	Hilton	HLT	.4	26	36.93	0.35
	7.8	Hitachi	HIT	1.1	...	67.25	-1.03
	3.7	HollyCp	HOC	.6	12	53.32	0.30
	6.7	HllyEngyPtnr	HEP	6.3	29	42.94	0.06
	1.7	HomeDpt	HD	2.2	14	40.83	-0.25
	9.1	HmProp	HME	4.0	27	64.65	0.28
	-19.9	Homebanc	HMB	28.9	cc	3.39	0.06
	-3.3	♣ HondaMtr ADS	HMC	1.5	...	38.24	-0.96
▲	2.0	Honeywell	HON	2.0	18	46.16	0.23
	-0.7	HoraceMn	HMN	2.1	11	20.06	0.07
	10.5	HoriznLine	HRZ	1.5	...	29.80	0.01
	1.3	♣ HormelFood	HRL	1.6	18	37.83	-0.09
	-22.3	HrnbkOffshr	HOS	...	10	27.75	0.20
	16.5	♣ DR Horton	DHI	1.9	9	30.86	0.96
	10.5	Hospira	HSP	...	28	37.11	0.26

资料来源：Reprinted by permission of *The Wall Street Journal*, Saturday/Sunday, February 3–4, 2007.

公司。最后，最小的公司在纳斯达克资本市场挂牌上市，目前大约有 550 家。当然，在资本市场上市的公司在成长壮大之后，就有可能转向全球市场或全球精选市场。

电子交易网络　在 20 世纪 90 年代末一场重要的改进中，纳斯达克系统向所谓的**电子交易网络**（electronic commuications networks，ECNs）开放。电子交易网络基本上是一些允许投资者直接相互交易的网站。投资者将放在 ECNs 上的买单和卖单传送到纳斯达克，并将证券交易公司的买入价和卖出价一起显示。于是，由于真正允许个人投资者而非仅仅证券交易公司输入订单，电子交易网络打开了纳斯达克的市场，同时也增强了自身的流动性和竞争性。

股票市场报告

假如你看一遍《华尔街日报》（或其他金融报刊），你就会发现几个不同市场的大量的股票信息。图 7.2 摘取纽约股票交易所 2007 年 2 月 3 日到 4 日的股票版面的一小部分。大多数纳斯达克股票信息以同样的方式报告。在图 7.2 中找到哈雷戴维森（HarleyDav）公司那一行。根据表中的标题，该行信息为：

YTD%CHG	STOCK	SYM	YLD	PE	LAST	NET CHG
−0.5	HarleyDav	HOG	1.2	18	70.10	1.34

第一个数据“−0.5”的意思是：较之于去年今日，哈雷戴维森的股价下跌了 0.5%（YTD 的全文为 year-to-date）；接下来是简短的公司名称 HarleyDav，然后是速记符号 HOG。稍微往前跳一点，“收盘价”就是当天的收盘价格（即当天纽约股票交易所闭市前最后一笔交易的成交价格）；而 1.34 的“净变化”是说，当天的收盘价 70.10 美元比前一天的收盘价高出 1.34 美元，因此我们说哈雷戴维森当天上涨了 1.34 美元。

标有“收益率”的一列是基于当前的股利和收盘价计算的股利收益率（我们将在下一章进一步讨论）。标有“PE”的一列就是第 3 章讨论过的价格 – 收益比率，即以当日收盘价除以每股年收益（根据最近 4 个季度的数据）。用华尔街的术语，我们可以说可口可乐“以 18 倍的市盈率出售”。

第8章

净现值及其他投资决策标准

截止至2006年，大型喷气式飞机的生产制造已经大幅萎缩，萎缩至主要由两大竞争对手——波音和空中客车生产，并且这两家公司的竞争逐渐趋于白热化。为了努力提高市场份额，波音公司开始研制波音787梦幻客机，该机型可载客200~300人，并与之前的飞机有着本质的不同。它使用重量轻、一体化的碳纤维材料代替之前机身的1 200张铝合金薄板和40 000个铆钉，这使得机身重量较之前减轻了15%。此外，波音787的新型发动机拥有更大的风扇，这预计将减少20%的燃料消耗。你能估计出这种梦幻客机的研发成本是多少吗？答案是：超过80亿美元。

波音梦幻客机的开发为我们提供了一个资本预算决策的例子，这项80亿美元的扩张性投资的确是一个重大举措，其潜在的风险和收益必须经过仔细的权衡。在这一章里，我们要讨论用于做出此类决策的基本工具。

本章将在资本预算的实践上为你提供指导。在第一章里我们已经知道，财务管理的目标是提高企业的股票价值。因此，我们需要知道一个特定的投资项目能否达到这个目标。本章考察了实践中采用的一系列投资方法，更重要的是，本章将会说明哪些方法会产生误导，并解释为何净现值法是一种正确的评估方法。

在第 1 章里我们已经明确了财务管理所涉及的三个关键领域。第一个领域是，我们应当进行什么样的长期投资？我们将此称为资本预算决策。本章我们开始讨论由此引起的一些问题。

资金的分配，或者说预算过程比单纯地决定是否购买特定固定资产所涉及的内容要广。我们将频繁地面对范围更广的问题，如是否推出新产品或进入新的市场。类似这样的决策将决定公司数年的经营和产品的性质，这主要是因为固定资产投资通常在较长的时间内产生影响，而且决策一旦做出往往很难改变。

根据上述理由，资本预算可能是公司财务领域最重要的问题。公司如何选择融资方式（资本结构问题）以支持其经营活动以及公司如何管理短期的经营活动（营运资本问题）显然是需要考虑的问题，但正是固定资产决定着公司的经营业务。例如航空公司之所以是航空公司是因为它们经营的是飞机，而不管其融资来源如何。

任何公司都拥有大量的潜在投资项目。每项潜在的投资都是公司的一个可能选择。有些选择是有价值的而有些则不是。当然，财务管理成功的精髓是学会寻找价值所在。有了这一认识，我们将在本章介绍一些方法，利用这些方法来判断哪些是值得进行的业务活动。

我们列举并比较了实践中采用的几种不同方法，主要目的是让你熟悉不同方法的优缺点。正如我们将会看到的那样，在此领域最重要的概念是净现值，我们接下来便会探讨。

8.1　净现值

在第 1 章我们已经论证了财务管理的目标是为股东创造价值。因此，财务经理必须考察潜在的投资项目对公司股价可能产生的影响。在本节中，我们讨论一种广泛采用的方法——净现值法。

基本思想

如果一项投资能够给所有者创造价值的话就值得采纳。从最一般的意义上讲，我们是通过发现一项投资在市场上的价值比其付出成本更高而创造价值的。价值如何才能比其成本更高呢？这就是整体大于部分的道理。

例如，假定你花 25 000 美元购买了一幢二手房并在粉刷、管道等方面另外花费了 25 000 美元，这样你的总投资是 50 000 美元。在工作完成以后，你将房子拿到市场上并发现它已经价值 60 000 美元。市场价值（60 000 美元）比成本价（50 000 美元）高出 10 000 美元。在这里你充当了一名管理者，将一些固定资产（房子）、劳动力（管道工、木匠和其他人），以及一些原料（地毯、涂料等）放在一起进行管理。最终结果是，你创造了 10 000 美元的价值。换句话说，这 10 000 美元是管理者创造的附加值。

在这个房子的例子中，其结果是创造了 10 000 美元的价值。事情看起来非常完美。然而，真正的挑战是在事前判断进行 50 000 美元的投资是否可行。这就是有关资本预算的内容——尝试判断预计的投资项目到位以后，其价值能否超过成本。

根据这些显而易见的道理，投资的市场价值同其成本之间的差别被称为投资的**净现值**（net present value，缩写为 NPV）。换言之，净现值所反映的是：进行一项投资在今天看来所能创造或增加的价值究竟是多少。在为股东创造价值这一前提之下，资本预算过程可以视为对净现值大于零的项目的寻找过程。

在我们二手房的例子中，你可能会想我们将如何进行资本预算决策呢？我们将首先看一看那些可以参考的、已经维修好的房子在市场上的价值。然后我们对购买特定的资产、进行维修，以及将之投向市场所需要的成本进行预测。此时，我们已经对总成本和市场价值有了一个预测值。假如差异是正的，那么这项投资就值得做，因为其预测的净现值大于零。当然，也存在风险，因为我们无法保证我们预测的结果是正确的。

正如例子所示，当市场存在同我们所考虑的投资项目类似的资产时，投资决策将会大大简化；当不能在市场上找到与投资项目大体具有可比性的资产市场价值时，资本预算就会变得非常困难——因为我们将会面对仅采用间接市场信息对投资项目的价值进行预测的问题。不幸的是，这正是财务主管们经常碰到的情形。接下来我们要对这个问题进行考察。

预测净现值

假设我们正在考虑建立一个企业来生产和销售一种新产品，例如，有机化肥。我们可以相当精确地对企业的启动成本进行预测，因为我们知道需要购买哪些东西来开始生产。这会不会是一项很好的投资呢？基于上面的讨论，你知道答案取决于新企业的价值是否能够超过启动成本。换句话说，这项投资是否有正的净现值？

这个问题比起我们维修更新房子的例子难多了，因为化肥公司作为整体在市场上买卖并不是常常发生的，所以实际上很难观察到类似投资的市场价值。因此，我们必须采用其他办法来对其价值进行预测。

根据我们在第 4 和第 5 章所做的工作，你可能已经猜出我们将如何对化肥公司的价值进行预测。首先，设法对新企业将来产生的预期现金流量进行预测；接下来，运用基本的折现现金流量法对那些现金流的现值进行预测。一旦有了这些预测，我们便可以估计 NPV，即未来现金流量的现值同投资成本的差额。正如我们在第 5 章提到的，这个过程叫作**折现现金流量价值评估法**［discounted cash flow（DCF）valuation］。

如何对 NPV 进行估计呢？假定化肥公司每年的现金收入为 20 000 美元，并且假定一切正如所料。现金成本（包括税收）为每年 14 000 美元。我们将在 8 年的期限内对企业进行考察。厂房、财产和设备残值价值 2 000 美元。项目的启动成本是 30 000 美元。我们将对新项目采用 15% 的折现率。那么这是不是一个好的投资项目？假如公司发行了 1 000 股股票，项目的采纳对每股价格会产生怎样的影响？

从纯技术的角度讲，我们需要以 15% 的折现率计算未来现金流的现值。净现金流入将是 20 000 美元收入减去每年的 14 000 美元成本，持续 8 年。这些现金流列举在图 8.1 中。正如图 8.1 所示，我们相当于拥有一个 8 年期的年金，其值是每年 \$20 000 − \$14 000 = \$6 000，并在第 8 年的时候一次性获得 2 000 美元的现金流入。因此对未来现金流现值的计算又归入我们在第 5 章中所考虑的同样问题。总的现值为：

$$
\begin{aligned}
\text{现值} &= \$6\ 000 \times (1 - 1/1.15^8)/0.15 + \$2\ 000/1.15^8 \\
&= \$6\ 000 \times 4.4873 + \$2\ 000/3.0590 \\
&= \$26\ 924 + \$654 \\
&= \$27\ 578
\end{aligned}
$$

我们拿这一结果同 \$30 000 的估计成本进行比较，得出 NPV：

$$\text{NPV} = -\$30\ 000 + \$27\ 578 = -\$2\ 422$$

因此，这并不是一项好投资。根据我们的估计，采纳此项目将会使股票的总价值降低 2 422 美元。就所发行的 1 000 股股票来说，采纳此项目的估计影响是每股价

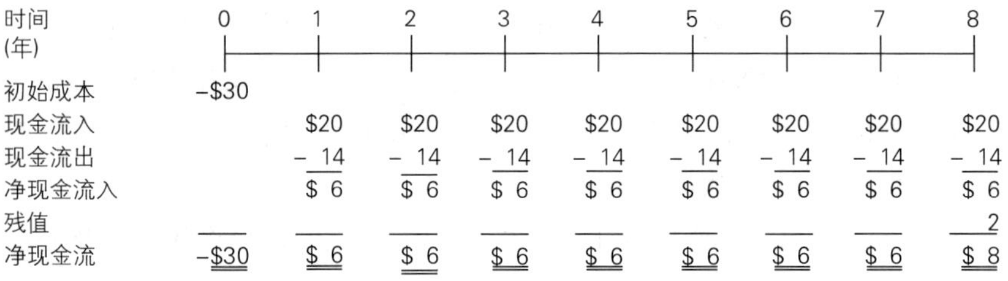

时间(年)	0	1	2	3	4	5	6	7	8
初始成本	−$30								
现金流入		$20	$20	$20	$20	$20	$20	$20	$20
现金流出		− 14	− 14	− 14	− 14	− 14	− 14	− 14	− 14
净现金流入		$ 6	$ 6	$ 6	$ 6	$ 6	$ 6	$ 6	$ 6
残值									2
净现金流	−$30	$ 6	$ 6	$ 6	$ 6	$ 6	$ 6	$ 6	$ 8

图 8.1 项目现金流（$000）

值损失 $2 422/1 000 = $2.422。

化肥公司的例子向我们说明了如何拿 NPV 的估计值来判断一项投资是否可取。从例子中可以看到，假如 NPV 是负的，其对每股的影响是不利的；假如 NPV 是正的，其影响将是有利的。因此，我们在制定采纳还是舍弃决策时所需要知道的只是 NPV 的正与负。

在财务主管的目标是提高每股价值的前提下，本节的讨论将引导我们进入净现值规则：

> 如果一项投资的净现值是正的，那么它将被接受；反之，则将被舍弃。

在那种不太可能出现的净现值结果为零的情况下，我们将对项目的采纳与否持中立态度。[1]

我们的例子中依次有两个要点需要注意。首先也是最重要的一点是：真正重要的并不是对现金流进行折现的相对机械的过程。一旦我们知道了现金流和合理的折现率，所需要的计算相对来说是比较简单的。现金流和折现率的获得是最重要的，也是具有挑战性的。下一章我们将更多地涉及这一问题。在本章的剩余部分，我们将现金流和折现率视为给定条件，现金收入和成本都有估计值，并且在需要的时候给出折现率的估计值。

我们的例子中需要记住的第二点是：−$2 422 的 NPV 只是一个预计值。同任何别的估计一样，它可能高也可能低。寻找真实的 NPV 的惟一方法是将投资项目出售，看看能得到多少钱。我们一般不会这样做，所以估计值的可靠性是很重要的。同样，

1 大部分财务著作认为 NPV = 0 时，项目仍然是可取的。因为此时项目所提供的报酬恰好能满足股东和债权人的要求。——译者注

关于这一点我们将在后面更多地谈到。在本章其余部分，假定我们的估计是准确的。

例 8.1 NPV 规则的应用

假定我们需要对一种新的消费产品是否应该推出进行决策。以项目的销售和成本为基础，项目的生命周期是 5 年，我们期望的现金流量是前两年每年 \$2 000，接下来的两年每年 \$4 000，最后一年是 \$5 000。生产的启动成本是 \$10 000。在对新产品评估时采用的折现率是 10%。我们应该怎么做？

在现金流和折现率给定的情况下，我们可以通过将现金流折现到现在来计算产品的总价值：

$$\begin{aligned}\text{现值} &= \$2\,000/1.1 + 2\,000/1.1^2 + 4\,000/1.1^3 + 4\,000/1.1^4 + 5\,000/1.1^5 \\ &= \$1\,818 + \$1\,653 + \$3\,005 + \$2\,732 + \$3\,105 \\ &= \$12\,313\end{aligned}$$

预期现金流的现值是 \$12 313，但这些现金流的取得成本仅仅是 \$10 000，所以 NPV 是 \$12 313 − \$10 000 = \$2 313。结果是正的，因此，根据净现值规则，我们应该接受这个项目。

正如我们在本节看到的那样，对 NPV 进行估计是对建议的投资项目进行评估的一种方法。当然这并不是对获利能力进行评估的惟一方法，现在我们可以看一看其他方法。正如我们将会看到的，同 NPV 相比较，任何一种对获利能力进行考察的方法都是有缺陷的，所以，NPV 在理论上是最好的方法，但有时在实践中并非如此。

在电子表格中，我们重新计算了例 8.1，提供了两个答案。通过与例 8.1 中的答案相比较，我们看到即使采用电子表格的 NPV 公式，第一个答案也是错误的。事实上电子表格中的 NPV 公式是一个 PV 公式，不幸的是，许多年以前对电子表格程序的定义存在错误，而其后的都复制了这一公式。第二个答案向我们说明了如何合理地利用该公式。

这里的例子说明了盲目地使用计算器或者计算机而不理解其实际意义的危险性，当想到在现实世界中有多少资本预算决策是基于特定公式的错误运用时我不禁战栗。

8.2 回收期

项目预计的投资回收期是实践中经常谈论的话题。从非严格的意义上讲，回收期是收回我们的原始投资所需要经历的时间，或者“收回我们的诱饵”。由于这一思想被广泛地理解和使用，我们将对其进行较为详细的考察。

规则的定义

我们可以通过一个例子来说明回收期是如何计算的。下面的图 8.2 列出一项投资预计发生的现金流量。我们需要等多少年才能使得此项投资的累计现金流量等于或超过投资的成本呢？如图 8.2 所示，初始投资是 50 000 美元。1 年后，公司已经收回了 30 000 美元，还有 20 000 美元等待收回。第 2 年的现金流量正好是 20 000 美元，所以此项投资“将自身收回”的时间正好是两年。也就是说，**回收期**（payback period）是两年。假如要求的回收期是 3 年，或者更少，那么此项投资就是可以接受的。这就向我们表明了投资回收期规则：

> 根据投资回收期规则，如果计算的回收期少于某个预先确定的年数，那么此项投资就是可以接受的。

在我们的例子中，回收期计算的结果正好是两年。当然，现实中并不总是如此。当这个数字不是整数的时候，习惯上我们会用到分数。例如，假定初始投资是 60 000 美元，第 1 年的现金流量是 20 000 美元，第 2 年是 90 000 美元。前两年的现金流量是 110 000 美元，所以项目显然会在第 2 年的某一时间得到回收。当第 1 年结束时，项目已经收回了 20 000 美元，剩下 40 000 美元等待回收。要计算这个分数年，注意到这个 40 000 美元是第 2 年现金流量的 \$40 000/\$90 000，即 4/9。假定 90 000 美元的现金流在年内均匀收回，回收期当然会是 14/9 年。

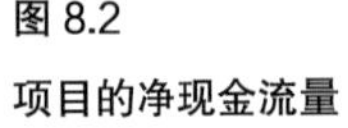
图 8.2
项目的净现金流量

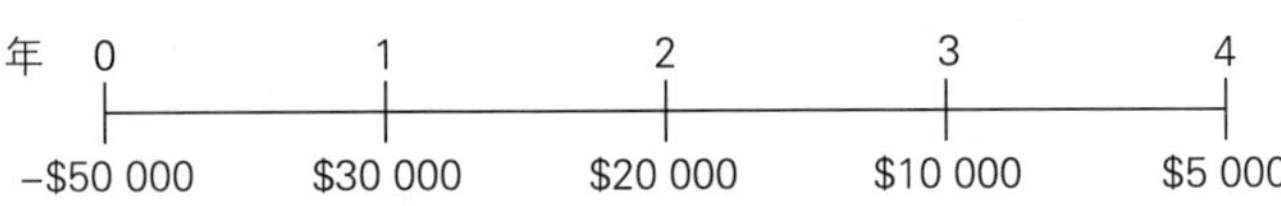

例 8.2 回收期的计算

投资项目的预期现金流量如下：

年	现金流量（$）
1	100
2	200
3	500

本项目的成本是 $500。那么此项目的回收期是几年?

初始投资是 $500。在项目的前两年，现金流量总计是 $300。第 3 年之后，总的现金流量是 $800，所以预期的回收期在第 2 年和第 3 年之间。由于前两年累计现金流量是 $300，我们需要在第 3 年收回 $200。第 3 年的现金流量是 $500，所以我们将不得不等待 200/500 = 0.40 年实现。因此回收期是 2.4 年，或者说大约是两年零 5 个月。

现在我们知道该如何计算项目的回收期了，通过回收期规则制定决策是很简单的。选择一个特定的截止时间，例如，两年，那么那些具有两年或者更少回收期的投资项目都将接受，而所有超过两年回收期的项目都将舍弃。

表 8.1 列举了 5 个不同项目的现金流量。第 0 年的现金流量是投资成本。我们据此来考察一些特定情形，这些情形都是在理论上可能出现的回收期。

项目 A 的回收期是很容易计算的。前两年的现金流量是 70 美元，留给我们 $100 − $70 = $30 等待回收。由于第 3 年的现金流量是 50 美元，资金显然是在此年内的某一时间得到了回收。当我们拿我们需要的 30 美元同我们将会得到的 50 美元进行比较时，我们会得到 $30/$50 = 0.60，所以，资金全部回收是在此年过去 60% 的时候，因此回收期是 2.6 年。

表 8.1
项目 A 到 E 的预期现金流量

年	A（$）	B（$）	C（$）	D（$）	E
0	−100	−200	−200	−200	−50
1	30	40	40	100	100
2	40	20	20	100	−50 000 000
3	50	10	10	−200	
4	60		130	200	

项目 B 的回收期也很容易计算：它永远不会得到回收。因为现金流量之和永远不可能达到初期投资水平。项目 C 的回收期正好是 4 年，因为它在第 4 年正好提供了项目 B 所欠缺的 130 美元。项目 D 有一点奇怪。因为第 3 年的现金流量是负的，你可以很容易地验证，它有两个不同的回收期——2 年和 4 年。哪一个是正确的呢？两个都是。回收期的计算并不能保证只有惟一的答案。最后，项目 E 明显不符合现实，但它确实在 6 个月内得到了回收，因此说明了迅速的回收并不能保证是一项好的投资。

规则的分析

与 NPV 规则相比较，回收期规则存在严重的缺陷。首先，回收期是通过对未来现金流量的简单加总计算的。由于没有考虑折现，货币的时间价值被完全忽略了。其次，回收期规则也没有考虑风险的差异。因此，对于风险很大的项目或是非常安全的项目来说，计算结果都是相同的。

回收期规则所存在的最大问题可能是对于回收期限的选择，因为对于选择特定的数字来讲，事实上并没有一个客观的标准。换句话说，对于回收期的选择来说并没有一个经济上合理的道理，所以对于如何选择回收期，我们并没有一个指导方针。因此，其结果是我们所使用的数字是人为选定的。

假定我们以某种方式选择了一个合理的回收期，例如两年或者更少。正如我们已经看到的，回收期规则忽略了最初两年货币的时间价值。更严重的是，第 2 年以后的现金流量也完全被忽视了。为说明这一点，考察两项投资 L 和 S，如表 8.2 所示，两个项目的成本都是 250 美元。根据我们上面的讨论，L 的回收期是 2 + \$50/\$100 = 2.5 年，而 S 的回收期是 1 + \$150/\$200 = 1.75 年。如果规定的回收期是两年，那么 S 是可以接受的，而 L 则被舍弃。

表 8.2
投资项目预期现金流量

年	L ($)	S ($)
0	−250	−250
1	100	100
2	100	200
3	100	0
4	100	0

回收期规则得到的是不是正确的决策？可能不是。再次假定我们对这种类型投资的要求收益率是 15%。我们可以计算出这两项投资的 NPV 是：

$$NPV(S) = -\$250 + \$100/1.15 + 200/1.15^2 = -\$11.81$$

$$NPV(L) = -\$250 + \$100 \times (1 - 1/1.15^4)/0.15 = \$35.50$$

现在我们碰到了一个问题。期限较短的投资的 NPV 实际上是负的，这意味着如果接受的话将会降低股东权益的价值。而长期投资反而应该接受——它提高了股东的价值。

我们的例子说明了回收期规则的两个主要缺陷。首先，由于忽略了时间价值，可能导致的结果是我们接受了实际价值要低于成本的投资（如 S）。其次，由于忽略了回收期以后的现金流，可能导致我们抛弃了能够带来利润的长期投资项目（如 L）。更普遍的是，采用回收期规则将会使我们倾向于选择回收期限较短的投资。

规则的可取之处

尽管存在缺陷，但回收期规则还是经常被那些复杂的大型公司在制定较小的决策时采用。这样做存在几个原因。首要原因是许多决策都不能够以详尽的分析作保证，因为分析的成本可能会超过错误决策带来的损失。从现实的角度讲，一项回收较快且收益持续到回收期之后的投资很可能其 NPV 也是正的。

在大型组织里每天都会有几百个人要做出较小的决策。而且，这些决策出现在各个管理层。因此，一个公司要求所有的不超过 10 000 美元的投资项目的回收期都较短，例如两年，这并不罕见。较大的投资项目要经过更为详尽的审查。正如我们看到的，两年回收期的要求是不完善的，但它的确对费用进行了一些控制，因而对可能发生的损失可以起到限制的作用。

除了简单以外，回收期规则还有其他两个较好的特征。首先，因为它偏向于短期项目，所以也偏向于流动性。换句话说，回收期规则偏向于那些能够很快收回现金从而转作他用的投资项目。这对于小型企业来讲是很重要的，而对于大型企业效果则不明显。其次，预计在项目生命周期较后期发生的现金流量可能具有较大的不确定性。照理说回收期规则应该对项目生命周期后期的现金流做出调整，但实际上它所做出的调整方式又太极端了——完全忽略了回收期以后的现金流。

在这里我们需要注意的是存在一种错觉——认为回收期明显看起来是一种很简

单的方法。原因是我们仍然必须首先计算出预估现金流量，而正如我们上面讨论的那样，这一点其实并不容易做到。因此，说回收期这一概念既直观又容易理解可能更为准确。

规则的总结

概括起来，回收期是一种“盈亏平衡”衡量方法。由于忽略时间价值，你可以将回收期想象为从会计意义的角度实现盈亏平衡所需要的时间长度，而不是从经济意义的角度。回收期法最大的缺陷是回收期规则并没有涉及问题的实质，我们真正关心的问题是一项投资对于股票价值的影响，而不是多长时间才能够收回初始投资。

尽管如此，由于回收期法如此简单，公司通常采用这种方法对存在的大量小型投资决策进行筛选。当然，在实践中这种做法并没有什么错。同任何简单的经验规则一样，回收期法在运用的时候虽然也会存在一些差错，但如果这种方法没有用的话，它也就不会存在这么久了。至此你已经理解了这个规则，并对那些可能导致问题的情形有了清醒的认识。为了让你能够记住，下面的表格列出了回收期规则的优缺点：

回收期规则的优缺点	
优点	**缺点**
1. 容易理解；	1. 忽略了货币的时间价值；
2. 对后期现金流的不确定性做了调整；	2. 需要人为确定截止期；
3. 看重货币的流动性。	3. 忽略了回收期以后的现金流；
	4. 不利于长期项目决策，如研究开发以及新项目。

8.3 平均会计报酬率

另外一种具有吸引力但存在缺陷的资本预算决策方法是**平均会计报酬率**（average accounting return，AAR）。平均会计报酬率有许多定义，但是从形式上，它通常被定义为：

表 8.3　平均会计报酬法下预期每年收入和成本

	第 1 年（$）	第 2 年（$）	第 3 年（$）	第 4 年（$）	第 5 年（$）
收入	433 333	450 000	266 667	200 000	133 333
费用	200 000	150 000	100 000	100 000	100 000
折旧前收益	233 333	300 000	166 667	100 000	33 333
折旧	100 000	100 000	100 000	100 000	100 000
税前收益	133 333	200 000	66 667	0	− 66 667
所得税（25%）	33 333	50 000	16 667	0	− 16 667
净利润	100 000	150 000	50 000	0	− 50 000

$$\text{平均净利润} = \frac{\$100\ 000 + \$150\ 000 + \$50\ 000 + 0 - \$50\ 000}{5} = \$50\ 000$$

$$\text{平均账面价值} = \frac{\$500\ 000 + 0}{2} = \$250\ 000$$

$$\frac{\text{某种平均会计利润的衡量方法}}{\text{某种平均会计价值的衡量方法}}$$

我们所采用的确切定义为：

$$\frac{\text{平均净利润}}{\text{平均账面价值}}$$

要想知道这些数字是如何计算的，首先假定我们正在讨论是否在一家新的购物中心开一家商店。其中维修所需的投资是 500 000 美元，商店的生命期是 5 年，并在到期的时候转让给购物中心的所有者。所需投资将在 5 年内进行 100% 的折旧（直线折旧法），所以每年的折旧额将是 \$500 000/5 = \$100 000。公司适用的税率为 25%。表 8.3 包含了预期的收益与费用。根据这些数据，每年的净利润也在表中进行了列举。

为计算这些投资的账面价值，我们注意到初始账面价值是 500 000 美元（起始成本），终值为 0 美元。因此，项目存续期平均账面价值为 (\$500 000+0)/2 = \$250 000。我们采用直线折旧法且残值为 0，因此平均投资额将总是保持初始投资的一半。[1]

1　我们当然可以直接计算 6 个账面价值。以千美元为单位，可得 (500 + 400 + 300 + 200 + 100 + 0)/6 = 250。

观察表 8.3 我们可以看到，第 1 年的净利润是 \$100 000，第 2 年的净利润是 150 000 美元，第 3 年的净利润是 50 000 美元，第 4 年的净利润为 0，而第 5 年的净利润为 −50 000 美元。那么平均净利润为：

$$[\$100\,000 + \$150\,000 + \$50\,000 + 0 + (-\$50\,000)]/5 = \$50\,000$$

平均会计报酬率为：

$$\text{AAR} = \frac{\text{平均净利润}}{\text{平均账面价值}} = \frac{\$50\,000}{\$250\,000} = 20\%$$

假如公司的目标 AAR 低于 20%，那么此项投资就是可以接受的，否则不能接受。因此平均会计报酬率法为：

> 根据平均会计报酬率法，如果项目的平均会计报酬率超过了目标平均会计报酬率，项目就是可以接受的。

正如我们紧接着就会看到的那样，这种方法也存在一些问题。

你应该立即就能意识到 AAR 法的主要缺陷。最重要的是，AAR 从任何经济意义上讲都不是一个收益率。相反，它是两个会计数据的比率，而且同某些指标，例如金融市场的收益率是无法比较的。[1]

AAR 不是真正的收益率的一个原因，是它忽略了时间价值。当将不同时期的数字进行平均的时候，我们对待近期和较为远期的数字的方式是相同的。例如，在计算平均净利润的时候没有涉及折现率。

AAR 的第二个问题同回收期法中缺乏用来比较的客观回收期限问题是类似的。由于计算的 AAR 同实际的市场收益率是无法比较的，因此目标 AAR 必须以某种方式指定出来。在这方面并没有一个公认的方法。其中一种做法是计算公司整体的 AAR 并把它作为一个基准，但也存在许多其他方法。

第三，可能也是最严重的缺陷是，AAR 的着眼点甚至是错误的。同现金流量和市场价值不同，它采用了净利润和账面价值，这两者都是缺乏说服力的替代值。因此，

---

1 AAR 同第 3 章讨论的资产报酬率（ROA）紧密相关。在实践中，AAR 有时是通过首先计算每年的 ROA，然后对其结果进行平均得到的。这就得到一个同我们计算的数字很接近，但又不完全相同的数字。

AAR 并不能告诉我们项目实施对每股股票价格的影响，所以也并不能揭示我们实际上想要知道的东西。

AAR 是否也存在一些值得称道的特性呢？大概有一个，就是它几乎总是可以计算出来。原因是会计信息总是可以得到的——不论是针对所要考虑的项目来讲还是公司整体。还要补充一点：一旦得到会计信息，我们总是可以将其转换为现金流，即使这一点并不是特别重要。AAR 的优缺点在下表中进行了总结：

平均会计报酬率法的优缺点

优点	缺点
1. 容易理解；	1. 不是一个真实的收益率，忽略了货币的时间价值；
2. 所需数据通常容易得到。	2. 采用了人为确定的基准收益率；
	3. 基于会计净收益和账面价值，而非现金流量和市场价值。

8.4　内含收益率

我们现在开始探讨净现值法最重要的替代方案——**内含收益率**（internal rate of return，IRR，也称为内部报酬率、内部收益率等），也就是大家所熟知的 IRR。正如我们将会看到的，IRR 与 NPV 很接近。我们试图利用 IRR 法找出一个单独的收益率来对项目的优劣进行评价。更进一步讲，我们希望这个比率是一种“内部”比率，是在它仅仅取决于特定投资的现金流量这个意义上讲的，而不是其他方面提供的比率。

要说明 IRR 背后所隐含的思想，让我们考察这样一个项目——现今成本是 100 美元并在 1 年内获得 110 美元的回报。假定你被问及：“这项投资的收益率是多少？”你将怎样回答？似乎 10% 是很自然也很明显的，因为每投资 $1，我们都会得到 $1.1 的回报。事实上，正如我们马上就会看到的那样，10% 是这个项目的内含收益率，即 IRR。

这个拥有 10% IRR 的项目是不是一个好项目？再次，似乎很明显，如果我们的要求收益率低于 10% 的话答案就是肯定的。这种直觉得出的答案也是正确的，并且可以说明内含收益率（IRR）规则。

> 根据内部收益率（IRR）规则，如果项目的 IRR 超过了要求收益率，那么就可以接受；反之，则舍弃。

设想要计算的简单投资的 NPV。在折现率为 R 的情况下，NPV 是：

$$NPV = -\$100 + \$110/(1 + R)$$

现在，假定并不知道折现率是多少。但我们仍然可以问一下：当折现率多高时，这一项目将不可接受？NPV 为 0 的时候项目的接受与否便成为两可的了。换句话说，当 NPV 为 0 的时候，该项投资就成为在经济意义上盈亏平衡的命题，因为它既没有创造价值，也没有侵蚀原来的价值。要找出盈亏平衡时的折现率，我们将 NPV 设为 0 并解出 R。

$$NPV = 0 = -\$100 + \$110/(1 + R)$$
$$\$100 = \$110/(1 + R)$$
$$1 + R = \$110/100 = 1.10$$
$$R = 10\%$$

这个 10% 就是所称的投资收益率。我们现在所说的一项投资的内含收益率（或者简称为“收益率”）就是 NPV 等于 0 时的折现率。这是一项重要的论断，所以有必要反复强调：

> 一项投资的 IRR 是使得 NPV 等于 0 时被用作折现率的要求收益率。

IRR 是使得 NPV 的计算结果为 0 的折现率这一事实是很重要的，因为它告诉我们如何计算更为复杂的投资的收益率。正如我们已经看到的那样，找出 IRR 对于单期投资来讲是相对简单的。假定你现在要考察一项投资，其现金流量如图 8.3 所示。根据图中的数据，投资的成本为 100 美元，现金流量是每年 60 美元，持续两年，所以同单期投资相比复杂程度稍有增加。然而，假如被问及投资项目的收益率，你又如何回答呢？似乎并没有简单明了的答案（至少对于我们是如此）。但是，根据我们

图 8.3

项目的现金流量

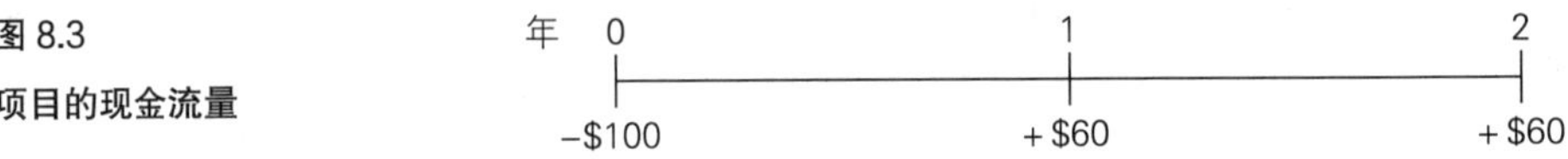

已有的知识，我们可以将 NPV 设为 0 并解出折现率：

$$\text{NPV} = 0 = -\$100 + \$60/(1 + \text{IRR}) + \$60/(1 + \text{IRR})^2$$

不幸的是，找出 IRR 的惟一常见方法是试错法，或者是手工计算，或者是通过计算器来计算。这正是我们在第 5 章计算年金和第 6 章计算债券的到期收益率时碰到的问题。实际上，我们现在知道，在那两种情况下，我们都在计算 IRR。

在这种特别情形下，现金流构成了一个两年期的 $60 的年金。要计算未知的报酬率，我们可以拿一些不同的报酬率进行试验并得出答案。假如我们在开始时用 0% 的报酬率，那么 NPV 显然是 $120 − $100 = $20。当折现率是 10% 时，我们将得到：

$$\text{NPV} = -\$100 + \$60/1.1 + \$60/1.1^2 = \$4.13$$

现在离答案已经比较近了。我们可以将这些可能的报酬率进行总结，如表 8.4 所示。根据计算，NPV 为 0 的报酬率似乎界于 10% ~ 15% 之间，所以 IRR 位于这一区间的某一点。再稍加计算，可以发现 IRR 大约是 13.1%。所以，假如我们的要求收益率小于 13.1%，我们将会接受这一项目；而假如我们的要求收益率超过了 13.1%，我们将会舍弃此项目。

到现在为止，你可能已经注意到，内含收益率法和净现值法似乎非常相似。实际上，IRR 有时被简称为折现现金流量法（discounted cash flow），或者说 DCF。要说明 NPV 同 IRR 之间的关系，最简单的方法是将我们在表 8.4 中的数字画成曲线。我们将不同的 NPV 在纵轴（y 轴）表示，而将折现率表示在横轴（x 轴）。假如我们有足够多的点数，结果图形将是一条平滑的曲线，称为**净现值曲线**（net present value profile）。图 8.4 是该项目的 NPV 曲线。开始于 0% 的折现率，可以在 y 轴上直接画出 20 美元。当折现率上升时，NPV 平稳地下降。曲线会在何处同 x 轴相交呢？这一点在 NPV 正好等于 0 的那点，所以正好在 IRR 等于 13.1% 的地方。

表 8.4
不同折现率下的 NPV

折现率（%）	净现值（$）
0	20.00
5	11.56
10	4.13
15	− 2.45
20	− 8.33

图 8.4
NPV 曲线

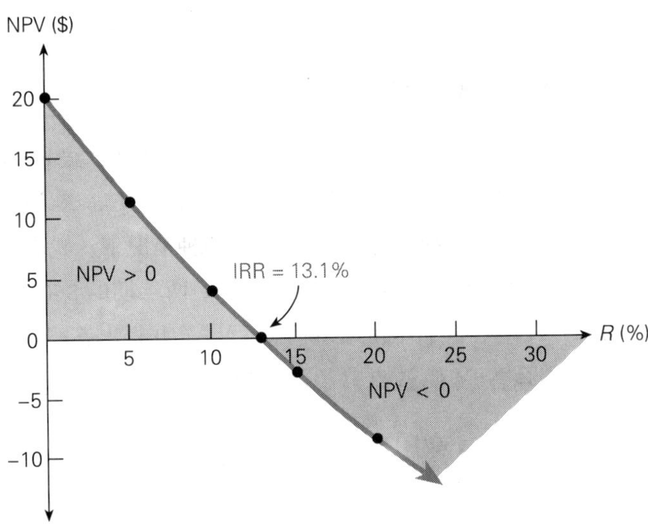

在我们的例子中，净现值法和内含收益率法会导致完全相同的决策。采用内含收益率法，在要求收益率小于 13.1% 的时候我们将会接受该项目。然而如图 8.4 所示，在折现率小于 13.1% 的情况下 NPV 都是正的，所以在采用 NPV 法的时候我们也将会接受该项目。两种方法在本例中是等同的。

例 8.3 计算内含收益率

一个项目的初始投资是 $435.44，第 1 年的现金流量是 $100，第 2 年是 $200，第 3 年是 $300。IRR 是多少？假如我们的要求收益率是 18%，是否应该接受此项目？

我们将画出 NPV 曲线并通过计算不同折现率时的 NPV 来得到 IRR。你应该用实践来检验我们的答案。从 0% 开始，我们可以得到：

折现率（%）	净现值（$）
0	164.56
5	100.36
10	46.15
15	0.00
20	− 39.61

在折现率是 15% 时 NPV 是 0，所以 IRR 是 15%。如果要求收益率是 18%，就不应该

接受该项目。理由是在报酬率是 18% 时，NPV 是负的（可以验证其值是 –$24.47）。在本例中内含收益率法得到的结果是相同的。我们不会采纳这个项目，因为 15% 低于我们所要求的 18% 的收益率。

此时，你可能会疑惑，IRR 和 NPV 法是否总是可以得出相同的结论。如果两个重要的条件能够得到满足的话，答案是肯定的。首先，项目的现金流量必须符合常规，这意味着首期现金流量（初始投资）为负而其余的都是正的；其次，项目必须是独立的，意味着项目接受与否的决策不会影响其他项目的决策。第一个条件一般都会得到满足，但第二个却并非如此。在任何情况下，当这些条件中的一个或两个未被满足时，便会出现问题。我们很快就会讨论到这一点。

有关IRR的问题

当现金流量分布不合常规，或者当我们试图比较两个或更多的投资项目以便从中寻求最佳项目的时候，IRR 法便会出现问题。在第一种情况下，让人感到奇怪的是，“收益率是多少”这一简单的问题会变得非常难于回答。而在第二种情况下，IRR 会使人产生误解。

非常规的现金流量　假定一个露天采矿项目需要的投资额是 60 美元。第 1 年的现金流量是 155 美元；第 2 年，矿物消耗殆尽，但我们必须花费 100 美元平整地面。如图 8.5 所示，第 1 年初和第 3 年初的现金流量都是负的。

为找出该项目的 IRR，我们可以计算不同回报率时的 NPV：

折现率（%）	净现值（$）
0	–5.00
10	–1.74
20	–0.28
30	0.06
40	–0.31

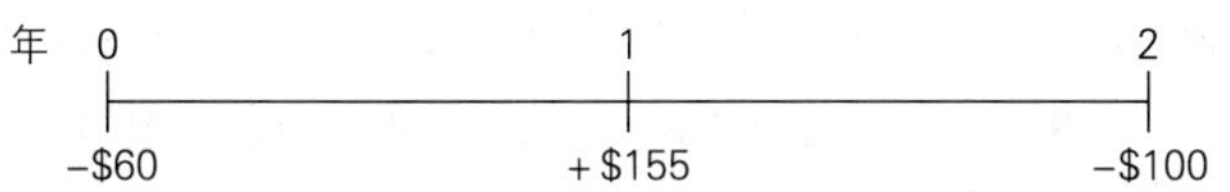

图 8.5
项目的现金流量

图 8.6
NPV 曲线

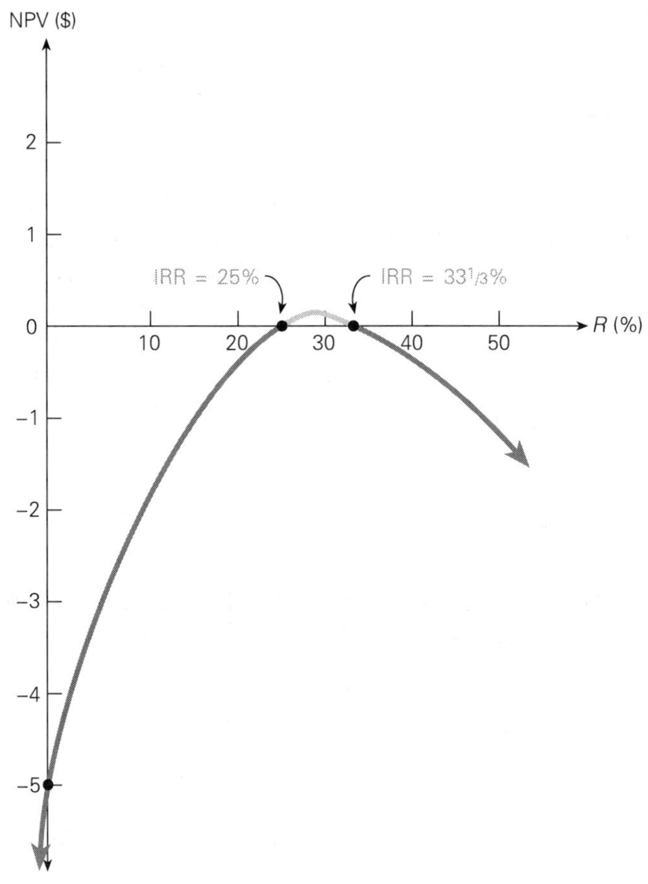

这里 NPV 似乎以一种非常独特的模式出现。首先，当折现率由 0% 上升到 30% 的时候，NPV 由负值变成了正值。这看起来似乎很奇怪，因为 NPV 随着折现率的上升而上升。紧接着它又变得越来越小，并再次变为负值。IRR 是多少呢？为找到答案，我们可以画出 NPV 的曲线，如图 8.6 所示。

在图 8.6 中可以看到，当折现率是 25% 时 NPV 是 0，所以这就是 IRR。确实是吗？当折现率是 33⅓ 时 NPV 也是 0。哪个是正确的呢？答案是两者都是或者都不是，更准确地讲，不存在明确的正确答案。这就是**多重收益率**（multiple rates of return）的问题。许多财务计算机软件对这一问题并不警觉，仅仅报告发现的第一个答案。其他一些软件仅仅报告最小的正 IRR，即使答案不比任何其他的好。例如，假如你在我们上面的电子表格中涉及了这个问题，它将只报告 25% 的 IRR。

在现在的例子中，内含收益率法彻底失效了。假定我们的要求收益率是 10%。我们是否应该接受这个项目？两个 IRR 皆大于 10%，所以根据内含收益率法，或许应该接受。然而，正如图 8.6 所示，NPV 在任何折现率小于 25% 的情况下都是负的，所以这不是一个好的投资。我们应该在什么时候接受？最后再考察一下图 8.6，可以看到只有当要求收益率界于 25% 和 33⅓% 之间时 NPV 才是正的。

这个例子的本意是要告诉我们，当现金流量不合常规的时候，这样的事情就会发生在 IRR 上。然而，并没有什么混乱出现，因为 NPV 法同以往一样，仍然很有效。这就很奇特地说明，“收益率是多少”这一明显的问题并不总会有一个很好的答案。

例 8.4　IRR 是什么？

你正在对一个投资项目进行考察，这个项目要求你今天投入 $51。你将在一年后得到 $100，但你必须在两年后支付 $50。这项投资的 IRR 是多少？

现在你已经意识到了非常规现金流量这一问题，所以你可能对于答案超过一个的 IRR 并不感到奇怪。然而，假如你正开始通过试错法来找到一个 IRR，那么这将花费你许多的时间。原因是不存在 IRR。NPV 在任何折现率下都是负的，所以我们在任何情况下都不应该接受这一投资。那么这项投资的收益率是多少呢？我们与你有同样的疑问。

互斥投资项目[1]　即使只存在惟一的 IRR，也会出现有关**互斥投资决策**（mutually exclusive investment decisions）的问题。假如两个投资项目 X 和 Y 是互斥的，那么接受其中的一个就意味着不能再接受另一个。如果两个项目不是互斥的，那么就可以说它们是独立的。例如，假如我们有一块地，那么我们可以用来建一个加油站或是一座公寓楼，但只能选择一个。这就是互斥选择的一个例子。

到现在为止，我们已经提出了一个给定的投资项目是否值得采纳的问题。然而，还存在一个相关的问题，这个问题出现得很频繁：在给定的两个或者两个以上的互斥选择中，哪一个是最好的？答案相当简单：最佳选择是 NPV 最大的项目。是否还可以说具有最高收益率的是最佳选择呢？正如所表明的那样，答案是否定的。

为了说明同 IRR 法及互斥投资项目相关的问题，考虑下面的互斥投资项目的现

1　如果接受一个投资项目就会拒绝另外一个，那么这就存在互斥投资决策的问题。

金流量：

年	投资项目 A（$）	投资项目 B（$）
0	−100	−100
1	50	20
2	40	40
3	40	50
4	30	60

项目 A 的 IRR 是 24%，项目 B 的 IRR 是 21%。由于这两个投资项目是互斥的，我们只能够选择其中的一个。直觉告诉我们项目 A 更好，因为它的投资收益较高。然而，直觉并不总是正确的。

为了弄清楚为什么项目 A 不是较好的一个，我们将这两个投资项目在不同的要求收益率下的 NPV 计算如下：

折现率（%）	NPV (A)（$）	NPV (B)（$）
0	60.00	70.00
5	43.13	47.88
10	29.06	29.79
15	17.18	14.82
20	7.06	2.31
25	− 1.63	− 8.22

A 的 IRR（24%）大于 B 的 IRR（21%）。但是，假如将 NPV 进行比较，你会发现哪个项目的 NPV 较高取决于我们的要求收益率。B 的现金流量的总和较大，但它的回收速度比 A 要慢。其结果是，在折现率较低的时候有较高的 NPV。

在我们的例子中，NPV 和 IRR 的次序会随着一些折现率的不同而变化。例如，假如要求收益率是 10%，那么 B 的净现值较高，也是较好的选择，即使 A 的内含收益率较高。假如我们的要求收益率是 15%，那么不存在次序上的冲突：A 是较好的。

内含收益率法和净现值法在互斥投资项目上的冲突可以通过绘出 NPV 的曲线来揭示，如图 8.7 所示。在图 8.7 中，注意到 NPV 曲线在大约 11% 的地方相交。在折现率低于 11.1% 的时候，项目 B 的 NPV 较大。在这个范围内，接受 B 比接受 A 对我们更有利，即使 A 的内含收益率较高。在折现率高于 11.1% 的时候，投资项目 A 的净现值较高。

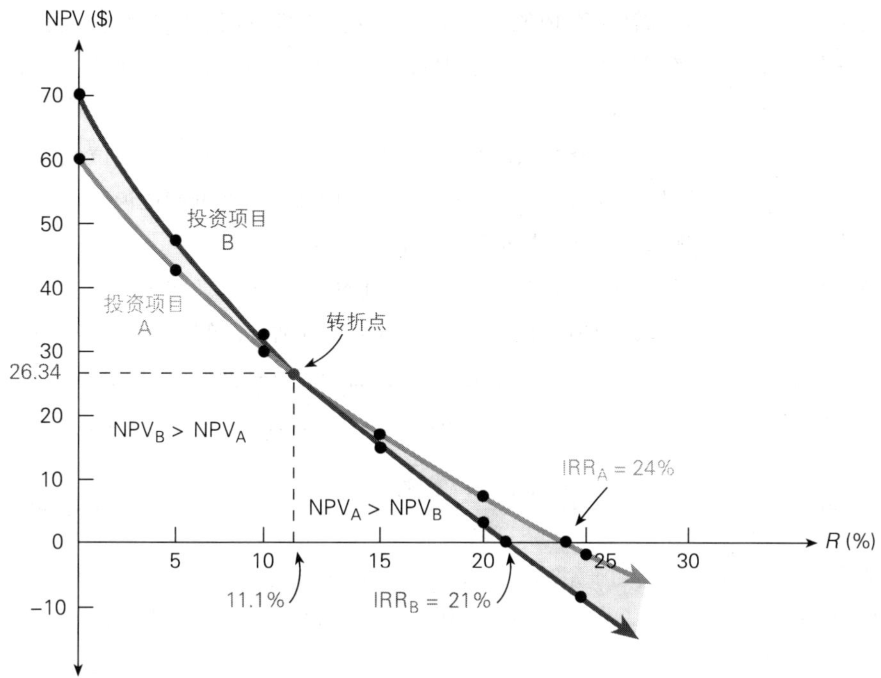

图 8.7　互斥投资项目的 NPV 曲线

这个例子表明在存在互斥投资项目的情况下，不应该根据收益率的高低进行取舍。一般而言，当我们对投资项目进行比较以选择最佳项目的时候，IRR 都可能会产生误导。因此，我们需要对相关的 NPV 进行考察，以避免错误决策的可能性。请记住，我们最终的价值取向是为股东创造价值，所以净现值较高的选项是较优选择，而不用考虑相对收益率的高低。

如果这同我们的直觉产生冲突，请以这种方式来思考这个问题。假定你有两个投资项目。其中的一个收益率为 10%，并能够立即给你增加 100 美元的财富。另一个有 20% 的收益率，并立刻为你增加 50 美元的财富。你会选择哪个项目？我们情愿得到 100 美元而非 50 美元，不论收益率是多少，所以我们更喜欢前一个。

IRR的可取之处

尽管存在缺陷，但 IRR 在实践中是很流行的，甚至要超过净现值法。之所以有这么强的生命力是因为它弥补了净现值法的不足。在分析投资项目的时候，人们一般都似乎偏好谈论收益率而非货币价值，而财务分析家只在特定的时候才谈论收益率。

同样，IRR 似乎也为一项投资建议的信息沟通提供了简单的方法。一位经理可能对另一位经理说："采用新的计算方法会得到 20% 的收益。"这可能比说"在折现率为 10% 的情况下，净现值为 4 000 美元"还要简单一些。

最后，在特定情形下，IRR 在实践中可能有超过 NPV 的优势。如果不知道合适的折现率，就无法对净现值进行估计，但可以对 IRR 进行估计。假定我们并不知道一项投资的要求收益率，但它的收益率可能为 40%。我们将可能倾向于接受此项目，因为看起来要求收益率不会有那么高。现将 IRR 的优缺点总结如下：

内含收益率法的优缺点	
优点	**缺点**
1. 同 NPV 紧密相关，通常会得到相同的结论；	1. 在现金流量非常规的情况下，可能会导致多重结果；
2. 容易理解和沟通。	2. 在对互斥项目进行比较时可能导致错误的决策。

8.5 获利能力指数

用来对项目进行评估的另外一种方法是**获利能力指数法**（profitability index, PI），或称获利指数法、收益与成本的比率。这个指数被定义为未来现金流量的现值除以初始投资。所以，假如一项投资的成本是 200 美元，而且未来现金流量的现值是 220 美元，那么获利能力指数为 \$220/\$200 = 1.10。注意到此项投资的净现值是 20 美元，所以这是一项合意的投资。

一般来说，假如一项投资的净现值大于 0，那么未来现金流量的现值必定大于初始投资额。因此当净现值大于 0 的时候，项目的获利指数大于 1.00；而当净现值小于 0 的时候，获利指数小于 1.00。

如何理解获利指数呢？在我们的例子中，PI 是 1.10。这就告诉我们，每投资 1 美元，会创造 1.10 美元的价值，或者 0.10 美元的净现值。因此获利指数能衡量是否"物有所值"，即每 1 美元投资会创造多大的价值。由于这个原因，常有人提议用它来对政府或者其他非营利投资的业绩进行衡量。而且，在资本缺乏的时候，将资本分配到那些 PI 最高的项目上是很有意义的。

获利指数法同净现值法显然很相似。考察这样两个投资项目：其中的一个成本是 5 美元，可创造 10 美元的现值；另一项投资成本是 100 美元，会创造 150 美元的现值。这样，第一项投资的净现值是 5 美元，获利指数是 2；第二项投资的净现值是 50 美元，获利指数是 1.50。假如这些都是互斥投资，那么第二个投资项目要优于第一个，尽管其获利指数较低。排列顺序的问题同我们在前一节所看到的内含收益率法很相似。总之，依靠 PI 而非 NPV 似乎没有什么道理。我们将对 PI 的讨论总结如下：

获利指数法的优缺点	
优点	**缺点**
1. 同 NPV 紧密相关，通常会得到同样的结果； 2. 容易理解和沟通； 3. 在投资资金有限的情况下可能是有用的。	1. 在对互斥项目进行比较的时候可能会导致错误的答案。

8.6　资本预算的实践

在 NPV 将我们所想知道的东西直接告诉我们的情况下，你可能会感到奇怪，为什么还要有这么多种别的方法，为什么这些方法也时常被采用。设想我们正在试图制定一项投资决策，而且我们的决策通常是在未来相当不确定的情况下进行的。在这种情况下，我们只能对一项投资的净现值进行估计。这样估计的结果值可能很“脆弱”——同真正的净现值可能大相径庭。

由于真正的净现值是未知的，机敏的财务主管会寻找线索来对估计的净现值的可靠性进行评估。由于这个原因，在对投资建议进行评价时，公司一般会采用多重指标。例如，假定我们拥有一项预计净现值大于 0 的项目，基于我们在其他项目上所获得的经验，这个项目看起来应有较短的回收期和较高的 AAR。在这种情况下，不同的指标似乎是一致的，“所有的体系都有效。”换句话说，回收期法和 AAR 法在 NPV 大于 0 时，所得出的项目取舍结论上常常是一致的。

另一方面，假定我们对净现值的估计是正的，回收期很长，而 AAR 较低。这同样可能会是一项较好的投资，但看起来似乎需要我们在做决策的时候更加谨慎，因为我们正在得到不一致的信号。假如 NPV 是基于对我们把握不大的项目的估计，那

表 8.5 实践中所采用的资本预算方法

A. 在不同的资本预算技术中作为首选方法的历史比较							
	1959 (%)	1964 (%)	1970 (%)	1975 (%)	1977 (%)	1979 (%)	1981 (%)
回收期法	34	24	12	15	9	10	5.0
平均会计报酬	34	30	26	10	25	14	10.7
内含收益率法	19	38	57	37	54	60	65.3
净现值法	—	—	—	26	10	14	16.5
IRR 或 NPV	19	38	57	63	64	74	81.8

B. 1999 年首席财务官们经常使用的资本预算方法				
		平均得分，分数介于 4 (经常使用) 与 0 (从不使用) 之间		
资本预算方法	经常使用的比率 (%)	总体得分	大公司	小公司
内含收益率法	76	3.09	3.41	2.87
净现值法	75	3.08	3.42	2.83
回收期法	57	2.53	2.25	2.72
折现回收期法	29	1.56	1.55	1.58
会计报酬率法	20	1.34	1.25	1.41
获利能力指数法	12	0.83	0.75	0.88

资料来源：J. R. Graham and C. R. Harvey, "The Theory and Practice of Corporate Finance: Evidence from the Field," *Journal of Financial Economics*, May–June 2001, pp. 187–244; J. S. Moore and A. K. Reichert, "An Analysis of the Financial Management Techniques Currently Employed by Large U.S. Corporations," *Journal of Business Finance and Accounting*, Winter 1983, pp. 623–45; M. T. Stanley and S. R. Block, "A Survey of Multinational Capital Budgeting," *The Financial Review*, March 1984, pp. 36–51.

么紧接着需要我们做进一步的分析。我们将在下一章更具体地考察如何进行分析。

有不少调查是询问公司在制定投资决策时实际常常采用的是何种投资决策标准。表 8.5 将这些调查的结果进行了总结，表格的第一部分是对于大公司所采用的主要资本预算方法所做的历史性比较。1959 年在接受调查的公司中，只有 19% 采用内含收益率和净现值，而 68% 则采用回收期法和会计收益率法。但到了 20 世纪 80 年代，内含收益率和净现值法显然都已成为主要的评估标准。

表格 8.5 的 B 部分是 1999 年对美国所有企业的首席财务官调查结果的总结。此

表 8.6 投资决策标准总结

1. 折现现金流量法

A. 净现值法（NPV）。一项投资的净现值是其市场价值同其成本之差。净现值法的判断标准是当 NPV 是正数的时候接受此项目。NPV 通常通过计算未来现金流量的现值（估计市场价值）然后减去成本来计算。净现值法没有严重的缺陷，因而也被当做最优决策标准。

B. 内含收益率法（IRR）。IRR 是当一项投资的 NPV 等于 0 时的折现率，有时被称为折现现金流量法（DCF）。内部收益率法的判别标准是当 IRR 超过要求收益率时接受该项目。IRR 同 NPV 紧密相关，在有着常规现金流独立项目上同 NPV 法得到的结论是相同的。在项目现金流是非常规的情况下，可能不存在 IRR 或者 IRR 不止一个。更严重的是，IRR 不能够用来对互斥项目进行排序；具有较高的 IRR 的项目不一定是最优的项目。

C. 获利能力指数法（PI）。PI 也被称作收益成本比率法，是项目的现值与成本的比率。获利能力指数法的规则是：PI 大于 1 时接受项目。PI 衡量的是每一美元初始投资所能获得的未来现金流量的现值。它同 NPV 法很相似，但是，正如 IRR 一样，它也无法用来对互斥项目进行排序。然而，当公司有很多净现值大于 0 的项目以致超过了公司的融资能力时，这种方法有时被用来对项目进行排序。

2. 回收期标准

A. 回收期法。回收期是当项目的现金流量之和等于初始投资成本时所经历的时间。回收期法的决策思路是当项目的预计回收时间小于要求回收期时就接受项目。回收期法存在缺陷，主要是由于它忽略了风险、货币的时间价值和回收期以后的现金流。

3. 会计标准

A. 平均会计报酬率法（AAR）。AAR 评价的是会计利润相对账面价值的比率。它同 IRR 没有关系，但同第 3 章所讲的资产的会计收益很类似（ROA）。AAR 法的判别标准是当 AAR 超过基准的 AAR 时接受投资项目。由于种种原因，AAR 存在严重的缺陷，所以不值得推荐。

项调查共收到 392 个首席财务官的回复，他们来自不同规模的企业。表格中的数据是这些首席财务官通常使用的资本预算方法所占的比例。毫不奇怪，净现值法和内含收益率法是两种使用得最广泛的资本预算方法，特别是在大企业中。然而，超过半数的回复者表示他们也经常采用回收期法评估标准。事实上，在小公司中，回收期法就像净现值法和内含收益率法一样被广泛使用，其他方法（如折现回收期法、会计收益率法、获利能力指数法）就应用得相对较少。为便于参考，我们将讨论过的不同标准在表 8.6 中进行总结。

第9章

投资决策的制定

好莱坞总是喜欢拍电影续集，但是并不是每个续集都那么成功。以 2006 年索尼公司发行的电影《本能 2》为例，这部电影让诸多评论家破口大骂，认为这部电影令人厌恶，而影迷观众们也都对该电影避而远之。这部电影的票房收入预算原本是要超过 7 000 万美元的，但是在美国的票房收入仅有可怜的 500 万美元。同时，这部电影还获得了 7 项金酸莓奖提名，包括最烂影片奖和电影明星莎朗・斯通的最烂女主角奖。当然，拍摄的续集中也有很多表现相当不错的影片。例如，2006 年迪斯尼公司拍摄的《加勒比海盗 2: 亡灵宝藏》，以其 2.25 亿美元的投资获得了超过 10 亿美元的票房收入。

显然，索尼并不想在《本能 2》上损失 6 500 万美元，但这还是发生了。就像短暂的生命和《本能 2》一样，许多项目的寿命并不像企业想象的那么长。本章讨论这些情况为什么会发生，以及企业可以通过怎样的分析来避免这些情况的发生。

本章通过更深入地讨论资本预算，在更宽泛的层面上来延续此前的探讨。我们有两个主要任务：首先，回顾上一章我们发现，净现值分析的关键在于对现金流量的评估，但那时对于这些现金流量估计值的来源并没有进行更多的讨论，所以我们现在要详细考察这个问题；其次，学习如何批判性地检验净现值的估计结果，尤其是关于如何评估面对不确定的未来中的诸多假设时净现值的敏感性。

到现在为止，我们已经探讨了资本预算决策的许多内容。本章的任务是开始将这些分散的内容综合起来。特别是，我们将向你展示如何将这些数字向一个项目或一项投资进行扩展，根据这些数据，对于是否接受这一项目做出初步的评估。

在其后的讨论中，我们将重点放在建立折现现金流量分析的过程上。从上一章我们已经知道，预测未来现金流量在此评价过程中是一个关键的因素。因此，我们的重点是通过财务和会计信息得出这些数据。

在对计划的投资项目进行评估时，我们尤其要关注哪些信息同即将做出的决策相关，哪些不相关。正如我们将会看到的，你可能很容易忽略掉令人发懵的资本预算过程中的一些重要方面。我们还要描述如何对折现现金流量的分析结果进行评价。

9.1　项目现金流量：一个初步的认识

采纳一个项目的结果是改变公司现在和未来的总体现金流量。要对预期的项目进行评价，我们必须考虑公司现金流量的这些变化，然后决定它们是否增加了公司的价值。当然，第一步（也是最重要的）是决定哪些现金流量是相关的，哪些不是。

相关现金流量

什么是项目的相关现金流量？总的原则很简单：相关现金流量就是由于接受该项目而给公司未来的总体现金流量带来的变化量。由于相关现金流量被定义为公司现有现金流量的改变或者增量部分，所以它们被称为同项目相关的**增量现金流量**（incremental cash flows）。

增量现金流量概念是我们分析的中心，所以我们将给出一个一般的定义并在需要的时候用作参考：

> 用来对项目进行评估的增量现金流量包括：由于接受项目而直接导致的公司未来现金流量所出现的所有变化。

增量现金流量的这一定义有一个明显而重要的推论：无论项目的采纳与否都会存在的现金流量是“无关的现金流量”。

独立原则

在实践中，无论项目是否被采纳，要实际计算公司未来总体的现金流量都是很繁琐的，尤其对于一个大公司来说。幸运的是，这样做并不是真正必要的，我们仅仅需要关注项目的增量现金流量。这被称为**独立原则**（stand-alone principle）。

独立原则所说的是，一旦我们已经确定了接受项目所带来的增量现金流量，我们可以将这个项目视为一个“小型公司”，它有自己的未来收入、成本与资产，当然，也有自身的现金流量。于是我们将主要兴趣放在比较这个小型公司的现金流量与项目的获取成本上。这种方法的一个重要结果是，我们将把这个项目同其他活动和项目分离开来，仅仅依靠项目自身的特性来对其进行评估。

9.2 增量现金流量

在这里，我们所关注的只是项目所导致的增量现金流量。回顾一般定义，判断一个现金流量是否是增量似乎很容易。即便如此，也有很容易犯错误的时候。本节我们描述这些一般性的缺陷，以及如何避免这些缺陷。

沉没成本

根据定义，**沉没成本**（sunk cost）是我们已经支付的成本，或者已经发生的支付责任。这种成本无法由今天对项目接受与否的决策所改变。换句话说，公司不管怎样也得付出这些成本。根据我们对增量现金流量的一般定义，这种成本对于当前的决策来讲显然是无关的。所以，我们将总是小心地将沉没成本从我们的分析中排除。

沉没成本与我们的决策是无关的这一点似乎是显而易见的。即便如此，也很容易陷入沉没成本的误区。例如，假定通用奶品公司聘用了一位财务顾问来帮助评估是否应该建立一条巧克力牛奶生产线。当顾问拿出报告的时候，通用奶品公司拒绝了这一分析报告，理由是顾问没有将高昂的咨询费包含进巧克力牛奶项目的成本中。

那么谁是正确的？到现在我们已经知道咨询费是一项沉没成本，因为无论是否建立巧克力牛奶线都必须支付这一费用（这是咨询业吸引人的一个特色）。

机会成本

当我们对成本进行思考的时候，一般想到的是付现成本——那些要求支付一定数量现金的成本。**机会成本**（opportunity cost）稍有不同，它要求放弃一定的利益。常见的情形是一个项目需要使用一个公司已经拥有的某项资产。例如，我们可能考虑将多年前用 100 000 美元购买的一些旧乡村棉花加工厂改建成时下流行的公寓。

如果接受这个项目，就不存在同购买旧工厂相关的直接现金流出，因为它已经是我们所拥有的了。出于对分户出售公寓大厦项目进行评估的目的，是否应该将工厂视为"免费"的呢？答案是否定的。老工厂是项目所使用的有价值的资源。如果我们在这里不使用它的话，还可以用来做别的事。不是吗？答案很显然，至少我们可以将它出售。因此利用工厂来建公寓存在机会成本：将有价值的机会放弃而用于其他目的。[1]

这里存在另一个问题。一旦我们认为使用工厂有机会成本，那么我们应该向公寓项目收取多少费用呢？既然为其支付了 100 000 美元，似乎也应该向公寓项目收取这么多。这样做正确吗？答案是否定的，原因乃基于我们对沉没成本的讨论。

多年前支付了 100 000 美元这一事实是无关紧要的，这些成本已经沉没了。至少，项目的机会成本应该是今天出售工厂的价格（减去销售费用），因为这是使用它而放弃了的出售收益。

外部效应

请记住，项目的增量现金流量包括公司未来现金流量的所有变化量。项目存在外部效应，或者说溢出效应并不少见，有正面效应也有负面效应。例如，假如 IMC 公司引进了一种新型汽车，那么这种汽车的部分销售以公司其他汽车的销售为代价，这称为**侵蚀**（erosion）。同样的问题会出现在任何拥有多个产品线的消费品的生产者和销售者那里。[2] 在本例中，新产品线的现金流量将被调低，以便反映其他产品线的利润损失。

关于侵蚀，很重要的一点是要认识到：由于新产品的上市而造成的销售损失实

1 经济学家有时用 TANSTAAFL（There ain't no such thing as a free lunch 这句英文的首字缩写）来形容真正免费的事情发生的可能性是极小的。

2 更为生动的是，侵蚀有时被称为盗版或自相残杀。

际上可能也会由于未来的市场竞争而发生（即便没有本公司的新产品）。除非新产品上马，否则不会发生销售损失，只有这种情况下，侵蚀才是相关的考虑因素。

净营运资本

一般来说，除了长期资产以外，项目对净营运资本也有投入要求。例如，项目一般需要手头有一定量的现金来支付由此引起的费用。除此之外，项目需要在库存和应收账款（用于信用销售）方面有一定量的初始投资。融资来源有一部分将以对供应商的负债的形式存在（应付账款），但公司将不得不支付差额部分，这个差额代表对净营运资本的投资需求。

在资本预算中很容易将净营运资本的一个重要特色忽视。随着项目的收尾，库存被卖掉，应收账款得以收回，票据得到支付，现金头寸被回收。这样，最初投资的净营运资本解放了。所以，公司对项目的净营运资本投资同贷款非常类似。公司在开始的时候提供营运资本然后在项目期末收回。

融资成本

在对项目进行分析的时候，我们不会把利息支出或者任何其他的融资成本（例如股利或者偿还的本金）包含进来，因为我们感兴趣的是项目资产所能获得的现金流量。正如我们在第 2 章所提到的，支付的利息，是向债权人支付的现金流量的组成部分，而不是资产的现金流量。

项目评估的目的一般是将项目的现金流量同项目的获取成本进行比较，以便对项目的 NPV 进行估计。公司为项目融资所选择的特定的负债与股权的组合是一个管理变量，主要是决定项目的现金流量如何在股东和债权人之间划分。这并不是说融资安排不重要，但是它们需要另行分析，我们将在后面的章节中对其进行探讨。

其他问题

还需要注意一些别的东西。首先，我们仅仅对现金流量的考察感兴趣。而且，我们只对会实际发生的现金流量，而不是会计意义上的现金流量感兴趣。其次，我们总是对税后现金流量感兴趣，因为税收确实是一项现金流出。实际上，当我们在写“增量现金流量”这几个字的时候，我们指的是税后增量现金流量。然而，请记住，税后现金流量和会计利润（净收入）在本质上是不同的。

9.3　预估财务报表和项目现金流量表

对投资项目开始进行评估的时候，首先需要的是一套预估的（计划的）财务报表。在这些资料的基础上，我们就能够估计项目的现金流量。一旦有了项目的现金流量，就可以用前一章描述过的技术来对项目的价值进行评估。

预估财务报表

预估财务报表（pro forma financial statements）是对一个项目的许多相关信息进行总结的方便而容易理解的方法。要准备这些报表，需要对一些数据进行估计，如销售数量、单位价格、单位变动成本和总固定成本。同时也要知道所需要的总投资，包括在净营运资本上的所有投资。

为说明这一点，假定我们可以以每罐 4.00 美元的价格每年销售 5 万罐鲨鱼引诱剂。每罐引诱剂的生产成本是 2.50 美元，而且类似这样的新产品一般只有 3 年的生命期（可能由于客户基础缩减得非常快）。我们对新产品要求 20% 的收益率。

项目的固定成本（包括生产设施的租金等）每年将达到 12 000 美元。除此之外，要在制造设备上投资 90 000 美元。简便起见，假定这 90 000 美元将在项目存续的 3 年内折旧，且残值为 0。而且，设备在 3 年内迁移的费用大致等于其实际价值，所以以市场价值对其进行衡量是没有意义的。最后，项目对净营运资本的初始投资要求是 20 000 美元。和往常一样，税率是 34%。

在表 9.1 中，我们准备了每一年的预估损益表来组织这些初始估计数据。需要注意，我们没有减去任何一年的利息费用。这种做法总是保持不变。正如前面描述的，利息支出是一项财务费用，而不是经营性现金流量的组成部分。

我们也可以准备一些简化的平衡表，同 9.2 表格一样，能够反映项目的资金需求。这里我们的净营运资本需求是每年 20 000 美元。项目初始时对固定资产的要求是 90 000 美元（第 0 年），并以每年 30 000 美元的折旧额递减，直到终值为 0。注意，这里给出的未来年份的总投资是总的账面价值（会计价值），而不是市场价值。

表 9.1
鲨鱼引诱剂项目 1~3 年内的预计损益表

销售额（50 000 单位 × \$4.00/ 单位）	\$200 000
变动成本（\$2.50/ 单位）	125 000
边际贡献	\$ 75 000
固定成本	12 000
折旧（\$90 000/3）	30 000
EBIT	\$ 33 000
所得税（34%）	11 220
净利润	\$ 21 780

表 9.2
鲨鱼引诱剂项目的预期资金需求

	年			
	0	1	2	3
净营运资本	\$ 20 000	\$20 000	\$20 000	\$20 000
净固定资产	90 000	60 000	30 000	0
总投资	\$110 000	\$80 000	\$50 000	\$20 000

到此为止，我们需要将这些会计信息转化成现金流量。接下来说明如何做到这一点。

项目的现金流量

要获得一个项目的现金流量，我们需要回顾（从第 2 章）的是资产的现金流量由三部分组成：经营现金流量、资本支出和营运资本的增量。要对一个项目（或一个小型公司）进行评估，需要得到这三者的估计值。

一旦得到了现金流量各组成部分的估计值，就可以计算小型公司的现金流量，同第 2 章里计算整个公司的现金流量类似。

项目现金流量 = 项目的经营性现金流量
　　　　　　 − 项目净营运资本变化
　　　　　　 − 项目资本性支出

接下来考察这些组成因素。

表 9.3
鲨鱼引诱剂项目的预估损益表

销售收入	$200 000
变动成本	125 000
固定成本	12 000
折旧费用	30 000
EBIT	$ 33 000
所得税（34%）	11 220
净利润	$ 21 780

表 9.4
鲨鱼引诱剂项目的预期经营性现金流量

EBIT	$33 000
折旧费用	+30 000
所得税	−11 220
经营现金流量	$51 780

项目经营性现金流量　要确定同项目相关的经营现金流量，首先需要回顾一下经营性现金流量的定义：

经营性现金流量 = 息税前利润 + 折旧 − 所得税

为说明经营性现金流量的计算，我们将采用鲨鱼引诱剂项目的预期信息。为参考方便，表 9.3 再次列出了损益表。

对表 9.3 所给出的损益表来说，经营性现金流量的计算是非常直观的。正如表 9.4 中所示的，鲨鱼引诱剂项目预期的经营性现金流量是 51 780 美元。

项目的净营运资本和资本性支出　接下来需要考虑固定资产和净营运资本的需求。根据上面的资产负债表，公司首先必须在固定资产上支付 90 000 美元，并在净营运资本上再支出 20 000 美元，因此当前的现金流出量是 110 000 美元。项目生命周期结束的时候，固定资产已经没有价值（残值为 0），但公司将收回用于营运资本的 20 000 美元。这会为最后一年带来 20 000 美元的现金流入。

从纯机械计算的角度看，无论什么时候，只要我们在净营运资本上进行投资，这些投资也一定会被收回；换句话说，同样数量的资金会在未来的某一时间以相反的流向出现。

预期总现金流量和价值

根据现有的信息，我们可以完成基本的现金流量分析，如表 9.5 所示。

既然已经有了对现金流量的估计，那么可以采用在上一章讨论过的不同标准对项目进行评估了。首先，在要求收益率为 20% 的时候净现值为：

$$\begin{aligned} NPV &= -\$110\ 000 + \$51\ 780/1.2 + \$51\ 780/1.2^2 + \$71\ 780/1.2^3 \\ &= \$10\ 648 \end{aligned}$$

根据这些预期数字，项目创造了超过 10 000 美元的价值，所以应该接受该项目。而且，这项投资的收益率超过了 20%（因为在要求收益率为 20% 的时候净现值为正）。利用试错法，IRR 经计算结果约为 25.8%。

除此之外，如果要求的话，可以继续计算回收期、平均会计收益率，或者 AAR。对现金流量的考察显示本项目的回收期是两年多一点（验证可知大约是 2.1 年）。

通过前一章我们可以知道，AAR 是平均净利润与平均账面价值之商。每年的净利润是 21 780 美元。4 年总投资的平均账面价值（见表 9.2，以千为单位）是（\$110 +\$80 + \$50 + \$20）/4 = \$65，所以 AAR 是 \$21 780/\$65 000 =33.51%。我们已经看到此项投资的收益率（IRR）大约是 26%。AAR 较大这一事实又一次说明了为什么 AAR 不能被有效地解释为项目的收益率。

税盾法

在关于经营性现金流（OCF）的基本定义上，还有一个有用的权变方法，即“税盾法”。

表 9.5

鲨鱼引诱剂项目的预期总现金流量

	年			
	0	1	2	3
经营性现金流量		\$51 780	\$51 780	\$51 780
NWC 变化	−\$ 20 000			+20 000
资本支出	− 90 000			
项目现金流量合计	−\$110 000	\$51 780	\$51 780	\$71 780

以税盾定义表示的经营性现金流的公式如下：

$$\text{经营性现金流} = (\text{销售额} - \text{成本}) \times (1 - T) + \text{折旧} \times T$$

其中，T 代表企业所得税的税率。

假设税率 $T = 34\%$，则本例中的经营性现金流计算如下：

$$\begin{aligned}\text{经营性现金流} &= (\$200\ 000 - \$137\ 000) \times 0.66 + \$30\ 000 \times 0.34 \\ &= \$41\ 580 + \$10\ 200 \\ &= \$51\ 780\end{aligned}$$

这与前面的算法得出的结论是相同的。

这种方法把经营性现金流划分为两个部分。第一部分是假设不存在折旧费用时项目产生的现金流。在本例中，这个数字是 41 580 美元。

税盾法下经营性现金流的第二部分是项目折旧扣除乘以税率，即“**折旧税盾**”（depreciation tax shield）。折旧是非现金费用，提取折旧后惟一的现金流变动就是应缴税金的减少，这对公司是有利的。在目前公司所得税税率为 34% 的情况下，提取 1 美元的折旧能使企业少交 34 美分的所得税。所以，在本例中 30 000 美元的折旧，使我们在税收上节省了 $30 000 × 0.34 = $10 200。

税盾法计算的结果与前面讨论的基本方法的计算结果通常是一致的，你也许会说那何必如此麻烦呢。这样做是因为税盾法有时计算起来更加简便，尤其是对那些涉及削减成本的项目而言。

9.4　对项目现金流的进一步讨论

本节将对项目现金流的某些方面进行进一步的探讨，特别详细地讨论项目的净营运资本，随后还将考察关于折旧的现行税法问题。

对净营运资本的进一步考察

在前面计算经营性现金流量时，我们并没有明确考虑赊销的情况。此外，我们也不可能真正用现金支付某些在损益表上显示的费用。以上两种情况中，都没有现金流的发生。此处我们将论述：只要我们记住把净营运资本加入分析之中，这些都不成问题。以下的讨论将强调这样做的作用和重要性。

假设某项目某年的简化损益表如下：

收入	\$500
成本	\$310
净收入	\$190

假定折旧与税收都为 0，本年度并没有购置固定资产。同时，为了说明方便，我们假定净营运资本只包括应收账款与应付账款。各账户的期初与期末金额如下表所示：

	年初（\$）	年末（\$）	变化（\$）
应收账款	880	910	+30
应付账款	550	605	+55
净营运资本	330	305	−25

根据以上信息，本年的总现金流量是多少？我们可以首先机械地运用以前讨论的方法来求取答案。因为没有税收与折旧，在这个例子中经营性现金流与息税前利润相等，且数值均是 190 美元。同时，我们也注意到净营运资本实际减少了 25 美元，因此净营运资本的变化为负值，这就意味着 25 美元在本年度中被释放出来。由于没有资本性支出，今年的总现金流量为：

$$\begin{aligned}\text{总现金流量} &= \text{经营现金流量} - \text{净营运资本的变化} - \text{资本性支出}\\ &= \$190 - (-\$25) - \$0\\ &= \$215\end{aligned}$$

现在，我们知道本年的现金流量总额 215 美元一定是由本年现金流入减本年现金流出所产生的。因此，我们可以问另一个问题：本年的现金收入与现金支出各是多少？

为了确定现金收入，我们需要详细考察净营运资本。本年销售收入为 500 美元，而应收账款同期则增加了 30 美元，这意味着什么？ 30 美元的增加值指的是，销售收入比所收入的现金多 30 美元。换句话讲，500 美元的销售收入中，还有 30 美元没有以现金的方式收回，所以，现金流入是 \$500 − \$30 = \$470。总之，现金流入等于销售收入减去应收账款的增加值。

同理，我们可以得到现金支出款。在损益表上，成本列示为 310 美元，但应付账款本年度增加了 55 美元，这意味着在 310 美元中有 55 美元并没有进行现金支付，所以本年度的现金支出调整为 \$310 – \$55 = \$255。换句话讲，现金流出等于成本减去应付账款的增加额。

总结一下，现金流入减去现金流出是 \$470 – \$255 =\$215，正好如前所得。注意：

净现金流量 = 现金流入 – 现金流出
= (\$500 – \$30) – (\$310 – \$55)
= (\$500 – \$310) – (\$30 – \$55)
= 经营现金流量 – 净营运资本的变动额
=\$190 – (–\$25)
= \$215

进一步概括，这个例子表明了在我们的计算中包含了净营运资本的变动额，可以用来调整收入和成本的会计数据与其实际现金收支之间的差异。

例 9.1　现金收入和成本

CWT 公司去年报告的销售收入为 998 美元，成本为 734 美元，期初和期末的资产负债表信息如下列示：

	期初 (\$)	期末 (\$)
应收账款	100	110
存货	100	80
应付账款	100	70
净营运资本	100	120

根据以上数据，计算现金流入、现金流出、两账户的变动及净现金流量。

销售收入为 998 美元，但应收账款增加了 10 美元，所以实际收到的现金流入量比销售收入少 10 美元，即 988 美元。销售成本为 734 美元，但存货减少了 20 美元，这意味着我们并没有重置销售出去的 20 美元存货，所以从现金流量的角度看，销售成本这一数据实际上夸大了现金流出；同时，应付账款减少了 30 美元，这基本上意味着我们实际付给供货商的货款比我们同期收到的货款多 30 美元，导致现金成本 (支出) 被低估了 30 美元。调整这些事项，现金成本（支出）是 \$734 − \$20 + \$30 = \$744，净现金流量为 \$988 − \$744 = \$244。

最后，应该注意到净营运资本整体增加了 20 美元，我们可以用如下方式验证我们的计算结果：调整前，销售收入减去销售成本为 \$998 − \$734 = \$264，另外，CWT 公司用在净营运资本上的金额为 20 美元，所以我们可得现金流量净值为 \$264 − \$20 = \$244。

折 旧

正如在别处提到的，在会计上，折旧是非现金抵减项（当期作为抵减项，但不导致现金流出）。其结果是，折旧对净现金流量的影响只是通过影响税收来体现。为避税目的而计算折旧的方法因此是与资本性投资决策相关的。当然，所有方法均要在税法的框架内进行。我们现在来讨论一下，1986 年税收改革法案（Tax Reform Act）中所规定的折旧方法的一些具体规则，这些规则是对 1981 年通过的**"加速成本回收制度"**（Accelerated Cost Recovery System，ACRS）的修订。

修正的加速成本回收制度中的折旧率 计算折旧通常是一项很机械的工作，要考虑很多因素，譬如"*假如……而且……但是*"之类的东西，其基本原则是将每一种资产归到某个特定的分级中，资产分级依税收目的而确定计提折旧的年限。一旦资产的税收年限确定，每年的折旧额就可以用资产成本乘以一个固定的比例来计算。为了简化折旧的计算，对于预计的资产残值（我们考虑该资产在未来被处置时的市场价值）与预计的资产实际寿命（我们预计该资产的实际使用寿命）将不予考虑。

在表 9.6 中已经讨论过了一些典型的折旧分类，与其相联系的折旧百分比（保留两位小数）如表 9.7 所示，需要注意的是土地不能折旧。

为了简化折旧的计算，我们假设一辆价值 12 000 美元的汽车，按照分类划为寿命为 5 年的资产。查表 9.7 可得，5 年期资产第一年的折旧率为 20%，所以其折旧额为 \$12 000 × 0.2 = \$2 400；第二年的折旧率为 32%，所以其折旧额为 \$12 000 × 0.32

表 9.6
修正的加速成本回收制度中的资产分类

分类	例子
3 年	研究用设备
5 年	汽车、电脑
7 年	大多数工业设备

表 9.7
修正的加速成本回收制度中的折旧率

	资产分类		
年度	3 年（%）	5 年（%）	7 年（%）
1	33.33	20.00	14.29
2	44.44	32.00	24.49
3	14.82	19.20	17.49
4	7.41	11.52	12.49
5		11.52	8.93
6		5.76	8.93
7			8.93
8			4.45

= \$3 840。依此类推，各年的折旧计算如下表所示：

年	修正的加速成本回收的百分比（%）	折旧额
1	20.00	0.2000 × \$12 000 = \$2 400.00
2	32.00	0.3200 × \$12 000 = \$3 840.00
3	19.20	0.1920 × \$12 000 = \$2 304.00
4	11.52	0.1152 × \$12 000 = \$1 382.40
5	11.52	0.1152 × \$12 000 = \$1 382.40
6	5.76	0.0576 × \$12 000 = \$ 691.20
	100.00	\$12 000.00

注意，加速成本回收的折旧百分比之和为 100%，所以我们将 12 000 美元也就是 100% 的资产成本全部摊销完毕。

账面价值与市场价值　在现行的税收制度下计算折旧时，资产的经济寿命和未来的市场价值并不是一回事，所以资产的账面价值有可能与实际市场价值相去甚远。比如价值 12 000 美元的汽车，第一年折旧后的账面价值为 \$12 000 − \$2 400 = \$9 600，各年期末的账面价值如表 9.8 中所示，则 6 年后汽车的账面价值为 0。

假设 5 年后我们欲将此车卖掉，根据历史平均值求此车原始价值的 25%，即 25% × \$12 000 = \$3 000。如果以此价格将其售出，我们将按售价 3 000 美元与账面价值 691.20 美元的差额付税。按照企业所得税 34% 的税率，应缴税为 0.34 × \$2 308.80 = \$784.99。

在本例中必须缴税的原因在于，市值和账面价值的差额意味着此前被“过度折

年	期初账面价值（$）	折旧额（$）	期末账面价值（$）
1	12 000.00	2 400.00	9 600.00
2	9 600.00	3 840.00	5 760.00
3	5 760.00	2 304.00	3 456.00
4	3 456.00	1 382.40	2 073.60
5	2 073.60	1 382.40	691.20
6	691.20	691.20	0.00

表 9.8

修正的账面价值

旧”，因此在资产出售时，这个差额必须“重新调回”。于是，就像结果所展示的那样，那时我们超额提取了 \$3 000 − \$691.20 = \$2 308.80 的折旧。既然我们在折旧上多提了 2 380.00 美元，少付了税款 784.99 美元，我们当然不得不补缴这个差额。

需要注意的是，这不是对资本利得的征税。就一般规则而言，资本利得只有在市场价格大于原始成本时才存在。然而，是否是一项资本利得最终还取决于税务当局的确认，而且具体的管理条例非常复杂。在本书大多数地方，我们将忽略资本利得税。

最后，如果资产账面价值超过其市场价值，此差额在计税时将被视为一项损失。例如，如果两年后汽车的售价为 4 000 美元，那么账面价值超过市场价值的部分为 1 760 美元，则税收节省（抵免）了 0.34 × \$1 760 = \$598.40。

例 9.2 修正的加速成本回收的折旧

订书钉供应公司新购买了一套价值为 160 000 美元的电子信息系统，计算机被划分为 5 年资产类，请计算其每年的折旧额。根据历史经验，四年后此套设备的价值为 10 000 美元，届时卖掉此项资产将产生何种税收影响？该项销售的税后的现金流量为多少？

年折旧额可运用原值 160 000 美元和此表 9.7 中相对应的折旧率计算，结果如表列示：

年	修正加速成本回收的百分比（%）	折旧额	期末账面价值（$）
1	20.00	0.2000 × \$160 000 = \$32 000	128 000
2	32.00	0.3200 × \$160 000 = \$51 200	76 800
3	19.20	0.1920 × \$160 000 = \$30 720	46 080
4	11.52	0.1152 × \$160 000 = \$18 432	27 648
5	11.52	0.1152 × \$160 000 = \$18 432	9 216
6	5.76	0.0576 × \$160 000 = \$ 9 216	0
	100.00	\$160 000	

每年期末，均可以计算该设备的账面价值。第四年末此设备的账面价值为 27 648 美元，如果此时该设备的售价为 10 000 美元，将会产生 17 648 美元（差额部分）的损失。而这个损失与折旧类似，都不是以现金支付的费用。

那么实际将会发生什么情况？第一，我们从买者手中得到 10 000 美元；第二，我们在税收上节省了 34% × \$17 648 = \$6 000。所以，卖出此设备后产生了 16 000 美元的税后现金流入。

案例：The Majestic Mulch and Compost Company (MMCC)

此处，我们将对资本预算分析做更深入的探讨。当你阅读时请记住，这里的基本方法与前述的鲨鱼引诱剂例子中的方法是完全一样的，只是增加了一些更具“现实世界”特色的细节（和更多数据）。

MMCC 正在研究上马一条新的动力护根设备生产线的可行性，以应对日益增长的家庭堆肥者的需要。根据对造访大型园艺商店的购买者的访谈，该新产品的预计销售数量如下表所示：

年度	销售数量
1	3 000
2	5 000
3	6 000
4	6 500
5	6 000
6	5 000
7	4 000
8	3 000

预计这种新型动力护根机刚投放市场时的单位售价为 120 美元。3 年后，当竞争者纷纷涌入这个市场时，MMCC 预计其售价将跌至 110 美元。

这个项目一开始需要 20 000 美元的净营运资本。接下来，每年年底对净营运资本的需求为该年销售收入的 15%，每单位的变动成本为 60 美元，每年的总固定成本为 25 000 美元。

公司还需要购买价值约 800 000 美元的设备以开始生产，这些设备基本上属于工业设备，所以被归类为 7 年类资产。实际上，该设备在第 8 年仍有市场价值，约是成本的 20%，即 0.20 × $800 000 = $160 000，相关税率为 34%，要求收益率为 15%。根据以上信息，该公司应该推进此项目吗?

经营性现金流量 此处有大量信息需要我们去组织，我们能够做的第一件事是计算预估销售额。第一年的销售收入为 3 000 单位乘以每单位 120 美元，总共为 360 000 美元，其余各年的销售额如表 9.9 所示。

下一步，在表 9.10 中计算 800 000 美元设备的折旧额。有了这些信息，就可以得到如表 9.11 所示的预估损益表。接下来，计算经营性的现金流量就不再复杂了，其结果在表 9.13 中的第一部分。

表 9.9
预计销售收入（动力护根机项目）

年	单位价格（$）	销售数量	收 入（$）
1	120	3 000	360 000
2	120	5 000	600 000
3	120	6 000	720 000
4	110	6 500	715 000
5	110	6 000	660 000
6	110	5 000	550 000
7	110	4 000	440 000
8	110	3 000	330 000

表 9.10
年折旧额（动力护根机项目）

年	修正加速成本回收的百分比（%）	折旧额	期末账面价值（$）
1	14.29	0.1429 × $800 000 = $114 320	685 680
2	24.49	0.2449 × $800 000 = $195 920	489 760
3	17.49	0.1749 × $800 000 = $139 920	349 840
4	12.49	0.1249 × $800 000 = $ 99 920	249 920
5	8.93	0.0893 × $800 000 = $ 71 440	178 480
6	8.93	0.0893 × $800 000 = $ 71 440	107 040
7	8.93	0.0893 × $800 000 = $ 71 440	35 600
8	4.45	0.0445 × $800 000 = $ 35 600	0
	100.00	$800 000	

净营运资本的变化 计算经营性现金流量后，我们可以进一步确定净营运资本的变化。根据假设，净营运资本随收入的变动而变动。每年，我们都将增加或是收回项目的净营运资本。回忆一下，净营运资本开始时需要 20 000 美元，然后上升至销售收入的 15%，我们可以计算每年的净营运资本需求（如表 9.12 所示）。

第一年，净营运资本从 20 000 美元增至 0.15 × $360 000 = $54 000，变化为 $54 000 − $20 000 = $34 000。其余年份的数字也可依此计算出来。

我们需要记住净营运资本的增加代表现金流出，所以在表中用负号表示企业在

表 9.11 预估损益表（动力护根机项目）

	年							
	1	2	3	4	5	6	7	8
单位价格	$ 120	$ 120	$ 120	$ 110	$ 110	$ 110	$ 110	$ 110
销售数量	3 000	5 000	6 000	6 500	6 000	5 000	4 000	3 000
销售收入	$360 000	$600 000	$720 000	$715 000	$660 000	$550 000	$440 000	$330 000
可变成本	180 000	300 000	360 000	390 000	360 000	300 000	240 000	180 000
固定成本	25 000	25 000	25 000	25 000	25 000	25 000	25 000	25 000
折旧	114 320	195 920	139 920	99 920	71 440	71 440	71 440	35 600
息税前利润	$ 40 680	$ 79 080	$195 080	$200 080	$203 560	$153 560	$103 560	$ 89 400
所得税 (34%)	13 831	26 887	66 327	68 027	69 210	52 210	35 210	30 396
净利润	$ 26 849	$ 52 193	$128 753	$132 053	$134 350	$101 350	$ 68 350	$ 59 004

表 9.12 净营运资本的变化（动力护根机项目）

年	收入（$）	净营运资本（$）	现金流量（$）
0	360 000	20 000	−20 000
1	600 000	54 000	−34 000
2	720 000	90 000	−36 000
3	715 000	108 000	−18 000
4	660 000	107 250	750
5	550 000	99 000	8 250
6	440 000	82 500	16 500
7	330 000	66 000	16 500
8		49 500	16 500

净营运资本上做了增量投入，而正号则表示净营运资本回流企业。因此，比如第 6 年就有 16 500 美元的净营运资本流回公司。纵观整个项目，净营运资本需求的峰值为 108 000 美元，之后随着销售收入的减少而下跌。

净营运资本的变化如表 9.13 第 2 部分所示。注意：在项目最后一年仍有 49 500 美元的净营运资本有待收回。因此，在最后一年中除了回收 16 500 美元的净营运资本外，还需在年底收回剩余的净营运资本 49 500 美元。所以，该年年底净营运资本的回收总额为 66 000 美元。

资本性支出 最后，我们必须考虑项目的资本性长期投资。在此案例中，初始投资为 800 000 美元。根据假设该设备在项目结束时价值将为 160 000 美元，其账面价值为 0。如前所述，市场价值超过账面价值的部分 160 000 美元将被视为应税所得，所以其税后收益为 $160 000 ×（1 −0.34）= $105 600（如表 9.13 中第 3 部分所示）。

现金总流量及其价值 表 9.14 总结了所有关于现金流量的信息。除了项目的总现金流量，还可以计算累积的现金流量及其折现后的现金流量。此时，项目的净现值、内含收益率与回收期就可以顺理成章地计算出来。

如果将折现现金流量与初始投资加总，就可以得到整个项目的净现值（折现率为

表 9.13 计划的现金流量（动力护根机项目）

	年								
	0	1	2	3	4	5	6	7	8
					Ⅰ. 经营性现金流量				
息税前收益		$ 40 680	$ 79 080	$195 080	$200 080	$203 560	$153 560	$103 560	$ 89 400
折旧		114 320	195 920	139 920	99 920	71 440	71 440	71 440	35 600
税收		− 13 831	− 26 887	− 66 327	− 68 027	− 69 217	− 52 210	− 35 210	− 30 396
经营性现金流量		$141 169	$248 113	$268 673	$231 973	$205 790	$172 790	$139 790	$ 94 604
					Ⅱ. 净营运资本				
初始净营运资本	−$ 20 000								
营运资本增量		−$34 000	−$36 000	−$18 000	$ 750	$ 8 250	$ 16 500	$ 16 500	$ 16 500
营运资本恢复值									49 500
营运资本变化量	−$ 20 000	−$34 000	−$36 000	−$18 000	$ 750	$ 8 250	$ 16 500	$ 16 500	$ 66 000
					Ⅲ. 资本支出				
初始费用	−$800 000								
税后残值									$105 600
资本支出	−$800 000								$105 600

表 9.14　计划的现金总流量（动力护根机项目）

	年								
	0	1	2	3	4	5	6	7	8
经营性现金流量		\$141 169	\$248 113	\$268 673	\$231 973	\$205 790	\$172 790	\$139 790	\$94 604
净营运资本变化量	−\$ 20 000	− 34 000	−36 000	−18 000	750	8 250	16 500	16 500	66 000
资本支出	− 800 000								105 600
项目总现金流量	−\$820 000	\$107 169	\$212 113	\$250 673	\$232 723	\$214 040	\$189 290	\$156 290	\$266 204
累积的现金流量	−\$820 000	−\$712 831	−\$500 718	−\$250 045	−\$17 322	\$196 718	\$386 008	\$542 298	\$808 502

净现值（15%）= \$65 488
内含收益率　= 17.24%
回收期　　　= 4.08 年

15%）为 65 488 美元，这是个正值。所以，基于这些基本信息，可以认为这个动力护根机项目是可行的。又由于净现值为正数，可以判断项目的内含收益率（或称折现现金流的收益率）大于 15%。实际上其值为 17.24%，也再一次表明该项目是可行的。

考察累积现金流量，可以看到该项目在 4 年后就可以基本收回原始投资，因为那时的累计现金流量接近于 0。已知未能回收的余额将在 4 年后回收，由于余额为 \$17 332/\$214 040 = 0.08，所以投资回收期为 4.08 年。因为没有对 MMCC 设定要求的回收期标准，所以无从判断这是好是坏，这就是回收期法经常遇到的问题。

总　结

这就是基本的折现现金流量的投资分析。在这之后还能做什么？如果我们对项目有足够的信心，就不必再做进一步的分析了，应该立即开始生产和营销。而实际上远非如此。很重要的一点是：要记住我们的分析结果只是对项目净现值的一种估计，谁也不能打包票。这意味着还需要做更多工作，特别需要花时间来评价预测的质量。这些问题将在下几节中详细展开。

9.5　对NPV的估计值进行评价

正如我们在第 8 章讨论的那样，当市场价值超过成本时投资的净现值是正的。

这样的投资是可取的，因为它为股东创造了价值。在辨别此种投资机会时的主要问题是：在大多数情况下实际上并不能观察到相关的市场价值，只能以估计值来代替。这样做的话，很自然会怀疑我们的估计是否至少接近于真实值。我们接下来会考察这一问题。

基本问题

假定我们正在沿着前面小节描述的线索进行初步的折现现金流量分析。我们仔细地确定相关的现金流量，避免沉没成本这类问题的出现，并且记得考虑营运资本的需求。将任何折旧都加回，要考虑可能发生的侵蚀，而且要注意机会成本。最后，再将计算结果检查两遍，当一切都说到并做到以后，最低的要求是 NPV 的估计值必须是正的。

现在怎么样？我们是否应该就此打住并进入下一个建议项目？很可能并非如此。估计的 NPV 是正值这一事实确实是一个好信号，但是，更重要的是，这告诉我们有必要做进一步的考察。

只要认真想一想就会知道，有两种可能会使折现现金流量分析得出项目的净现值是正值的结论。第一种可能是项目事实上的确存在正的净现值——这自然是一个好消息。坏消息是第二种可能性：项目看起来有正的净现值，但这是由于我们的估计不准确。

注意到我们也会在另一端犯错误。假如我们断定一个项目有负的净现值，而其真实值却是正的，那么我们就会失去有价值的机会。

预测风险

折现现金流量的关键输入变量是项目预期的现金流量。假如这些估计值严重失真，那么我们会得到一个典型的 GIGO（garbage-in，garbage-out），或者说垃圾进、垃圾出的系统。在本例中，无论我们如何仔细地组织数据并对之进行操作，其结果仍然可能存在很大的误差。这就是采用相对高级的诸如折现现金流量方法的危险所在。有时候很容易陷入数字处理而忘记其背后所隐藏的丁是丁卯是卯的经济现实。

由于对预期现金流量估计的错误而导致决策失误的可能性被称为**预测风险**（forecasting risk，或估计风险）。由于估计风险的存在，会有这样的危险——认为一个项目的净现值是正的，而事实上并非如此。为何会出现这种情况呢？如果我们对未来过于乐观的话，就会发生这种事情，从而导致预期现金流量并不能真实地反映可能的未来现金流量。

至今为止，还没有明确地探讨采取何种措施来应对预测错误发生的可能性，所以我们的目标是开发一些有助于判断潜在错误及可能发生的重大损失的工具。以此种或者别种方式，我们将通过各种方式试图对预测的经济合理性进行评价，我们也将考虑那些估计失误将会导致多大的损失。

价值来源

对预测风险的第一道防御线是问自己：究竟什么能够使得此项投资获得正的净现值。例如，假如所考虑的建议中包含新产品，那么我们可能会问及如下的问题：是否确信新产品能够明显地优于竞争对手？是否真正能够以较低的成本制造，或者更有效地销售，或者发现未开发的潜在市场，或者获得对市场的控制？

这些仅是潜在的价值来源的一部分，除此以外还有很多。一个关键的因素是记住市场的竞争水平。这是一个基本的经济原则——在高度的竞争环境下很少存在正的净现值。因此，那些看起来在面对严峻竞争时显示重大价值的建议尤其可能存在问题，而且必须对那些可能招致竞争对手反应的革新进行仔细的考察。

有一点需要记住，即正净现值投资项目可能并不那么常见，而且对于任何给定的公司来讲，净现值大于 0 的项目都是有限的。假如没有预先掌握一些良好的经济知识使我们发现一些特别之处，那么就应该以怀疑的态度来对待我们的项目有正的净现值这一结论。

9.6　情景分析与其他假设分析

基本的现金流量评价和净现值预测法包括一些假设分析。相应地，我们需要对进行假设分析的方法进行讨论。这样做的目的是对预测风险的大小进行评价，并发现那些对于投资的成败至关重要的因素。

准备开始

要对一个新项目进行考察。很自然，要做的第一件事是根据预期现金流量预测 NPV 的值。我们将此称为基本情形。但是，现在我们认识到这些现金流量预测存在错误的可能性。在完成这一基本情形以后，我们希望调查不同假设对预测的影响。

组织调查的一种方法是为项目的不同组成部分规定一个上限和一个下限。例如，假定我们预测每年的销售额是 100 单位。我们知道这一估计可能过高或者过低，但是我们相对有把握的是在任何方向差异不会超过 10%。因此我们分别选择 90 的下限和 110 的上限。我们可以为任何别的不确定的现金流量成分确定这种界限。

当选择这些上下限的时候，我们并没有排除这种可能性——实际的价值可能在这个区域之外。我们想说的是，泛泛而言，未来可能价值的真实平均值（相对于我们预测的平均值）不太可能落在这个区域之外。

这里有一个例子有助于说明这个问题。所考察项目的成本是 200 000 美元，生命期是 5 年，没有残值。项目采用直线折旧法折旧到 0，要求收益率是 12%，税率是 34%。除此之外，还有如下信息：

	基本估计	下限	上限
销售量	6 000	5 500	6 500
单位价格	$ 80	$ 75	$ 85
单位可变成本	$ 60	$ 58	$ 62
每年的固定成本	$50 000	$45 000	$55 000

利用这些信息，我们可以通过首先计算净利润来计算基本估计 NPV：

销售收入	$480 000
变动成本	360 000
固定成本	50 000
折旧	40 000
EBIT	$ 30 000
所得税（34%）	10 200
净利润	$ 19 800

因此经营现金流量是每年 $30 000 + $40 000 − $10 200 = $59 800。在利率是 12% 时 5 年年金现值系数是 3.6048，所以基本估计的 NPV 如下所示。

$$基本估计的\ NPV = -\$200\ 000 + \$59\ 800 \times 3.6048 = \$15\ 567$$

因此，现在看来这是一个好项目。

情景分析

“如果……那么……”分析的基本形式被称为**情景分析**（scenario analysis）。我们所要做的是对 NPV 估计值的可能的变化进行研究，我们需要询问类似这样的问题：假如未来实际的销售量是 5 500 而非 6 000，NPV 会有什么变化？

一旦开始考察其他情形，可能会发现大多数似乎合理的情形都会得到正的 NPV。在本例中，我们对于继续我们的项目抱有一定的信心。而假如大多数情形看起来很差，那么预测风险会很高，需要进行进一步的考察。

可以进行考察的可能的情形有很多。最好是先从最坏的情形开始考察，它会告诉我们项目的最低 NPV 是多少。假如这个 NPV 也是正的话，则意味着前景不错。考察了最坏情形后，我们将继续前进并确定另一个极端——确定最好的情形——这为我们确定了 NPV 的上限。

要得到最坏的情形，我们为每个因素指定最坏的值。这意味着低估每个项目，如销售的数量和每单位的价格，以及高估最高成本。再返回到最佳情形。对我们的项目来说，这些值分别是：

	最差情形	最优情形
销售数量	5 500	6 500
每单位价格	$　75	$　85
每单位的变动成本	$　62	$　58
固定成本	$55 000	$45 000

利用这些信息，可以计算每种情形下的净利润和净现金流量（自己可以验算一下）。

情形	净收益	现金流量	净现值	IRR
基本情形	\$19 800	\$59 800	\$15 567	15.1%
最差情形[*]	−15 510	24 490	−111 719	−14.4
最优情形	59 730	99 730	159 504	40.9

[*] 假定在最差情形中存在税收抵扣。

我们可以知道在最差情形中，现金流量仍然是正的 24 490 美元——这是一个好消息。坏消息是在本例中收益率是 −14.4%，NPV 是 −111 719 美元。由于项目的成本是 200 000 美元，在最坏情形下我们的损失会超过初始投资的半数，在最优情形下会得到 41% 有吸引力的收益率。

*最优情形*和*最差情形*这些术语用得很普遍，我们仍然会坚持使用，但是应该指出的是它们可能会产生误导。绝对最优情形的发生概率是微乎其微的，例如引进一种新的节食苏打之后发现其配方对于治疗常见的感冒也很有效。与此类似，真正最差的情形涉及使人难以置信的全面失败的可能性。我们现在并没有断言这样的事情不会发生，有时候确实会这样。有些产品，例如个人电脑，其成功超过了最夸张的预测；而有些产品，例如石棉，遭到了彻底的失败。因此，需要指出的是在对 NPV 预测的合理性进行评价时，要坚持那些在理论上比较容易发生的情形。

相比*最优*与*最劣*，说*乐观*与*悲观*可能更为准确。从广义的角度讲，假如我们正在思考如何确定一个合理的范围，例如销售的数量，那么我们所称的最优情形可能对应于变动范围的上限部分的某一值，最差情形则可能简单地对应于下限范围的某一值。

正如我们所讲的，可以检验的情景理论上有无数种，至少可以研究“基本估计”和两个极限之间的中间值，于是我们能够得到 5 种情景估计（包括“基本估计”）。

除此之外，确实很难说分析到何时才算够。当我们得到越来越多的可能值时，“分析麻痹”的风险也就产生了。困难在于无论分析了多少情形，我们所得到的也只是一些可能性，或好或坏。除此之外，我们对于如何去做并没有得到任何指导。因此情景分析有助于告诉我们会发生什么事，帮助我们对潜在的灾难进行估量，但它不能告诉我们项目是否应该接受。

敏感性分析

敏感性分析（sensitivity analysis）是情景分析的一种变化，有助于准确寻找那些预测风险尤其严重的地方。敏感性分析的基本思想是除了其中的一个，让所有别的变量保持不变，然后看对 NPV 的预测相对于这个变量变化的敏感性。假如我们对 NPV 的估计相对于项目现金流量某些因素的预期值的较小变化很敏感，那么同这个变量相关的预测风险就会很高。

要说明敏感性分析如何进行，让我们回到上述案例的基本估计形态，假定除了销售数量，其他因素保持不变。我们可以使用销售数量的最大和最小估计值来计算现金流量和 NPV。

情形	销售数量	现金流量	净现值	IRR
基本情形	6 000	$59 800	$15 567	15.1%
最差情形	5 500	53 200	−8 226	10.3
最优情形	6 500	66 400	39 357	19.7

对销售数量的敏感性分析的结果可以表反映在图 9.1 中。这里我们用纵轴来表示 NPV，横轴来表示销售数量。在绘出销售数量与 NPV 的组合曲线时，我们可以看到所有可能的组合都落在一条直线上。绘出的直线越陡峭，估计的 NPV 相对所考察的变量的预期值的敏感性越强。

利用比较方法，可以将除固定成本之外的其他变量保持不变来重复我们的分析：

情形	固定成本（$）	现金流量（$）	净现值（$）	IRR（%）
基本情形	50 000	59 800	15 567	15.1
最差情形	55 000	56 500	3 670	12.7
最优情形	45 000	63 100	27 461	17.4

我们在这里看到的是，在给定范围内，项目的 NPV 预测值相对于项目的销售数量比项目的固定成本更为敏感。实际上，在固定成本最差的情形下，NPV 仍然是正值。

正如我们所描述的那样，敏感性分析对于确切地找见那些值得最大关注的变量是有用的。假如发现 NPV 预测值相对某个变量尤为敏感，而这个变量很难进行预测（例如销售数量），那么预测风险会很高。在这种情况下可能会决定进行进一步的市场调研。

图 9.1
销售数量的敏感性分析

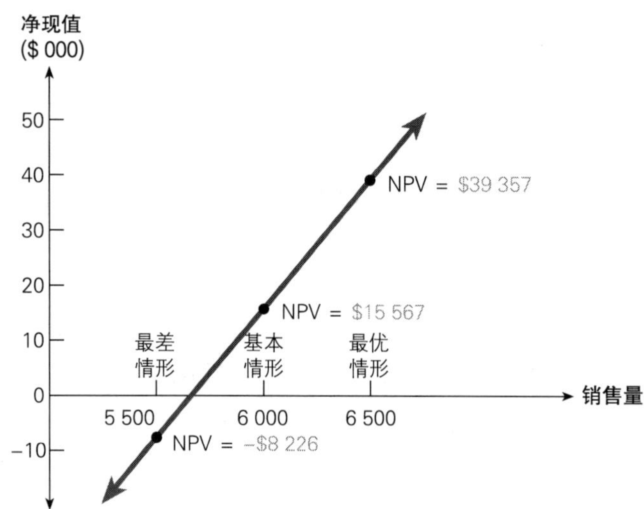

因为敏感性分析是情景分析的一种，它也存在同样的缺陷。敏感性分析对于找到所存在的会造成最大损失的预测错误是有用的，但它不能够告诉我们如何对待这些可能的错误。

9.7 资本预算的其他考虑因素

本章中我们最后的工作是对资本预算的另外两个问题——管理选择和资本分配——进行简单的讨论。这两个问题在实践中都是很重要的，但是，正如我们将会看到的那样，要想清楚地了解这两个问题是很困难的。

管理选择和资本预算

迄今为止，在我们所进行的资本预算分析中，或多或少都忽略了未来的管理行为的可能性。这里有一个隐含的假设，即项目一旦启动，其基本特征便无法改变。由于这个原因，可以说我们的分析是静态的（同动态相对）。

现实中，根据将来实际发生的事情，总是存在对项目进行调整的方法。我们将这些机会称为**管理选择**（managerial options）。因为它们涉及到实物（与财务相对）资产，所以这样的选择权通常称为实物期权。这些选择会有很多。产品的定价、制造、广告与生产的方式和方法都可以改变，而且存在许多种改变方法。我们在下面几节讨论一些更重要的管理选择。

偶然事件计划 本章的假设分析过程有另外一种用途。我们也可以将其视为探求项目的活力和考察管理选择的基本方法。我们在这个例子中所要思考的是将来可能发生的情况以及可能采取的行动。

例如，我们也许会发现如果销售数量低于 10 000，某个项目就可能会走向破产。这是一个很有趣的事实，但是更重要的是要继续询问，如果确实发生这样的事应该采取什么行动？这称为**或有事件计划**（contingency planning），它要求我们对一个项目所隐含的一些管理选择权进行考察。

可以调查的可能的未来或不确定性是无限的。然而，存在一些较粗略的划分，我们接下来会考虑这些划分。

扩展选择 有一个特别重要的选择我们还没有明确指出来，即扩展的选择。假如我们确实发现了一个 NPV 是正值的项目，那么就存在一个很明显的考虑。我们是否能够对项目真正开展或者重复这样一个项目以便得到一个更大的 NPV？我们的静态分析有一个隐含的假设，就是项目的规模是固定的。

例如，假如对特定产品的销售需求大大超过预期，我们可能会研究提高产量。假如由于某种原因使得这种做法不可行，我们总可以通过抬高价格来提高现金流量。无论哪种方式，在分析时都有一个隐含假设——扩展或提价都不可能，因此潜在的现金流量将比原先所预测的要高。总之，由于分析中忽略了扩展的可能，我们可能会低估了 NPV（其他情况保持不变）。

放弃选择 从另一个极端来看，项目被缩减甚至放弃的可能同样很有价值。例如，假如一个项目甚至不能抵补其费用的话，最好放弃项目。而我们的折现现金流量法隐含的假设是：即使在这种情况下，我们仍将保留这个项目。

在现实中，如果销售需求大大低于预期的话，我们可能能够将一部分生产能力出售或者转作其他用途。也许产品或者服务会被重新设计或者改进。不考虑这些细节，如我们假定不管将来发生什么事，项目都必须存续一个特定的年份的话，我们又会低估 NPV。

等待选择 我们对待备选项目的态度似乎是在做一项“要么启动要么放弃”这样的双项选择。实际上，存在第三种可能性：项目可能被推迟，以等待更优惠的条件。我们将这种选择称为等待选择。

例如，假定一项投资的成本是 120 美元，每年会得到 10 美元的永续年金。如果折现率是 10% 的话，那么 NPV 是 $10/0.10 − $120 = −$20，所以现在不应该接受项目。然而，这并不意味着我们应该永远忘记这个项目，因为在下个时期，可能会有不同的合理折现率。如果折现率下降，例如到了 5% 的话，那么 NPV 将是 $10/0.05 − $120 = $80，而我们应该接受该项目。

更一般地，只要将来存在一些可能的情形使得项目的净现值为正的话，那么等待选择就是有价值的。

战略选择 公司有时候上马一些新项目仅仅是为了考察并评估潜在的未来商业战略。这就如同在跳水前将脚趾伸到水里来先行试探一样。采用传统的折现现金流量法评估此类项目是很困难的，因为其大多数好处都以**战略选择**（strategic options）的形式出现，也就是说，是为未来相关的战略选择考虑。产生此种选择的项目可能是非常有价值的，但是这种价值很难衡量。比如说，研究与开发，对许多公司来说是一项重要而有价值的活动，正是因为它提供了新产品和新方法的选择。

再举一个例子，一家大型制造商可能决定开一家新的零售店来进行实验性的研究，主要目的是获得一些市场洞察力。由于很高的启动成本，这样的经营不会达到盈亏平衡。然而，根据在实验中获得的销售经验，就可以评价是否应该开设更多的门市、改变产品组合、进入新的市场等等。所获得的信息和据此作出的行动选择都是有价值的，但是要想得出一个可靠的价值金额可能是不现实的。

结　论 我们已经看到将这些选择权包含进资本预算分析是不容易的。在实践中我们应该怎么做呢？答案是当我们计算项目的预期现金流量时，应该将其记在脑中。忽视这些选择权会使我们倾向于低估项目的 NPV。对于一个组织很好、非常具体的项目来讲损失可能较小，但对于一个探索性的项目来说损失则很大。

资本约束

资本约束（capital rationing）存在于当我们有有利可图的项目（NPV 为正）但却没有足够的现金来实施这些项目的时候。例如，作为大公司的一名部门经理，我们可能发现有一个 500 万美元的很好的项目，但由于种种原因，只能支出 200 万美元。现在应该怎么办呢？不幸的是，由于我们将会讨论的一些原因，可能并不存在真正令人满意的答案。

软约束　我们刚刚描述过的情形被称为**软约束**（soft rationing）。软约束发生在如下情形中，例如，企业的不同业务单位每年分配了一些固定数量的现金用于资本支出。这种分配主要是一种对总体支出进行控制和跟踪的方法。对于软约束来说重要的是公司在总体上并不缺少资金，如果管理部门确有强烈需求，大多可以以普通的条款筹措。

面对软约束，所要做的第一件事是设法得到更大的资金配额。如果做不到这一点的话，一个通常的建议是在现有预算内争取尽可能大的净现值。这会导致选择那些具有较大收益—成本比的项目（获利能力指数）。

严格地讲，只有在软约束是一次性事件的情况下，这样做才是正确的，即下一年不会发生这样的事。如果软约束是一个长期的问题的话，那么有些东西就是不恰当的。理由可以追溯到第 1 章。持续的软约束意味着我们在不断地绕过那些 NPV 为正的项目。这同企业目标是相抵触的。假如我们不试图增大价值，那么接受哪个项目的问题就会变得模糊，因为我们不再将客观目标放在第一位。

硬约束　所谓**硬约束**（hard rationing）是指一个公司在任何情况下都无法筹措项目资金。对于大型的健康公司来说，这种情况不会经常发生。这是幸运的，因为在存在硬约束的情况下，我们的折现现金流量分析中止，而最佳行动方案也将是模糊不清的。

折现现金流量法失效的原因是我们不得不考虑要求收益率。假如我们说要求的收益率是 20%，这就意味着我们会接受那些收益率大于此的项目。然而，假如我们面对的是硬约束，那么，不管项目的收益率是多少，我们都不会接受它，所以要求收益率整个概念都是含糊的。在这种情况下，惟一可以给出的解释是：要求收益率是如此之大，以至于不会有哪个项目有正的 NPV。

当一家公司经历财务危机时会发生硬约束，意味着可能会发生破产。还有，一家公司在不违反现存协议的情况下可能无法筹措到资金。我们会在下一章详细讨论这些情形。

第 10 章

资本市场历史的启示

2006 年，标准普尔 500 指数上涨了约 14%，而纳斯达克的股指上涨了约 10%，总体上看，股市的整体表现既不好也不坏。然而，对于投资于房地产开发商 Amrep 公司的股东来说却是赚得盆满钵满的一年，该股票的回报率高达 369%。同时，磁性纳米粒子制造商 Advanced Magnetics 的投资者也被该股票 439% 的投资回报率所吸引。当然，并不是所有的股票在该年度都增值，Dov Pharmaceuticals 公司的股票下跌了近 98%，而专业零售商 Kuhlman 公司的股票也下跌了 96%。这些事例表明，一方面，2006 年股票市场有巨大的潜在利润可图，但另一方面也存在巨大的亏损风险。那么，作为股票市场投资者，当你用自己的钱进行投资时，你会期待什么？在本章中，我们将通过研究过去 80 年股票市场的历史寻求答案。

本章与下一章将带我们进入一个新的领域——风险与收益的关系。你将发现，本章包含了大量非常实用的数据信息，这些信息对于那些计划向金融资产，如股票和债券进行投资的人而言，是十分有用的。比如，假定你今天计划进入股票市场，你是否认为你的股票将平均每年增长 5%、10% 或者 20% 呢？本章将告诉你如何设定自己的预期（答案可能会令你吃惊）。同时还将揭示某些投资的风险究竟能有多大，并给你提供客观评估风险的工具。

到现在为止，我们还没有更多地谈到，究竟是什么因素决定投资项目的要求收益率。从某种意义上讲，答案是很简单的：要求收益率取决于投资的风险。风险越大，要求收益率越高。但这种说法留有一个更难回答的问题——如何衡量一个投资项目的风险大小？换句话说，怎样证明一个投资项目的风险要比另一个投资项目更大呢？很明显，在回答这些问题之前，首先需要对风险进行定义。这也正是下面两章的任务。

通过前面几章我们知道，财务主管的任务之一便是对有关的投资项目进行价值评估。在进行项目价值评估时，很重要的一点是，我们首先需要弄清楚金融投资能提供何种报酬。至少，我们对一项非金融投资的最低要求收益将是购买同类风险的金融资产所能得到的收益。

本章的目标是从资本市场历史的角度来告诉人们究竟什么是风险和收益。通过本章所能获得的最重要的东西是对数字的感觉。收益率多高算是高？多低才是低？从一般的意义上讲，我们期望从金融资产获得多高的收益，以及此项投资的风险有多大？这种角度对于理解如何分析和评价风险投资项目具有至关重要的作用。

我们对风险与收益的讨论从美国金融市场投资者的历史经验谈起。例如 1931 年，股票市场的价值丧失了 43%。仅仅两年以后，股票市场价值又提升了 54%。离现在更近的一次是在 1987 年 10 月 19 日，仅在一天时间市值便丧失了 25%。财务主管从股票市场的这些起伏变化中应吸取哪些教益呢？我们将从过去半个世纪的市场历史中去寻找答案。

并非每个人都对历史研究的价值表示认可。一方面，哲学家 George Santayana 有一句名言："忘记过去将注定重蹈覆辙"；另一方面，实业家亨利·福特也有一句名言："历史其实并无用处"。但是，可能每个人都会同意马克·吐温的看法："10 月！这是尤其容易发生股票投机风险的危险月份之一。其他月份分别是 7 月、1 月、9 月、4 月、11 月、5 月、3 月、6 月、12 月、8 月和 2 月。"

从我们对股票市场的研究可以得出两个主要的教益：首先，承担风险会获得额外收益；其次，潜在的收益越高，风险也越大。为理解关于市场收益的这些事实，本章将用很大的篇幅来分析组成现代美国资本市场历史的统计表和数字。在下一章，这些事实将会为我们研究金融市场如何为风险进行定价提供证据。

10.1 收 益

我们希望讨论不同类型的金融资产的历史收益率。首先需要做的事是简单讨论一下如何计算投资的收益。

现金收益

假如你要购买某种资产，你从此项投资中获得的收益（或损失）称为投资收益。这一收益通常由两部分组成。首先，在你拥有投资的时候，你会获得一些直接的现金回报，这被称为构成总收益的直接收入部分；其次，你所购买的资产的价值会经常发生变化，在这种情况下，你的投资会为你带来资本利得或资本损失。[1]

为说明这一点，假定 Video Concept 公司发行了数千份流通股。你在年初的时候购买了公司的一些股票。现在到了年末，你希望知道此项投资的收益情况如何。

首先，在一年之中，公司可能向其股东支付现金股利。作为该公司的一名股东，你也是公司的所有者之一。假如公司盈利了，那么可能会考虑向股东分发一部分利润（我们会在后面的章节详细讨论股利政策）。所以，作为一部分股票的持有者，你将会得到一些现金。这些现金是持有股票所获得收益的收入部分。

除了股利，你的收益的另一部分是股票的资本利得或损失。这部分来自于你的投资的价值变化。例如，考虑一下图 10.1 所示的现金流。年初，股票的价格是每股 37 美元。假如你买了 100 股，你的支出总额是 3 700 美元。假定在一年之内，这些股票每股支付了 1.85 美元的股利。那么到了年末，你所获得的收益为：

股利 = $1.85 × 100 = $185

而且，年末，股票的价格升到了每股 40.33 美元。你的 100 股股票价值为 4 033 美元，所以你的资本利得为：

资本利得 =（$40.33 − $37）× 100 = $333

另一方面，假如价格下降了，例如，跌至 34.78 美元，你将会遭受的资本损失如

1 正如我们在前面章节提到的，严格地讲，是否是资本利得（或损失）要取决于 IRS。因此，我们是在不太严格地使用这个术语。

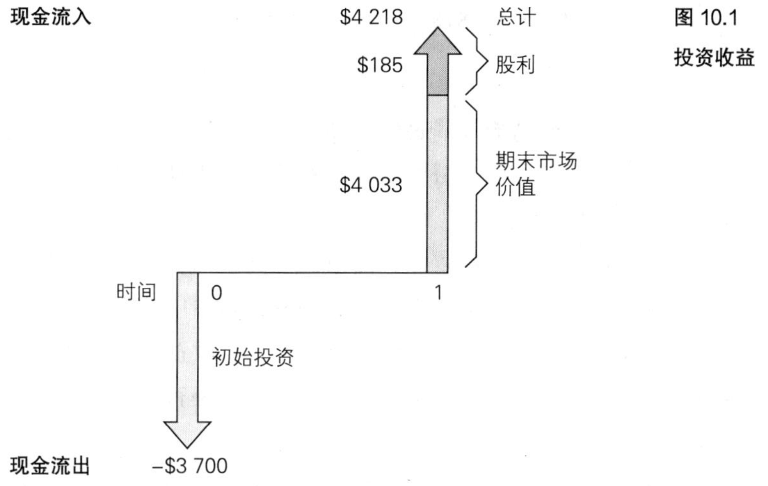

图 10.1
投资收益

下所示：

资本损失 =（$34.78 − $37）× 100 = −$222

注意，资本损失同负的资本利得是一样的。

你的投资总收益是股利和资本利得之和：

投资总收益 = 股利 + 资本利得（或损失）　［10.1］

在我们的第一个例子中，投资收益计算如下：

投资总收益 = $185 + $333 = $518

请注意，假如你在年末卖掉了这些股票，你所获得的总的现金量将是你的初始投资加上总的投资收益。那么，在前面的例子中：

出售股票的现金收入 = 初始投资 + 总收益
= $3 700 + $518
= $4 218　［10.2］

我们可以检验一下，这同卖掉股票的收益加上股利之和一样多：

出售股票的收益 + 股利 = $40.33 × 100 + $185

$$= \$4\ 033 + \$185$$
$$= \$4\ 218$$

假如到了年末的时候你仍然持有 Video Concept 的这些股票，而没有卖掉它们，是否还应该将资本利得当做收益的一部分？假如没有将它们卖掉，是否仅仅是“纸面上”的收益而不是真正的收益呢？

对第一个问题的答案是一个强烈的肯定，而第二个问题的答案则是同样强烈的否定。资本利得是你所获得的投资收益的有机组成部分，当然应该将它包含进你的投资收益。你决定持有股票而非卖掉它们（你没能“实现”收益）的事实是无关紧要的，因为你能够将其转换成现金。假如你想这样做的话，是否这样做则完全取决于你自己。

毕竟，假如你坚持将收益转换为现金，你可以在年末的时候随时卖掉它们并立刻将其买回进行再投资。无论是否卖掉它们，并没有净收益上的差异（当然要假定出售股票不存在税收的影响）。同样，重要的是不论你是卖掉它们然后再买回（或买回别的什么东西），还是不卖掉它们进行再投资，都不会影响你的投资收益。

百分比收益率

通常用百分比收益率这一术语来总结有关收益的信息比其资金数量更为方便，因为这样做的话你的收益不取决于投资量的大小。我们需要回答的问题是：我们能够从每 1 美元的投资中获得多少收益？

为了回答这个问题，设 P_t 为年初的股票价格，D_{t+1} 为当年发放的股利。考虑图 10.2 的现金流，除了现在是以每股为基础表示以外，这些现金流同图 10.1 相同。

在我们的例子中，年初的股票价格为每股 37 美元，当年支付的股利为每股 1.85 美元。正如我们在第 7 章所讨论的那样，以期初股票价格百分比表示的股利收益率为：

$$\text{股利收益率} = D_{t+1}/P_t$$
$$= \$1.85/\$37 = 0.05 = 5\%$$

也就是说，对于投出去的每 1 美元，我们会得到 5 美分的股利收益。

收益率的第二个组成部分是资本利得收益率。回忆（从第 7 章）一下，这是依据当年股票的价格变化（资本利得）与年初价格相比计算的：

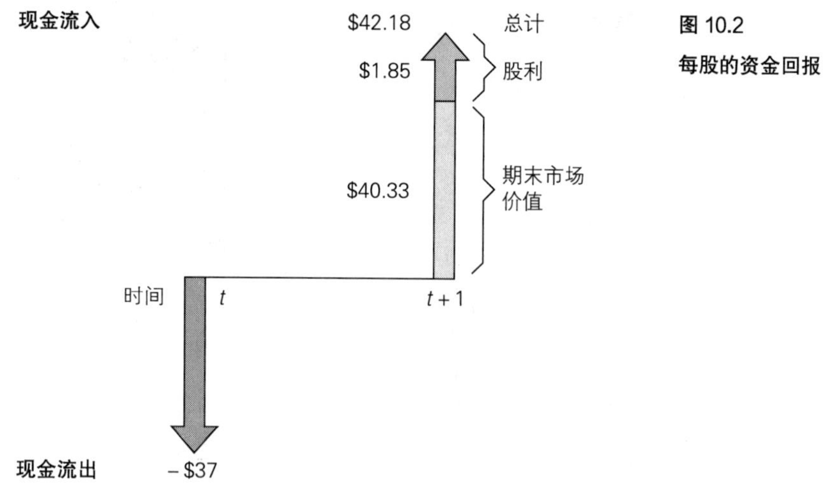

图 10.2
每股的资金回报

$$
\begin{aligned}
\text{资本利得收益率} &= (P_{t+1} - P_t)/P_t \\
&= (\$40.33 - \$37)/\$37 \\
&= \$3.33/37 \\
&= 9\%
\end{aligned}
$$

所以，通过每 1 美元的投资能够得到 9 美分的资本利得。

总体来说，每投资 1 美元，我们能够获得 5 美分的股利和 9 美分的资本收益，所以我们总共会获得 14 美分。我们的百分比收益率是每美元 14 美分，或者说 14%。

这可以得到验证，我们期初投资了 3 700 美元而在期末得到了 4 218 美元。那么 3 700 美元上涨了多少个百分点？正如我们所看到的，$4 218 − $3 700 = $518。上涨的幅度是 $518/$3 700 = 14%。

例 10.1　计算投资收益

假定你现在以每股 25 美元的价格购买了一些股票。到年末的时候，这些股票的价格是每股 35 美元。在这一年中，我们获得了每股 2 美元的股利。这正是图 10.3 所示的情形。那么，股利收益率是多少？资本利得收益率又是多少呢？百分比收益率呢？假如你的总投资是 1 000 美元，那么到年末的时候你会有多少钱呢？

你的每股 2 美元股利所计算的股利收益率为：

图 10.3
现金流——一个投资的例子

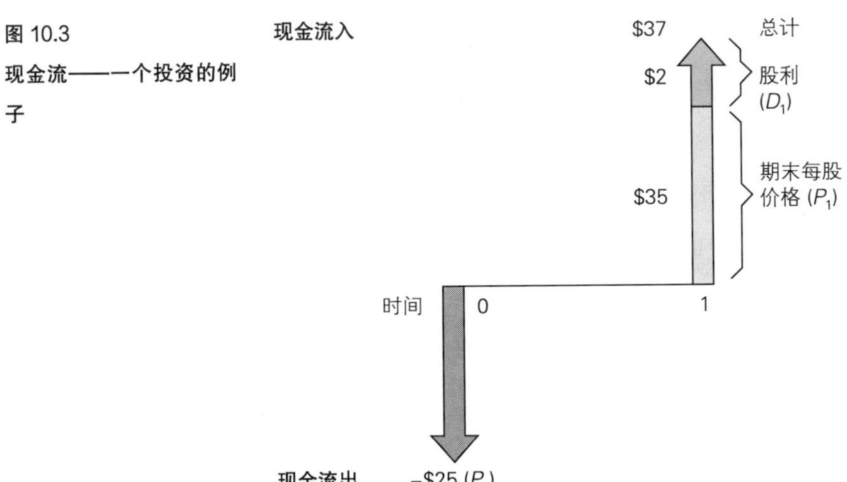

股利收益率 $= D_{t+1}/P_t$

$= \$2/\$25 = 0.08 = 8\%$

每股的资本利得是 10 美元，所以资本利得收益率计算为：

资本利得收益率 $= (P_{t+1} - P_t)/P_t$

$= (\$35 - \$25)/\$25$

$= \$10/\$25$

$= 40\%$

因此总的收益率为 48%。

假如你当时投资了 1 000 美元，年末的时候你会得到 1 480 美元，代表着 48% 的增长。为验证这一点，我们知道 1 000 美元能够买到 \$1 000/\$25 = 40 股。你的 40 股股票将会得到总计 $40 \times \$2 = \$80$ 的现金股利。你的每股 10 美元的资本利得会得到总计 $\$10 \times 40 = \$400$ 的资本收益。把这些加在一起，你将得到 480 美元的收益。

10.2 历史记录

Roger Ibbotson 和 Rex Sinquefield 就美国金融市场的收益率做了一系列著名的研

究。[1] 他们提供了 5 种重要类型的金融投资的年度历史收益率。我们可以这样理解这些收益率——当你投资了如下组合时你将会获得的收益率。

1. 大公司股票。大公司股票组合是建立在美国最大的 500 家公司（按发行在外的股票的总市值计算）构成的标准普尔 500 指数基础上的。
2. 小公司股票。这一组合包含了一些较小的公司的股票，这里的“小”同纽约股票交易所最小的 20% 的公司相对应，这里也是按照发行在外股票的市值计算。
3. 长期公司债券。这一组合由 20 年到期的高质量债券组成。
4. 美国长期国债。这一组合由 20 年到期的美国政府债券组成。
5. 美国国库券。这一组合由 3 个月到期的国库券所组成。

这些收益没有经过通货膨胀或税收调整。因此，它们只是名义上的税前收益。

除了这些金融工具的年度收益率，还应该计算每年消费者价格指数（CPI）变化的百分比。这是衡量通货膨胀的常用工具，所以我们用它作为通货膨胀率来计算实际收益率。

总体考察

在仔细研究各种不同的投资组合的收益之前，我们先从总体上对其进行认识。图 10.4 显示在 1926 年初的 1 美元投资在不同的投资组合下的情形。图中分别给出了到 2006 年为止的 81 年间不同投资组合的价值增值大小（长期公司债券除外）。请注意，为将所有的东西放到一个图表中，对刻度单位做了一些调整。正如常用的财务序列那样，纵坐标所标刻度使得相同的测量区间等于相同的价值变化百分比。

从图 10.4 可以看出，小公司股票的投资市场表现最佳，在 81 年间每 1 美元投资增长到不同寻常的 15 922.43 美元；大公司股票的投资组合表现次好，每 1 美元投资增长到 3 077.33 美元。

另一方面，国库券组合仅增长到 19.29 美元。假如将这一时期的通货膨胀因素考虑进去，其收益率就更不值一提。正如图中所示，价格水平的上升使得我们需要用 11.26 美元来代替当时的 1 美元。

1 R. G. Ibbotson 与 R. A. Sinquefield，《股票、债券、国库券与通货膨胀》（Charlottesville，弗吉尼亚州：财务分析研究基础，1982 年）。

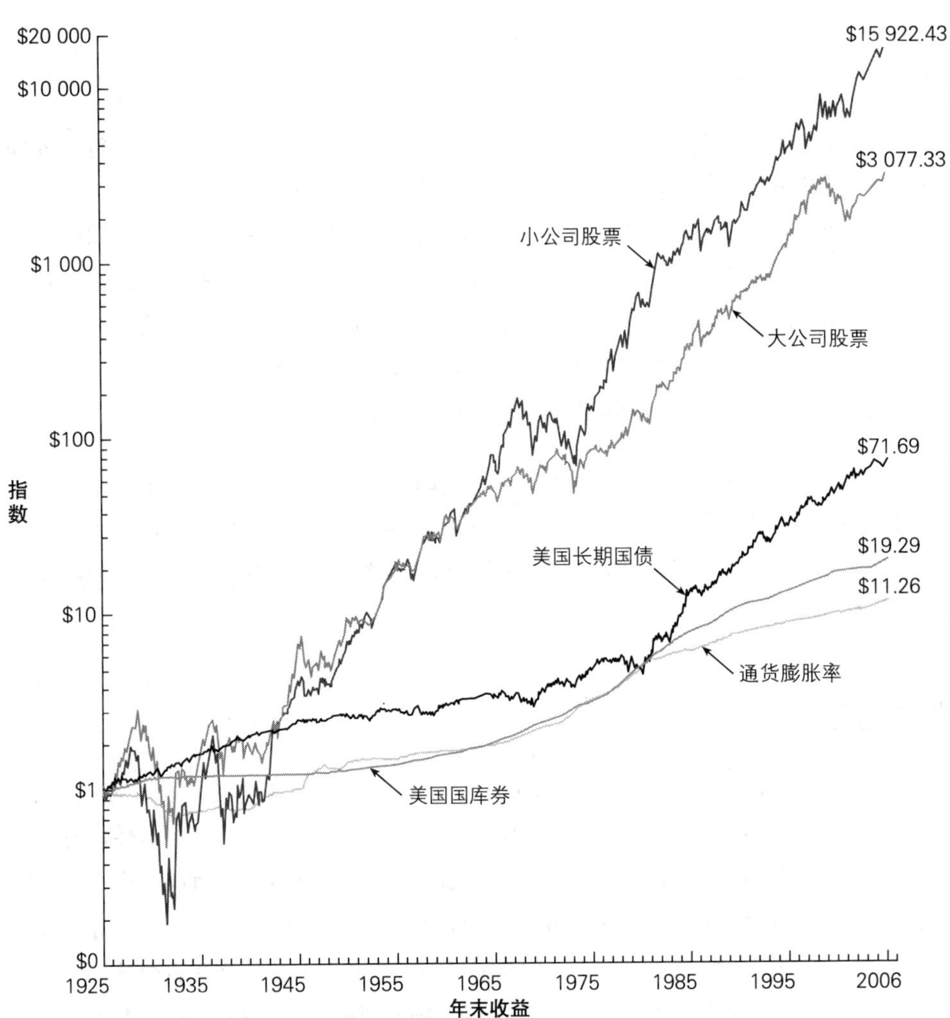

图 10.4 一美元在不同投资组合中的表现：1925~2006 年（假设 1925 年末收益为 $1）

资料来源：*Stocks, Bonds, Bills, and Infl ation Yearbook* ™ , Ibbotson Associates, Inc., Chicago (annually updates work by Roger G. Ibbotson and Rex Sinquefi eld). All rights reserved.

有了这些历史记录，为什么人们还要购买别的东西，而不是全部购买小公司的股票呢？如果仔细观察图 10.4 的话，可能你就已经找到答案了。国库券组合和长期政府债券组合比股票组合增长得慢，但它们的增长更加稳固。小公司的股票最终表现最高，但是，正如你所看到的，它们的增长更加没有规律。例如，小公司的股票在最初的 10 年表现最差，其收益在最初的几乎 15 年内也要比长期债券差。

进一步的考察

为说明不同投资的变动性，图 10.5 到图 10.8 用由水平轴画出的垂直条的形式标绘出了年度百分比收益率，横条的高度告诉我们特定年份的收益率。例如，观察一下长期债券（图 10.7），我们发现历史上最高收益率是发生在 1982 年（40.35%），这对债券来说是一个好年份。在比较这些曲线图的时候，请注意纵坐标刻度的差异。明白了这一点，你就会知道国库券（图 10.7）同小公司股票（图 10.6）相比在表现上的差异。

表 10.1 中的真实年度收益率被用来描绘这些条形图。例如，考察一下这个表格，单一年度收益率的最高纪录是由小公司股票组合在 1933 年创造的，其 143% 的收益率的确不同寻常。同一年，大公司股票“仅仅”获得了 53% 的收益率。相比之下，

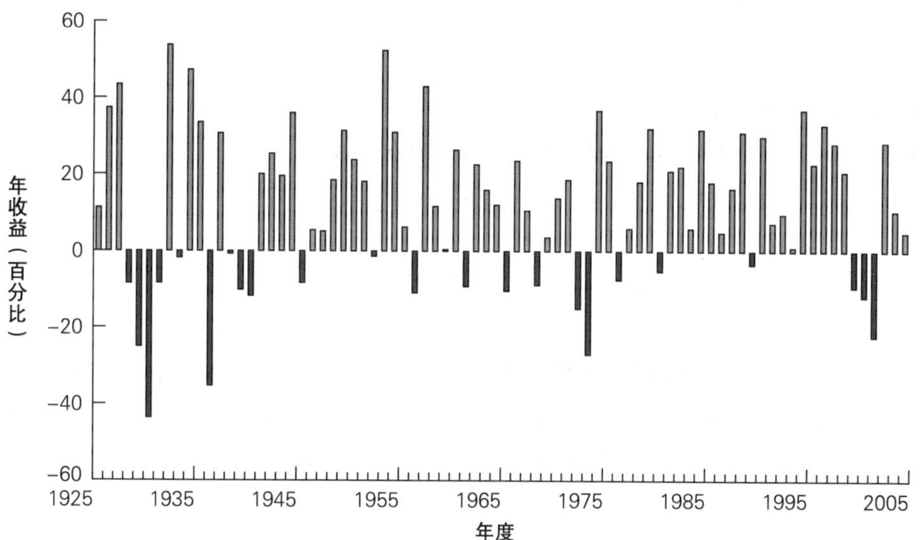

图 10.5　大公司股票年收益率：1926~2006 年

资料来源：*Stocks, Bonds, Bills, and Infl ation Yearbook* ™ , Ibbotson Associates, Inc., Chicago (annually updates work by Roger G. Ibbotson and Rex Sinquefi eld).

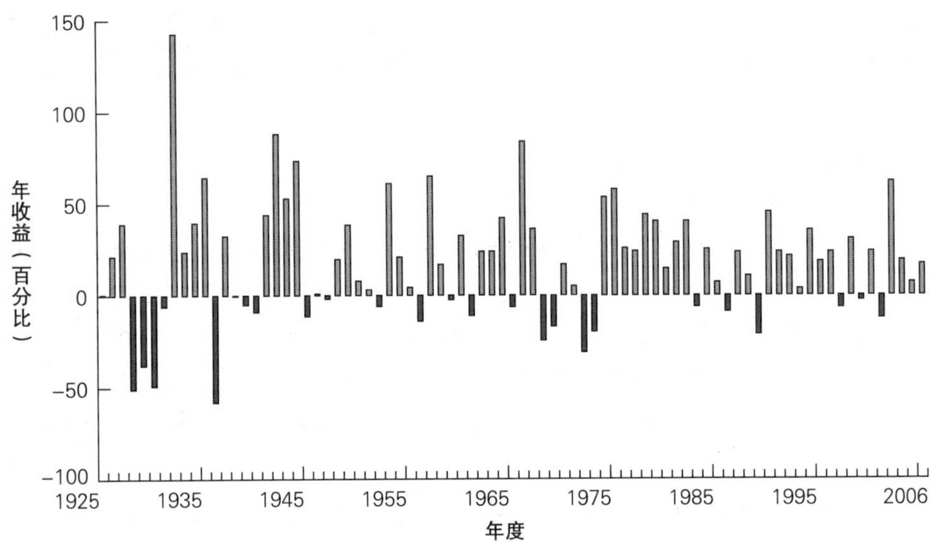

图 10.6 小公司股票年收益率：1926~2006 年

资料来源：*Stocks, Bonds, Bills, and Infl ation Yearbook* ™ , Ibbotson Associates, Inc., Chicago (annually updates work by Roger G. Ibbotson and Rex Sinquefi eld). All rights reserved.

国库券收益率最高是 1981 年的 15%。为长远参考需要，特将标准普尔 500、中长期国债、美国国库券和消费指数的实际年总收益率列在表 10.1 中。[1]

10.3 平均收益率：第一个启示

正如你可能已经开始注意到的那样，资本市场的收益历史太复杂了，以至于在未经研究消化的情况下，很难有太大的用处。我们需要对这些数据进行总结。因此，我们要讨论如何对这些具体详尽的数据进行浓缩，让我们从计算平均收益率开始。

1 由于一些地方不再发行长期国库券，所以我们将长期政府债券换成中期政府债券。

表 10.1 年总收益率：1926~2006 年

年度	大公司股票（%）	中长期国债（%）	美国国库券（%）	消费指数（%）	年度	大公司股票（%）	中长期国债（%）	美国国库券（%）	消费指数（%）
1926	11.14	7.90	3.30	−1.12	1966	−10.10	−1.61	4.94	3.46
1927	37.13	10.36	3.15	−2.26	1967	23.94	−6.38	4.39	3.04
1928	43.31	−1.37	4.05	−1.16	1968	11.00	5.33	5.49	4.72
1929	−8.91	5.23	4.47	0.58	1969	−8.47	−7.45	6.90	6.20
1930	−25.26	5.80	2.27	−6.40	1970	3.94	12.24	6.50	5.57
1931	−43.86	−8.04	1.15	−9.32	1971	14.30	12.67	4.36	3.27
1932	−8.85	14.11	0.88	−10.27	1972	18.99	9.15	4.23	3.41
1933	52.88	0.31	0.52	0.76	1973	−14.69	−12.66	7.29	8.71
1934	−2.34	12.98	0.27	1.52	1974	−26.47	−3.28	7.99	12.34
1935	47.22	5.88	0.17	2.99	1975	37.23	4.67	5.87	6.94
1936	32.80	8.22	0.17	1.45	1976	23.93	18.34	5.07	4.86
1937	−35.26	−0.13	0.27	2.86	1977	−7.16	2.31	5.45	6.70
1938	33.20	6.26	0.06	−2.78	1978	6.57	−2.07	7.64	9.02
1939	−0.91	5.71	0.04	0.00	1979	18.61	−2.76	10.56	13.29
1940	−10.08	10.34	0.04	0.71	1980	32.50	−5.91	12.10	12.52
1941	−11.77	−8.66	0.14	9.93	1981	−4.92	−0.16	14.60	8.92
1942	21.07	2.67	0.34	9.03	1982	21.55	49.99	10.94	3.83
1943	25.76	2.50	0.38	2.96	1983	22.56	−2.11	8.99	3.79
1944	19.69	2.88	0.38	2.30	1984	6.27	16.53	9.90	3.95
1945	36.46	5.17	0.38	2.25	1985	31.73	39.03	7.71	3.80
1946	−8.18	4.07	0.38	18.13	1986	18.67	32.51	6.09	1.10
1947	5.24	−1.15	0.62	8.84	1987	5.25	−8.09	5.88	4.43
1948	5.10	2.10	1.06	2.99	1988	16.61	8.71	6.94	4.42
1949	18.06	7.02	1.12	−2.07	1989	31.69	22.15	8.44	4.65
1950	30.58	−1.44	1.22	5.93	1990	−3.10	5.44	7.69	6.11
1951	24.55	−3.53	1.56	6.00	1991	30.46	20.04	5.43	3.06
1952	18.50	1.82	1.75	0.75	1992	7.62	8.09	3.48	2.90
1953	−1.10	−0.88	1.87	0.75	1993	10.08	22.32	3.03	2.75
1954	52.40	7.89	0.93	−0.74	1994	1.32	−11.46	4.39	2.67
1955	31.43	−1.03	1.80	0.37	1995	37.58	37.28	5.61	2.54
1956	6.63	−3.14	2.66	2.99	1996	22.96	−2.59	5.14	3.32
1957	−10.85	5.25	3.28	2.90	1997	33.36	17.70	5.19	1.70
1958	43.34	−6.70	1.71	1.76	1998	28.58	19.22	4.86	1.61
1959	11.90	−1.35	3.48	1.73	1999	21.04	−12.76	4.80	2.68
1960	0.48	7.74	2.81	1.36	2000	−9.10	22.16	5.98	3.39
1961	26.81	3.02	2.40	0.67	2001	−11.89	5.30	3.33	1.55
1962	−8.78	4.63	2.82	1.33	2002	−22.10	14.08	1.61	2.38
1963	22.69	1.37	3.23	1.64	2003	28.68	1.62	1.03	1.88
1964	16.36	4.43	3.62	0.97	2004	10.88	10.34	1.43	3.26
1965	12.36	1.40	4.06	1.92	2005	4.91	10.35	3.30	3.42
					2006	15.79	0.28	4.97	2.54

资料来源：Author calculations based on data from *Global Financial Data* and other sources.

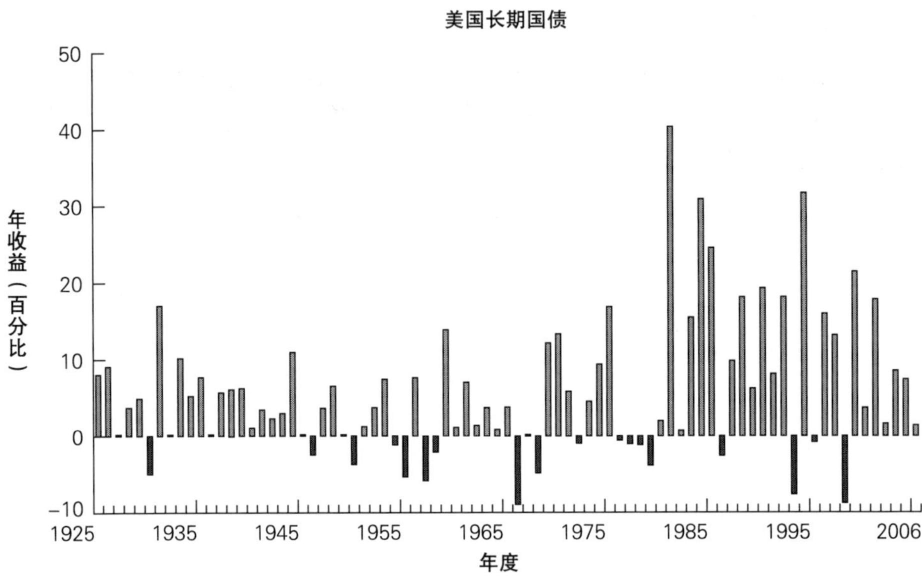

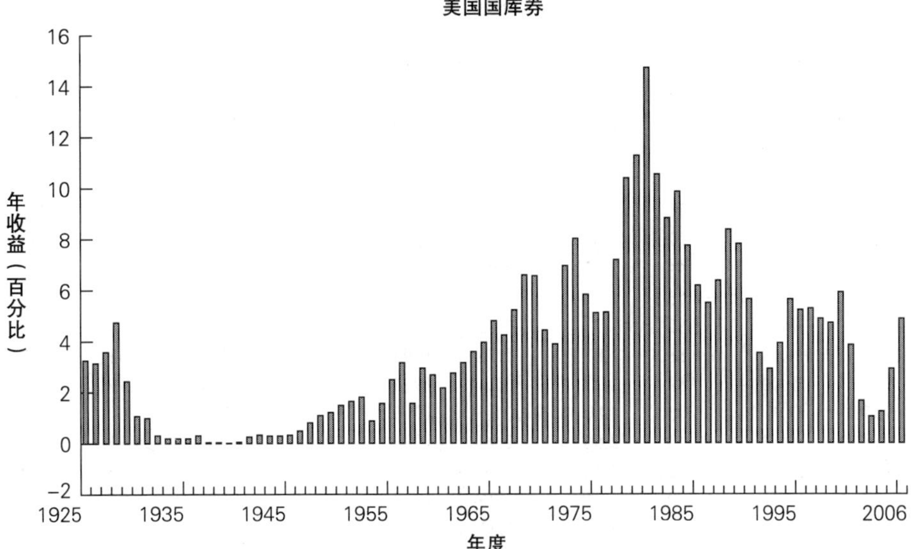

图 10.7 美国国债和国库券的年收益率：1926~2006 年

资料来源：*Stocks, Bonds, Bills, and Infl ation Yearbook* ™ , Ibbotson Associates, Inc., Chicago (annually updates work by Roger G. Ibbotson and Rex Sinquefi eld). All rights reserved.

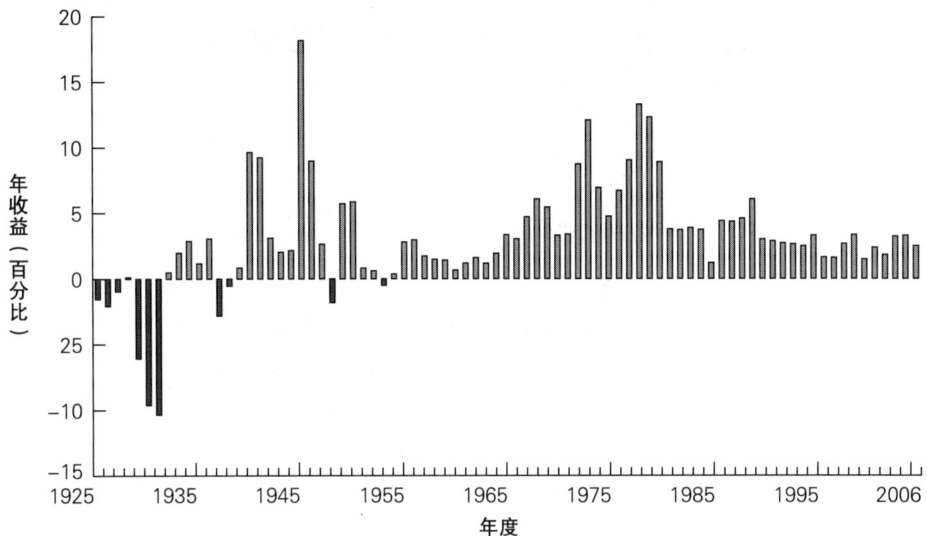

图 10.8　美国年通货膨胀率：1926~2006 年

资料来源：*Stocks, Bonds, Bills, and Infl ation Yearbook* ™ , Ibbotson Associates, Inc., Chicago (annually updates work by Roger G. Ibbotson and Rex Sinquefi eld).

平均收益率的计算

对表 10.1 所示不同投资类型的平均收益率进行计算有一个简单明了的方法，就是将各年的收益加起来除以 81。其结果是单个价值的历史平均值。

例如，假如你将 81 年间普通股股票的收益率加在一起，你将会得到一个大约 9.96 的数字。平均每年的收益率是 9.96/81 = 12.3%。对这个 12.3% 的理解同其他平均数相同。假如你从 81 年的历史数据中随机挑选了一年，而且你必须对这一年的收益情况进行猜测，那么最佳答案就是 12.3%。

平均收益率：历史记录

表 10.2 给出了按照表 10.1 计算的平均收益率。如表所示，小公司股票的价值一般每年上升 17.4%。同样可以注意到股票收益率要比债券收益率高多少。

当然，这些收益率都是名义上的，因为我们没有考虑通货膨胀。注意到在过去

表 10.2
投资年回报率：1926~2006 年

投资	平均回报率（%）
大公司股票	12.3
小公司股票	17.4
长期公司债券	6.2
长期国债	5.8
美国国库券	3.8
通货膨胀率	3.1

资料来源：*Stocks, Bonds, Bills, and Infl ation Yearbook* ™, Ibbotson Associates, Inc., Chicago (annually updates work by Roger G. Ibbotson and Rex A. Sinquefi eld).

表 10.3
投资年回报率和风险溢价：1926~2006 年

投资	平均回报率（%）	风险溢价（%）
大公司股票	12.3	8.5
小公司股票	17.4	13.6
长期公司债券	6.2	2.4
长期国债	5.8	2.0
美国国库券	3.8	—

资料来源：*Stocks, Bonds, Bills, and Infl ation Yearbook* ™, Ibbotson Associates, Inc., Chicago (annually updates work by Roger G. Ibbotson and Rex A. Sinquefi eld).

的 81 年间平均通货膨胀率是 3.1%。美国国库券的名义收益率是每年 3.8%。因此国库券的平均实际收益率是每年 0.7%，所以历史上国库券的实际收益率很低。

另一个极端是，小公司股票的平均实际收益率大约是 17.4% − 3.1% = 14.3%，相当大。假如你还记得 72 规则（参见第 4 章），你就会想起，通过简单的计算就可以得出 14.3% 的实际利率，你的购买力每 5 年就会翻一番。还有一点值得注意的是，大公司的股票组合平均每年的实际价值提升 9.2%。

风险溢酬

我们已经计算出一些平均收益率，将它们之间进行比较看起来是很合逻辑的事。根据上面的讨论，一个比较对象是政府发行的证券。这其中很少包含我们所看到的诸如股票市场的变化性。

政府通过发行债券来借钱。这些债券有多种形式，我们将着重考察国库券，它是各种不同的债券中期限最短的一种。因为政府通常可以通过提高税收来偿还，所以这些债务在其存续期内实际上不存在违约风险。我们将这种债务的收益率称为*无风险收益率*，而且用它来作为一种标准。

一个尤其值得注意的对比是将实际上无风险的国库券收益率同风险很大的普通股收益率相比较。这两个收益之间的差异可以通过平均风险资产（假定美国大公司股票具有所有风险资产的平均风险水平）的超额收益率来衡量。

我们之所以将多余部分的收益称为“超额”收益，是因为这些收益是我们将投资从相对风险较低的资产向风险较高的资产转移而带来的。因为它可以解释为承担风险而获得的回报，我们称之为**风险溢酬**（risk premium）。

从表 10.2 我们可以计算出不同投资的风险溢酬。我们在表 10.3 中仅报告名义风险溢酬，因为历史上名义和实际溢酬之间仅有很小的差异。

国库券的风险溢酬在表中是 0，因为我们假定国库券不存在风险。

第一个启示

从表 10.3 我们可以看到，一个典型的大公司股票的平均风险溢酬是 12.3% − 3.8% = 8.5%，这算是一个很高的收益率了。其在历史上的存在是一个重要事实，也是我们第一个教益的基础：一般地，风险资产会获得风险溢酬。换句话说，承担风险会获得收益。

为什么是这样？例如，为什么小公司股票的风险溢酬要比大公司股票的高？更一般地讲，是什么决定着不同资产的风险溢酬的大小？这些问题的答案是现代财务理论的核心，下一章我们将专门讲述这些问题。现在，考察不同投资的历史变异性可以帮助我们找到这个问题的部分答案。所以，在开始之前，先将我们的注意力转移到对收益的变异性的衡量。

10.4 收益分布与变异性：第二个启示

我们已经看到，普通股的年度收益率比起别的投资（如长期政府债券）的变异性更大。我们现在来对变异性进行讨论，以便开始对风险这一主题进行考察。

频率分布与变异性

作为开始，我们可以画一个类似图 10.9 的普通股收益的频率分布图。我们现在所要做的是对普通股组合年度收益率落在 10 个百分点区域内的次数进行统计。例如，在图 10.9 中，81 年间共有 13 次落在 20%~30% 这 10 个百分点之间。还应该注意到：收益率出现在 −10%~40% 区域内的频率最高。

现在需要做的是检验一下收益率的变动范围。例如，我们知道，小公司组合股票典型的收益率是 17.4%。我们现在想要知道特定年份的实际收益率同平均值的偏离有多大。换句话说，我们需要考虑一下收益率的变化程度。**方差**（variance）以及它的平方根——**标准差**（standard deviation），是最常用的两个衡量尺度。接下来讨论如

						2006				
						2004				
				2000		1988	2003	1997		
				1990	2005	1986	1999	1995		
				1981	1994	1979	1998	1991		
				1977	1993	1972	1996	1989		
				1969	1992	1971	1983	1985		
				1962	1987	1968	1982	1980		
				1953	1984	1965	1976	1975		
				1946	1978	1964	1967	1955		
			2001	1940	1970	1959	1963	1950		
			1973	1939	1960	1952	1961	1945		
		2002	1966	1934	1956	1949	1951	1938	1958	
		1974	1957	1932	1948	1944	1943	1936	1935	1954
1931	1937	1930	1941	1929	1947	1926	1942	1927	1928	1933

−80 −70 −60 −50 −40 −30 −20 −10 0 10 20 30 40 50 60 70 80 90

收益率

图 10.9 普通股年收益率的频度分布：1926~2006 年

资料来源：*Stocks, Bonds, Bills, and Infl ation Yearbook* ™, Ibbotson Associates, Inc., Chicago (annually updates work by Roger G. Ibbotson and Rex A. Sinquefi eld).

何对它们进行计算。

历史方差和标准差

方差所要考察的是实际收益率和平均收益率之差的平方的平均值。这个数字越大，说明实际收益率同平均收益率的差别越大。而且，方差或标准差越大，收益率的变化范围越大。

计算方差和标准差的方法取决于特定的条件。本章着眼于历史收益率，所以这里描述的过程是计算历史方差和标准差的正确方法。假如我们想要考察预期将来收益，那么方法就会不同。我们将在下一章讲述这种方法。

为了说明如何计算历史方差，假定有一项特定的投资，在其存续的 4 年内，收益率分别是 10%、12%、3% 和 −9%。平均收益率是（0.10 + 0.12 + 0.03 − 0.09）/4 = 4%。注意到收益率实际上没有一年恰好等于 4%。相反，第 1 年的收益率同平均值相差：0.10 − 0.04 = 0.06；第 2 年的收益率同平均值相差 0.12 − 0.04 = 0.08，依次类推。为计算方差，我们将每个差值平方再加总，然后除以年数减 1，在本例中是 3。有关的数据信息如下所示：

年	(1) 实际收益率	(2) 平均收益率	(3) 离差 (1) − (2)	(4) 离差的平方
1	0.10	0.04	0.06	0.0036
2	0.12	0.04	0.08	0.0064
3	0.03	0.04	−0.01	0.0001
4	−0.09	0.04	−0.13	0.0169
总和	0.06		0.00	0.0270

在第一列中，我们写下 4 年的实际收益率。在第三列中，我们将第一列减去 4% 来计算实际收益率同平均收益率的差异。最后，在第四列中，我们将第三列的数字进行平方得到实际值同平均值的差的平方。

现在我们可以利用 0.0270（差的平方和）除以年数减 1 来计算方差。我们用 Var（R）或 σ^2 代表收益率的方差：

$$\text{Var}(R) = \sigma^2 = 0.027/(4-1) = 0.009$$

方差的平方根即是标准差。因此，假定 SD(*R*) 或 σ 代表收益率的标准差，那么：

$$SD(R) = \sigma = \sqrt{0.009} = 0.09487$$

之所以要采用方差的平方根，是因为方差是以百分数的平方的形式出现的，因而不容易解释。标准差是一个普通的百分数，因而答案在这里可以写作 9.487%。

注意到在上表中，离差之和等于 0。这一条总是成立的，因此为检验你的计算结果提供了一个很好的方法。一般地讲，假如我们有 *T* 个历史收益率（这里 *T* 是某一个数字），我们可以将历史收益率方差写作：

$$Var(R) = \frac{1}{T-1}[(R_1 - \bar{R})^2 + \cdots + (R_T - \bar{R})^2] \qquad [10.3]$$

此公式告诉我们只需要按照上面的方法去做：将每个收益率（R_1，R_2，……）减去平均收益率 $\bar{R}$；将结果进行平方，并将它们进行加总；最后，将加总值除以收益年数减 1，即（$T-1$）。标准差总是等于 Var（*R*）的平方根。标准差是一个广泛应用于衡量波动性的指标。

例 10.2　计算方差和标准差

假定 Supertech 和 Hyperdrive 两公司在过去 4 年的收益率如下：

年	Supertech 公司	Hyperdrive 公司
2005	−0.20	0.05
2006	0.50	0.09
2007	0.30	−0.12
2008	0.10	0.20

那么平均收益率是多少？方差呢？标准差呢？哪一项投资的不确定性更大？

为了计算平均收益率，我们将各年的收益率加起来并除以 4，结果如下：

Supertech 公司的平均收益率 = $\bar{R}$ = 0.70/4 = 0.175

Hyperdrive 公司的平均收益率 = $\bar{R}$ = 0.22/4 = 0.055

为计算 Supertech 的方差，我们将相关的计算结果总结如下。

年	(1) 实际收益率	(2) 平均收益率	(3) 离差(1)-(2)	(4) 离差的平方
2005	−0.20	0.175	−0.375	0.140625
2006	0.50	0.175	0.325	0.105625
2007	0.30	0.175	0.125	0.015625
2008	0.10	0.175	−0.075	0.005625
合计	0.70		0.000	0.267500

因为要计算的是 4 年的收益率，我们将 0.2675 除以(4 − 1)= 3 来计算方差：

	Supertech 公司	Hyperdrive 公司
方差(σ^2)	0.2675/3 = 0.0892	0.0529/3 = 0.0176
标准差(σ)	$\sqrt{0.0892} = 0.2987$	$\sqrt{0.0176} = 0.1327$

实践中，需要验证你所得到的有关 Hyperdrive 的答案是否与我们的相同。注意到 Supertech 的标准差 29.87% 比 Hyperdrive 的 13.27% 的两倍稍大一点，因此，对 Supertech 的投资的变异性更大。

历史记录

图 10.10 总结了迄今为止资本市场历史的诸多论题。表中以常见的方式列出了平均收益率、标准差和频率分布。例如，在图 10.10 中，注意到小公司股票组合的标准差（每年 32.7%）比国库券组合标准差（每年 3.1%）的 10 倍还要大。我们将很快再回到这些图中。

正态分布

对于自然界出现的许多随机事件来说，一个特别的频率分布——**正态分布**(normal distribution，或者说钟形曲线）对于描述那些在一定范围变化的概率是很有用的。例如，“沿着一条曲线变化”这一思想来源于考试成绩符合钟形分布这样一个事实。

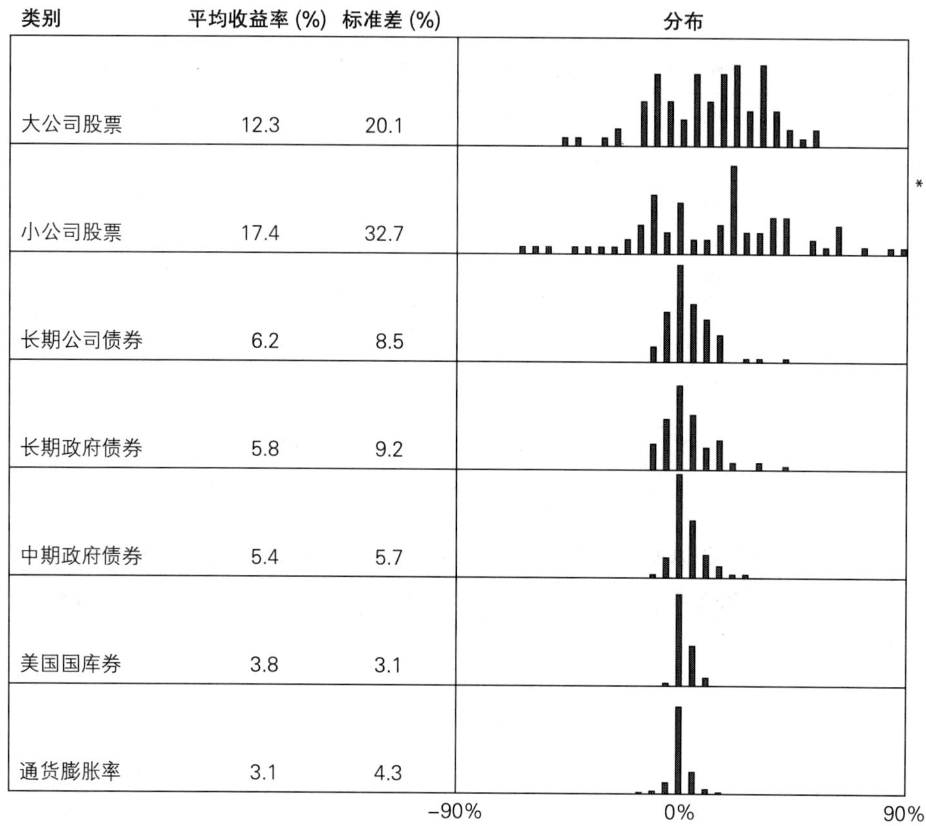

图 10.10 历史收益率、标准差和频度分布：1926~2006 年

* 1933 年小公司股票的总收益率为 142.9%。

资料来源：*Stocks, Bonds, Bills, and Infl ation Yearbook* ™ , Ibbotson Associates, Inc., Chicago (annually updates work by Roger G. Ibbotson and Rex A. Sinquefi eld). All rights reserved.

图 10.11 所示是一项正态分布及其独特的钟形曲线。正如你所看到的，分布曲线要比图 10.10 中的平滑多了。即便如此，正如正态分布一样，实际的分布曲线形状大致如此，且呈对称分布。假如这一点正确，正态分布通常是一个非常好的假设。

而且，要记住一点，图 10.10 中的分布建立在仅仅 81 年观察数据的基础上，而图 10.11 在理论上是基于无限个观察数据。所以，假如我们能够得到诸如 1 000 年的收益率的数字，我们可能会填进许多不规则数字，从而得到一条更为平滑的曲线。

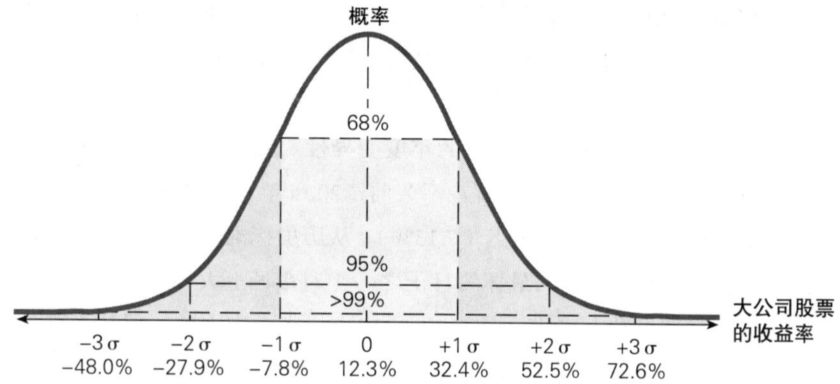

图 10.11　正态分布

图中所示收益率基于一组大公司股票组合的历史收益率和标准差。

这已经可以满足我们的目的，即让我们观察到收益率大体符合正态分布。

正态分布的有用性在于它是完全通过平均值和标准差来描述的。只要你有这两个数字，那么你不再需要知道别的东西。例如，对于一项正态分布来说，结果落在平均值的一个标准差范围内的概率大约是 2/3。落在两个标准差范围的概率大约是 95%。最后，落在 3 个标准差区间之外的概率不足 1%。这些区间和概率如图 10.11 所示。

明白其中的原因是有用的，回忆一下在图 10.10 中，大公司股票组合收益的标准差是 20.1%，平均收益率是 12.3%。所以，假定频率分布大体上是正态分布的，那么给定年份的收益率落在 −7.8% 到 32.4% 之间（12.3% ± 1 个标准差 20.1%）的概率大约是 2/3。这一区间如图 10.11 所示。换句话说，落在区间之外的可能性大约是 1/3。这就很实在地告诉你，假如你要买大公司股票，那么每 3 年预计会有一年落在区间之外。这就强化了我们早先对股票市场变异性的观察。但是，只有大约 5% 的可能性，结果会落在 −27.9%~52.5%（12.3% ± 2 × 20.1%）的区间之外。这些方面从图 10.11 都可以看出。

第二个启示

我们对年度收益率变化的观察是所得到的资本市场历史第二个教益的基础。一般地讲，承担风险会获得相应的收益，但是，就特定的某一年来讲，价值发生重大变化的可能性也很大。因此，我们得出第二个教益：潜在的报酬越高，所承担的风险越大。

本章到现在为止，我们一直在强调收益的年度变异性。我们应该清楚，即使每天的变化也存在很大的不确定性。例如，就在不久前，2001 年 9 月 17 日，道琼斯工业平均指数（DJIA）骤然下跌了 684.81 点（7.13%）。从历史标准看，这是构成道琼斯工业平均指数所包含的 30 种股票的最坏的日子之一（对市场上大多数公司来讲亦是如此）。尽管这次下跌从点数上来讲，是 DJIA 历史上最大一次下跌，但从下跌的百分比来讲，历史上单日下跌幅度最大的 12 次如下表所示：

道琼斯工业平均指数单日百分比变化最大的 12 天（%）

1987.10.19	−22.6	1907.03.14	−8.3
1929.10.28	−12.8	1987.10.26	−8.0
1929.10.29	−11.7	1933.07.21	−7.8
1929.11.06	− 9.9	1937.10.18	−7.7
1899.12.18	− 8.7	1917.02.01	−7.2
1932.08.12	− 8.4	1997.10.27	−7.2

资料来源：Dow Jones.

这一论述对于单日变化幅度的考察仍然突出从相对变化的百分比的角度考察的重要性，而非资金数量或指数点的变化。例如，正如上面所指出的，单日点数下跌最大的一天是 2001 年 9 月 17 日，当日 DJIA 下跌了 685 点。其次是在 1997 年 10 月 27 日，下跌了 554 点。相比之下，1899 年 12 月 18 日的 5.57 点是历史上指数下跌幅度第 5 大的一天。但是，在今天看来，5.6 个点的下跌很难被人们注意到。这就是为什么当我们考察市场历史的时候要借助于收益率变化的百分比。[1]

利用资本市场的历史

基于本节的论述，你应该开始对投资风险及收益有一些认识了。例如，在

1 顺便说一句，正如你可能已经观察到的那样，离奇的是历史上 DJIA 表现最差的 12 天有 6 天发生在 10 月，包括最差的那 3 天。至于为什么这样我们还没有发现缘由。而且，回顾一下马克·吐温在本章开始处的名言，你猜想他怎么会知道呢？听起来像是《华尔街》犯罪现场调查的一个案例。

2005 年，国库券的收益率约为 3%。假定你有一项投资，此项投资的风险同大公司股票组合的风险大体相当。那么，此项投资应该至少达到多高的收益率才能引起我们的兴趣呢？

根据图 10.3，大公司股票在历史上的风险溢酬是 8.5%，所以合理的要求收益率应该是风险溢酬加上国库券利率，即 8.5% + 3% = 11.5%。你可能觉得这很高，但是，假如你正在考虑要创建一个新企业，那么这样做的风险可能与向那些小公司股票投资相似。在本例中，风险溢酬是 13.6%，所以我们可能要求得到至少 16.6% 的投资收益率。

我们将在下章更详细地讨论风险和要求收益率之间的关系。现在你将会注意到，对于一个风险投资项目来讲，10%~20% 的预计的内部收益率，并不是那么了不得，决策主要取决于项目风险的大小。这同样是资本市场历史的一个重要结论。

本节中的讨论显示从资本市场的历史可以学到很多东西。

例 10.3 投资于成长型股票

成长型股票这一术语是小公司股票的委婉说法。这些投资对“寡妇和孤儿”也适用吗？在回答这个问题之前，你应该考虑到历史的不确定性。例如，根据历史记录，假如你购买了这些公司股票的投资组合，你的货币在一年中贬值 16% 或更多的概率大约是多少？

回顾一下图 10.10，我们看到小公司股票的平均收益率是 17.4%，标准差是 32.7%。假如收益率大体符合正态分布，你的投资收益率落在 –15.3%~50.1%（17.4% ±32.7%）外的概率大约是 1/3。

因为正态分布是对称的，高于或者低于这一区间的可能性相等。因此有 1/6（1/3 的一半）的可能性你会亏损 15.3%。因此平均说来，你可以期待在每 6 年中这样的事发生一次。因此这些投资具有不确定性，从而不适合那些不能够承担风险的人。

10.5 资本市场效率

资本市场的历史表明股票和债券的市场价值会在不同年度之间发生较大的波动。为什么会发生这种现象？至少有部分原因是由于新信息的获得，投资者据此对资产价值进行再评估从而使价格发生波动。

市场价格的表现已被人们广泛地研究。人们普遍关注的问题是，当新的信息到来时，价格是否能够快速而正确地得到调整。假如确实如此，那么我们可以说市场是有效率的。更确切地说，在一个**有效资本市场**（efficient capital market）上，当前的市场价格已经充分地体现了当前可获得的信息的影响。通过这一点我们只是要说明，基于现有的信息，没有理由认为当前的价格太低或者太高了。

市场效率是一个大家熟悉的概念，有关这方面的内容很多人论述过。对这一主题的详细论述超出了我们公司理财课程的研究范围。但是，由于这一概念对市场历史的研究有如此重大的意义，因此我们在此对其核心内容进行简要的描述。

效率市场上的价格表现

为了阐述价格在效率市场上的表现情况，假定 F-Stop 照相机公司（FCC）经过几年的秘密研究与开发，最终成功开发了新的照相技术，能够使得自动聚焦系统的速度提高一倍。FCC 的资本预算分析显示，在市场上推出这种新型照相机是一项获利丰厚的举措。换句话说，NPV 将会是一个正值，而且数字还不小。到现在为止有一个关键的假设——FCC 还没有向外界透露任何有关新系统的信息，所以，事实上这项新技术的存在只是“内部”信息。

现在让我们来分析 FCC 的股票。在一个有效率的市场上，价格反映的是有关 FCC 的当前经营状况和获利能力，而且反映市场对 FCC 未来成长和盈利的看法。然而，这项新的自动聚焦系统的价值并没有体现出来，因为市场并不知道它的存在。

假如市场赞同 FCC 对新项目价值的评估，那么当行使这项计划的决策公之于众的时候，FCC 的股票价格将会上升。例如，假定在星期三早上的新闻发布会上消息被公开，那么对于一个有效率的市场来说，FCC 股票的价格将会迅速据此得到调整。投资者将无法在周三下午购买其股票而在周四获利，这就意味着股票市场需要一整天的时间来体现 FCC 新闻发布会的意义。假如市场是有效率的，FCC 股票的价格在周三下午的时候就已经反映了周三早上新闻稿的信息。

图 10.12 反映 FCC 股票的三种可能的调整方式。在图 10.12 中，第 0 天代表消息发布日。如图所示，在消息发布前，FCC 的股票售价是每股 140 美元。新系统的每股净现值假定是 40 美元，那么一旦新项目的价值完全体现出来，每股价格将是 180 美元。

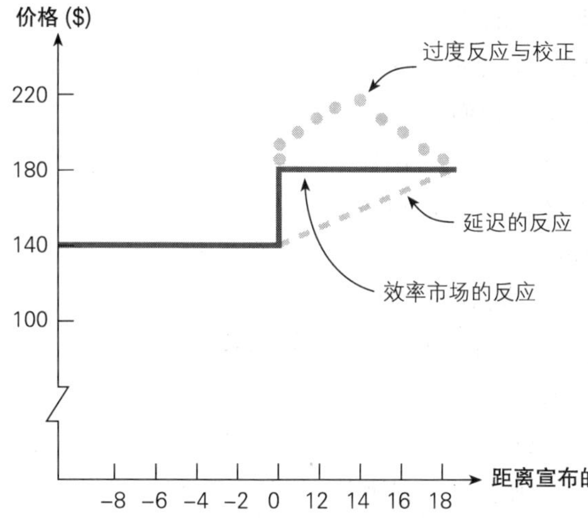

图 10.12　在效率市场和非效率市场上股票价格对新信息的不同反应

图 10.12 的实线代表股票价格在效率市场上的价格轨迹。在本例中，价格会随着新信息的发布而得到即刻的调整，股票价格随后不会发生进一步调整。图 10.12 的虚线表示延迟的反应。在这里，市场用了大约 8 天左右的时间来完全吸收这些信息。最后，点状线所要说明的是市场的过度反应并随后调整到正确价格的过程。

虚线和点状线股票价格是在一个非效率市场所要经历的路径。例如，假如股票价格并不随着新信息而即刻调整（虚线），那么在新信息发布后即刻购买股票然后在几天之后卖掉将是一个净现值为正的行为，因为现在的价格相比几天之后是很低的。

有效市场假说

有效市场假说（efficient markets hypothesis，EMH）认为组织良好的资本市场，如 NYSE，是有效率的市场，至少从实践来看是这样。换句话说，EMH 的倡导者认为，即使存在非效率状态，也只是相对少数，并不普遍。

假如一个市场是有效率的，那么对于市场的参与者来讲隐含着这样一个重要的假设：在有效的市场上所有投资的净现值都为零。原因并不复杂。假如价格既不太高也不太低，那么一项投资的市场价值同其成本的差别就为零，因此，净现值为零。所以，在一个有效率的市场上，投资者在购买证券时得到的正是其付出的成本，公司在售出这些股票和债券时也正好得到它们的公允价值。

市场的有效性是由投资者之间的竞争带来的。许多人在一生中努力寻找定价存在偏差的股票。对于给定的任何一只股票，他们都要研究股价的历史记录及其股利。他们最大可能地搜集公司的获利情况、负债情况、税收支付情况、业务情况、计划进行哪些新的投资、对经济形势变化的敏感性等方面的信息。

对于任何特定的公司不仅需要知道许多东西，而且他们也有很大的动机去获取这些信息，这个动机就是对利润的追求。假如你比市场的其他投资者对某一家公司了解得更多，那么你就可以通过对公司股票进行投资——通过在有好消息时购买股票，有坏消息时卖掉股票——来获取利润。

搜集和分析所有这些信息的逻辑结果是不合理定价的股票会越来越少。也就是说，由于存在投资者之间的竞争，市场将会变得更加有效率。这其中存在着一个均衡，即市场上存在的价格偏差与那些竭尽全力去寻找这些偏差并借此生存的人之间的均衡。对大多数其他投资者来讲，信息搜集与分析的行为是得不偿失的。[1]

对EMH的一些常见的误解

没有别的财务思想能够比效率市场引起更多的注意了，而且并不是所有的注意力都仅是为了迎合大众。在这里我们不是要改写这些证据，而是试图发现一些其他市场效率更高的市场。例如，金融市场总体上可能比房地产市场更为有效。

说了这么多，实际上许多对 EMH 的批判都具有误导性，因为它是建立在对假设的错误理解上的，并不理解假设说了什么，没有说什么。例如，当市场效率的观念第一次被公开宣扬并在财经界广泛争论的时候，人们经常用这样的语言来对其特征进行描述："向金融专栏上投掷飞镖产生的股票组合可能不比那些专业证券分析家管理的股票收益率更差。"

此种类型的论述所带来的混乱通常导致人们对市场效率的错误理解。例如，有时人们错误地认为市场效率意味着你怎样投出你的货币都无关紧要，因为市场的有

1 隐含在 EMH 背后的思想可以通过下面这个小故事得到说明：一个学生正同其财务教授沿着走廊结伴而走，他们同时看到了地板上的 20 美元。当学生弯下腰将其拣起来的时候，教授慢慢摇着头，脸上露出失望的表情，耐心地对学生说道："不要费心了。假如它是真的，别人早就把它拣走了。"这个故事的大意反映了有效市场的假设：假如你认为你已经发现了一种股票价格的模式或获取成功的简单方法，那么你很可能搞错了。

效性将会保护你免于投资失误。然而，一个随机的选取者可能将所有标的都投向一个或两个从事基因工程的高风险股票上。你会愿意将你的所有资金投在这样两只股票上吗？

所谓效率是指当一家公司在卖掉一股股票时将会获得“公平”的价格，即在关于公司的现有信息的基础上，价格已经反映了股票价值。股东不必担心他们为某种股利很低或带有其他因素的股票支付了太多的货币或其他形式的对价，因为市场已经将这些因素包含在价格中了。我们有时会说信息已经被“定价了”。

通过对时常出现的反对意见的辩驳，效率市场的概念可以得到进一步的解释。有时会有人声称市场不可能是有效的，因为股票的价格每天都在波动。假如价格是合理的，他们问，为什么价格变化如此之大，如此频繁？从前述的讨论可以看出，价格的变动恰恰正与市场的效率性密切相关。投资者每天陷于大量的信息爆炸之中，事实上，价格波动至少在一定程度上是对信息流的反映。实际上，在我们这样一个变化如此之快的世界上，如果价格没有变动，本身就意味着非效率性。

市场效率的形式

我们通常会区分三种类别的市场效率。根据效率的等级，我们说市场可能处于*弱式效率性、次强式效率性或者强式效率性*。三种形式的区别之处在于有多少信息在价格中得到了反映。

我们由极端的形式开始。假如市场处于强式效率性，那么股票价格反映了所有类型的信息。在这样的市场上，不存在内幕信息这样的事情。因此，在我们上面的 FCC 例子中，我们显然假设市场不是处于强式效率性。

许多证据，尤其是在近几年，表明内幕信息确实存在并对其拥有者来说具有一定的价值。至于使用这些信息是否符合法律或者商业伦理，则是另外一个问题。在任何情况下，我们可以得出这样的结论，对于某一特定的股票，很可能存在一些未公开的尚未被当前股价所反映的信息。例如，预先知道收购企图的信息是很有价值的。

第二种形式——次强效率性，是最受争议的。假如一个市场处于次强效率性，那么所有公开的信息都已经反映在当前市价中了。其备受争议的原因是这意味着那些试图通过分析诸如财务报表的数据来发现不合理定价股票的证券分析家们不过是在浪费时间，因为所有公开的信息已经反映在当前的市价中了。

第三种形式，弱式效率市场，是说当前的股价至少已经反映了所有过去股票价格变动的信息。换句话说，如果市场处于弱式效率性，那么试图通过研究过去的价格信息来发现获利机会是徒劳无功的。尽管这种效率性可能会相对更加温和，但是它表明要想通过研究历史价格走势来识别定价有偏差的股票是行不通的（现实中经常这样做）。

从资本市场的历史能够看出市场效率的什么问题呢？这里再一次出现了很多争议。尽管存在许多缺陷，但它提供的证据似乎可以告诉我们三件事情：首先，价格的确看起来会随新信息的发布而快速作出调整；其次，市场价格的走势，尤其是在短期内，很难根据市场现有的信息作出预测;第三，假如存在价格与价值偏离的股票，那么并没有简单的办法可以让我们辨识这些股票。也就是说，依据公开信息而制定的粗浅计划往往不会成功。

第 11 章

风险与收益

2007 年 5 月，California Pizza Kitchen、PG&E 和 Sara Lee 与许多其他公司一样公布了年度经营业绩。正如你可能期待的那样，像这样的新闻往往能影响公司的股票价格。California Pizza 公司报告的净收益与市场预期相符，并且销售收入增长了 15%。投资者被这个消息冲昏了头脑，使得该公司的股价在一天之内上涨 7.4%。而 Pacific Gas and Electric 公司的母公司——PG&E 公司在宣告其利润超出估计值后（事实上，该公司当年的净利润超出上年 20%），其股价却下跌了约 1.8%。Sara Lee 公司也遭遇了同样的命运，当其宣告利润超出预期值时，公司的股价下跌了 0.4%。

这些公司的业绩报告看起来并没有本质的区别，但其中两个报告被投资者视为利空，股价随之下跌，另一个却被视为利好，股价也随之上涨。我们不禁要问一个问题：在什么情况下好消息才是真正的利好呢？关于这个问题的答案，对理解风险与收益的关系是相当重要的。而“好消息”是：本章将着重讨论这个问题。

本章将要继续我们在前一章里的讨论。我们已经很清楚地看到一些投资项目比另外一些项目有更大的风险。从现在开始，我们要更深入地考察财务领域的一个更基本的问题：究竟什么是风险？我们将会知道，风险并非总像看起来那样，而且承担风险的回报往往比我们看到的更加微妙。理解风险与收益对于经营领域的每个人都是很重要的，原因很简单：经营就是有风险的，而且从长远来看，只有那些能够对风险进行灵活管理的企业才能够长久生存。

通过前一章的学习，我们明白了从资本市场历史中所获取的一些重要教益。最重要的是，一般来讲，承担风险会获得相应的收益。我们将这种收益称为风险溢酬。第二个教益是风险较大的投资的风险溢酬也较大。本章从经济与管理的角度考察这个基本思想所蕴涵的道理。

到现在为止，我们主要集中讨论一些大型投资组合的收益情况。现在需要将注意力扩展到一些单独的资产项目上。具体地讲，我们有两个任务需要完成。首先，我们必须对风险进行定义，然后讨论如何对之进行衡量。接下来我们必须量化资产的风险同其要求收益率之间的关系。

当我们考察同单项资产相关联的风险时，我们发现存在两种类型的风险——系统风险和非系统风险。这其中的区别是很关键的，因为我们将会看到，系统风险几乎影响经济中的所有资产，至少是在一定程度上；而非系统风险最多只影响一定数量的资产。我们接下来研究分散投资的道理，它表明高度分散的资产组合几乎不存在什么非系统风险。

风险分散的道理具有非常重要的含义：对于一个进行多元化投资的投资者来说，他所需要关心的只是系统风险。这可以得出，在决定是否需要购买一项特定的资产时，一个多元化投资的投资者只需要关注资产的系统风险。这是一个关键的问题，它要求我们对个别资产的风险和收益进行更多的讨论。特别地，它是反映风险与收益之间关系的著名的证券市场线（SML）的基础。在导出 SML 的时候，我们引用了同样著名的 β 系数法，它是现代财务理论的中心论题之一。β 和 SML 是核心概念，因为它们至少为我们确定一项投资收益的要求收益率提供了部分答案。

11.1 预期收益率和方差

在前面的章节里，我们讨论了怎样利用历史数据来计算平均收益率和方差。现在开始要讨论的是，当我们拥有未来的可能收益率以及它们的概率时，如何分析收益率与方差的关系。

预期收益率

我们从一个直接明了的案例开始。考虑一个特定的时间段，比如一年。在此期间，我们拥有两只股票，分别是 L 和 U。这两只股票具有以下特点：股票 L 预期在下一年将会有 25% 的收益率，而股票 U 则在同期有 20% 的预期收益率。

在类似这样的情形下，假如所有的投资者都对预期收益持相同的意见，那为什么会有人愿意持有股票 U 呢？毕竟，为什么要在其他股票预期收益率更高时却要选择另外一只股票呢？很显然，答案必然是由于这两只股票的风险不同造成的。股票 L 的收益率尽管预期会有 25%，但实际结果却不一定。

例如，假定经济正在走向繁荣。在这种情况下，我们认为股票 L 将有 70% 的收益率。假如经济进入衰退期，我们认为收益率将是 −20%。在本例中，我们说经济有两种状况，也就是说只有两种可能的情形。当然，这种假设是将问题过分简化了，但这样做有利于我们对一些关键问题进行阐述，同时避免过多的计算。

假定经济繁荣与衰退的发生概率相同，即各有 50% 的机会。表 11.1 列出了有关股票 U 的信息和一些补充信息。请注意股票 U 在经济衰退的时候有 30% 的收益率，而在经济繁荣的时候收益率是 10%。

很显然，假如你购买这些股票中的一种，例如股票 U，那么在某个特定年份的收益情况取决于当年的经济状况。但是，假定概率一直保持不变。如果你持有股票 U 许多年，那么会有半数的时间获得 30% 的收益率，而在另一半时间获得 10% 的收益率。在这种情况下，可以说股票 U 的**预期收益率**（expected return），记为 $E(R_U)$，是 20%，计算如下：

$$E(R_U) = 0.50 \times 30\% + 0.50 \times 10\% = 20\%$$

换句话说，平均而言，你期望从这只股票中获得 20% 的收益率。

对于股票 L 来说，概率也是同样的，但可能的收益却不同。有一半的时间我们会损失 20%，而在另外一半时间则得到 70% 的收益率。因此股票 L 的预期收益率 $E(R_L)$ 是 25%，即：

$$E(R_L) = 0.50 \times (-20\%) + 0.50 \times 70\% = 25\%$$

表 11.2 列出了这些计算结果。

在前一章里，我们将风险溢酬定义为有风险的投资和没有风险的投资在收益率上的差异，而且我们计算了一些不同投资类别的风险溢酬。利用计划收益率，我们可以通过计算有风险的投资和没有风险的投资的收益差异来计算计划的（预期的）风险溢酬。

表 11.1
经济状况与股票收益率

经济状况	经济状况的概率	不同经济状况下的证券收益率情况	
		股票 L（%）	股票 U（%）
衰退	0.5	−20	30
繁荣	0.5	70	10
	1.0		

表 11.2 预期收益率的计算

		股票 L		股票 U	
（1） 经济状况	（2） 各种经济状况 发生的概率	（3） 在不同经济状况 下的收益率	（4） 计算 （2）×（3）	（5） 经济状况发生 时的收益率	（6） 计算 （2）×（5）
衰退	0.5	−0.20	−0.10	0.30	0.15
繁荣	0.5	0.70	0.35	0.10	0.05
	1.0		$E(R_L)=0.25$		$E(R_U)=0.20$

例如，假如无风险的投资的报酬率是 8%，我们将说无风险收益率（用 R_f 表示）是 8%。在这种条件下，股票 U 的预期风险溢酬是多少？股票 L 呢？由于股票 U 的预期收益率 $E(R_U)$ 是 20%，预期风险溢酬计算为：

$$\begin{aligned}\text{风险溢酬} &= \text{预期收益率} - \text{无风险收益率} \\ &= E(R_U) - R_f \\ &= 20\% - 8\% \\ &= 12\%\end{aligned} \qquad [11.1]$$

与此类似，股票 L 的风险溢酬为 25% − 8% = 17%。

总的来说，证券或其他资产的预期收益率等于可能的收益率与它们的概率的乘积之和。所以，假如有 100 种可能的收益率，我们将每种可能的收益率与它们的概率相乘，然后再进行加总，得到的结果便是预期收益率。风险溢酬便是预期收益率与无风险收益率的差异。

例 11.1　不相等概率

再看一看表 11.1 和 11.2。假定认为经济繁荣的概率是 20% 而非 50%。那么，股票 U 和 L 的预期收益率是多少？假如无风险收益率是 10%，那么风险溢酬又是多少？

第一个要关注的问题是衰退发生的概率是 80%（1 – 0.20 = 0.80），因为只有两种可能性。明白了这一点，我们发现股票 U 在 80% 的年份里有 30% 的收益率，在 20% 的年份里有 10% 的收益率。为了计算预期收益率，我们再次将各种概率相乘然后加总，其结果是：

$$E(R_U) = 0.80 \times 30\% + 0.20 \times 10\% = 26\%$$

表 11.3 总结了两种股票的计算结果。请注意，股票 L 的预期收益率是 –2%。

在这里，股票 U 的风险溢酬是 26% – 10% = 16%。股票 L 的风险溢酬是负的：–2% – 10% = –12%。这个结果有点奇怪，但是，这并不是不可能的，原因我们将在以后讨论。

计算方差

要想计算两种股票的方差，首先需要计算同预期收益率的离差的平方，将每种离差的平方同其概率相乘，然后再将其进行加总，其结果便是方差。标准差同以往相同，也是方差的平方根。

上面股票 U 的预期收益率 $E(R_U) = 20\%$。在任意给定的一年里，其实际收益率或者是 30%，或者是 10%。因此可能的离差是 30% – 20% = 10% 和 10% – 20% =

表 11.3　预期收益率的计算率

		股票 L		股票 U	
(1) 经济状况	(2) 各种经济状况发生的概率	(3) 在不同经济状况下的收益率	(4) 计算 (2) × (3)	(5) 经济状况发生时的收益率	(6) 计算 (2) × (5)
衰退	0.8	–0.20	–0.16	0.30	0.24
繁荣	0.2	0.70	0.14	0.10	0.02
	1.0		$E(R_L) = -0.02$		$E(R_U) = 0.26$

−10%。在本例中，方差的计算如下：

$$方差 = \sigma_U^2 = 0.50 \times (10\%)^2 + 0.50 \times (-10\%)^2 = 0.01$$

标准差是其平方根，即：

$$标准差 = \sigma_U = \sqrt{0.01} = 0.10 = 10\%$$

表 11.4 将两种股票的计算做了总结。我们可以注意到，股票 L 有较大的方差。当我们将两种股票的预期收益率同其变异性信息放在一起的时候，我们有：

	股票 L	股票 U
预期收益率，$E(R)$	25%	20%
方差 σ^2	0.2025	0.0100
标准差 σ	45%	10%

股票 L 有更高的预期收益率，而股票 U 则有较小的风险。你可以从股票 L 那里获得 70% 的收益，但你同样可能遭受 20% 的损失。你也能注意到对股票 U 的投资收益率总在 10% 以上。

那么你会购买这两支股票中的哪一只呢？这一点很难说，它取决于个人的偏好。但是，有理由相信：有一些投资者会选择 L，也有一些会倾向于选择 U。

表 11.4 方差的计算

(1) 经济状况	(2) 经济状况的概率	(3) 同预期收益率的离差	(4) 同预期收益率的标准差	(5) 计算 (2) × (4)
股票 L				
衰退	0.5	−0.20 − 0.25 = −0.45	$(-0.45)^2 = 0.2025$	0.10125
繁荣	0.5	0.70 − 0.25 = 0.45	$0.45^2 = 0.2025$	0.10125
	1.0			$\sigma_U^2 = 0.2025$
股票 U				
衰退	0.5	0.30 − 0.20 = 0.10	$0.10^2 = 0.01$	0.00500
繁荣	0.5	0.10 − 0.20 = −0.10	$(-0.10)^2 = 0.01$	0.00500
	1.0			$\sigma_U^2 = 0.01000$

你可能会注意到我们在这里计算预期收益率和方差的方法同前一章有所不同。原因是，在第 10 章里，我们考察的是实际的历史收益率，所以我们估计的平均收益率和方差是建立在一些实际事件的基础上的。而在这里，我们是要估计未来的收益率及相关的概率，所以我们所做的都是针对这些数据。

例 11.2　概率差别更大的情形

回顾一下在例 11.1 中，假如两只股票有不相等的概率，那么方差会是多少？标准差呢？我们将所要进行的计算总结如下：

(1) 经济状况	(2) 经济状况的概率	(3) 同预期收益率的离差	(4) 同预期收益率的标准差	(5) 计算 (2) × (4)
股票 L				
衰退	0.80	−0.20 − (−0.20) = −0.18	0.0324	0.02592
繁荣	0.20	0.70 − (−0.02) = 0.72	0.5184	0.10368
				$\sigma_U^2 = 0.12960$
股票 U				
衰退	0.80	0.30 − 0.26 = 0.04	0.0016	0.00128
繁荣	0.20	0.10 − 0.20 = −0.16	0.0256	0.00512
				$\sigma_U^2 = 0.00650$

基于这些计算，L 的标准差是 $\sigma_L = \sqrt{0.1296} = 0.36$，或者说 36%，U 的标准差更小，$\sigma_U = \sqrt{0.0064} = 0.08$，或者说 8%。

11.2　投资组合

本章到现在为止，我们都将注意力集中在对单项资产的分别考察上。但是，大多数投资者实际上都持有一些资产的**投资组合**（protfolio）。我们的意思是投资者倾向于拥有超过一种的股票、债券，或者其他资产。在这种情况下，我们就有必要考察投资组合的收益率和投资组合的风险。因此，我们现在讨论投资组合的预期收益率和方差。

投资组合的权重

对投资组合的描述有许多类似的方法，最方便的方法是每种资产价值在投资组合总价值中所占的百分比。我们将这些百分比称作**投资组合权重**（portfolio weight）。

假如我们拥有两种资产一种价值 50 美元，另一种价值 150 美元，那么资产组合的价值总和是 200 美元。第一种资产在投资组合中所占比重是 \$50/\$200 = 0.25，第二种资产在投资组合中所占比重是 \$150/\$200 = 0.75。于是投资组合的权重分别为 0.25 和 0.75。需要注意的是权重之和是 1.00，因为我们所有的钱都投出去了。[1]

投资组合的预期收益率

让我们再来看一看股票 L 和 U。你将各一半的钱投到这两种股票上，所以投资组合的权重显然是 0.50 和 0.50。这个投资组合的收益模式是怎样的呢？预期收益率呢？

为了回答这些问题，假定经济实际上正在进入衰退期。在这种情况下，你有一半的钱（投资 L 的那一部分）的收益率是 −20%。另外一半（投资 U 的那一部分）的收益率是 30%。你的投资组合的收益率 R_P 在经济衰退的情况下将是：

$$R_P = 0.50 \times (-20\%) + 0.50 \times 30\% = 5\%$$

表 11.5 将所有的计算做了总结。注意，在经济繁荣的情况下，你的投资组合的收益率将是 40%：

$$R_P = 0.50 \times 70\% + 0.50 \times 10\% = 40\%$$

正如表 11.5 所示，你的投资组合的预期收益是 22.5%。

我们可以更容易地直接计算预期收益。在这种投资组合的权重下，我们将会推出一半（投资 L 的那一部分）钱会获得 25% 的收益率，而另外一半（投资 U 的那一部分）的收益率则是 20%。于是投资组合的预期收益率如下所示。

---

1 当然，其中一部分可以是现金，但我们将会把现金当做投资组合的一种资产。

表 11.5
股票 L 和股票 U 相等权重投资组合的预期收益率

（1）经济状况	（2）概率	（3）投资组合的收益率	（4）计算（2）×（3）
衰退	0.50	0.50 × (−20%) + 0.50 × 30% = 5%	0.025
繁荣	0.50	0.50 × 70% + 0.50 × 10% = 40%	0.200
	1.00		$E(R_P) = 0.225$

$$\begin{aligned} E(R_P) &= 0.50 \times E(R_L) + 0.50 \times E(R_U) \\ &= 0.50 \times 25\% + 0.50 \times 20\% \\ &= 22.5\% \end{aligned}$$

这与我们前面所得的投资组合预期收益率相同。

这种方法也适用于包含更多资产项投资组合预期收益率的计算。假定在我们的投资组合中包含 n 种资产，这里 n 可以是任何数字。假如我们设 x_i 代表资产 i 所占的比重，那么预期收益率为：

$$E(R_P) = x_1 \times E(R_1) + x_2 \times E(R_2) + \cdots + x_n \times E(R_n) \qquad [11.2]$$

这是说投资组合的预期收益率是投资组合中各种投资的预期收益率之和。但是，正如我们接下来将会考察到的，这样简单明了的方法并不总是正确的。

例 11.3 投资组合的预期收益率

假如我们对三种股票有如下的推算：

经济状况	概率	收益率（%）		
		股票 A	股票 B	股票 C
繁荣	0.40	10	15	20
萧条	0.60	8	4	0

我们想要计算两种情况下投资组合的预期收益率。首先，假如对三种股票的投资比例相同，预期收益率将是多少？其次，假如投资组合有一半资金投向股票 A，另外一半在 B 和 C 之间平分的话，预期收益率将是多少？

根据我们前面的讨论，单只股票的预期收益率为：

$E(R_A) = 8.8\%$

$E(R_B) = 8.4\%$

$E(R_C) = 8.0\%$

假如每种资产的投资额相同，每种资产的权重相同。这种投资组合可以称为等权重投资组合。由于在本例中包含三种股票，因此每种股票的权重都是⅓。于是投资组合的预期收益率是：

$$E(R_P) = (1/3) \times 8.8\% + (1/3) \times 8.4\% + (1/3) \times 8.0\% = 8.4\%$$

在第二种情形下，我们可以验证投资组合的预期收益率为 8.5%。

投资组合的方差

从我们上面的讨论可以看出，在对股票 U 和 L 的投资额相同时，投资组合的预期收益率是 22.5%。那么这种投资组合的标准差是多少？简单的直觉告诉我们，半数的钱有 45% 的标准差，而另一半则有 10%，所以投资组合的标准差可以这样计算：

$$\sigma_P = 0.50 \times 45\% + 0.50 \times 10\% = 27.5\%$$

不幸的是，这种计算方法是完全错误的！

让我们看看标准差究竟是什么意思。表 11.6 将相关的计算做了总结。正如我们所看到的，投资组合的方差大约是 0.031，其标准差比我们想象的要小——只有约 17.5%。我们在这里所要说明的是，投资组合的方差通常并不是组合中各资产方差的简单混合加总。

我们可以通过另一组权重稍有不同的投资组合来更清楚地说明这一点。假定我们将资产的 2/11（大约 18%）投向 L，而将另外 9/11（约 82%）投向 U。假如经济处于衰退期，投资组合的收益率将是：

$$R_P = 2/11 \times (-20\%) + 9/11 \times 30\% = 20.91\%$$

表 11.6　股票 L 和股票 U 权重相等的投资组合的方差

(1) 经济状况	(2) 概率	(3) 该经济状况的收益率	(4) 同预期收益率差的平方	(5) 计算 (2)×(4)
衰退	0.50	5%	$(0.05-0.225)^2=0.030625$	0.0153125
繁荣	0.50	40	$(0.40-0.225)^2=0.030625$	0.0153125
	1.00			$\sigma_P^2=0.030625$
				$\sigma_P=\sqrt{0.030625}=17.5\%$

假如经济处于繁荣期，投资组合的收益率将为：

$$R_P = {}^2/_{11} \times 70\% + {}^9/_{11} \times 10\% = 20.91\%$$

注意到无论发生什么，收益率总是相同的。不需要进一步计算我们便可知道这一投资组合具有 0 方差。很显然，将资产进行组合投资可以大大降低投资者所面对的风险。这是一个关键的结论，我们将在下一节更详细地考察其所包含的意义。

例 11.4　投资组合的方差与标准差

在例 11.3 中，两个投资组合的标准差是多少？为回答这个问题，我们首先需要计算在两种情况下投资组合的收益率。我们将对第二种组合进行计算。在这种投资组合中股票 A 占 50%，而股票 B 和 C 各占 25%。相关的计算总结如下：

经济状况	概率	收益率（%）			
		股票 A	股票 B	股票 C	组合
繁荣	0.40	10	15	20	13.75
萧条	0.60	8	4	0	5.00

在经济繁荣的情况下，投资组合的收益率为：

$$0.50 \times 10\% + 0.25 \times 15\% + 0.25 \times 20\% = 13.75\%$$

在经济萧条情况下的计算方法相同，投资组合的预期收益率是 8.5%，所以方差的值为：

$$\sigma^2 = 0.40 \times (0.1375 - 0.085)^2 + 0.60 \times (0.05 - 0.085)^2$$
$$= 0.0018375$$

因此标准差约为 4.3%。在我们的权重组合中，可以验证标准差约为 5.4%。

11.3 宣告、意外事项与预期收益率

我们已经知道如何构造投资组合并计算它们的收益率，接下来我们开始更详细地论述个别证券的风险及相关的收益率。到此为止，我们通过考察资产或者投资组合的实际收益率 R 同预期收益率 $E(R)$ 之间的差异来衡量变异性。我们现在探讨这些差异存在的原因。

预期和未预期的收益

在开始的时候为了具体一点，我们来考察一家名为 Flyers 的公司的股票收益。是什么因素决定着这只股票的来年收益情况?

任何在金融市场交易的股票的收益都由两部分组成。首先是股票的正常收益，或者说预期收益，这部分收益是市场上股东对这只股票估计或预期的收益。这部分收益的大小取决于股东所掌握的相关股票的信息，这些信息又基于今天市场对来年将对股票价格发生影响的重大因素的理解。

股票收益的第二部分是不确定性，或者说风险部分。这部分是由年内公布的未预料到的信息带来的。有关这种信息的来源很多，但这里有一些例子：

有关 Flyers 研究成果的新闻；
政府发布的国内生产总值（GDP）的数据；
Flyers 的销售数据大于预期的消息；
利率出人意料地下降。

基于这些讨论，来年 Flyers 股票的收益可以如下表示。

总收益 = 预期收益 + 意外收益

$$R = \mathrm{E}(R) + U \quad [11.3]$$

在这里 R 代表实际年收益，$\mathrm{E}(R)$ 代表收益的预期部分，U 代表收益的未预期部分。这就是说，实际收益 R 同预期收益是有差别的，因为一年之间会发生意外的事。对于给定的一年来说，意外收益可能是正的或负的，U 的平均值是 0。这就是说，按平均计算，实际收益同预期收益是相等的。

公告与新闻

在谈到新闻对收益的影响时我们需要谨慎。例如，假定 Flyers 的业务在 GDP 增长较大时兴旺，而在 GDP 不景气时萧条。在这种情况下，要决定本年持有 Flyers 股票的预期收益，股东无论是公开还是在内心里都必须对 GDP 的走向进行思考。

当政府实际宣布年度 GDP 数据时，Flyers 公司股票价格会如何变化？很显然，答案取决于发布的数据是什么。更确切地讲，其影响大小取决于发布的数据在多大程度上是新信息。

年初，市场参与者会对 GDP 的年度走势有一些看法或估计。取决于股东在多大程度上对 GDP 做了估计，估计数据已经构成了对股票预期收益 $\mathrm{E}(R)$ 发生影响的因素。另一方面，假如公布的 GDP 出人意料，其影响便构成 U 的一部分，即收益的意外部分。

举个例子，假定市场上的股票持有者预计 GDP 会在年内上升 0.5%。假如实际公布的数字正好是 0.5%，同估计的一样，那么股东实际上并没有受到影响，这次公告便不是新闻。因此其结果并不对股票的价格发生影响。这就如同你一直怀疑的东西得到了证实：并没有透露任何新的东西。

说一项公告不是新闻的一种常见方式是，说市场已经对这项宣告进行了贴现。这里使用贴现一词同计算净现值时的用法是不同的，但其精神却是一致的。当我们将未来的 1 美元进行贴现时，由于货币的时间价值，我们说其价值要小一些。当我们说要对一项宣告或新闻进行贴现时，我们的意思是它会对市场发生较小的影响，因为市场已经知道这一点了。

例如，再返回到 Flyers 的例子，假定政府宣布实际的 GDP 本年度增长了 1.5%。于是可以说，股东们得到了一些新的东西，即比他们预期的高了 1 个百分点。这种实际结果同估计值的差异（在本例中是 1 个百分点）有时被称作新情况或意外事项。

那么，一项公告可以分为两部分，估计到的、预期的部分与出乎意料的部分（新情况）。

$$公告 = 预期部分 + 意外部分 \quad [11.4]$$

公告的预期部分是市场用于计算股票预期收益 [$E(R)$] 的部分，意外部分则是影响股票意外收益的部分，即 U。

再举一个例子，假如股东知道在 1 月份公司总裁将会卸任，那么 2 月份的正式宣布已充分预料到，并将被市场贴现。因为 2 月之前宣告已被估计到，其对股票的影响在 2 月份之前就已经发生了。公告本身并不包含什么意外，因此股票的价格在其实际宣布时将根本不会发生变化。

一项公告中未被预料到的，或者意外部分才值得考虑，它可以解释为什么两个公司作出了类似的宣告，但股票价格的反应却不同。举例来说，2002 年家得宝公司发布了收入猛增的消息，同时对此进行了评论，这些评论引起投资者对公司在即将到来的季节中更低增长率的担心。而对于本章开篇提到的 PG&E 和 Sara Lee，有利消息在投资者普遍对该公司股票前途不看好的日子发出，因此股票普遍下跌。（当你阅读下一节时，记住这个例子）。

前一章中我们对市场效率的讨论与这一论题也有关系。我们假定今天知道的相关信息已经反映在预期收益里面了。这就等于说当前的价格反映了已经公开宣告并被广大投资者得到的相关信息。因此我们隐含地假定市场至少已经合理地处于次强效率状态。

因此，当我们说新闻的时候，指的是公告中的意外部分，而非市场已经估计到并进行了贴现的部分。

11.4 风险：系统风险和非系统风险

收益的意外部分——由意外信息所导致的部分，是投资的真正风险所在。毕竟，假如我们经常得到正好和预期相同的信息，那么投资就完全是可以估计的了，因此按照定义，也就是无风险的了。换句话说，持有一项资产的风险来自于意外——未预料到的事件。

尽管如此，不同类型的风险之间还是存在重大差别的。回顾一下前面列举过的故事。这些故事有些是 Flyers 特有的，而另外一些则更加普遍。哪些新闻对于 Flyers 有特别的重要意义？

有关利率和 GDP 的公告很显然几乎对所有的公司都很重要，而有关 Flyers 总裁的新闻，其科研情况或者销售状况只是对 Flyers 有特殊的意义。我们将区分这两种事件的不同，因为，正如我们将会看到的，它们有截然不同的含义。

系统与非系统风险

第一种类型的意外会对大量资产产生影响，我们将其归为**系统风险**（systematic risk）。因为系统风险在整个市场范围产生影响，因此它们有时被称为市场风险。

第二种类型的意外叫做**非系统风险**（unsystematic risk）。非系统风险是对单独一个或一小类资产产生影响的风险。因为这些风险是个别公司或资产特有的，因此它们有时被称为特有的风险或同特定资产相关的风险。我们将会交叉使用这些术语。

正如我们已经看到的，总体经济条件的不确定性，如 GDP、利率或者通货膨胀，是系统风险的一些例子。这些条件几乎在一定程度上影响所有的公司。例如，一次未料到的通货膨胀率的上升或者意外，将影响工资和公司供货商的成本；影响公司所拥有的资产的价值；影响公司所销售产品的价格。类似这些容易对所有公司产生影响的力量是系统风险的实质。

相对而言，某公司宣布一次石油工人罢工可能将主要对本公司以及少数几家其他公司（如主要的竞争对手和供应商）产生影响。它不太可能对世界石油市场产生较大影响，或对不在石油行业的事件产生影响，所以这就是一个非系统事件。

收益的系统与非系统部分

系统风险和非系统风险之间的界限从来不会是截然分明的。即便是涉及面极窄的关于一个公司的新闻也会在整个经济领域波散开来。之所以会这样是因为每个企业，不管它是多么微不足道，也是经济的一部分。这就类似一个古老的故事：因为有一匹马丢掉了蹄铁，一个王国消亡了。然而，这颇有点生拉硬扯的味道。某些风险类型显然比其他的风险更为常见。针对这一点我们即刻就可以找出一些证据。

不同风险形式之间的差别使得我们可以将 Flyers 股票收益的未预期部分 U 分解

成两部分。从前面的内容可以得出，我们可以将实际收益分解为预期的和未预期的两部分：

$$R = \mathrm{E}(R) + U$$

我们现在知道 Flyers 的总未预期 U 由系统和非系统风险溢酬两部分组成，所以：

$$R = \mathrm{E}(R) + \text{系统风险溢酬} + \text{非系统风险溢酬} \qquad [11.5]$$

根据惯例，我们将用希腊字母 ϵ 来代表非系统风险部分。由于系统风险通常称为市场风险，我们将用 m 代表意外的系统部分。利用这些符号，我们可以将总收益重新写成：

$$\begin{aligned} R &= \mathrm{E}(R) + U \\ &= \mathrm{E}(R) + m + \epsilon \end{aligned}$$

有一点对于我们将总意外 U 进行分解是很重要的，即非系统部分 ϵ 或多或少是 Flyers 公司所独有的。由于这个原因，它与许多其他资产的非系统部分是无关的。要说明为什么这一点很重要，我们需要回顾组合风险这一主题。

11.5 分散投资与投资组合的风险

在前面我们已经看到，投资组合的风险在理论上同组成投资组合的各项资产的风险有相当大的区别。现在我们要进一步考察单项资产的风险同包含在多种资产投资组合中的风险有什么不同。我们将再一次从市场历史的角度来观察在美国资本市场所进行的实际投资的情况。

分散投资的效果：市场历史的又一个启示

在前面的章节中，我们看到由 500 种较大普通股组成的投资组合的年度收益率的标准差大约是 20%（如图 10.10）。这是否意味着包含在 500 家股票组合中的个别股票年度收益率的标准差是大约 20%？正如你现在可能怀疑的那样，答案是否定的。这是一个极其重要的论断。

表 11.7
年度投资组合收益率的标准差

（1） 投资组合中的 股票数量	（2） 年度投资组合收益率 的平均标准差（%）	（3） 投资组合标准差同单只 股票标准差的比率
1	49.24	1.00
2	37.36	0.76
4	29.69	0.60
6	26.64	0.54
8	24.98	0.51
10	23.93	0.49
20	21.68	0.44
30	20.87	0.42
40	20.46	0.42
50	20.20	0.41
100	19.69	0.40
200	19.42	0.39
300	19.34	0.39
400	19.29	0.39
500	19.27	0.39
1 000	19.21	0.39

资料来源：These figures are from Table 1 in Meir Statman, "How Many Stocks Make a Diversifi ed Portfolio?" *Journal of Financial and Quantitative Analysis* 22 (September 1987), pp. 353–64. They were derived from E. J. Elton and M. J. Gruber, "Risk Reduction and Portfolio Size: An Analytic Solution," *Journal of Business* 50 (October 1977), pp. 415–37.

为考察投资组合的大小同投资组合的风险之间的关系，表 11.7 列出了投资组合的典型平均年标准差，这些投资组合是由随机选取的不同数量的纽约股票交易所证券组成的。

从表 11.7 的第二列可以看到，由一种股票组成的"投资组合"的标准差大约是 49%。这就意味着，假如你随机选取了纽约股票交易所的一只股票并将所有的钱投在上面，你的收益的标准差一般每年达 49% 之高。假如你将要随机选取两只股票并各将一半的钱投资到这两只股票上，那么你的标准差平均大约 37%，等等。

在表 11.7 中有一点很重要，值得我们注意，即随着证券数量的增加，标准差趋于下降。当我们随机选取了 100 种股票的时候，投资组合的标准差下降了大约 60%，从 49% 降为约 20%。若是选取了 500 种证券，那么标准差是 19.27%，与前一章中大型普通股组合的标准差（20%）很接近。之所以存在较小的差异是因为所考察的证券种类和时间范围有所不同。

分散投资原理

图 11.1 说明了我们正在讨论的问题。我们所画的是收益率的标准差同投资组合中股票数量的关系。注意到在图 11.1 中，由增加证券种类而带来的风险递减的好处随着数量的增加而变得越来越小。在我们有 10 种证券的时候，其主要效果已经实现了，而当数量达到 30 的时候，潜在的好处已经微乎其微了。

图 11.1 说明了两个关键问题。首先，同单项资产相关联的风险可以通过建立投资组合而消除。将一项投资扩展到多种资产上称为投资的分散。**分散投资原理**（principle of diversification）告诉我们将一项投资扩展到多项资产上会消除一部分风险。图 11.1 的上部阴影部分被标记为“可分散风险”部分，它是可以通过投资分散

图 11.1
投资组合的分散化程度

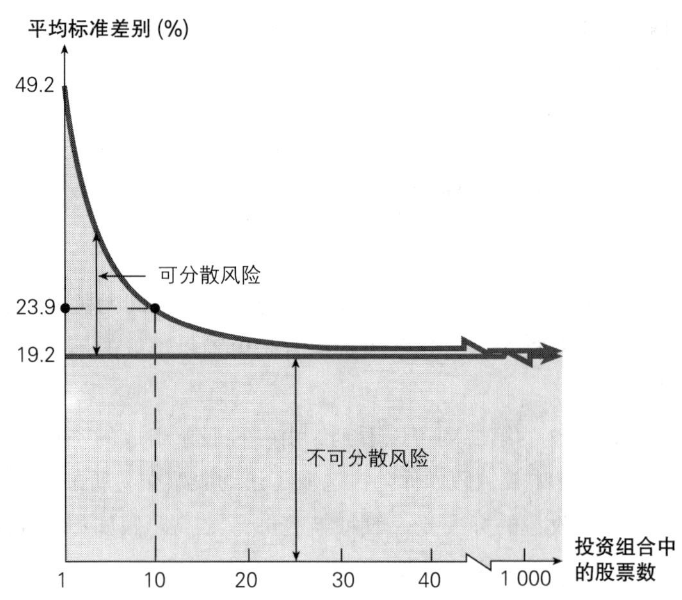

来消除的。

第二点同样重要，有小部分的风险是无法简单地通过投资分散而消除的。这小部分风险在图 11.1 中被标记为“不可分散风险”。总体来看，这两点构成了资本市场历史的另外一个重要教益：分散投资降低了风险，但只能降低一定的风险。换句话说，有些风险是可以分散的，而有些却是无法分散的。

多元化投资与非系统风险

通过对投资组合风险的讨论，我们现在知道有些同单项资产关联的风险可以分散掉，而有些则不能。这就留给我们一个很明显的问题：其中的原因是什么？答案还要归结为我们前面所确定的系统风险与非系统风险之间的差别。

根据定义，非系统风险是个别资产，或者最多是一小部分资产所特有的风险。例如，假如我们要考察的是某个公司的股票，正的净现值（NPV）项目的发现，如成功的新产品和创造性的成本节约会使股票的价值趋于上升。未预料到的法律诉讼、工业事故、罢工，以及类似的事件都会降低未来的现金流量，从而使股票的价值下降。

在这里可以得出重要的论断：假如我们只持有一种股票，那么我们投资的价值将会随着特定公司事件的发生而波动。相反，假如我们持有一个很大的投资组合，由于特定公司有利事件的发生，一些股票的价格会上升，而由于受不利事件的影响，也有一些股票的价格会下跌。

现在让我们看一看为什么同单项资产相关联的变异性由于投资分散而消除。当我们将资产融入投资组合，持有不单单是少数几项资产的时候，公司特有的，或者说非系统事件——有利的或者不利的——会趋于“中和”。

这是一个值得反复思考的关键问题：

> 非系统风险由于分散投资而得到了实质的削减，所以一个较大的投资组合几乎不存在非系统风险。

实际上，可分散风险这一术语和非系统风险经常是交互使用的。

多元化投资与系统风险

我们已经看到非系统风险可以通过分散投资而消除。那么系统风险呢？它是否也能够通过分散投资而消除？答案是否定的，因为根据定义，系统风险是在一定程度上几乎对所有资产都会产生影响的风险。因此，无论我们将多少资产纳入投资组合，系统风险都不会消失。因此，很显然，系统风险和不可分散的风险可以交换使用。

由于我们已经引进了这么多的术语，在继续介绍新内容之前我们有必要对前面的论述做一个总结。我们已经知道，由收益的标准差衡量的一项投资的总风险可以表达为：

总风险 = 系统风险 + 非系统风险　　[11.6]

系统风险仍然被称为不可分散风险或者市场风险。非系统风险也称为可分散风险、特有的风险或同特定资产相关的风险。对于一个高度分散的投资组合来说，非系统风险是可以忽略的。对于这样的一个投资组合来说，几乎所有的风险都是系统风险。

11.6　系统风险与β系数

我们现在开始要重点考察的问题是，究竟是什么决定着一项风险资产的风险溢酬？换句话说，为什么一些资产比其他资产有更大的风险溢酬？这些问题的答案，正如我们下面要讨论的，也是建立在系统与非系统风险之间的区别之上。

系统风险原理

到现在为止，我们已经看到同一项资产相关联的总体风险可以分解为两部分：系统和非系统风险。我们还看到，非系统风险实际上可以通过分散投资而消除。另一方面，一项资产所体现的系统风险是无法通过分散投资而消除掉的。

基于对资本市场历史的研究，一般来说，风险总是与收益相伴。然而，我们现在需要更加准确地知道风险是什么意思。**系统风险原理**（systematic risk principle）是说承担风险的收益仅仅取决于一项投资所具有的系统风险。这一理论最基本的思想直截了当：既然非系统风险不需付出什么成本就可以消除掉（通过分散投资），对风险的承担也就不需要补偿。也就是说，市场对于那些本无必要承担的风险是不会给予回报的。

系统风险原理有一个显著而重要的隐含意义：

> 一项资产的预期收益率仅取决于该项资产的系统风险。

此理论有一个很明显的推论：无论一项资产的总风险有多大，只有系统风险部分与确定那项资产的预期收益率（以及风险溢酬）是相关的。

衡量系统风险

由于系统风险对于一项资产预期收益率的决定是至关重要的，我们需要一些方法来衡量不同资产的系统风险大小。我们所要使用的方法称为**贝塔系数法**（beta coefficient），采用希腊符号 β 来表示。贝塔系数（缩写为 β）告诉我们相对于平均风险的资产而言，一项特定资产的系统风险究竟是多少。根据定义，平均风险资产本身的 β 系数是 1.0。因此，若一项资产的 β 系数是 0.50，那么它所具有的风险便是平均风险资产的一半；而 β 系数是 2.0 的资产则具有双倍的系统风险。

表 11.8 是一些知名公司股票的估计 β 系数（这些数字四舍五入到百分位）。表

表 11.8
部分公司的 β 系数

公司	β 系数
可口可乐	0.60
凯洛格	0.65
棒约翰	0.80
3M	0.85
家得宝	1.00
Bed, Bath, & Beyond 公司	1.05
麦当劳	1.10
美国鹰牌服饰	1.35
蒂芙尼	1.55
大陆航空	2.40

资料来源：From *Value Line Investment Survey*, various issues, 2007.

11.8 是典型的大型美国公司β系数范围。在此范围之外的β系数也存在过，但不常见。

要记住的一个要点是：对资产的预期收益以及风险溢酬仅取决于该资产的系统风险。有较大β值的资产具有较大的系统风险，所以这种资产的预期回报也就相对较高。例如，在表 11.8 中，如果投资者购买β系数为 0.65 的凯洛格的股票，那么他的预期收益率就要低于购买β系数为 1.35 的美国鹰牌服饰股票的投资者的预期收益率。

例 11.5 总风险与β系数

观察下面两只证券的信息。哪个具有较大的总风险？哪个具有较大的系统风险？哪个具有更大的非系统风险？哪个资产的风险溢酬较大？

	标准差（%）	β
证券 A	40	0.50
证券 B	20	1.50

根据本节的讨论，证券 A 有较大的总体风险，但它的系统风险却较小。由于总体风险是系统风险和非系统风险之和，证券 A 必定有较大的非系统风险。最后，根据系统风险原理，证券 B 将有较大的风险溢酬以及较高的预期收益率，虽然它的总体风险较小。

投资组合的β系数

如前所述，我们已经知道投资组合的风险与组合内各资产的风险的关系并不简单。但是，资产组合的β值的计算方法却和资产组合的回报率的计算方法差不多。例如，参看表 11.8，假定你将一半的钱购买 3M 的股票，另一半购买蒂芙尼的股票，则投资组合的β值是多少？ 3M 的β值是 0.85，蒂芙尼的β值是 1.55，计算如下：

$$\begin{aligned}\beta_P &= 0.50\times\beta_{3M}+0.50\times\beta_{\text{蒂芙尼}}\\ &= 0.50\times0.85+0.50\times1.55\\ &= 1.20\end{aligned}$$

通常说来，如果一个投资组合中有大量资产，我们在求该组合的β值时，应将

各项资产的 β 值乘其权数，然后将各个结果加总。

例 11.6　投资组合 β

假定我们有如下的投资项目：

证券	投资规模（$）	预期收益率（%）	β
股票 A	1 000	8	0.80
股票 B	2 000	12	0.95
股票 C	3 000	15	1.10
股票 D	4 000	18	1.40

那么投资组合的预期收益率是多少？投资组合的 β 是多大？这个投资组合的系统风险比平均资产的系统风险是更大还是更小？

要回答这个问题，我们首先必须计算投资组合各资产的权重。注意到总投资额是 \$10 000。在这其中，有 \$1 000/10 000 = 10% 是投资在股票 A 上。相应地，有 20% 投资在股票 B 上，30% 投资在股票 C 上，以及 40% 投资在股票 D 上。因此预期收益率 $E(R_P)$ 是：

$$\begin{aligned}E(R_P) &= 0.10 \times E(R_A) + 0.20 \times E(R_B) + 0.30 \times E(R_C) + 0.40 \times E(R_D)\\ &= 0.10 \times 8\% + 0.20 \times 12\% + 0.30 \times 15\% + 0.40 \times 18\%\\ &= 14.9\%\end{aligned}$$

与此类似，投资组合的 β 系数 β_P 为：

$$\begin{aligned}\beta_P &= 0.10 \times \beta_A + 0.20 \times \beta_B + 0.30 \times \beta_C + 0.40 \times \beta_D\\ &= 0.10 \times 0.80 + 0.20 \times 0.95 + 0.30 \times 1.10 + 0.40 \times 1.40\\ &= 1.16\end{aligned}$$

因此投资组合的预期收益率是 14.9%，β 系数是 1.16。由于 β 系数大于 1.0，投资组合的系统风险比平均资产的要大。

11.7 证券市场线

我们现在要看一看风险是如何在市场上获得回报的。在开始之前，假定资产 A 的预期收益率 $E(R_A)= 20\%$，$\beta_A = 1.6$。而且，无风险收益率 $R_f = 8\%$。按照定义，无风险资产不存在系统风险，所以无风险资产的 β 系数是 0。

β 系数与风险溢酬

考虑一下由资产 A 和一项无风险资产组成的投资组合。我们可以通过改变两个资产的投资额来计算不同投资组合的预期收益率和 β 系数。例如，假如对资产 A 的投资占 25%，那么预期收益率为：

$$\begin{aligned} E(R_P) &= 0.25 \times E(R_A) + (1 - 0.25) \times R_f \\ &= 0.25 \times 20\% + 0.75 \times 8\% \\ &= 11.0\% \end{aligned}$$

与此类似，投资组合的 β 系数 β_P 为：

$$\begin{aligned} \beta_P &= 0.25 \times \beta_A + (1 - 0.25) \times 0 \\ &= 0.25 \times 1.6 \\ &= 0.40 \end{aligned}$$

由于权重之和为 1，因此对无风险资产的投资权重为 1 减去对资产 A 投资的权重。

有一个你可能会考虑的问题是：对资产 A 的投资是否可能会超过 100%？答案是肯定的。之所以会这样是由于投资者可以以无风险利率来借款。例如，假定投资者有 100 美元，并以 8% 的无风险利率借了 50 美元。对资产 A 的总投资为 150 美元，或者说投资者自有资产的 150%。本例中的预期收益率将为：

$$\begin{aligned} E(R_P) &= 1.50 \times E(R_A) + (1 - 1.50) \times R_f \\ &= 1.50 \times 20\% - 0.50 \times 8\% \\ &= 26.0\% \end{aligned}$$

投资组合的 β 系数为：

$$\beta_P = 1.50 \times \beta_A + (1 - 1.50) \times 0$$
$$= 1.50 \times 1.6$$
$$= 2.4$$

我们将另外一些可能的投资组合计算如下：

资产 A 在投资组合中所占的百分比（%）	投资组合的预期收益率（%）	投资组合的 β
0	8	0.0
25	11	0.4
50	14	0.8
75	17	1.2
100	20	1.6
125	23	2.0
150	26	2.4

在图 11.2A 中，这些投资组合的预期收益率与投资组合的 β 之间的关系如图所示。注意到所有的组合皆在一条直线上。

收益与风险比率　图 11.2A 中直线的斜率是多少？同往常一样，直线的斜率等于“两点之间的纵坐标值与横坐标值之比”。在本例中，当我们从无风险资产移动到资产 A

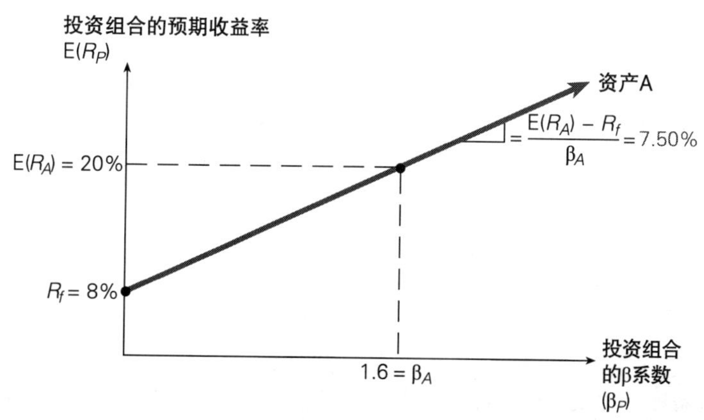

图 11.2A
投资组合的预期收益率和资产 A 的 β 系数

的时候，β 系数由 0 上升到 1.6（横坐标移动了 1.6）。同时，预期收益率由 8% 上升到 20%，上升了 12%。因此直线的斜率是 12%/1.6 = 7.50%。

注意到直线的斜率正好是资产 A 的风险溢酬［$E(R_A) - R_f$］除以资产 A 的 β 系数 β_A：

$$
\begin{aligned}
\text{斜率} &= \frac{E(R_A) - R_f}{\beta_A} \\
&= \frac{20\% - 8\%}{1.6} = 7.50\%
\end{aligned}
$$

这就告诉我们资产 A 提供了 7.50% 的**收益与风险比率**。[1] 也就是说，资产 A 每单位系统风险的风险溢酬为 7.50%。

基本推论 现在假定我们有另外一项资产 B。这项资产的 β 系数是 1.2，预期收益率是 16%。哪一项资产更好，A 还是 B？你可能会这样想，我们同样很难作出回答。一些投资者会倾向于 A，而另一些投资者则偏好 B。但是实际上，我们能够给出答案：A 比 B 要好，因为正如我们将向你展示的那样，同样的系统风险情况下 B 提供了较低的风险补偿，至少同 A 相比是这样。

作为开始，我们计算资产 B 和无风险资产各种不同组合的预期收益率和 β 系数，就像资产 A 所做的那样。例如，假如我们将 25% 的资金投向资产 B 而将剩余的 75% 投向无风险资产，投资组合的预期收益率将是：

$$
\begin{aligned}
E(R_P) &= 0.25 \times E(R_B) + (1 - 0.25) \times R_f \\
&= 0.25 \times 16\% + 0.75 \times 8\% \\
&= 10.0\%
\end{aligned}
$$

同样，投资组合的 β 系数 β_P 将是：

$$
\begin{aligned}
\beta_P &= 0.25 \times \beta_B + (1 - 0.25) \times 0 \\
&= 0.25 \times 1.2 \\
&= 0.30
\end{aligned}
$$

其他一些可能的组合如下所示。

1 有时称这个比例为 Treynor 指数，以它的创始人命名。

资产 B 在投资组合中所占的百分比（%）	投资组合的预期收益率（%）	投资组合的 β 系数
0	8	0.0
25	10	0.3
50	12	0.6
75	14	0.9
100	16	1.2
125	18	1.5
150	20	1.8

当我们将这些投资组合的收益率同投资组合 β 系数的对应关系绘成如图 11.2B 中所示的图线时，我们会得到同资产 A 类似的直线。

当我们拿资产 A 和资产 B 的结果进行比较时有一点很关键，值得我们注意：图 11.2C 所示，描述资产 A 的预期收益率同 β 关系的直线的斜率要比资产 B 的高。这一点告诉我们对于任何给定水平的系统风险（正如 β 系数衡量的那样）来说，资产 A 与无风险资产组合的收益率要高一些。这就是我们说投资资产 A 比投资资产 B 更好的原因。

另外一种可以看出资产 A 在同样风险水平下可以提供更好的投资收益率的方法是计算资产 B 那条线的斜率：

$$斜率 = \frac{E(R_B) - R_f}{\beta_B}$$

$$= \frac{16\% - 8\%}{1.2} = 6.67\%$$

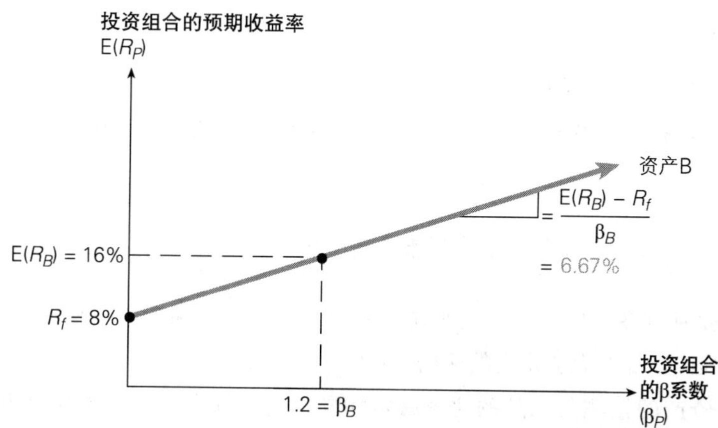

图 11.2B
投资组合中资产 B 的预期收益率和 β 系数

图 11.2C
两种资产的投资组合的预期收益率与 β 系数的关系

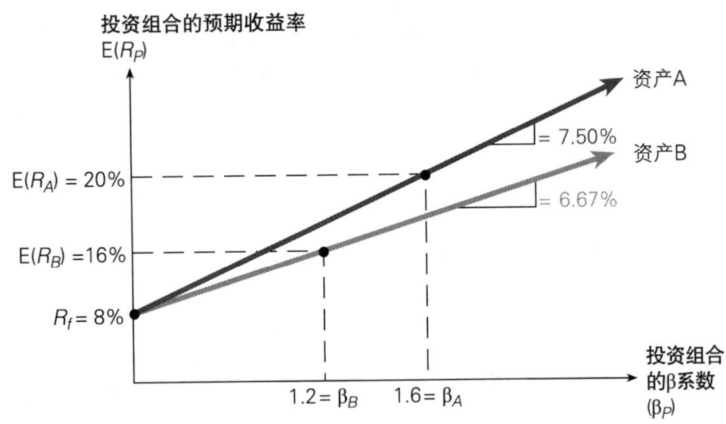

因此，资产 B 的风险收益率是 6.67%，它比资产 A 的 7.5% 要小。

基本结论　我们所描述的资产 A 与资产 B 的形式在组织良好、交易活跃的市场上并不能实现，因为投资者将被吸引到资产 A 上。因此，资产 A 的价格将上升，而资产 B 的价格将下降。由于价格与收益按相反的方向变化，其结果是 A 的预期收益率会下降而 B 的会上升。

这种买与卖的过程将会持续到两种资产都归到一条线上，这意味着它们为风险提供同样的收益率。也就是说，在一个交易活跃、竞争的市场上，我们必定有这样的结果：

$$\frac{E(R_A)-R_f}{\beta_A}=\frac{E(R_B)-R_f}{\beta_B}$$

这是所得到的风险与收益之间的基本关系。

我们的基本结论可以扩展到两种资产以上的情形。实际上，无论有多少种资产，我们都会得到同样的结论：

> 风险回报与风险的比率对于市场上所有的资产来说必定相同。

结论实际上并不是那样令人吃惊。这就是说，假如一项资产的系统风险是另一项资产的两倍，那么其风险溢酬也会是它的两倍。

由于市场上所有资产的报酬与风险的比率必定相同，它们都会在同一条线上。

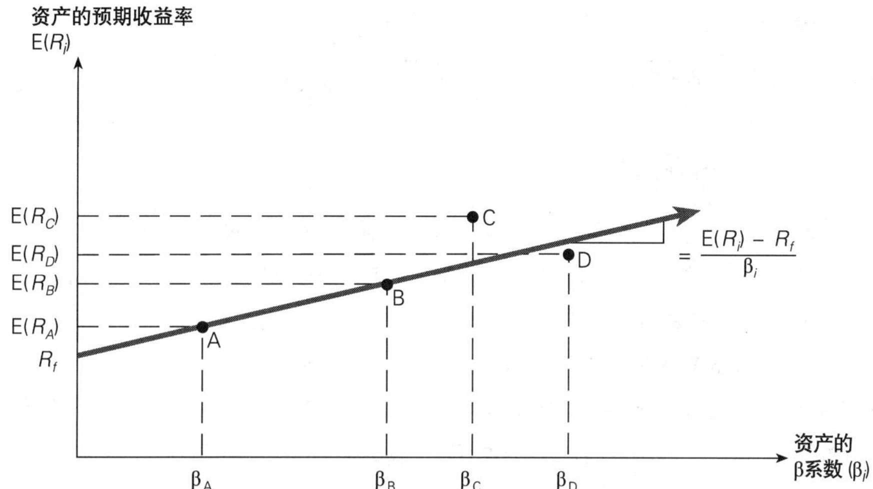

贝他系数和预期收益率之间的基本关系是：所有资产一定拥有同样的收益／风险的比率，$[E(R_i) - R_f]\beta_A$。这意味着它们将全部落在同一条直线上。资产 A 和资产 B 是这一逻辑的典型。资产 C 的预期收益率过高，而资产 D 的则过低。

图 11.3 预期收益率与系统风险

其道理可以由图 11.3 看出。如图所示，资产 A 与资产 B 画在同一条直线上，因此有相同的报酬与风险比率。假如一项资产所绘的图线高于这条直线，如图 11.3 中的 C 点所示，其价格必定会上升，因而其预期收益率会下降，直到所绘点正好落在直线上。同样，假如一项资产所绘点低于直线，如图 11.3 中的 D 点所示，其预期收益率将会上升，直到所绘点也正好落在直线上。

我们所提供的讨论适用于交易活跃、竞争充分、机制良好的市场。金融市场，如纽约股票交易所，最适合这些标准。其他市场，如房地产市场，可能适合也可能不适合。由于这个原因，这些概念对于考察金融市场是最有用的。这里我们将着重考察这些市场。然而，正如我们在以后的章节中将会讨论的那样，从金融市场所搜集的有关风险和收益的信息对于评价一个大公司在房地产市场的投资是至关重要的。

例 11.7 低买，高卖

当一项资产相对于给定的收益和风险来讲价格太高时，我们说这项资产被高估了。假定我们有下面的情形：

证券	预期收益率（%）	β 系数
Mulder 公司	14	1.3
Sculley 公司	10	0.8

现在无风险收益率是 6%。上面的证券中是否有一种相对于另一种被高估了?

要回答这个问题，我们计算两者的收益与风险的比率。对于 Mulder 来说，这个比率是（14% − 6%）/1.3 = 6.15%。而对于 Sculley 来说，比率是 5%。我们得出的结论是 Sculley 在其风险水平上提供的预期收益率是不够的，至少是相对于 Mulder 来讲。由于其预期收益率太低，所以价格显得太高。换句话说，Sculley 相对 Mulder 来讲是被高估了，而且我们将预期其价格相对于 Mulder 会下降。注意：我们也可以说 Mulder 相对于 Sculley 来说被低估了。

证券市场线

我们画出预期收益率同 β 系数关系的那条直线显然有一定的重要性，所以现在是我们对其进行命名的时候了。我们用来描述金融市场上系统风险同预期收益率的这条线通常被称为**证券市场线**，或者说 **SML**（security market line，SML）。在 NPV 之后，SML 被称为现代财务理论中最重要的概念。

市场投资组合 知道 SML 的方程是非常有用的。这个方程有许多种写法，但有一种方法最为常用。假定我们有一个投资组合是由市场上所有的资产组成的，这样一种组合被称为证券市场组合，我们将这种市场组合的预期收益率表示为 $E(R_M)$。

既然市场上所有的资产项都必须在 SML 上标出来，所以必须有一个市场组合由所有这些资产组成。为决定在 SML 的什么地方标出，我们需要知道市场组合的 β 系数——β_M。由于这个组合代表了市场上所有的资产，它必然具有平均水平的系统风险。换句话说，其 β 系数是 1.0。我们可以将 SML 的斜率写作：

$$\text{证券市场线斜率} = \frac{E(R_M) - R_f}{\beta_M} = \frac{E(R_M) - R_f}{1} = E(R_M) - R_f$$

由于是市场投资组合的风险溢酬，表达式 $E(R_M) - R_f$ 通常被称为**市场风险溢酬**（market risk premium）。

资本资产定价模型　在结束的时候，假如我们设 $E(R_i)$ 与 β_i 分别代表市场上任何证券的预期收益率和 β 系数，我们知道其必定落在 SML 上。于是，我们知道其收益风险比率与整个市场的总体收益与风险的比率是相同的，即：

$$\frac{E(R_i) - R_f}{\beta_i} = E(R_M) - R_f$$

我们将此公式变换一下，可以将 SML 的公式写作：

$$E(R_i) = R_f + [E(R_M) - R_f] \times \beta_i \quad [11.7]$$

这个结果等同于著名的**资本资产定价模型**（capital asset pricing model，CAPM）。CAPM 所要表达的是：一项特定资产的预期收益率取决于三个因素：

1. **纯粹的货币时间价值**。是由无风险的利率 R_f 来衡量的，是无风险让度货币的报酬。
2. **系统风险的收益**。由市场风险溢酬来衡量，公式为 $[E(R_M) - R_f]$，是市场所提供的用来弥补时间价值之上的因承担平均系统风险而给予的收益部分。
3. **特定资产的系统风险程度**。由 β_i 来衡量，是相对于平均风险而言，体现在特定资产上的系统风险水平。

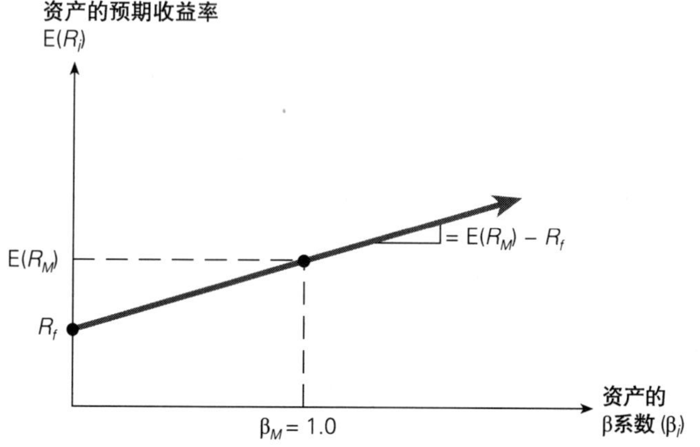

图 11.4
证券市场线或 SML

证券市场线的斜率等于市场的风险溢酬，即承担平均系统风险水平的溢酬。描述SML的方程式可以写作：

$E(R_i) = R_f + [E(R_M) - R_f] \times \beta_i$

这就是资本资产定价模型，或者说CAPM。

顺便说一下，正如适用于单项资产，CAPM 也适用于投资组合。在前面某一节中，我们已经知道如何计算投资组合的 β。为获得一个投资组合的预期收益率，我们只需在 CAPM 公式中使用 β 系数。

图 11.4 总结了我们对 SML 和 CAPM 的讨论。和前面一样，我们绘出预期收益率同 β 系数的关系。现在我们认识到，根据 CAPM，SML 的斜率等于市场风险溢酬，即 $[E(R_M)-R_f]$。

这就对风险与收益的关系做了总结。为了给以后提供参考，表 11.9 将这些不同

表 11.9 风险与收益概念总结

1. 总收益

一项投资的总收益由两部分组成：预期收益和意外收益。预期外的收益是由未预期到的事件带来的。投资风险的大小取决于意外事件发生的概率大小。

2. 总风险

一项投资的总风险是由其收益率的方差，更经常地，是由其收益率的标准差来衡量的。

3. 系统风险和非系统风险

系统风险（也称为市场风险）是在一定程度上几乎对所有资产发生影响的意外事件带来的，它在整个经济范围内产生影响。非系统风险是由影响单项资产或小部分资产的未预料到的事件带来的。非系统风险也称为特有的或与特定资产相关联的风险。

4. 分散投资的效果

与风险资产相关联的部分（而非所有的）风险可以通过分散投资得以消除。原因是单项资产所独有的非系统风险在大型投资组合中会相互抵消，但是，在一定程度上会影响所有资产的系统风险是无法抵消的。

5. 系统风险原理与贝塔系数

因为非系统风险可以通过投资分散得以规避，系统风险原理指的是：风险溢酬仅仅取决于所承担的系统风险的水平。同平均风险水平相比，一项特定资产的系统风险的大小由该项资产的 β 系数来表示。

6. 报酬与风险的比率和证券市场线

资产 i 的报酬与风险的比率是其风险溢酬 $E(R_i)-R_f$ 与贝塔系数 β_i 之比：

$$\frac{E(R_i)-R_f}{\beta_i}$$

在一个机制完善的市场中，这一比率对于任何资产都是相同的。因此，在描绘资产预期收益率同资产 β 系数的关系时，所有的点都在同一条被称为证券市场线（SML）的直线上。

7. 资本资产定价模型

根据 SML，预期收益率同资产 i 的关系可以写作：

$$E(R_i)=R_f+[E(R_M)-R_f]\times\beta_i$$

这就是资本资产定价模型（CAPM）。一项风险资产的预期收益率由三部分组成：首先是纯粹的货币时间价值（R_f）；其次是市场风险溢酬 $E(R_M)-R_f$；第三部分是贝塔系数 β_i。

的概念做了总结。

例 11.8 风险与收益

假定无风险利率是 4%，市场的风险溢酬是 8.6%，一项特定资产的 β 系数是 1.3。根据 CAPM，这支股票的预期收益率是多少？假如 β 系数增大一倍，预期收益率又是多少？

β 系数是 1.3，此股票的风险溢酬将为 1.3×8.6%，即 11.18%。由于无风险利率是 4%，所以预期收益率是 15.18%。假如 β 系数增大到 2.6，风险溢酬将增大到 22.36%，所以预期收益率将是 26.36%。

11.8 SML与资本成本预览

我们研究风险与收益的目的有两个。首先，风险在所有的企业决策中都具有至关重要的意义，所以我们要讨论风险是什么，以及市场如何对风险进行回报。我们的第二个目的是学习如何决定未来现金流的合理折现率。现在我们简单讨论第二个主题，在第 12 章我们将会对其进行详细的讨论。

基本思想

证券市场线告诉我们在金融市场上承担风险所带来的报酬。从绝对小的意义上讲，我们公司所进行的任何新投资的预期收益至少应该不低于金融市场为同样风险的资产所提供的收益。原因很简单，股东总可以在金融市场上为他们自己进行投资。

为股东提供福利的惟一办法是帮他们寻找比在同样的风险条件下金融市场所提供的预期收益还要优越的投资机会。这样的投资具有正的净现值。所以，假如我们要问，什么是合理的折现率？答案是我们应该采用在同样的系统风险条件下金融市场所提供的预期收益率来计算。

换句话说，要决定一项投资是否有正的净现值，实质上要拿新投资的预期收益率同金融市场上具有相同 β 系数的投资进行比较。这就是为什么 SML 那么重要：它告诉我们经济中承担某种风险的“现行收益率”是多大。

资本成本

一个新项目的合理折现率是一项投资要想具有吸引力所必须具有的最低要求收益率。这个最低要求收益率通常被称为同投资相关联的**资本成本**（cost of capital）。之所以这么定义是因为：这是一个公司使其资本性投资达到盈亏平衡点所必须得到的收益。它也可以解释为同公司的投资相关联的机会成本。

值得注意的是，当我们说“如果一项投资的预期收益率高于金融市场上具有同样风险的投资的预期收益率，则该项投资就具有吸引力”时，我们实际上在使用第 8 章所引出并讨论的内含收益率，或者说 IRR 这一标准。惟一的区别是现在我们有一个更好的决定一项投资的要求收益率的方法。理解这一点对我们在本书第七编讨论资本成本和资本结构是很重要的。

第12章

资本成本

2007年，汽车制造商戴姆勒－克莱斯勒公司推出了多款新车型，包括新型的道奇Nitro。Nitro车型载有MyGIG多媒体信息娱乐系统，该系统配备了一个6.5英寸的全彩触摸屏，并拥有声控GPS导航、卫星广播功能，以及一个集成USB插口，可用来下载并储存1 600首歌曲和数码照片于一个内置的20G硬盘中。设计、生产和营销像Nitro汽车一样具有新型功能的新汽车要耗费汽车制造商大量的时间和资金。因此，其他公司如何才能像戴姆勒－克莱斯勒公司那样决定投资哪些项目以及拒绝投资哪些项目呢？答案是，很多企业的投资决策严重依赖于其加权平均资本成本（WACC）。

加权平均资本成本是公司需要获得的总体回报，以满足包括股东、债权人和优先股股东在内的所有投资者的收益。例如，在2007年，戴姆勒－克莱斯勒公司宣布其加权平均资本成本为7%。同样，化学公司巴斯夫（BASF）宣布其使用6%的加权平均资本成本，同时，2007年健康管理协会进行私有化时，该公司给出的理由之一是私有化能够将其加权平均资本成本从百分之十几的水平降低至8%甚至更低。在本章中，我们将学习如何计算公司的资本成本，并探寻这对公司及其投资者有什么意义。我们还将学习何时使用公司的资本成本，以及什么时候不使用。

在关于资本成本预算的章节，我们知道折现率或要求收益率对于投资项目是一个关键性指标。迄今为止，我们仍然没有讨论如何计算这几个特殊的数值。现在我们开始学习如何计算它们。本章将引入很多我们以前讨论过的关于股票、债券、资本预算、风险和收益等方面的内容。本章的目标是阐明如何计算一个投资项目的要求收益率。懂得要求收益率对于每个人来讲都是非常重要的。因为所有投资项目，无论它们是与营销相关，还是与管理、会计或者其他任何部门相关，都必须使人们得到一个超过其本身要求收益率的投资回报才能被接受。

假如你刚刚成为一家大公司的总裁，而且你所面对的第一个问题就是制定一个计划，对公司的仓库配送系统进行更新。此计划需要公司投入 5 000 万美元，预计在今后的 6 年时间每年会带来 1 200 万美元的资金节约。

在资本预算中，这是一个常见问题。要解决它，你需要确定相关的现金流量，对其进行折现，而且，假如净现值是正的，就采纳这个项目；假如 NPV 是负的，就放弃这个项目。粗略看来，这个项目不错，但你应当采用怎样的折现率呢？

通过对风险和收益的讨论，你知道正确的折现率取决于仓库配送系统的风险程度。特别是，只有当收益大于金融市场上风险水平相似的投资的收益时，新项目才会有正的净现值。我们将这一最低要求收益率称为同项目相关的*资本成本*。[1]

因此，作为公司老总，要想制定正确的决策，你必须调查资本市场所能提供的收益，并用这些信息来对项目的资本成本进行估计。我们在本章的主要目标是阐述如何做到这一点。完成这项任务有许多方法，而且会产生一系列概念性的和现实的问题。

我们所要导出的一个重要的概念是*加权平均资本成本*（WACC）。这是企业的总资本成本，而且可以理解为企业的整体要求收益率。在讨论加权平均资本成本时，我们将会认识到这样一个事实，即企业通常用多种形式来筹集资本，而且不同形式的资本成本也各不相同。

通过本章我们还会认识到，在决定一项投资的要求收益率时，税收是一个需要考虑的重要因素，因为我们通常感兴趣的是对一个项目的税后现金流量进行评价。因此，我们将要讨论在对资本成本进行估计时如何将税收因素考虑进去。

12.1 资本成本的一些预备知识

我们在第 11 章里引入了证券市场线，即 SML，并且借此来研究证券的预期收益同它的系统风险的关系。我们将重点放在企业股东的角度来看购买证券的风险收益。这帮助我们更好地理解在资本市场上一个投资者面临的各项选择。

在本章我们将转换一下角度，把重点放在问题的另外一个方面，即发行证券的

1 有时也用货币成本这一术语。有些作者的表述与此不同，常见的表述是：资本成本确定了投资者的“最低要求收益率”。敬请读者注意。——译者注

企业的角度，看他们是如何看待这些收益和证券的。需要注意的一个重要事实是：证券的投资者所得到的收益，正是证券发行企业所付出的成本。

要求收益率与资本成本

当我们说一项投资的要求收益率是 10% 的时候，我们通常是说只有当该项投资的收益率大于 10% 时，这项投资才会有正的净现值。理解要求收益率的另一种方法是，企业必须在这项投资上获得 10% 的收益，才能够正好补偿其投资者为该项目进行融资而付出的资本成本。这就是为什么我们说 10% 是同投资相关的资本成本。

为了进一步说明这个问题，设想我们正在对一个无风险项目进行评估。在这种情况下，要求收益率的确定是很明显的：我们对资本市场进行考察并观察无风险投资项目当前的利率水平，然后再利用这个利率来对项目的现金流进行折现。因此，无风险项目的资本成本就是无风险利率。

假如这个项目有风险，假定其他所有条件不变，要求收益率显然要更高一点。换句话说，如果项目有风险，那么这个项目的资本成本就要高于无风险利率，合理的折现率就会超过无风险利率。

因此我们将或多或少交换使用*要求收益率*、*合理折现率*，以及*资本成本*这些术语。原因很简单，正如本节所述，它们在本质上是相同的。一个需要把握的事实是，同投资相关的资本成本取决于投资风险的大小。换句话说，资本成本取决于现金的运用，而不是现金的来源。这是企业理财中最重要的教益之一，所以值得我们反复强调：

> 资本成本主要取决于资金的使用，而非来源。

人们常犯这样的错误：忘记了上述重要论断，陷入一个误区——认为一项投资的资本成本主要取决于资金的来源和筹集方法。

财务政策与资本成本

我们知道一个企业所采用的债务与股权的特定组合——资本结构——是一个管理变量。在本章里我们将企业的财务政策假定为已知条件。特别是，我们将假定企业保持固定的负债－股权比率。这一比率反映企业的目标资本结构。至于企业如何选择这一比率我们将在后面的章节论述。

通过上面的讨论，我们知道一个企业的整体资本成本将在总体上反映对企业整体资产的要求收益率。对于同时采用债务和股权融资的企业来讲，其整体资本成本将是足以满足其债权人和股东之要求的必要收益。也就是说，一个企业的资本成本同时反映债务和股权融资成本。我们将在下面几节分别讨论这些成本。

12.2 股权成本

我们从资本成本这一主题中最难的问题开始：企业的总体**股权成本**（cost of equity）是什么？之所以说这是一个困难的问题，原因在于没有一个直接的办法可以观察到该企业的股权投资者对其投资要求怎样的收益。相反，我们或多或少需要对其进行估计。本小节讨论决定股权成本的两种方法：股利增长模型法和证券市场线，或者 SML 法。

股利增长模型法

估计股权资本成本的最简单的方法是利用我们在第 7 章导出的股利增长模型法。回想一下，假定企业股票的固定股利增长率是 g，每股股价 P_0 可以写作：

$$P_0 = \frac{D_0 \times (1+g)}{R_E - g} = \frac{D_1}{R_E - g}$$

其中 D_0 是最近一次支付的股利，D_1 是下期的预期股利。请注意我们用符号 R_E（E 代表股权）代表对投资股票的要求收益率。

正如我们在第 7 章讨论的那样，我们可以将方程移项解出 R_E 如下：

$$R_E = D_1/P_0 + g \qquad [12.1]$$

由于 R_E 是股东对投资股票的要求收益率，它可以理解为企业股权资本的成本。

方法的应用 在对 R_E 进行估计时可以使用股利增长模型法，这样做我们显然需要 3 个信息：P_0、D_0 和 g。在这三者之中，对于一个股票公开上市交易并支付股利的企业来说，前两个可以直接观察到，所以很容易得到。[1] 只有第 3 个，预期股利增长率必须进行估计。

为说明如何估计 R_E，假定大型州立公共服务公司（Greater States Public Service）——一家大型公用事业服务企业，去年支付了每股 4 美元的股利。当前的股票价格是每股 60 美元。你预计今后股利将永远以每年 6% 的固定股利增长率增长。那么该大型州立公司的股权资本成本是多少？

利用股利增长模型，我们计算来年的预期股利 D_1 为：

$$\begin{aligned} D_1 &= D_0 \times (1+g) \\ &= \$4 \times 1.06 \\ &= \$4.24 \end{aligned}$$

通过计算，股权成本 R_E 为：

$$\begin{aligned} R_E &= D_1/P_0 + g \\ &= \$4.24/\$60 + 0.06 \\ &= 13.07\% \end{aligned}$$

因此股权成本是 13.07%。

估计 g　在使用股利增长模型时，我们必须对增长率 g 进行估计。这有两种方法：(1) 利用历史增长率；(2) 采用分析家对未来增长率的估计。有很多渠道可以得到分析家的估计。很自然，不同来源的估计会有不同，所以有一个方法是对多个估计值进行平均。

另外，我们可以观察前几年的股利，比如过去 5 年的股利，计算年度增长率，然后将它们进行平均。例如，我们观察到某个企业的股利如下：

年度	股利（$）
2004	1.10
2005	1.20
2006	1.35
2007	1.40
2008	1.55

1　注意我们知道了 D_0 和 g，我们就能通过 D_0 乘以（$1+g$）计算出 D_1。

我们可以计算每年股利增长率的变化，如下所示：

年度	股利（$）	变化大小（$）	百分比变化率（%）
2004	1.10	—	—
2005	1.20	0.10	9.09
2006	1.35	0.15	12.50
2007	1.40	0.05	3.70
2008	1.55	0.15	10.71

请注意我们是以每年为基础计算股利变化，然后再转变成百分比的形式。因此，例如在 2005 年，股利由 1.10 美元增长到 1.20 美元，增长了 0.10 美元。这代表了 \$0.10/1.10 = 9.09% 的增长。

假如我们将 4 个增长率进行平均，结果是 (9.09 +12.50 + 3.70 + 10.71)/4 = 9%，所以我们可以用它作为预期增长率 g。当然也有其他更为复杂的统计技术方法，但它们都需要利用过去股利的信息来估计未来股利增长。

股利增长模型法的优缺点　股利增长法的主要好处是其简捷性，很容易被理解和使用。这种方法也存在一些实际问题和不足之处。

第一个问题，也是最主要的缺陷，股利增长模型法很明显仅适用于那些支付股利的企业。这意味着在很多情况下这种方法是无法使用的。况且，即使对那些确实发放股利的企业，也需要一个关键的假设，即股利以固定的增长率增长。正如我们上面的例子所示，实际情况不可能永远如此。更一般地，该模型实际上仅适用于股利的合理稳步增长颇为可能的企业。

第二个问题是：股权成本的估计值对增长率估计值的变动很敏感。对于给定的股票价格来说，将 g 作向上的调整，例如仅仅 1 个百分点，股权成本的估计值将至少上升 1 个百分点。因为 D_1 也可能会向上调整，所以上升幅度实际还要大。

最后，这种方法对风险没有明确地进行考虑。与 SML 方法（我们接下来会考虑）不同的是，这种方法没有对投资进行直接的风险调整。例如，围绕估计的股利增长率的确定程度没有一个变化范围。因此，很难说所估计的收益率同风险水平是否相匹配。[1]

1　在这里对风险作了一个隐含的调整，因为采用了当前的股票价格。其他所有条件都相同时，风险越高，股票价格越低。而且，股票价格越低，股权成本越高，这里再次假定其他所有条件相同。

SML法

在第 11 章里，我们讨论了证券市场线，或者说 SML。我们的基本结论是一项风险投资的要求收益率（或者预期收益率）取决于 3 个因素：

1. 无风险利率，即 R_f 的大小；
2. 市场的风险溢酬，即 $E(R_M)-R_f$；
3. 相对于市场平均风险，具体资产的系统风险程度，我们用 β 系数来表示。

利用 SML，我们可以写出企业的预期股权收益率 $E(R_M)$ 为：

$$E(R_M)=R_f+\beta_E\times[E(R_M)-R_f]$$

这里 β_E 是股权的估计 β 系数。为了使 SML 这种方法同股利增长模型相一致，我们去掉 E 所代表的预期值，将 SML 的要求收益率 R_M 写为：

$$R_M=R_f+\beta_E\times(R_M-R_f) \qquad [12.2]$$

SML 法的应用　在运用 SML 法的时候，我们需要用到无风险利率 R_f、估计的市场风险溢酬、(R_M-R_f)，以及相关的估计 β 系数 β_E。在第 10 章中（表 10.3），我们看到市场风险溢酬的一个估计值是 8.5%（针对大公司股票）。美国国库券支付的利率是 5%，我们将其作为无风险利率。上市公司的 β 相关系数很容易得到。

在第 11 章中，我们看到 3M 公司的估计 β 系数是 0.85（表 11.8）。因此我们可以得到 3M 的估计股权成本：

$$\begin{aligned}R_{3M}&=R_f+\beta_{3M}(R_M-R_f)\\&=0.5\%+0.85\times8.5\%\\&=12.23\%\end{aligned}$$

因此，利用 SML 法，3M 的股权成本大约是 12.23%。

SML 法的优缺点　SML 法有两个基本的优势。首先，它依据风险水平进行明确的调整；其次，它适用于所有的企业，而不仅仅是那些股利稳定增长的企业。由于这两个原因使得 SML 法的适用范围较为广泛。

当然，这种方法也存在着不足。SML 法对股价有两个要求，即需要知道市场的

风险溢酬和 β 相关系数。若是估计不准，股权成本的计算结果就不会准确。例如，我们的市场风险溢酬为 8.5%，它是建立在一个特殊的投资组合 81 年收益率数据的基础上。采用不同的时间段或不同的股票会导致大为不同的估计值。

最后，犹如股利增长模型，当我们采用 SML 法时，我们实际上是在依靠过去来对未来进行预测。经济环境可能会改变得非常快，所以，人们常会发现，过去可能不一定是对未来的良好指引。最好的情形是，两种方法（股利增长模型法和 SML 法）都能适用且能够得出近似的结论。若能如此，我们便可以对我们的估计有一些信心。我们也可以将估计结果同其他同类的企业的情况作一个实际的比较。

例 12.1 股权成本

假如阿尔法航空货运公司的 β 系数是 1.2，市场的风险溢酬是 8%，而且无风险利率是 6%。阿尔法公司上期的股利是每股 \$2，而且预期股利增长率将保持在 8%。股票的当前售价是每股 \$30。阿尔法公司的股权资本成本是多少？

我们可以先用 SML 法来进行计算。这样，我们发现阿尔法公司普通股的预期收益率为：

$$
\begin{aligned}
R_E &= R_f + \beta_E(R_M - R_f) \\
&= 6\% + 1.2 \times 8\% \\
&= 15.6\%
\end{aligned}
$$

也就是说阿尔法公司的股权资本成本为 15.6%。接下来我们用股利增长模型法来计算。预期的股利是 $D_0 \times (1 + g) = \$2 \times 1.08 = \$2.16$，所以这种方法的预期收益率为：

$$
\begin{aligned}
R_E &= D_1/P_0 + g \\
&= \$2.16/\$30 + 0.08 \\
&= 15.2\%
\end{aligned}
$$

我们的两个估计相当的接近，所以我们可能只需将它们平均从而得到阿尔法公司的股权资本成本大约为 15.4%。

12.3 负债与优先股的成本

除了一般的股权融资，企业还会利用债务以及少量的优先股进行融资。正如我们接下来将要讨论的，与这些融资来源相关的资本成本的确定比起股权成本要容易多了。

债务成本

债务成本（cost of debt）是债权人对企业新借债务的要求收益率。理论上，正如我们对股权融资所作的估计那样，我们可以确定企业债务的 β 系数然后用 SML 法来估计债务的要求收益率。但是，事实上并没有必要这样做。

与企业的股权成本不同，债务成本通常可以直接或间接地观察到，因为债务成本就是企业必须为新借款项所支付的利息率，我们可以通过金融市场观察到。例如，假如企业已经有发行在外的债券，那么这些债券的到期收益率就是企业债务的市场要求利率。

另外一种方法是，假如我们知道企业债券的评级，如 AA 级，那么我们可以很容易地查出最新发布的 AA 级债券的利息率是多少。无论哪种方法，我们都没有必要真正去估计债券的 β 系数，因为我们可以直接观察到我们希望知道的利率。

但是有一点需要注意：已发行在外的债券的券面利率在这里是无关的。它仅是粗略地告诉我们在该债券发行时，企业的债务成本是多少，而非今天的债务成本。[1] 这就是为什么我们不得不观察今天的市场债务收益率。为了同其他的概念相一致，我们将采用符号 R_D 代表债务成本。

例 12.2 债务成本

假定通用工具公司 8 年前发行了 30 年期利率为 7% 的债券。债券的当前售价是票面值的 96%，即 $960。那么通用工具公司的债务成本是多少？

回顾一下第 6 章，我们需要计算此种债券的到期收益率。由于债券是折价销售，其收益要高于 7%，但不会高出许多，因为折价相当小。假如每年付息一次的话，你可以验证到期收益率大约为 7.37%。通用工具公司的债务成本 R_D 为 7.37%。

1 公司的债务成本是基于公司的历史借款，有时称之为内在的债务成本。

优先股成本

优先股成本的确定相当直接。正如我们在第 6 章和第 7 章所讨论的那样，优先股每期有固定的股利支付率，所以优先股实际上就是一个永续年金。因此优先股的成本 R_P 是：

$$R_P = D/P_0 \qquad [12.3]$$

这里 D 是固定股利，P_0 是优先股的当前价格。需要注意的是优先股的成本正好等于优先股的股利收益率。优先股的评级同债券很类似，所以优先股成本可以通过观察与其评级近似的其他证券的评级得到优先股的要求收益率进行估计。

例 12.3

2007 年，花旗集团在纽约股票交易所（NYSE）发行了几种可以公开交易的优先股。其中一种每年支付的股利为 \$2.93，售价为每股 \$50；另一种每年支付 \$3.12 的股利，每股售价为 \$50.75。据此计算花旗银行的优先股的成本是多少。

第一种优先股的成本是：

$$\begin{aligned} R_P &= D/P_0 \\ &= \$2.93/50 \\ &= 5.86\% \end{aligned}$$

第二种优先股的成本是：

$$\begin{aligned} R_P &= D/P_0 \\ &= \$3.12/50.75 \\ &= 6.15\% \end{aligned}$$

所以，花旗银行的优先股成本似乎正是介于 5.9% 和 6.1% 之间。

12.4　加权平均资本成本

既然我们已经知道企业的主要资本来源的成本，现在我们需要研究不同资金来源的特定组合的成本。正如我们在上面所提到的那样，我们将把这些组合，即企业的资本结构视为已知条件。而且，我们将讨论的重点放在债务和普通股融资成本上。

资本结构的权重

我们将用符号 E（股权 equity 的首字母）来代表企业股权的市场价值，这可以通过计算发行在外股票数量同每股价格相乘的乘积而得到。类似地，我们将用符号 D（债务 debt 的首字母）代表企业债务的市场价值。对于长期债务来讲，我们通过市场价格乘以发行在外债券数量来计算。

假如债券发行了多次（经常是这样），我们将重复这些计算并将结果进行加总。假如有未公开交易的债券（例如由人寿保险企业持有），我们必须观察类似的公开上市交易债券的收益率，然后以其作为折现率折算这些私募债券的市场价值。对于短期债券来讲，账面（会计）价值和市场价值很接近，所以我们可能采用账面价值作为市场价值的估计值。

最后，我们将用符号 V（价值 Value 的首字母）代表债务与股权组合的市场价值：

$$V = E + \mathrm{D} \qquad [12.4]$$

假如将两边都除以 V，我们可以计算出债务和股权资本各在总资本中所占的百分比：

$$100\% = E/V + D/V \qquad [12.5]$$

对这些比例的解释同投资组合权重很类似，而且通常被称为*资本结构的权重*。

例如，假如经过计算，企业股票的市场价值之和为 2 亿美元，企业债务的市场价值之和为 5 000 万美元，那么综合价值为 2.5 亿美元。在这其中，E/V = \$200/\$250 = 80%，所以企业的股权融资占 80%，剩余的 20% 是债务融资。

我们在这里要强调的是，正确的方式是使用负债和股权的市场价值。在特定的情况下，如当考虑一家私营企业时，可能无法获得对这些数字的可靠的估计。在这种情况下，我们可能要采用负债和股权的会计价值来计算。尽管这比一无所有要好，但我们对结果应有所保留。

税收与加权平均资本成本

我们最后还有一个问题需要进行讨论。回想一下，我们感兴趣的总是税后现金流量。假如我们要对这些现金流量确定合理的折现率，那么这个折现率也应该是税后的。

正如我们在本书前面各部分（以后也会讨论）讨论的那样，企业支付的利息是可以抵税的。而向股东支付的报酬，如股利，却不能抵税。这就意味着，实际上，政府支付了利息的一部分。因此，在决定税后折现率的时候，我们需要区别债务的税前和税后成本。

为说明这一点，假定企业以 9% 的利率借了 100 万美元，企业所得税率是 34%，此项贷款的税后利率是多少？我们知道，每年的总利息将是 9 万美元，但这些利息是可以抵税的，因此 9 万美元的利息需要减去 0.34 × \$90 000 = \$30 600。因此税后利息是 \$90 000 − \$30 600 = \$59 400。因此税后利率是 \$59 400/\$1 000 000 = 5.94%。

总的来说，需要注意的是，税后利率就等于税前利率乘以（1− 税率）。因此，假如我们用 T_C 代表企业税率，那么我们所使用的税后利率可以写作 $R_D \times (1 - T_C)$。例如，利用上面的数字，我们可以得知税后利率是 9% ×（1−0.34）= 5.94%。

将本章讨论过的主题综合起来，我们现在可以得到资本结构中股权资本和债务资本的权重以及它们各自的税后成本。为计算企业的总体资本成本，我们用资本结构权重同相关成本相乘然后进行加总。其结果便是**加权平均资本成本**（weighted average cost of capital），或者 WACC。[1]

$$\text{WACC} = (E/V) \times R_E + (D/V) \times R_D \times (1 - T_C) \quad [12.6]$$

WACC 有一个非常直接的解释——企业要想保持股票价值，必须使其现有资产的收益率达到这一水平。这一点很重要，有必要反复强调：

> 加权平均资本成本是企业为了保持股票价值必须获得的现有资产的总体收益率。

1 译者注：加权平均资本成本（WACC）是股权和债务的税后加权平均资本成本。

加权平均资本成本也是企业在进行任何同现有资产风险相同的投资时的要求收益率。因此，假如我们要对现有业务进行扩展而对现金流进行评估，这就是我们所要选用的折现率。

如果一家企业在其资本结构中运用了优先股，那么我们就要把 WACC 的公式做一下延伸。我们假定 P/V 为优先股在公司融资中的权重（以百分比表示），那么 WACC 就可以表示为；

$$WACC = (E/V) \times R_E + (P/V) \times R_P + (D/V) \times R_D \times (1 - T_C) \quad [12.7]$$

这里的 R_P 是优先股的资本成本。

加权平均资本成本日益普遍地被用作企业财务业绩评价的手段。

例 12.4　计算 WACC

B. B. Lean 公司有 140 万发行在外的股份，当前的价格是每股 \$20。公司债券也公开上市交易，其价格为票面值的 93%。这些债券的票面价值之和是 500 万美元，而且按照现在的价格，收益率是 11%。无风险利率是 8%，而且股票市场的风险溢酬是 7%。你已经估计到 Lean 的 β 系数是 0.74。假如企业的所得税率是 34%，那么 Lean 公司的 WACC 是多少?

我们可以先确定股权成本和债务成本。根据 SML，股权成本是 8% + 0.74×7% = 13.18%。股权价值之和是 140 万 ×20 美元 = 2 800 万美元。税前债务成本是当前发行在外债券的到期收益率，即 11%。这些债券以 93% 的票面价值销售，所以当前的市场价值是 0.93×500 万美元 = 465 万美元。股权和债务的市场价值之和为 2 800 万美元 + 465 万美元 = 3 265 万美元。

到现在，我们已经可以很容易地计算加权平均资本成本了。股权融资所占 Lean 公司融资总量的权重为 \$28/\$32.65 = 85.76%。由于权重之和为 1.0，债务资本的权重等于 1.0 – 0.8576 = 14.24%。因此 WACC 为：

$$\begin{aligned} WACC &= (E/V) \times R_E + (D/V) \times R_D \times (1 - T_C) \\ &= 0.8576 \times 13.18\% + 0.1424 \times 11\% \times (1 - 0.34) \\ &= 12.34\% \end{aligned}$$

因此 Lean 公司资产的加权平均成本是 12.34%。

仓储问题和类似资本预算问题的解决

现在我们用加权平均资本成本来解决本章开始时提出的问题。然而，在利用加权平均资本成本对现金流量进行折现来估计 NPV 之前，我们首先需要确保我们的做法没有错误。

回顾一下第一个理论，我们需要在金融市场找见一个类似的同仓库翻新有可比性的项目。要想具有可比性，一个类似的项目必须同仓储项目具有同样的风险水平。具有相同风险的项目我们说它们处于同一风险级。

一个企业的加权平均资本成本反映了企业现有总体资产的风险和目标资本结构。因此，严格地讲，企业的加权平均资本成本只有在所计划的项目是企业现有经营活动的重复继续的情况下才是合理的折现率。

广义地讲，是否可以使用企业的加权平均资本成本来评估仓储项目，取决于仓储项目是否同企业具有同样的风险水平。我们将假定这个项目是企业总体业务的有机组成部分。在这种情况下，很自然会想到成本节约同企业总的现金流量的风险是相同的，因此项目将与整个企业处于同样的风险级别。更一般地，诸如仓库翻新之类的项目同企业现有的业务是紧密相关的，因此通常视为具有与企业总体风险相同的风险。

我们现在看看决策者将会如何去做。假定企业的目标资本结构，即债务－股权比例是 1/3。根据第 3 章的内容，我们知道债务－股权比例 $D/E = 1/3$ 意味着 E/V 等于 0.75，而 $D/V = 0.25$。进一步假定债务成本是 10%，股权成本是 20%，企业的所得税率是 34%，那么 WACC 将是：

$$\begin{aligned} \text{WACC} &= (E/V) \times R_E + (D/V) \times R_D \times (1 - T_C) \\ &= 0.75 \times 20\% + 0.25 \times 10\% \times (1 - 0.34) \\ &= 16.65\% \end{aligned}$$

回想一下，仓储项目的成本是 5 000 万美元，预期税后现金流量（成本节约）是每年 1 200 万美元，持续 6 年。因此 NPV 是：

$$\text{NPV} = -\$50 + \frac{12}{(1+\text{WACC})^1} + \cdots + \frac{12}{(1+\text{WACC})^6}$$

由于现金流以普通现金流的形式出现，我们可以用 16.65%（WACC）作为折现

表 12.1

资本成本计算的总结

1. 股权成本，R_E

A. 股利增长模型法（从第 7 章得到）：

$R_E = D_1/P_0 + g$

这里 D_1 是第一期的预期股利，g 是股利增长率，而 P_0 是当前的股票价格。

B. SML 法（从第 11 章得到）：

$R_E = R_f + \beta_E \times (R_M - R_f)$

这里 R_f 是无风险利率，R_M 是整个市场的预期收益率，而 β_E 则是股票的系统风险。

2. 债务成本 R_D

A. 对于一个公开发行债务的企业来讲，债务成本可以通过计算流通在外的债券的到期收益率来衡量。券面利率是无关的。到期收益率是第 6 章的内容。

B. 如果一个企业没有公开交易的债券，那么债务的成本可以通过具有类似评级的债券的收益来计算（债券评级的内容在第 6 章）。

3. 加权平均资本成本，WACC

A. 企业的加权平均资本成本是投资者将企业作为一个整体所提出来的要求收益率。对那些具有与企业整体相似风险的现金流来讲，它是一个合适的折现率。

B. WACC 的计算方法如下：

$\text{WACC} = (E/V) \times R_E + (D/V) \times R_D \times (1 - T_C)$

这里 T_C 是企业的税率，E 是企业股权的市场价值，D 是企业债务的市场价值，而 $V = E + D$。注意 E/V 是企业股权融资的比例，而 D/V 是债务融资的百分比。

率计算 NPV：

$$\begin{aligned}\text{NPV} &= -\$50 + \$12 \times \frac{1 - [1/(1 + 0.1665)^6]}{0.1665} \\ &= -\$50 + \$12 \times 3.6222 \\ &= -\$6\ 530\ 000\end{aligned}$$

企业是否应该采纳仓库翻新项目？使用企业的 WACC 作为折现率计算得到项目的 NPV 是负值。这意味着在同样的风险级别上金融市场能够提供更好的项目（比如，企业自身）。答案是明显的：项目将被舍弃。为了将来参考的方便，我们将对 WACC 的讨论总结表在 12.1 中。

计算伊斯曼化学公司的WACC

在这一部分，我们将举例说明如何计算伊斯曼化学公司（我们在本章开始时讨论的公司）的加权平均资本成本（WACC）。我们的目标是一步一步地引导你找到并使用在线资源所必需的信息。正如你将看到的，它会涉及到很多细节问题，而且大部分必需的信息是可以直接获得的。

伊斯曼化学公司的股权资本成本 我们通过登陆 finance.yahoo.com 来获得伊斯曼化学公司的财务数据（简写："EMN"），下面就是从屏幕截取的 2002 年中期的资料：

Price and Volume	
52-Week Low on 21-Sep-2001	$29.03
Recent Price	$45.41
52-Week High on 17-May-2001	$55.65
Beta	0.74
Daily Volume (3-month avg)	478.3K
Daily Volume (10-day avg)	369.0K
Stock Performance	
52-Week Change	-12.4%
52-Week Change relative to S&P500	+1.9%
Share-Related Items	
Market Capitalization	$3.51B
Shares Outstanding	77.3M
Float	71.9M
Dividends & Splits	
Annual Dividend (indicated)	$1.76
Dividend Yield	3.88%
Last Split	none

Per-Share Data	
Book Value (mrq)	$17.62
Earnings (ttm)	-$2.50
Earnings (mrq)	$0.30
Sales (ttm)	$68.56
Cash	N/A
Valuation Ratios	
Price/Book (mrq)	2.58
Price/Earnings	N/A
Price/Sales (ttm)	0.66
Income Statements	
Sales (ttm)	$5.28B
EBITDA (ttm)	$285.0M
Income available to common (ttm)	-$192.0M
Profitability	
Profit Margin (ttm)	-3.6%
Operating Margin (ttm)	-2.7%
Fiscal Year	
Fiscal Year Ends	Dec 31
Most recent quarter	31-Mar-2002

Management Effectiveness	
Return on Assets (ttm)	-3.05%
Return on Equity (ttm)	-12.31%
Financial Strength	
Current Ratio (mrq)	1.64
Debt/Equity (mrq)	1.62
Total Cash	N/A
Short Interest As of 8-Apr-2002	
Shares Short	2.43M
Percent of Float	3.4%
Shares Short (Prior Month)	2.32M
Short Ratio	4.19
Daily Volume	580.0K

See Profile Help for a description of each item above; K = thousands; M = millions; B = billions; mrq = most-recent quarter; ttm = trailing twelve months; (as of 31-Mar-2002)

根据屏幕上所显示的，伊斯曼化学公司有 7 730 万股股票在外发行。账面价值为每股 17.62 美元，但其实际市场价值为 45.41 美元。因此，总股权的账面价值为 13.6 亿美元。而市场价值接近 35.1 亿美元。

为评估伊斯曼的股权资本成本，我们假设市场风险溢酬为 9%，接近第 10 章我们计算得出的数据。在雅虎的网站上，伊斯曼的 β 系数为 0.74。如果你记得我们以前关于 β 的讨论，就会发现，伊斯曼的 β 系数比较低，至少暂时比较低。我们可以到价值线投资调查和 www.msnbc.com 上查找，得到的 β 值分别为 0.9 和 0.8。由于这三个数据都是合理估计的，因此我们采用平均值，即 0.81。根据 finance.yahoo.com 的债券部分，当时国债的利率 1.7%。使用资本资产定价模型来估计股权资本的成本，我们发现：

$$R_E = 0.017 + 0.81(0.09) = 0.0899，即\ 8.99\%$$

伊斯曼化学公司仅付了 3 年的股利，所以很难运用股利折现模型来准确地测算未来的增长率。但是，通过 finance.yahoo.com 这个链接，我们可以得到如下数据：

盈利增长情况	伊斯曼化学公司	行业	工业部门	S&P 500
本季度预测值	–21.8%	2.5%	0.7%	6.8%
下季度预测值	5.5%	48.4%	54.3%	12.8%
本年度预测值	28.7%	30.6%	42.6%	14.5%
下年度预测值	78.8%	42.3%	73.9%	19.8%
过去五年平均值	–19.4%	N/A	N/A	N/A
未来五年预测值	7.0%	9.47%	9.76%	12.46%
市盈率（ttm）	24.7	23.95	28.46	20.60
市盈增长比 PEG	3.53	2.53	2.92	1.65

分析家预测未来 5 年公司的每股收益将增加 7.0%。现在我们将这个增长率应用于股利折现模型中来估计股权资本的成本。下一章将讨论收入与股利之间的联系。用股利折现模型预测的股权资本成本如下：

$$R_E = \left(\frac{\$1.76(1 + 0.07)}{\$45.51}\right) + 0.07 = 0.1115，即\ 11.15\%$$

要注意到不同的模型对股权资本成本的估计是不同的。每个模型都是建立在不同的假设基础之上，所以这就不足为奇。有两种方法去解决这个问题。第一，我们可以忽略一种预测结果。在这个案例中，很可能是 CAPM，因为根据我们前面的讨论，可以看出 CAPM 得出的股东要求收益率相对要低一些。第二，我们可以将两个预测结果平均化。这样我们会得到 10.07%，或大约是 10%。这看起来是个合理的数据。所以我们将用这个数据来计算股权资本成本。

伊斯曼化学公司的债务成本 伊斯曼化学公司发行了4种长期债券，构成了其长期负债的基本来源。为计算债务成本，我们就要结合这四种债券，计算其加权平均成本。到 www.bondsonline.com 网站输入“Eastman Ch”寻找债券的报价。需要注意的是，在 www.bondsonline.com 上查找特定某一天的某一特定公司发行的所有债券的到期收益率并不是很容易的事。如果你还记得以前关于债券的讨论，就会知道债券市场的流动性没有股票市场的强，并且某些流动性差的债券可能很多天都不会交易。为了寻找债券的账面价值，我们登陆 www.sec.gov 查找 2002 年 3 月 31 日的 10Q 报告和 2002 年 5 月 13 日的 SEC 档案，其基本资料如下：

息票率（%）	到期日	账面价值（票面价值，单位：百万美元）	市场价格（票面价值%）	到期收益率（%）
6.375	2004	496	102.375	4.857
7.25	2024	496	102.007	7.067
7.625	2024	200	113.045	6.502
7.60	2027	297	101.000	7.509

为计算债务的加权平均成本，我们用每种债券占总债务的百分比乘以债券的收益率，再加总求和，就会得到总的债务加权平均成本。我们在这里既采用债券账面价值，也采用债券市场价值以作对比，结果如下：

息票率（%）	账面价值（票面价值，单位：百万美元）	每种债券所占的百分比	市场价格（单位：百万美元）	占总负债的百分比	到期收益率（%）	账面价值（%）	市场价值（%）
6.375	496	0.33	507.8	0.33	4.857	1.62	1.60
7.25	496	0.33	506.0	0.33	7.067	2.35	2.32
7.625	200	0.13	226.1	0.15	6.502	0.87	0.95
7.60	297	0.20	300.0	0.19	7.509	1.50	1.46
总计	1 489	1.00	1 539.8	1.00		6.34	6.34

正如这些计算所显示的，伊斯曼化学公司的基于账面价值的债务成本和基于市场价值的债务成本均为6.34%。因此，对伊斯曼化学公司来说，用市场价值或账面价值计算都没有差别。原因很简单，其市场价值与账面价值本身相差就不大。这经常成为案例来解释为什么公司在计算 WACC 时常用债务的账面价值。此外，由于伊斯

曼化学公司没有优先股，所以我们不用考虑优先股的成本。

伊斯曼化学公司的加权平均资本成本（WACC）　现在我们已经拥有了计算伊斯曼化学公司 WACC 的几个必要条件。首先，我们要计算资本结构权重。基于账面价值，伊斯曼的股权和债务分别为 13.62 亿美元和 14.89 亿美元。其总价值为 28.51 亿美元，因此，股权比例和债务比例分别为 13.62 亿 /28.51 亿 = 0.48 和 14.89 亿 /28.51 亿 = 0.52。假定税率为 35%，伊斯曼的 WACC 为：

$$\text{WACC} = 0.48 \times 10.07\% + 0.52 \times 6.34\% \times (1 - 0.35) = 6.98\%$$

因此，用账面价值的资本结构权重，我们可得到伊斯曼公司的 WACC 约为 7%。

如果用基于市场价值的权重，WACC 将更高。我们来看一下原因。注意到以市场价值为基础的伊斯曼的股权和负债分别为 35.10 亿美元和 15.40 亿美元。其权重分别为 \$35.1 亿 /50.5 亿 = 0.7 和 \$15.4 亿 /50.40 亿 = 0.3。所以权益比例更高。用这些数据，可得到

$$\text{WACC} = 0.70 \times 10.07\% + 0.30 \times 6.34\% \times (1 - 0.35) = 8.29\%$$

因此，用市场价值权重，可得到伊斯曼的 WACC 约为 8.3%，比用账面价值权重计算得到的 7% 高很多。

正如这个例子所显示的，用账面价值计算会导致麻烦，尤其是用账面价值计算股权资本的时候。回顾第 3 章，我们讨论过的市净率（market-to-book ratio，这个比率为每股市价 / 每股账面价值）。这个比率通常会远高于 1。以伊斯曼公司为例，其比率为 2.6。因此，用账面价值计算夸大了伊斯曼债务融资的比例。此外，如果我们需要计算一家非上市公司的 WACC，我们就应该努力寻找一家与之类似的上市公司，推算出合适的市净率，然后据此来调整该公司的账面价值。正如我们所看到的，如果不能这么调整，就会导致显著低估 WACC 的结果。

12.5　分支机构和项目的资本成本

正如我们所看到的，只有在计划投资项目同企业现有活动相类似时，采用 WACC 法作为未来现金流量的折现率才是合适的。但实际上并没有这样严格。例如，

假如我们处于比萨行业，现在正在打算选择一个新的地址开业，那么加权平均资本成本就是所要选用的折现率。这种方法对于一家想要开新店的零售商、想要扩展生产能力的制造商，或者正在考虑扩展市场份额的消费品企业来说都是类似的。

然而，尽管将加权平均资本成本作为一个标准是很有用的，但也应该考虑现金流量同企业总体风险完全不同时的情形。我们接下来分析如何处理这些问题。

SML与WACC

当我们评价那些同企业整体风险大相径庭的投资项目时，WACC 法的使用会导致很差的结论。图 12.1 说明了这一问题。

在图 12.1 中，根据无风险利率 7% 以及市场风险溢酬 8%，我们画出了一条 SML 线。简单起见，我们假定股权企业的 β 系数为 1。正如我们指出的，由于不存在负债，该企业的加权平均成本和股权成本均为 15%。

假定我们的企业用加权平均资本成本法对所有的投资项目进行评估。这意味着任何投资收益高于 15% 的投资都会被接受，而低于 15% 的投资项目都会被舍弃。然而，通过我们对风险和收益的研究可以知道，一项合意的投资的坐标点要高于 SML。如图 12.1 所示，对各种项目采用加权平均资本成本法会导致企业错误地接受风险相

图 12.1
证券市场线 SML 与加权平均资本成本 WACC

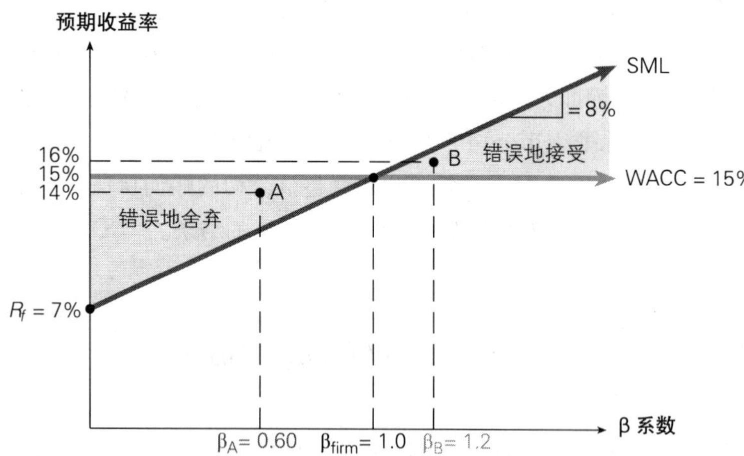

假如一家企业运用 WACC 法对各种类型的项目作出接受或舍弃决策，那么会有错误地接受高风险项目和错误地舍弃低风险项目的倾向。

对较高的项目，而舍弃那些风险较低的项目。

例如，考虑点 A。这个项目的 β 系数 $\beta_A = 0.60$，而企业的 β 系数是 1.0。它的预期收益率是 14%。那么这是一项合意的投资吗？答案是肯定的，因为其要求收益率仅仅是：

$$
\begin{aligned}
\text{要求收益率} &= R_f + \beta_A \times (R_M - R_f) \\
&= 7\% + 0.60 \times 8\% \\
&= 11.8\%
\end{aligned}
$$

然而，假如我们仅仅用加权平均资本成本法来判断，那么这个项目将被舍弃，因为其收益率低于 15%。这个例子表明一个仅使用加权平均资本成本法作为评判指标的企业，将趋向于舍弃这个风险低于企业总体风险的有利可图的项目。

点 B 是另一个极端。这个项目的 β 系数 $\beta_B = 1.2$，它提供了 16% 的收益率，超过了企业的资本成本。然而，这并不是一个好的投资项目，因为考虑到系统风险的大小，其收益率是不够的。尽管如此，假如我们用加权平均资本成本来评价，看起来却是具有吸引力的。所以假如仅使用加权平均资本成本法，将会发生第二类错误，造成接受那些风险高于企业总体风险的效益较差的投资。其结果是，随着时间的推移，一个采用加权平均资本成本法对所有项目进行评估的企业会朝着接受非盈利投资项目，且风险日益加大的方向发展。

分支机构的资本成本

采用加权平均资本成本法，同样的问题也会出现在那些业务类型超过一种的企业。例如，想象一下，一个企业有两个分支机构，一个传统的电话企业和一个电子制造企业。第一个企业的风险相对较低，而第二个企业的风险则相对较高。

在本例中，企业的总体资本成本实际上是由两种不同的资本成本混合构成的，每个分支机构各有一种。假如两个分支机构在竞争同样的资源，而且企业仅采用加权平均资本成本法作为评判的标准，那么哪个分支机构将会获得更多的投资资金呢？

答案是风险较大的分支机构趋向于获得较高的收益（尽管风险较大），所以它容易成为“赢家”。风险相对较低的业务可能会有更好的获利前景，但结果却被忽视。美国的大企业认识到这个问题，并采取了一些办法来确定各个分支机构的资本成本。

单纯业务法则

我们已经看到，不合理地采用加权平均资本成本法会导致一些问题。在这种情形下我们如何得到合理的折现率呢？通常我们不能直接得到这些项目的收益率，例如，通常没有直接的方法可以得出 β 系数。因而，我们必须做的是考察企业外部同我们所考虑的项目具有同样风险级别的其他投资，并用这些投资的市场要求收益率作为折现率。换句话说，我们将试图找出市场上类似的投资项目来决定此类投资的资本成本。

例如，回到我们的电话业务分支机构，假定我们想要得到评估这个分支机构的折现率。我们需要做的是找到几家证券公开上市交易的电话企业。我们可能会发现一家典型的电话企业的 β 系数是 0.80，债券评级属于 AA 级，资本结构是股权融资和债务融资各占 50%。利用这些信息，我们可以得到一家典型的电话企业的加权平均资本成本并将其作为我们的折现率。

另一方面，假如我们正在考虑进入一个新的行业，我们将试图通过考察那个行业现有企业的市场要求收益率来得出合理的资本成本。根据《华尔街》报道，一家将业务集中于单独一个业务领域的企业被称为单纯游戏者。例如，假如你想通过购买普通股来对原油价格下赌注，那么你应试图找到那些专注于此类产品交易的企业，因为它们最容易受到原油价格变化的影响。这类企业被称为原油价格的单纯游戏者。

我们现在要做的是找出那些其业务尽可能专注于我们所感兴趣的项目类型的企业。因此，我们的方法被称为对投资的要求收益率进行估计的**单纯业务法**（pure play approach）。例如，假设麦当劳决定利用 McPuters 系统，进入个人电脑和网络服务商行业。其中的风险与经营快餐店的风险是非常不同的。因此，麦当劳需要参照已有的个人电脑行业的公司来计算这个新部门的资本成本。两个主要的“单纯业务”的代表企业就是戴尔和 Gateway，这两家都是行业里的主导者。另一方面，IBM 就不是一个很好的选择，因为它有很多产品线，其重点也不在个人电脑业务上。

在第 3 章里，我们讨论了为了比较目的如何判别类似企业这一主题。我们当时描述过的问题在这里再次出现。最明显的一个问题是我们可能难以找到合适的企业。在这种情况下，如何客观地确定折现率成为一个非常困难的问题。即便如此，重要的是对这个问题有清醒的认识，以便我们至少可以降低在对所有的投资单纯采用加权平均资本成本法时出现此类错误的可能性。

主观方法

考虑到客观地确定个别项目折现率所存在的困难，企业通常采用对企业的加权平均资本成本进行主观调整的方法。为说明这一点，假定一个企业的加权平均资本成本是 14%。企业计划中的所有项目可以归为如下 4 个类别：

类别	例子	调整因素（%）	折现率（%）
高风险	新产品	+6	20
中等风险	通过扩展现有的生产线来节约成本	+0	14
低风险	现有设备的更新	−4	10
强制性项目	污染控制设备	无	无

这种粗略划分的结果是假定所有的项目或者归为三个风险类别之一，或者是强制性的项目。在最后一个类别中，资本成本是无关的，因为项目必须被采纳。依据主观确定法，企业的加权平均资本成本可能会随着经济形势等的变化而变化。当这种情况发生时，不同类型项目的折现率将会改变。

在每种风险类别里，有些项目总被假定比其他项目有更高的风险，而且作出错

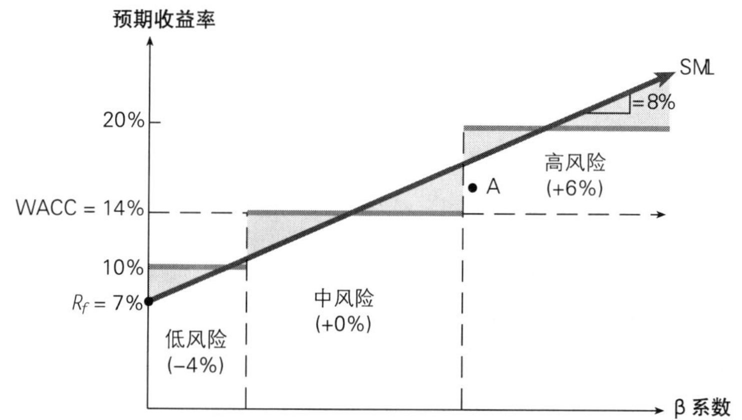

图 12.2
证券市场线和主观调整法

对于主观调整法说，企业将项目置于几个风险类别之一。用来对项目进行评价的折现率是通过对企业的加权平均资本成本增加（针对高风险项目）或减少（针对低风险项目）调整因素得到的。这将比单纯采用加权平均资本成本法导致较少的错误决策。

误决策的风险依然存在。图 12.2 显示了这一点。将图 12.1 和 12.2 进行比较，我们发现类似的问题存在，但同主观方法相比，潜在错误发生的概率较小。例如，如果采用加权平均资本成本法，标记为“A”的项目将会被采纳，但如果它被归类为高风险投资，就会被舍弃。这就说明，进行一些风险调整，哪怕是主观的，也比没有风险调整要好。

在理论上，单独为每个项目客观地确定一个要求收益率会更好。但是，从实践来看，却很难做到完全避免主观的调整，因为决策所需的信息不完备，或者花费的成本与努力太大就不值得这么做。

第13章

财务杠杆与资本结构

AutoNation、思科系统和 Tribune 公司有什么共同点呢？2006 年，这三家公司都发行了债券并至少使用了部分收益用于回购自己的股票。总部位于劳德代尔堡的 AutoNation 公司是一家汽车零部件制造商，该公司宣布计划回购约 12 亿美元的股票，这占到公司流通股的约 19%。为了支付这次股票回购的金额，该公司发行了新债券。此项交易从本质上看，是将公司的股权转换为负债，尽管债券评级机构对这次股转债并不看好——标准普尔和惠誉评级均下调了对该公司的债券评级，但 AutoNation 还是如期进行了转换计划。思科系统公司是首次发行债券，尽管该公司已经有 150 亿美元的现金，但最终还是通过发行债券筹集到 65 亿美元的资金。在同一时期，公司宣布了一项 50 亿美元的股票回购计划。报纸出版商 Tribune 公司则发行了 20 亿美元的债券，并将其用于回购其发行在外的多达 25% 的股票。为什么这些公司都决定以股权换债务呢？我们将在本章探讨这一问题以及其他相关问题。

公司应该选择多少负债（相对于权益资本）被称为资本结构决策。这项决策对公司有诸多方面的影响，而且无论理论上还是实践上都远未得到很好的解决。在本章，我们将讨论资本结构的基本概念以及公司该如何决策。

一个公司的资本结构正好是其举债政策的反映。我们应该借一大堆钱呢？还是仅仅一点点？乍一看，好像应该避免举债。毕竟，一个公司债务越多，破产倒闭的可能性就越大。而我们需要了解的是：负债是一把双刃剑，只要运用得当，能使公司大为受益。

正确理解债务融资的作用是非常重要的，因为债务的作用总是被人误解，而且很多公司（个人）对债务融资工具的使用过于保守。说到这里，我们也要强调一些公司有时候会犯一些相反的错误。他们过度举债以至于以不幸破产收场。寻找最佳的均衡点，正是资本结构这一专题要探讨的重中之重。

到目前为止，我们一直将资本结构作为给定的已知条件。当然，企业的债务 – 股权比率不会突然从天而降，所以我们现在有必要考虑一下资本结构是如何得来的。回顾一下在第 1 章中，我们将一个企业的债务 – 股权比率的决策叫做资本结构决策。[1]

在多数情况下，一个企业可以选择它想要的任何资本结构。假如决策者愿意，一个企业可以发行一些债券并用所得款项购回一些股票，从而提高债务 – 股权比率。另一方面，它也可以发行股票并用所得款项清偿一些债务，从而降低债务 – 股权比率。诸如此类可以改变企业现有资本结构的活动称为资本结构调整。一般而言，只要企业在不改变资产的情况下用一种资本结构替代另一种资本结构，这种资本结构的调整就会发生。

由于一个企业的资产并不直接受到资本结构调整的影响，我们可以脱离其他活动单独考察企业的资本结构决策。这意味着一个企业可以在脱离投资决策的情况下考虑资本结构决策。[2] 因此本章我们将忽略投资决策而集中在长期融资，或称为资本结构的问题上。

本章我们将会看到，资本结构决策对于企业价值和资本成本来讲有重要的意义。我们也将发现决定资本结构决策的重要因素很容易被发现，但要对这些原理进行精确的衡量却是很难做到的。因此，对于一个特定的企业在特定时间的最佳资本结构这个问题，我们仅能给出不完全的答案。

13.1 资本结构问题

一个企业应该如何确定其债务 – 股权比率？和以往一样，这里我们假定指导原则是选择能够使股票价值最大化的决策。然而，当我们涉及资本结构决策这个问题时，其在本质上同整个企业价值最大化是同样的问题，而且，为方便起见，我们将讨论锁定在企业价值这一范畴。

在第 12 章里，我们讨论了企业的加权平均资本成本（WACC）这一概念。你可能会想起：一个企业的总体资本成本是构成企业资本结构的不同组成部分成本的加

1 将有关债务和股权的决策叫做资本结构决策很方便。然而，财务结构这一术语更加准确，我们将交替使用这两个术语。

2 实际上，融资决策和投资决策是紧密相关的，本书上述说法应该辩证看待。——译者注

权平均值。当我们描述加权平均资本成本（WACC）的时候，我们将企业的资本结构视为给定的。因此，本章我们将要探讨的一个重要问题是：当我们改变债务融资规模，或者债务 - 股权比率的时候，资本成本会发生什么变化。

研究加权平均资本成本（WACC）的一个主要原因是，当加权平均资本成本最小的时候，企业的价值最大。为说明这一点，回想一下——加权平均资本成本是企业总的现金流量所适用的折现率。价值和折现率变化的方向相反，减小 WACC 将会增大企业现金流量的现值。

因此，我们将试图选择企业的资本结构，从而使 WACC 最小化。由于这个原因，假如一种资本结构的加权平均资本成本比另一种要低，我们就会说这种资本结构比另一种要好。而且，假如一种资本结构导致最低的加权平均资本成本，我们就说这一特定的债务 - 股权比率代表了*最优资本结构*。有时最优资本结构也称做企业的*目标资本结构*。

13.2　财务杠杆的效果

本节我们将考察财务杠杆对股东收入的影响。你可能也会回想起来，财务杠杆指的是一家企业依靠债务融资的程度。一个企业的资本结构中债务融资的比例越大，它所采用的财务杠杆也越大。

正如我们描述的那样，财务杠杆可以在很大程度上改变股东的收益。但是，很明显，财务杠杆也许不会影响总的资本成本。假如这一点正确，那么，资本结构的改变不会影响企业的价值，所以可以说一个企业的资本结构是不相关的。过一会儿我们会回过头来再探讨这个问题。

财务杠杆的影响

我们首先来看一看财务杠杆是如何起作用的。我们暂且忽略税收的影响。同时，为了简便起见，我们用其对每股收益（EPS）及权益报酬率（ROE）的影响来描述杠杆的作用。当然，这些也是从会计数据得到的，不是我们主要关注的对象。采用现金流量法替代会计数据会得出更准确的结论，但要做的工作要多一些。我们在后面的小节讨论其对市场价值的影响。

表 13.1
TA 企业当前和计划的资本结构

	当前资本结构	计划资本结构
资产	\$8 000 000	\$8 000 000
债务	\$0	\$4 000 000
股东权益	\$8 000 000	\$4 000 000
债务 – 股权比率	0	1
每股价格	\$20	\$20
流通在外股票	400 000	200 000
利息率	10%	10%

财务杠杆，EPS 与 ROE 的一个例子　Trans Am（简称 TA）公司目前的资本结构中不包含债务融资。首席财务总监莫里斯先生正在考虑进行资本结构重组，这将包括发行债券并用所得款项回购一些流通在外的股份。表 13.1 反映了目前和将来的资本结构。如表所示，企业资产的市场价值是 800 万美元，流通在外的股票有 40 万股。Trans Am 公司的资产全部由股权组成，因此当前股票的价格是每股 20 美元。

债券发行预期融资 400 万美元，利息率是 10%。由于股票的售价是每股 \$20，400 万美元的债券将用来购买 \$4 000 000/\$20 = 200 000 股的股票，剩下的还有 200 000 股。重整以后，Trans Am 的资本结构中将包含 50% 的债务，因此债务股权比率将为 1。请注意，在这里我们假定股票价格将保持为 20 美元不变。

为分析重整计划的影响，莫里斯先生编制了表 13.2，它将企业当前的资本结构同三种情况下计划的资本结构进行比较。这些情景反映不同假设下企业的 EBIT。在预期的情况下，EBIT 是 100 万美元；在衰退的情况下，EBIT 降到 50 万美元；在扩张的情况下，上升到 150 万美元。

考虑到扩张的情形，表 13.2 中列示了一些计算结果，EBIT 是 150 万美元。在没有债务（当前的资本结构）和税收的情况下，净利润是 150 万美元。在这种情况下，共有 40 万股，净资产 800 万美元。因此 EPS 是每股 \$1 500 000/400 000 = \$3.75。而且，由于股权资本的会计利润，ROE 是净利润除以净资产总额，即 \$1 500 000/\$8 000 000 =18.75%。[1]

随着负债增加到 400 万美元（计划的资本结构），情况有所改变。由于利率是 10%，利息费用将是 40 万美元。在 EBIT 是 150 万美元，利息是 40 万美元，而且没

1　ROE 在第 3 章已详细讨论过。

表 13.2
TA 企业的资本结构情况

当前资本结构：无债务			
	经济萧条	预期	经济繁荣
EBIT	\$500 000	\$1 000 000	\$1 500 000
利息	0	0	0
净利润	\$500 000	\$1 000 000	\$1 500 000
ROE	6.25%	12.50%	18.75%
EPS	\$1.25	\$2.50	\$3.75
计划资本结构：债务 = \$4 000 000			
	经济萧条	预期	经济繁荣
EBIT	\$500 000	\$1 000 000	\$1 500 000
利息	400 000	400 000	400 000
净利润	\$100 000	\$ 600 000	\$1 100 000
ROE	2.50%	15.00%	27.50%
EPS	\$0.50	\$3.00	\$5.50

有税收时，净利润为 110 万美元。现在股票仅有 20 万股，总共价值 400 万美元。因此，EPS 是每股 \$1 100 000/200 000 = \$5.5，而此前仅为每股 \$3.75。而且，ROE 是 \$1 100 000/\$4 000 000 = 27.5%，这个比率大大高于当前资本结构的 18.75%。

EPS 与 EBIT　当我们考察重整对 EPS 和 ROE 的影响时，杠杆的作用在表 13.2 中体现得很明显。特别是 EPS 和 ROE 的波动性在计划的新资本结构里要大多了。这就说明了财务杠杆效应是如何放大股东的收益与损失的。

在图 13.1 中，我们可以更清楚地看到计划资本结构重整的影响。图中绘出了当前和计划的资本结构中每股收益（EPS）与息税前利润（EBIT）的关系。第一条线标记为“无债务”，代表没有杠杆的情形。这条线从原点出发，表明在 EBIT 为 0 的情况下 EPS 也为 0。在那里，EBIT 每增加 40 万美元，EPS 增加 1 美元（因为有 40 万股流通在外的股票）。

第二条线代表计划的资本结构。这里，如果 EBIT 是 0，则 EPS 是负的。这是因为无论企业的利润是多少，40 万美元的利息都必须支付。由于本例中股票是 20 万股，EPS 如图所示是 −2 美元。同样，假如 EBIT 是 40 万美元，EPS 将正好是 0。

图 13.1 值得注意的很重要的一点是：在负债融资的情况下，直线的斜率较陡。

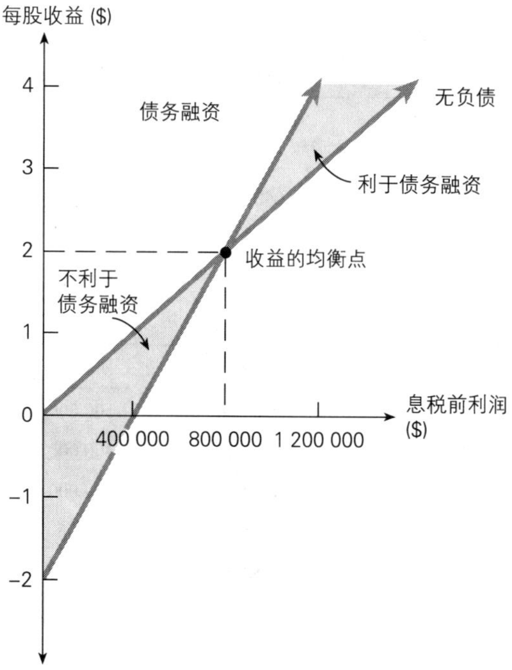

图 13.1
财务杠杆：Trans Am 企业的 EPS 与 EBIT

实际上，EBIT 每上升 40 万美元，EPS 上升 2 美元，所以直线的斜率增大 1 倍。这就告诉我们，由于财务杠杆的存在，EPS 的敏感性是 EBIT 的两倍。

另外需要关注的是：在图 13.1 中直线是相交的。在相交的那一点，两种资本结构的 EPS 正好相同。为找到这一点，请注意在没有债务的情况下，EPS 等于 EBIT/400 000。而在有债务的情况下，EPS 是（EBIT − \$400 000）/200 000。现在我们让两者相等，然后求 EBIT：

$$\text{EBIT}/400\ 000 = (\text{EBIT} - \$400\ 000)/200\ 000$$
$$\text{EBIT} = 2 \times (\text{EBIT} - \$400\ 000)$$
$$\text{EBIT} = \$800\ 000$$

当 EBIT 是 800 000 美元的时候，EPS 在两种资本结构情况下都是每股 2 美元。在图 13.1 中我们将其称为收益均衡点，也可以将其称为无差异点。假如 EBIT 高于这一水平，财务杠杆是有利的；假如低于这一点，则不利。

存在另外一种更加直观的方法可以看出为什么收益均衡点是 800 000 美元。注意，假如企业没有债务融资且 EBIT 是 800 000 美元时，其净利润也是 800 000 美元。在这种情况下，ROE 是 \$800 000/\$8 000 000 = 10%。这正是债务的利率，所以企业所得收益正好能够支付利息。

例 13.1 收益均衡时的 EBIT

MPD 公司决定进行资本结构重整。公司目前没有债务融资。然而，依据重整计划，债务将是 \$1 000 000。债务的利息率是 9%。MPD 公司当前有 200 000 股流通在外的股票，价格是每股 \$20。假如重整预期会提高 EPS，MPD 的管理部门所期望的最低水平的 EBIT 是多少？忽略税收的影响。

要回答这个问题，我们将计算收益均衡点的 EBIT。高于这一点时，财务杠杆的提高将会提高 EPS，所以这将告诉我们最低水平的 EBIT 是多少。在旧的资本结构情况下，EPS 就等于 EBIT/200 000。而在新的资本结构情况下，利息费用将是 \$1 000 000 × 0.09 = \$90 000。而且，利用所得的 100 万美元款项，MPD 将回购 \$1 000 000/\$20 = 50 000 股的股票，使得剩余的股票为 150 000 股。因此，EPS 是（EBIT – \$90 000）/150 000。

现在我们知道两种情形下 EPS 如何计算了，我们令其彼此相等来计算收益均衡点的 EBIT：

$$\text{EBIT}/200\,000 = (\text{EBIT} - \$90\,000)/150\,000$$
$$\text{EBIT} = (4/3) \times (\text{EBIT} - \$90\,000)$$
$$\text{EBIT} = \$360\,000$$

验证一下，在任何一种情形下，当 EBIT 等于 \$360 000 时，EPS 都是 \$1.80。显然 MPD 的决策者认为 EPS 将会超过 \$1.80。

企业借款与自制杠杆

基于表 13.1、13.2 和图 13.1，莫里斯先生得出如下结论。

1. 财务杠杆的效果取决于企业的 EBIT。当 EBIT 相对较高的时候，杠杆的作用是有利的。
2. 在预期的情况下，无论是按照 ROE 还是 EPS 来衡量，杠杆都增加了股东的收益。

表 13.3
计划的资本结构与伴随自制杠杆的原有资本结构

计划的资本结构（$）			
	经济萧条	预期	繁荣
EPS	0.50	3.00	5.50
100 股的收益净成本	50.00	300.00	550.00
净成本 = 100 股 × 每股 $ 20=$2 000			

原有的资本结构与自制杠杆（$）			
	经济萧条	预期	繁荣
EPS	1.25	2.50	3.75
200 股的收益	250.00	500.00	750.00
减：利息 $2 000 × 10%	200.00	200.00	200.00
净利润	50.00	300.00	550.00
净成本 = 200 股 × 每股 $20 − 所借款项 = $4 000 − $2 000 = $2 000			

3. 在预期的资本结构下，由于 EPS 和 ROE 相对 EBIT 的变化更为敏感，股东所面对的风险也更大。
4. 鉴于财务杠杆对股东预期收益和股票风险水平的影响，资本结构是一个重要的考虑因素。

这些结论中的前三个明显是正确的。最后一个结论是否也是如此？令人吃惊的是，答案是否定的。正如我们接下来要讨论的，原因是股东自己可以通过借贷来调整财务杠杆的大小。个人通过借款来改变财务杠杆的大小叫做**自制杠杆**（homemade leverage）。[1]

我们现在要向你阐明的是：无论 Trans Am 是否采用计划的资本结构，实际上并没有什么不同，因为任何倾向于所计划的资本结构的股东，都可以很容易地通过使用自制杠杆来实现自己的意图。作为开始，表 13.3 第一部分表明如果所计划的资本结构被采用的话，一个购买价值 2 000 美元 Trans Am 股票的股东会是怎样的情形。这个投资者购买了 100 股股票。根据表 13.2，EPS 将是 0.50 美元、3 美元或者 5.50 美元中的一种，所以在所计划的资本结构下，100 股股票的总收益将是 50 美元、300 美元或者 550 美元中的一种。

1 通过个人借款来改变个人所面对的财务杠杆的水平称为自制杠杆。

现在，假定 Trans Am 没有采用所计划的资本结构。在这种情况下，EPS 将是 1.25 美元、2.50 美元或者 3.75 美元。表 13.3 第二部分显示了一个喜欢所计划的资本结构的收益情况的股东，如何采用个人借款来实现自己的意图。要做到这一点，股东以 10% 的利率借了 2 000 美元。我们的投资者用这些钱，连同原来的 2 000 美元购买了 200 股股票。如表格所示，净利润情况正好同所计划的资本结构相同。

我们怎么知道应该借 2 000 美元来实现这样的收益情况？我们正试图在个人层次上重复 Trans Am 所计划的资本结构。若所计划的资本结构的债务 – 股权比例是 1，要在个人的层次上重复这一资本结构，股东必须借足够的现金来实现同样的债务 – 股权比率。由于股东已经有 2 000 美元的股权投资，筹集另外的 2 000 美元便可以使个人的债务 – 股权比率为 1。

这个例子表明，投资者总是可以自己提高财务杠杆来实现不同状况的收益。因此，无论 Trans Am 是否采用计划的资本结构并没有什么不同。

例 13.2 消除股票投资的杠杆效应

在我们的 Trans Am 例子中，假定管理部门采纳了计划的资本结构。而且，假定一个拥有 100 股股票的投资者偏好原来的资本结构，说明这个投资者如何消除杠杆来恢复原来的收益情况。

要创造杠杆，投资者自己可以借款。而要消除杠杆，投资者必须贷出现金。对于 Trans Am 来说，企业借进了等于其价值一半的资金。投资者可以简单地通过贷出同样比例的现金来消除杠杆。在这种情况下，投资者出售 50 股股票获得 $1 000，然后再以 10% 的利率贷出去。收益情况计算如下：

	经济萧条（$）	预期（$）	经济繁荣（$）
EPS（计划的资本结构）	0.50	3.00	5.50
50 股的收益	25.00	150.00	275.00
加：利息 $1 000 × 10%	100.00	100.00	100.00
总收益	125.00	250.00	375.00

这正是投资者在原有的资本结构下的收益情况。

13.3 资本结构与股权资本成本

我们已经看到企业进行借贷活动并不会产生什么特别效应，因为投资者自己也可以借贷现金。因此，无论 Trans Am 选择哪种资本结构，股票价格都是相同的。Trans Am 的资本结构因而是无关的，至少在我们所考察的简单世界里是这样的。

我们的 Trans Am 例子建立在由两个诺贝尔奖获得者莫迪里安尼和米勒提出的著名理论基础上——M&M 理论。我们在 Trans Am 的例子中所展示的是 **M&M 命题 I**（M&M Proposition Ⅰ）的一个特殊情形。M&M 命题 I 是说一个企业如何选择安排其资本结构是完全无关的。

M&M命题 I：饼状模型

对 M&M 命题 I 进行阐述的一种方法是：设想有两个企业，它们的资产负债表左半边的数据完全相同。它们的资产与经营完全相同。资产负债表的右边是不同的，因为它们采取了不同的融资方式。在本例中，我们可以借助饼状模型来分析资本结构的问题。由图 13.2 可以看出我们为什么要选择这个名字。图 13.2 给出了在股权和债务之间分割的两种方式：40%~60% 与 60%~40%。然而，图 13.2 中饼子的大小对两个企业来说都是相同的，因为资产的价值是相同的。这就对命题 I 进行了精确的阐述：饼子的大小并不取决于它是如何被分割的。

股权成本与财务杠杆：M&M命题 II

尽管改变企业的资本结构可能并不会改变企业的总价值，但这样做确实造成了

图 13.2
资本结构的饼状模型

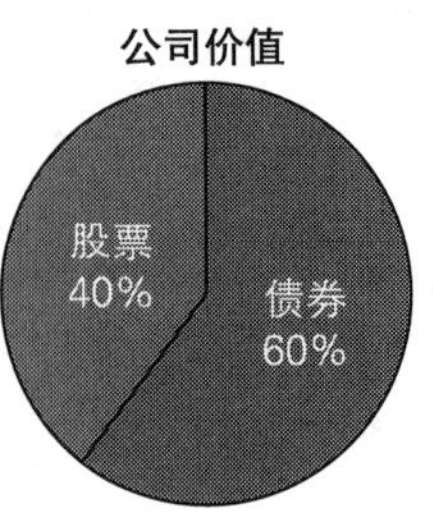

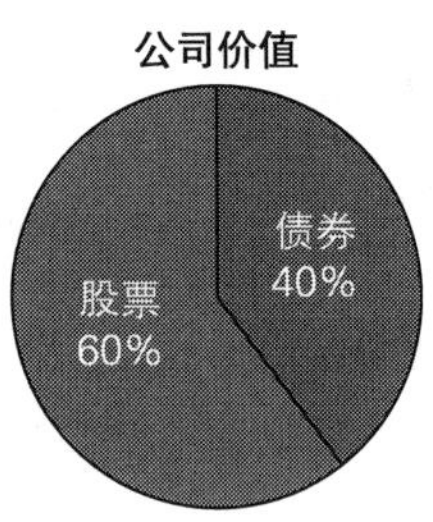

企业债务与股权的重大变化。我们现在考察当企业的债务－股权比率改变时，兼具债务与股权融资的企业将发生的变化。为了简化我们的分析，继续忽略税收的影响。

根据我们在第 12 章的讨论，假如我们忽略了税收的影响，加权平均资本成本（WACC）将是：

$$WACC = (E/V) \times R_E + (D/V) \times R_D$$

这里 $V = E + D$。我们还可以看到对 WACC 的一种理解是，将其视为对企业所有资产的要求收益率。为了将这一点表述得更清楚，我们用符号 R_A 来代表 WACC 并写为：

$$R_A = (E/V) \times R_E + (D/V) \times R_D$$

假如我们重新整理这个方程组并解出股权资本的成本，我们将会看到：

$$R_E = R_A + (R_A - R_D) \times (D/E) \qquad [13.1]$$

这就是著名的 **M&M 命题 Ⅱ**（M&M Proposition Ⅱ），它告诉我们股权成本的大小取决于三个因素：对企业总资产的要求收益率 R_A，企业债务的成本 R_D，以及债务与股权的比率 D/E。

图 13.3 通过描绘股权资本成本 R_E 与债务－股权比率对应的图线，对上面的讨论

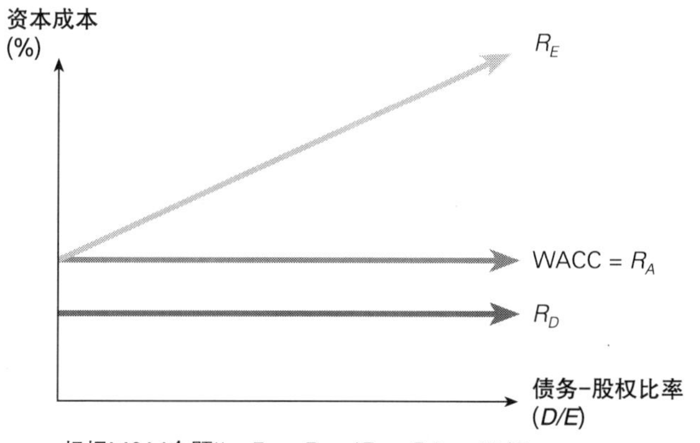

图 13.3
股权成本与 WACC：不存在税收情况下的 M&M 命题 Ⅰ 与 Ⅱ

作了总结。如图所示，M&M 命题Ⅱ表明股权成本 R_E 是由一条斜率为 $(R_A - R_D)$ 的直线给出的。Y 轴截距对应的是债务 – 股权比率为 0、$R_A = R_E$ 时的情形。图 13.3 表明，当企业的债务 – 股权比率上升时，杠杆的上升增加了股东的风险，从而也提高了要求收益率或者股权成本（R_E）。

注意，在图 13.3 中 WACC 并不取决于债务 – 股权的比率，无论债务 – 股权比率是多大都不变。这是对 M&M 命题 I 进行陈述的另一种方法：企业总体的资本成本并不受到资本结构的影响。正如图中所展示的，事实上债务成本低于股权成本的部分，正好被由此带来的股权成本的上升所抵消。换句话说，资本结构权重的改变（E/V 和 D/V）正好被股权成本（R_E）的变化所抵消，所以 WACC 保持不变。

例 13.3　股权资本成本

Ricardo 公司的加权平均资本成本（忽略税收的影响）是 12%。公司可以 8% 的利率借款。假定 Ricardo 公司的目标资本结构是 80% 的股权与 20% 的债权，那么股权成本是多少？如果目标资本结构是 50% 的股权融资，那么股权成本又是多少？用你的答案来计算 WACC 并验证它们是相同的。

根据 M&M 理论命题 II，股权成本 R_E 是：

$$R_E = R_A + (R_A - R_D) \times (D/E)$$

在第一种情形下，债务 – 股权比率是 0.2/0.8 = 0.25，所以股权成本是：

$$\begin{aligned} R_E &= 12\% + (12\% - 8\%) \times 0.25 \\ &= 13\% \end{aligned}$$

在第二种情形下，由于债务 – 股权比率是 1.0，所以股权成本是 16%。

我们现在可以通过假定股权融资的百分比是 80%，股权成本是 13%，税率是 0 来计算 WACC：

$$\begin{aligned} \text{WACC} &= (E/V) \times R_E + (D/V) \times R_D \\ &= 0.80 \times 13\% + 0.20 \times 8\% \\ &= 12\% \end{aligned}$$

在第二种情形下，股权融资的百分比是 50%，股权成本是 16%。WACC 是：

$$\begin{aligned}\text{WACC} &= (E/V)\times R_E + (D/V)\times R_D \\ &= 0.50\times 16\% + 0.50\times 8\% \\ &= 12\%\end{aligned}$$

正如所计算的那样，两种情形下的 WACC 都是 12%。

经营风险和财务风险

M&M 命题Ⅱ说明企业股权成本可以分成两部分。第一部分 R_A 是对企业总体资产的要求回报率，取决于企业的业务活动性质。企业业务所固有的风险被称为企业股权所面临的**经营风险**（business risk）。参照第 11 章，我们看到这种经营风险取决于企业资产的系统风险。企业的经营风险越高，R_A 越大，在其他所有情况一样的情况下，企业的股权成本越高。

股权成本的第二个部分，$(R_A - R_D)\times(D/E)$，是由企业的财务结构决定的。对于一个全部是股权资本的企业来说，这部分是 0。当企业开始依靠债务融资的时候，股权资本的要求回报率也会上升。之所以会这样是由于债务融资提高了股东的要求回报率。由于债务融资而增加的这部分风险称为企业股权的**财务风险**（financial risk）。

因此企业股权的系统风险由两部分组成：经营风险和财务风险。第一部分（经营风险）取决于企业的资产和经营，不受资本结构的影响。在企业经营风险（及其债务成本）给定的情况下，第二部分（财务风险）完全取决于企业的财务政策。正如我们所阐述的那样，企业的股权成本随着财务杠杆的使用而提高，因为当经营风险保持不变时，股东权益的财务风险上升了。

13.4　税收与资本结构

债务融资有两个特性，我们还没有认真加以考虑。首先，正如我们已经多次提到的，利息费用是可以抵税的。这对企业来讲是有利的，而且这使债务融资的好处又增加了一点。其次，未能偿还到期的债务会导致企业破产。这对于企业来讲是不利的，而且可能是债务融资的另一个成本。由于我们还没有明确考虑这两个特性，一旦我们这样做了，答案可能会有所不同。因此，我们将在本节考察税收的影响，并在下一节考察破产因素的影响。

我们可以由考察企业税收的影响来开始。为了做到这一点，我们将考察两个企业，企业 U（没有杠杆）和企业 L（存在杠杆）。这两个企业损益表的左半边是完全相同的，所以它们的资产和经营是相同的。

我们假定今后两个企业的 EBIT 预期都是每年 1 000 美元。两个企业的不同之处在于企业 L 发行了价值 1 000 美元的无限期债券，每年支付的利息是 8%。因此，今后每年的利息是 0.08 × \$1 000 = \$80。假定企业税率是 30%。

对于两个企业 U 和 L 来说，我们现在计算如下：

	企业 U（$）	企业 L（$）
EBIT	1 000	1 000
利息	0	80
税前利润	1 000	920
所得税（30%）	300	276
净利润	700	644

利息税盾

为简化计算，我们将假定折旧是 0，资本支出是 0，而且没有增量净营运资本。在这种情况下，资产的现金流量正好等于 EBIT 减去税收。因此对于企业 U 和 L，我们有：

来自资产的现金流量	企业 U（$）	企业 L（$）
EBIT	1 000	1 000
– 税收	300	276
合计	700	724

我们立刻看到资本结构现在产生了一些影响，因为企业 U 和 L 的现金流量是不同的，即使两个企业的资产相同。

下一步，我们可以计算股东和债权人的现金流量。

现金流量	企业 U（$）	企业 L（$）
流向股东	700	644
流向债权人	0	80
合计	700	724

我们所看到的是：L 的总现金流量要高 24 美元。这是因为 L 的所得税（现金流出）支出要少 24 美元。利息可以抵税这一事实带来了税款的节约，节约额等于利息支出（80 美元）乘以企业税率（30%）：$\$80 \times 0.30 = \$24$。我们将这种税款的节约称为**利息税盾**（interest tax shield）。

税收与M&M命题 Ⅰ

既然债务是无期限的，那么以后每年都会产生 24 美元的税盾。既然企业 L 的税后现金流量总要高出 24 美元，那么，企业 L 要比企业 U 的价值高，其超出值等于 24 美元，即永续年金的现值。

因为税盾是利息支出带来的，所以与债务有同样的风险，则合理的折现率也是 8%（债务成本）。因此税盾的价值是：

$$PV = \frac{\$24}{0.08} = \frac{0.30 \times \$1\,000 \times 0.08}{0.08} = 0.30 \times \$1\,000 = \$300$$

正如我们的例中所示，利息税盾的现值可以写作：

$$\begin{aligned}\text{利息税盾的现值} &= (T_C \times D \times R_D)/R_D \\ &= T_C \times D \end{aligned} \qquad [13.2]$$

我们现在已经提出另一个著名的结论，存在税收时的 M&M 命题 Ⅰ。我们已经看到企业 L 的价值 V_L 超过了企业 U 的价值 V_U，差额是利息税盾 $T_C \times D$。因此存在所得税时的 M&M 命题 Ⅰ 为：

$$V_L = V_U + T_C \times D \qquad [13.3]$$

负债融资的影响如图 13.4 所示。我们绘出了负债同杠杆企业的价值 V_L 的关系。存在所得税情况下的 M&M 命题 Ⅰ 用一条斜率为 T_C 的直线给出了这一关系。

在图 13.4 中，我们已经画出了一条水平线来代表 V_U。如图所示，两条线之间的

图 13.4

存在税收时的 M&M 命题 I

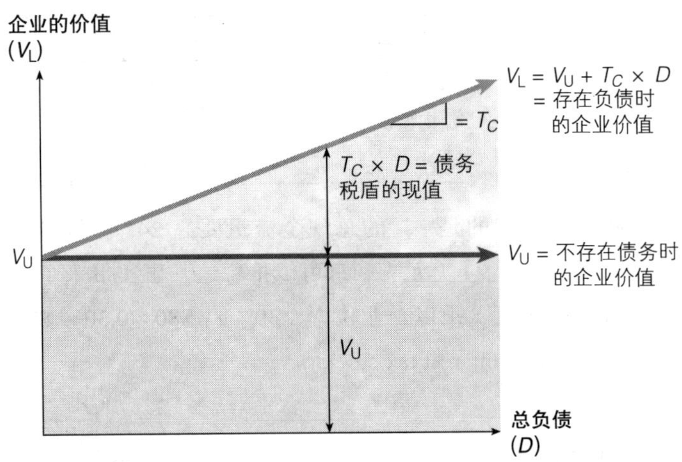

由于利息税盾的存在，企业价值随着总体债务水平而提高。这就是存在税收时的M&M命题 I 的基本思想。

距离是 $T_C \times D$，代表税盾的价值。

如图 13.4 所示，每 1 美元债务使得企业的价值上升了 0.30 美元。换句话说，每 1 美元债务的净现值是 0.30 美元。这就很难想象为什么在这些情形下，企业不愿意将其债务融资增加到无穷大。

结　论

在本节中我们分析的结论是，一旦考虑了税收，资本结构肯定会受到影响。然而，我们立即会得出不合逻辑的结论，即最优资本结构是 100% 的负债。当然，我们还没有考虑破产风险的影响，所以我们的故事将有变化。为了将来参考，表 13.4 总结了 M&M 不同的计算和结论。

13.5　破产成本

一个企业采用债务融资的限度取决于破产成本的大小。当债务 – 股权比率提高时，企业无力向债权人支付到期债务的可能性也随着加大。当这种情况发生时，企

表 13.4

Modigliani 和 Miller 的理论总结

1. 不存在税收的情形

A. 命题 I：杠杆企业的价值（V_L）等于无杠杆企业的价值（V_U）：

$$V_L = V_U$$

B. 命题 I 的含义：

a. 企业的资本结构是无关的；

b. 企业的加权平均资本成本（WACC）是相同的，不论债务和股权在企业资本结构中的比例如何。

C. 命题 II：股权融资的成本 R_E 是：

$$R_E = R_A + (R_A - R_D) \times (D/E)$$

这里 R_A 是加权平均资本成本，R_D 是债务成本，D/E 是债务 – 股权比率。

D. 命题 II 的含义：

a. 当企业提高债务融资时股权融资成本会上升；

b. 股权融资成本取决于两个因素：企业的经营风险（营业风险）与财务杠杆程度（财务风险）。经营风险决定 R_A；财务风险取决于 D/E。

2. 存在税收的情形

A. 存在税收的命题 I：杠杆企业的价值 V_L 等于非杠杆企业的价值（V_U）加上利息税盾的现值：

$$V_L = V_U + T_C \times D$$

这里 T_C 是企业税率，D 是负债的总量。

B. 存在税收时的命题 I：

a. 债务融资是很有利的，而且，在极端的情况下，一个企业的最优资本结构是 100% 债务；

b. 企业的加权平均资本成本（WACC）随着债务融资的加大而降低。

业资产的所有者最终由股东转移到债权人那里。

理论上，当一个企业的资产等于其负债时便会破产。当这种情况发生时，股权价值是 0，企业的控制权由股东转移到了债权人那里。在这一点上，股东所持有的资产价值正好等于拥有的债务。理想状况下，所有权的转移不存在成本，而债权人没有任何损失。

当然，这种理想情况下的破产不会出现在现实世界。具有讽刺意味的是，破产的成本是很高的。正如我们讨论的，同破产相关联的成本可能最终会抵消由杠杆带来的抵税效应。

直接破产成本

当一家企业的资产等于负债时，那么从股权价值为0的角度来看可以说企业已经破产了。然而，资产由股东向债权人的正式转移是一个法律过程，而不是经济过程。破产存在着法律和管理成本，而且有人评论说，破产之于律师正如同鲜血之于鲨鱼。

由于存在破产成本，债权人不会得到他所拥有的所有债权。在破产的法律过程中企业资产的一部分会"消失"。这些是同破产过程相关联的法律和管理成本，我们将这些成本称为**直接破产成本**（direct bankruptcy costs）。

间接破产成本

由于破产的代价是很高昂的，企业需要采取措施避免破产的发生。当一家企业在偿付债务方面遇到重大困难时，我们说它正在经历财务危机。一些陷入财务危机的企业最终要进行破产备案，但大多数都不会破产，因为它们能够复苏或是想办法生存下来。

一个遭受财务危机的企业为避免破产诉讼而带来的成本称为**间接破产成本**（indirect bankruptcy costs）。我们用**财务危机成本**（financial distress costs）这一术语来泛指与破产或与避免破产诉讼有关的直接和间接成本。

当股东和债权人属于不同的群体时，财务危机企业中出现的问题尤其严重，财务危机成本也就更大。在企业依法破产之前，股东对企业具有控制权。当然，他们将为他们的经济利益采取行动。由于股东在一个破产的企业中被抹掉了，他们对避免破产备案有很强的积极性。

另一方面，债权人主要关心的是保护企业的资产价值，并试图同股东争夺控制权。他们有很强的动机——通过寻求破产来保护自己的利益，并避免企业的资产被股东进一步消耗。所有这些斗争的最终结果，将是开始进行漫长的、令人筋疲力尽而且很可能是代价高昂的法律斗争。

同时，随着法律的轮子缓慢地前进，企业的资产在遭受价值损失，因为管理部门忙于试图避免破产而不是管理业务。一般的经营活动被打断了，销售也遭受了损失。有价值的员工离开了，有获利前景的项目由于为了保持现金而被中途放弃，有利可图的投资也没有被采纳。

这些都是间接破产成本，或者财务危机成本。无论企业是否最终走向破产，其结果都是价值损失——因为企业选择在资本结构中采用债务资本。正是这种导致破产损失的可能性，最终限制了企业选择使用的债务资本的数量。

13.6　最优资本结构

我们在前面两节中论述了最优资本结构的基本知识。因为利息税盾是有价值的，所以企业会选择借款。在相对较低的债务水平上，破产和陷入财务危机的可能性很低，而且债务的好处要大于成本。在非常高的债务水平上，财务危机的可能性是长期存在的、持续的问题，所以债务融资的好处可能被财务危机成本所抵消。基于我们的讨论，可以看出最优资本结构存在于这两个极端之间。

静态资本结构理论

我们已经讨论过的资本结构理论称为**静态资本结构理论**（static theory of capital structure）。这是说企业可以不断增加债务融资水平以达到这样一点，即债务融资的好处正好等于增加财务危机的可能性而带来的成本。我们之所以将其称为静态理论，是因为它假定企业的资产和经营是固定的，仅需考虑债务 – 股权比率的可能变化。

静态理论如图 13.5 企业价值 V_L 同债务总量 D 的直线所示。在图 13.5 中，我们根据三种不同的情节来画出直线。第一种是没有税收时的 M&M 命题Ⅰ。这是一条水平线，开始于 V_U，表明企业价值不受资本结构的影响。第二种情形是存在税收时的 M&M 命题Ⅰ，是一条向上倾斜的直线。这两种情形正好同前面图 13.4 所示的相同。

图 13.5 第三种情形证实了我们当前的讨论：企业价值达到最大，然后再下降。这是从我们的静态资本结构理论中得出的结论。企业的最大价值 V_L^* 在债务水平达到 D^* 点时实现，所以该点是债务融资的最佳点。也就是说，企业的最优资本结构是由

图 13.5
资本结构的静态理论：最优资本结构与企业价值

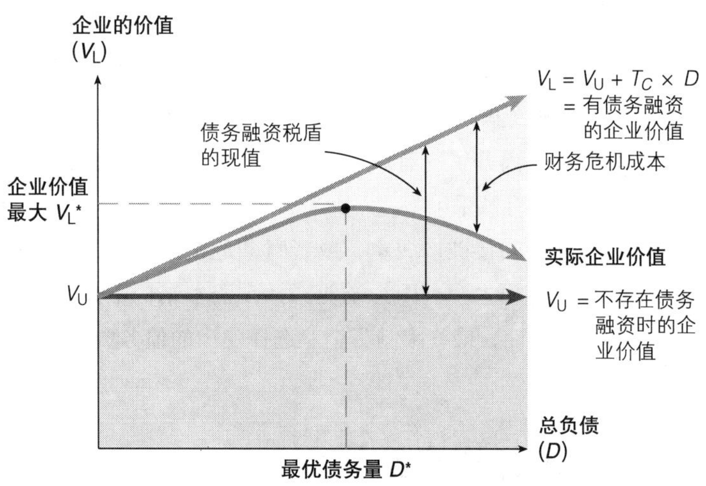

根据静态理论，由债务融资而导致的税盾的收益可以被财务危机成本所抵消。一个最优的资本结构存在于由财务杠杆所带来的增量收益与增加的财务危机成本之间的平衡点上。

债务比率为 D^*/V_L^* 和股权比率为（$1 - D^*/V_L^*$）构成的。

最后需要注意的是，在图 13.5 中，静态资本结构理论的企业价值同存在税收时 M&M 理论中的企业价值的差别是由于存在财务危机成本。而企业静态理论中的企业价值同无税收状态下 M&M 企业价值的差别，则是由于财务杠杆收益超过了财务危机成本。

最优资本结构与资本成本

正如我们前面讨论的，使得企业价值最大的资本结构也是资本成本最小的资本结构。借助图 13.6，我们可以明白这一点并将我们对资本结构和资本成本的讨论结合起来。正如我们已经看到的那样，存在三种情形。我们将利用三种情形中最简单的那种作为起点，然后建立静态资本结构理论。在这个过程中，我们将尤其关注资本结构、企业价值和资本成本之间的联系。

图 13.6 说明了原来的 M&M 理论在不存在税收、没有破产顾虑时的情形Ⅰ。这是最基本的情形。在图的最上部分，我们画出的是企业价值相对于债务总量 D 的直

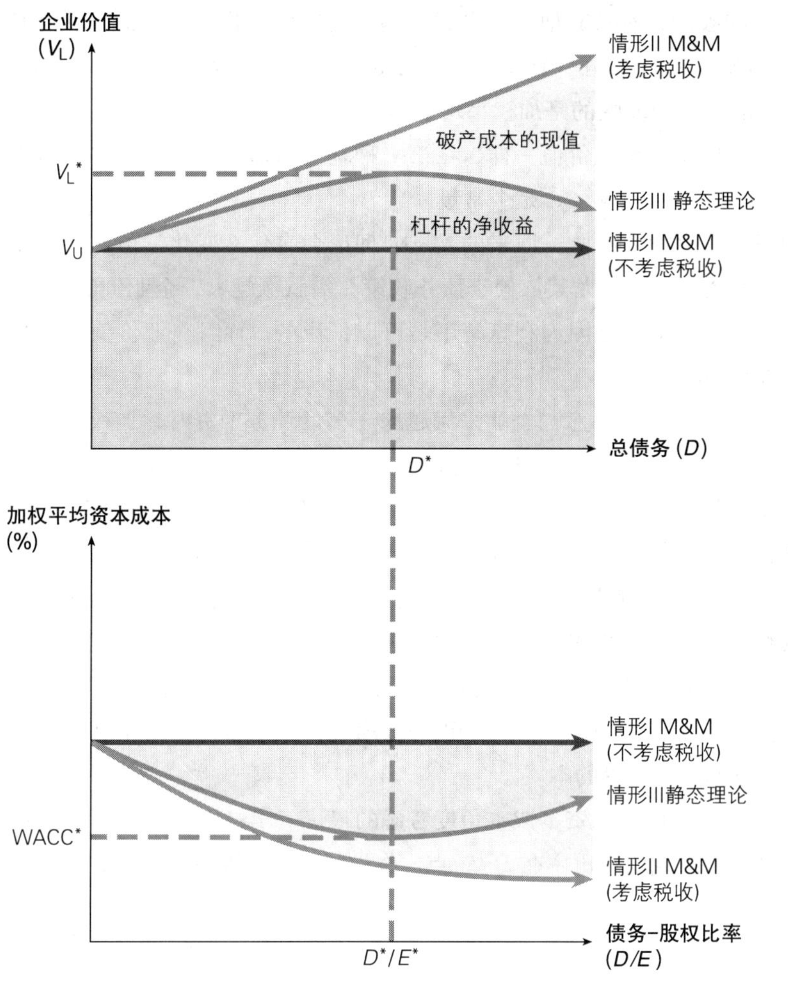

图 13.6
资本结构问题

情形 I

在不存在税收和破产成本的情形下，企业价值及其加权平均资本成本不受资本结构的影响。

情形 II

在不存在所得税和破产成本的情形下，企业价值随着债务融资量的增加而增加，而加权平均资本成本则会随着债务融资量的增加而下降。

情形 III

在存在所得税和破产成本的情形下，企业价值 V_L 在 D^* 点达到最大，这也就是最优债务融资量。同时，加权平均资本成本 WACC 在 D^*/E^* 点达到最小值。

线 V_L。在没有税收和破产成本及其他现实世界缺陷的情况下，我们知道企业总价值不受负债政策的影响，所以 V_L 是一个常量。图 13.6 的下半部分表明在这种情况下，资本成本总是一样的。下图反映的是加权平均资本成本 WACC 相对于债务 – 股权比率 *D/E* 的分布点。正如总的企业价值一样，在第一种基本情形下，总的资本成本不受负债融资政策的影响，因此 WACC 是个常量。

接下来我们考虑一旦引入税收，原来的 M&M 理论会有什么变化。正如情形Ⅱ所示，我们现在看到企业的价值尤其依赖于债务政策。借款额越大，企业价值越大。根据前面的讨论，我们知道这是因为利息费用是可以抵税的，而且企业价值的增加正好等于利息税盾的现值。

在图 13.6 的下半部分，请注意当企业采用越来越多的债务融资时，加权平均资本成本是如何下降的。当企业提高其财务杠杆时，股权成本确实上升了，但上升的部分不足以被债务融资的税收差异抵消。其结果是，企业总的资本成本在下降。

在故事的结尾部分，我们将破产的影响，或称财务危机成本考虑进来得到情形Ⅲ。正如图 13.6 上部所示，企业价值将不会像我们前面阐述的那样大。原因是企业的价值会降低，而其幅度是潜在的将来破产成本的现值。这些成本会随着企业借款额的增加而增加，而且它们最终会超出债务融资的抵税贡献。最优资本结构出现在 D^*，每增加 1 美元债务融资所带来的税收节约，正好被增加借款所带来的增量破产成本所抵消。这是静态资本成本理论的本质。

图 13.6 下半部分表现的是从资本成本角度考虑的最优资本结构。对应于 D^*，最优资本结构，即最优债务 – 股权比率在 D^*/E^* 点。在这样的债务融资水平上，加权平均资本成本 WACC^* 为最低。

资本结构的一些管理建议

我们所描述的静态模型不能确定精确的最优资本结构，但它指出了两个更相关的方面：税收和财务风险。我们能得出关于这些的限制性结论。

税　收　首先，杠杆所带来的税收好处，仅仅对需要支付税款的企业来说是重要的。具有实际累积损失的公司可从利息的税盾中获得一点价值。而且，从其他来源如折旧获得实际税盾效应的公司会从杠杆中得到较少的益处。

同样，并非所有的公司具有相同的税率，税率越高，借款的刺激越大。

财务风险　面临高财务风险的公司会比低财务风险的公司借款少。例如，当其他所有方面相同时，EBIT 的变动性越大，公司应借款额就越少。

此外，对某些公司来说，财务风险成本比其他公司要高。财务风险的成本主要依赖于公司资产。特别是，财务风险成本可由这些资产所有权转移的难易度来决定。

例如，若一个公司的大多数有形资产能以不引起价值太大变化的价格售出，该公司就会有更多借款的动机。若公司主要依赖无形资产，比如员工的能力或发展机会，公司对借债的动机就少，因为这些资产不能有效地售出。

13.7　观察到的资本结构

没有哪两家企业会有完全相同的资本结构。尽管如此，当我们在开始研究资本结构的时候，会考虑一些常规的因素。下面我们讨论其中的一些因素。

我们观察到资本结构最引人注意的是大多数企业都有相对较低的债务 – 股权比率，尤其在美国。实际上，大多数企业所采用的债务融资要大大少于股权融资。为说明这一点，表 13.5 提供了一些按照 SIC 编码（我们在第 3 章中讨论过这些编码）划分的美国不同行业的负债比率和债务 – 股权比率。

在表 13.5 中，最引人注目的是不同行业之间的巨大差别，从药品、计算机等行业的几乎零负债率到百货商场、钢铁业等行业相当高的债务比率。注意到，仅在最后两个行业中，债务的比率要高于股权，其他大多数行业中股权融资要远远高于债务。事实就是这样，尽管这些行业中的许多企业支付了相当多的所得税。表 13.5 说明了一点，从总体上讲企业所发行的债券还没有达到完全用尽税盾的程度，而且我们可以得出结论：一定存在某些限制，使得企业所能利用的债务融资总量是有限的。

从许多方面，例如从 EBIT 的变化性和资产的类型方面来看，不同的行业有不同的经营特性。而且，在这些特性和资本结构之间看起来确实存在一些联系。我们前面关于税收节约和财务危机成本的论述无疑提供了一些论证。但是，到目前，还没有完全令人满意的理论来解释资本结构的这些规律。

表 13.5 美国企业的资本结构

行 业	总资本负债率*（%）	负债－股权比率（%）	企业数量	SIC 编码	代表性的企业
药品	6.39	6.82	209	283	默克，辉瑞
炼油	22.30	28.70	15	291	埃克森－美孚，雪佛龙
钢铁	34.68	53.11	22	331	美国钢铁，纽柯
计算机	10.68	11.96	99	357	戴尔，惠普
电子元件	6.97	7.49	121	367	英特尔，德州仪器
汽车	26.36	35.79	39	371	通用，福特
航空	64.35	180.48	19	451	达美航空，西南航空
电话	39.83	66.38	46	481	Verizon, AT&T
有线电视	37.26	61.89	8	484	Comcast, DirecTV
百货商场	46.13	85.63	9	531	柯尔士，内曼－马库斯
杂货店	8.93	9.81	14	533	沃尔玛，塔吉特
食品商店	39.92	66.46	18	541	克罗格，西夫韦
消费性电子产品	9.67	10.71	10	573	百思买，电路城
餐饮	27.00	36.98	65	581	麦当劳，温迪氏
银行	42.39	73.59	340	602	美国银行，美国富国银行
经纪人	29.54	42.77	28	621	美林，T.D. Ameritrade 公司

* 负债是指优先股和长期债务（包括年内到期的长期债务）的账面价值之和。权益资本是指流通在外的普通股股份的市场价值。总资本是债务与权益资本之和。表上列出的是中位数。

资料来源：*Cost of Capital*, 2004 Yearbook (Chicago: Ibbotson Associates, Inc., 2004).

13.8 破产过程简述

正如我们已经讨论的，财务危机是采用债务融资所可能导致的一个结果，它可以通过以下几种方式来定义。

1. 企业失败。这一术语通常是指由于企业的终止而给债权人造成损失的情形，但即便是一个全部由股权资本构成的企业也可能会失败。

2. *法律破产*。企业或债权人向联邦法院申请破产。**破产**（bankruptcy）是一个对企业进行清算和重组的法律过程。
3. *技术破产*。当一个企业不能够偿还到期债务时便会发生技术破产。
4. *会计破产*。当企业的账面净资产为负值时，便属于会计破产。当账面总负债超过账面总资产后，资不抵债就发生了。

现在我们简要地讨论一下同破产和财务危机相关的一些术语和问题。

清算与重组

那些没有能力或不接受向债权人支付合同要求款项的企业，有两个基本选择：清算或重组。**清算**（liquidation）意味着企业将永远终止，并且包括对企业资产的彻底清理。清算过程是将清算收益扣除销售成本以后的部分按照规定顺序向债权人分配。**重组**（reorganization）是一种持续经营的选择，通常包括发行新债券来代替旧债券。清算或重组是破产过程的结果。究竟如何取决于“死亡与存活”两项结局中哪一项更有价值。

破产清算　1978 年联邦破产改革法案第 7 章是关于“直接破产”的内容。一般的破产顺序如下：

1. 向联邦法院提出破产申请。企业可能会自愿，或者在几个债权人的要求下非自愿地提出破产申请；
2. 债权人选择一个破产受托人来接管债务企业的资产，选择受托人的目的是对资产进行清算；
3. 当资产被清算，破产管理费用支付以后，所得款项在债权人之间分配；
4. 假如在扣除费用和向债权人支付之后存在剩余收益，将向股东分配。

清算收入的分配要按照如下的顺序进行。

1. 同破产相关的管理费用；
2. 非自愿破产申请备案以后，但在受托人指定前发生的费用；
3. 工资、报酬与佣金；
4. 职工福利计划金；

5. 消费者求偿权；
6. 政府税收；
7. 无担保债权人；
8. 优先股股东；
9. 普通股股东。

这个清算顺序反映了**绝对优先规则**（absolute priority rule，APR）。在名单中所处的次序越靠前，得到偿付的可能性就越大。在这些求偿权中，存在许多不同的限制和资格要求，为简便起见我们在这里省略。

这个列表存在两个限定因素。第一个是关于有抵押品的债权人。这类债权人可以通过销售抵押品来取得收益，所以列表将其排除。然而，假如所抵押资产被清算而其提供的现金不足以支付相应的债权，有抵押的债权人便可以加入到无担保的债权人中，参与对剩余清算资产的分配。反之，假如抵押资产出售所得比担保债权还大，剩余收益被用来支付无担保债权人及其他权益人。对于 APR 来说第二个限定因素是：事实上，在破产事件中，将发生什么事，谁能得到什么，都取决于大量的谈判协商。因此，APR 通常没能被遵守。

破产重组　企业重组是依据 1978 年联邦破产改革法案 11 章进行的。根据法案第 11 章，重组过程的总体目标是制定对企业进行重组的计划，其中包含对债权人偿付的条款。破产重组的一般顺序如下：

1. 自愿的申请可以由企业提出，非自愿的申请由债权人提出；
2. 联邦法官或者许可破产，或者拒绝申请。假如申请被许可，那么提供资产求偿权的证据的时间就被确定；
3. 在大多数情况下，企业继续经营其业务；
4. 企业（在某些的情况下是债权人）提交重组计划；
5. 债权人和股东被划归为不同类别。假如某一类别中大多数人同意该重组计划，就意味着得到了该类别债权人的认可；
6. 在债权人接受以后，重组计划申报法院确认；
7. 债权人、股东以现金、动产和证券的形式得到偿付；重组计划可能会提出发行新的证券；
8. 在一个规定的时间内，企业按照重组计划的条款操作。

企业可能希望允许老股东保留对企业的某些参与权。毫无疑问，这可能会遭到一些无担保债权人的反对。

所谓“预打包破产”是一个相对较新的概念。这是说企业首先确定得到了大多数债权人对破产计划的必要许可，然后再进行破产申请。其结果是，企业进入破产程序并且几乎立即以新面目再现。

在某些案子里，破产程序需要诉诸于破产法院的强制力量。在有些情形下，某种类别的债权人会被强制接受破产计划，即使他们投了反对票。因此，著名的“绝对优先规则”并不绝对。

财务管理与破产过程

看起来似乎有点奇怪，但拥有可以申请破产的权利的确是很有价值。有几个理由可以告诉你为什么是这样。首先，从经营的角度来看，当一家企业进入破产程序以后，会立即导致债权的“停顿”，通常意味着将暂停向债权人偿付，债权人不得不等待破产程序的结果来知道他们是否能够被偿还，偿还多少。这个停顿使得企业有时间对其选择进行评价，并阻止债权人和其他人“同法院赛跑”。

除了这些，一些破产备案实际上是战略行为，目的在于改变企业的竞争地位。在这种情况下，企业会进行破产备案，即使它们实际上并没有破产。最有名的例子可能莫过于大陆航空公司（Continental Airlines）的案例。1983 年，随着航空业管制的取消，大陆航空公司发现自己正面临新建立的航空公司的竞争，而后者的劳动力成本要低得多。作为回应，大陆航空公司进入重组备案，尽管它并没有破产。

大陆航空公司声称，根据预先估计的数据，公司会在将来破产，因而进行重组是必要的。通过破产备案，大陆航空公司可以结束现有的劳动协议，解雇大量工人，削减剩余职员的工资。换句话说，至少在批评家的眼里，大陆航空实际上将破产程序作为削减劳动成本的工具。国会后来修改了破产法，使公司利用破产程序来消除劳动合同的企图变得更加困难，但并没有根除这种可能。

除此之外，还有另外一些著名的战略破产案例。例如，Manville（当时的名字是 Johns-Manville）和道康宁公司由于估计到，将来可能会由于石棉和硅橡胶胸部移植方面的法律而遭致亏损，于是主动进行破产备案。同样，在有史以来最大的破产案中，1987 年德士古公司由于 Pennzoil 公司对其提起 103 亿美元的诉讼而进入破产备案。后来德士古公司用 35 亿美元了结此案并逃脱破产。截至 2002 年秋季，最大的破产案就是 2001 年能源巨人安然公司的倒闭和 2002 年世通公司神话的破灭。

避免破产的协议

当企业违反一项债务合约的时候，它仍然可以设法避免破产备案。由于破产的法律过程可能会持续很长时间而且费用昂贵，避免破产备案可能是每一方的最佳选择。在很多情况下，债权人可以同违反债务合同的企业管理部门一起协商解决。通常可以进行的是自愿重组与企业债务重新安排。这可能包括展期——推迟付款日期，或者和解——减少付款的额度。

第 14 章

股利与股利政策

2002 年 5 月 8 日，第一数据公司基于公司业务上获得的成功，宣布了一项优厚的股东奖励计划。这项计划包括（1）将季度股利支付额提高 100%，由每股 2 美分上升到 4 美分；（2）回购价值 5 亿美元的普通股；（3）进行 1:2 的股利分割，意味着现在的普通股每一股变为 2 股。投资者举杯相庆，将宣布当天的股价抬高了 2.9%。为什么投资者如此高兴？为找出答案，本章将探讨这 3 个计划以及他们对股东的意义。

本章是关于股利政策的内容。回顾第 7 章，我们可以看到股票的价格取决于所有未来支付给股东的股利。在当时的分析中，我们将未来的股利视为给定的。我们现在要考察的是企业如何决定股利支付的大小和时间。我们将努力寻求如何制定最佳的股利政策，也就是使得股票价格最大的股利政策。结果，我们发现：如何做到这一点，甚至是否存在最佳股利政策，都还是个问题！

股利政策是公司理财的一个重要课题，而且股利对许多企业来讲是一个主要的现金流出项目。乍看似乎理所当然的是：一个企业总是希望通过发放股利向其股东支付尽可能多的收益。但是，似乎同样也很显然的是：一个企业总是可以为股东进行再投资而不是把钱都发掉。股利政策问题的核心是：一个企业应该将所有的钱都发放给股东，还是应该保留这些钱并为其股东进行再投资？

看起来似乎很奇怪，许多研究和经济理论显示股利政策是无关紧要的。事实上，可以得出的结论是：股利政策问题犹如资本结构问题，重要因素不难识别，但因素之间的关系是复杂的，不存在一个简单的答案。

股利政策是一个引起争论的问题。我们给出了许多难以置信的原因，来说明为什么股利政策是重要的以及很多股利政策的主张为什么不符合经济逻辑。即便如此，在企业财务的真实世界中，最合理股利政策的确定是一个重要的问题。担心股利政策是在浪费时间的会是财务主管，但是在我们的讨论中错过重要内容同样可能是一个事实。

从某种意义上讲，所有对股利政策的讨论都受到“两面法则”的困扰。杜鲁门总统在讨论总统决策的法律含义时，要求他的员工同一名律师达成一致。杜鲁门先生说：“我不希望存在这样的两面法则。”当被问到两面法则是什么的时候，他答道：“当一个律师说‘一方面我推荐你这样做，因为存在以下的原因，但另一方面我推荐你不要这样做，因为存在另外一些原因。’”

不幸的是，任何有关股利政策有意义的论断看起来都是两面派的律师所写的（或者，更公平一点，出自几个两面派的财务专家）。一方面，企业有很多支付高股利的理由，但是，另一方面，也有许多支付低股利的理由。

我们将在本章讨论涉及股利和股利政策的三个常见的主题。首先，我们讲述股利形式和股利支付方式；其次，我们考虑股利无关的一个理想状态，接下来我们讨论这些情况的限制因素并为高股利和低股利政策提供一些实践的证据；最后，我们对本章进行总结，探讨企业在执行股利政策时可能采用的战略，并将股票回购作为股利的一种形式来探讨。

14.1 现金股利与股利支付

股利（dividend）这一术语通常是指用现金支付的盈余。如果支付的款项不是来自当前或累积的盈余，我们将应该用**分配**（distribution），而不是股利这一术语。然而，将盈余的分配称为股利而将资本的分配称为清算股利是可以接受的。更一般的是，企业对股东的任何直接支付都可以视为股利，或者股利政策的一部分。

股利存在几种不同的形式。现金股利主要采用以下几种基本类型：

1. 正常的现金股利；
2. 额外股利；
3. 特别股利；
4. 清算股利。

在本章的后面部分，我们将会讨论股票股利，并将讨论现金股利的一种替代形式——股票回购。

现金股利

最重要的股利类型是现金股利。通常，上市公司一年要支付四次正常的**现金股利**（regular cash dividend）。顾名思义，这些是直接向股东支付的现金，并在正常的商业周期内支付。换句话说，管理部门在股利上没有什么特别之处，而且没有理由不持续下去。

有时候企业会支付正常加*额外的现金股利*。之所以将支付款项的一部分叫做“额外的”，管理部门意指这部分在将来可能支付，也可能不支付。特别股利也很类似，但通常意味着这次股利真正是不常见的或者一次性事件，将不会再次发生。最后，*清算股利*通常的意思是指部分或者全部业务已被清算，也就是说，卖掉了。

无论怎样称谓，除了清算股利以外（这里减少的是实收资本），现金股利的支付都减少了企业的现金和留存收益。

现金股利支付的标准方法

支付股利的决策权在企业董事会的手里。当一项股利宣布时，它就成为企业的负债而且不能被轻易取消。在股利宣布后的某个特定的日期支付给所有股东。

现金股利的量一般以每股多少钱来表示（*每股股利*）。正如我们在其他章节中看到的那样，它也可以表示为每股价格的百分比（*股利收益率*）或者净收益的百分比或者每股收益（股利支付率）。

股利支付的顺序

现金股利的支付机制可以用图 14.1 中的例子和下面的描述来说明。

1. **宣告日**（declaration date）。1 月 15 日，董事会通过了 2 月 16 日向 1 月 30 日前登记的所有股东每股支付 1 美元股利的决议。
2. **除权日**（ex-dividend date）。为确保将股利发放给那些正确的股票持有者，经纪企业和股票交易所确定了除权日。这个日期是登记日（接下来讨论）之前的两个工作日。假如你在这一天之前登记，那么你就有权得到股利；假如你在这一天或之后购买，那么之前的股票持有者会得到这些股利。

   在图 14.1 中，1 月 28 日（周三）是除权日。在此日之前，所交易的是“带股利”的股票。而在其后，所交易的是“不带股利”的股票。

   除权日的设置排除了谁拥有股利的含糊性。由于股利是有价值的，股票价格在“除权”以后会受到影响。下面我们将会考察这种影响。
3. **登记日**（date of record）。根据登记情况，企业准备一个包含所有被认定为股东的的人员名册。这些是登记持有者，而 1 月 30 日是登记日。“被认为”这个词在这里是很重要的。假如你在此日之前正好购买了股票，由于邮寄或其他拖延，企业的记录可能并不会反映这个事实。如果不经过调整，一些股利支票会寄错人。这就是除权日的本意。

图 14.1

股利支付程序的示例

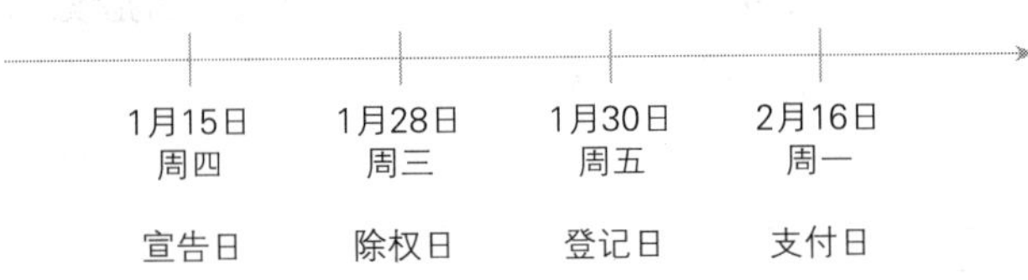

1. 宣告日：董事会宣布发放股利。
2. 除权日：股票出售者有权获得股利的日期；根据纽约股票交易所规则，在登记日之前的第二个工作日交易的股票不包含股利。
3. 登记日：宣布的股利向在这个特定的日期登记在册的股东支付。
4. 支付日：股利支票向登记股东邮寄的日期。

4. **支付日**（date of payment）。股利支票在 2 月 16 日寄出。

有关除权日的更多内容

除权日是很重要的，但也是通常容易引起疑惑的地方。我们考察除权发生时股票有什么变化，除权日的到来意味着什么。为说明这一点，假定我们现在有一种股票，其价格是每股 10 美元。董事会宣布每股股利是 1 美元，登记日是 6 月 12 日（周二）。根据上面的讨论，我们知道除权日是此前的第二个工作日（不是日历日期），即 6 月 8 日（周五）。

假如你在 6 月 7 日（周四）股市闭市的时候购买了一些股票，你将会得到 1 美元的股利，因为此时的股票交易是附带股利的。假如你还在等待并在周五开市的时候买进了股票，你就不会得到股利。股票的价格会在一夜之间发生什么变化？

假如你仔细想想，股票的价值在周五早上显然要减少 1 美元，所以价格将会在周四闭市和周五开市的时候正好相差这么多。一般来说，在股票除权的时候，我们期望股票价格的下降幅度大约正好等于股利。这里“大约”是个关键词。由于股利是要交税的，实际价格的下降可能更接近于税后股利的价值。由于不同的购买者适用不同的税率和税收规则，这个价值的确定是很复杂的。

这里描述的一系列事件都会显示在图 14.2 中。

例 14.1　“Ex”（除权）标记的一天

Divided Airlines 公司的董事会宣布在 5 月 30 日（周二）向在 5 月 9 日（周二）登记的股东发放每股 $2.50 的股利。卡尔在 5 月 2 日（周二）的时候购买了 100 股股票，每股价格是 $150。除权日是哪一天？从现金股利和股票价格的角度对将要发生的事件进行描述。

除权日是登记日（即 5 月 9 日，周二）之前的第二个工作日，所以股票将会在 5 月 5 日（周五）除权。卡尔在 5 月 2 日（周二）的时候购买了附权的股票。也就是说，卡尔将会得到 $2.50 × 100 = $250 的股利。支票将会在 5 月 30 日（周二）寄出。当股票在周五除权以后，其价值将会在一夜之间每股下降约 $2.50。

图 14.2
股利为 $1 时除权日附近的价格变化

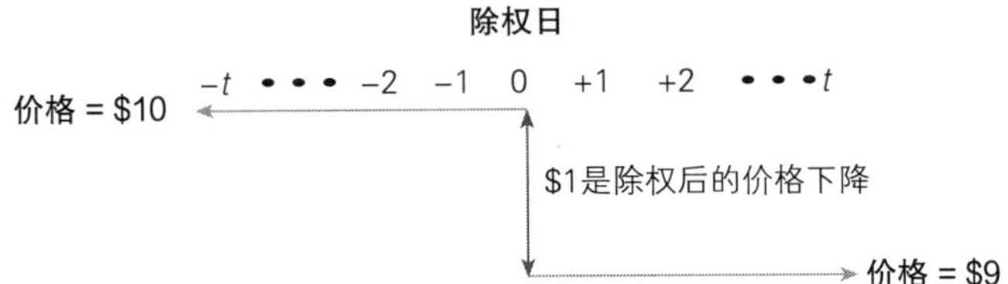

股票价格将会在除权日下降，幅度等于股利大小（时间点为 0）。假如股利是每股 $1，那么除权日的价格将是每股 $10 − $1 = $9。

在除权日以前（时间点为 −1）	股利 = $0	价格 = $10
除权日（时间点为 0）	股利 = $1	价格 = $9

14.2　股利政策是否很重要

要确定股利政策是否很重要，我们首先需要对股利政策进行定义。在所有其他条件相同的情况下，股利当然是重要的。股利以现金的形式支付，而现金是每个人都喜欢的东西。我们在这里要讨论的问题是企业应该现在把现金发放出去，还是现在进行现金投资，以后再以现金支付股利。因此，股利政策是股利发放的时间模式。在特定的情况下，一个企业究竟应该发放其盈余的很大部分还是一小部分（或者甚至为 0）？这就是股利政策问题。

股利政策无关论的一个例子

有一些有力的论据，可以用来说明股利政策是无关的。我们通过分析沃顿公司（Wharton Corporation）的一个简单例子来说明这一点。沃顿是一家具有 10 年历史的全股权企业，现任财务主管计划在两年内将企业解散。在今后两年，企业每年将会获取的总现金流量（包括清算收益）是 10 000 美元。

当前政策：让股利等于现金流量　当前，每年的股利设定为现金流 10 000 美元。现在流通在外的股票共有 100 股，所以每股的股利为 100 美元。根据第 7 章我们已经明白股票的价值等于未来股利的现值。假定要求回报率是 10%，今天的每股价值 P_0 如下所示。

$$P_0 = \frac{D_1}{(1+R)^1} + \frac{D_2}{(1+R)^2}$$
$$= \frac{\$100}{1.10} + \frac{\$100}{1.10^2} = \$173.55$$

因此企业的总价值是 100 × \$173.55 = \$17 355。

沃顿企业董事会的几名成员对当前的股利政策表示不满，并要求对一个备选的股利政策进行分析。

备选政策：初始股利大于现金流量　企业的另一个政策是在第一次支付每股 110 美元的股利，而总的股利是 11 000 美元。由于现金流量只有 10 000 美元，另外的 1 000 美元必须设法筹措。一种方法是在第一次发放股利时发行价值为 1 000 美元的债券或股票。假定发行的是股票，新股东期望在第二次支付股利那天获得足够的现金股利，以便获得 10% 的投资收益。

根据新的股利政策，企业的价值是多少？新股东投资了 1 000 美元，要求 10% 的收益，所以他们将要求 \$1 000 × 1.10 = \$1 100 的现金，留给原有股东的只剩下 8 900 美元。原有股东的股利将是：

	第一次付息（\$）	第二次付息（\$）
原有股东累计股利	11 000	8 900
每股股利	110	89

因此每股股利的现值为：

$$P_0 = \frac{\$110}{1.10} + \frac{\$89}{1.10^2} = \$173.55$$

这同前面的结果一致。

即使是出售股票融资来发放股利的情况下，股票的价格也不受股利政策改变的影响。实际上，无论企业选择哪种股利支付模式，股票的价值在本例中都是相同的。换句话说，对于沃顿企业来说，股利政策不会带来差异。原因很简单：某一时点股利的提高正好被其他时点股利的下降所抵消，所以在考虑时间价值的情况下，净影响都是 0。

小测验

现在可以通过下面的正误判断测试，来对前面的讨论做一个总结：

1. 判断正误：股利是无关的；
2. 判断正误：股利政策是无关的。

第一句话肯定是错误的，从一般的常识就可以找见其原因。很显然，假如股利水平保持不变的话，在任何时候投资者都更喜欢高股利。为了更清楚地说明第一个问题，假定某一次每股股利上升了，而其他时候股利保持不变，股票价格将会上升。原因是假如发生这种情况，未来股利的现值必定上升。这种结果可以通过管理部门改进生产效率，提高税收节约，增强产品营销或改进现金流量等的决策来实现。

第二句话是正确的，至少在我们所考察的简单情形下是这样的。股利政策本身不能提高某一次股利而保持其他时间不变（某次股利的例外提升一定是以其他时点股利的下降为代价的，因为政策本身不可能产生增量效应）。股利政策仅仅能改变某一次股利同其他时间股利之间的关系。一旦我们考虑现金流量的时间价值，股利的现值实际上没有改变。因此，在简单情形下，股利政策是无关的，因为管理者可以决定抬高或是降低当前的股利，但不会影响企业当前的价值。然而，我们忽略了几个现实世界需要考虑的因素，这些因素可能会改变我们的想法，我们会在下一节探讨这些因素。

支持低股利政策的现实因素

我们所举的用来说明股利政策无关的例子中忽略了税收和发行成本的影响。现在将看到，这些因素会使我们倾向于低股利政策。

税收　美国税法是很复杂的，并在很多方面对股利政策产生影响。股利所得税和资本利得税是我们需要考虑的关键税收因素。对于单个的股东来说，股利收入的有效税率通常要高于资本利得的税率。股利所得是作为一项普通的收益来征税的。资本利得的税率较低，而且要推迟到股票出售时才征收。资本利得税的第二个方面使得有效税率低得多，因为税款的现值更小。[1]

一个采取低股利支付政策的企业可以将资金进行再投资，而不是发放给股东。这种再投资提高了企业和股权资本的价值。在其他所有条件相同的情况下，其净影响是将来预期资本利得在总收益中所占的比例提高。所以资本利得享受税收优惠这一事实可能会导致我们倾向于这种方法。

发行成本　通过用来说明股利政策无关的那个例子，我们可以看出，为了支付股利企业可以出售一些新股票。正如我们在下一章将会讨论的那样，出售新股票成本可能会非常高。假如将销售股票的成本（“发行”成本）加入我们的论证中，那么我们将会发现，如果我们出售这些新股的话，股票价值将会下降。

更一般地，设想两个企业在其他方面都是一样的，只是其中一个企业将很大部分的现金用于支付股利。由于另一个企业前进的步伐更大，其股权价值的增长更快。假如这两个企业继续保持相同规模，那么股利支出较大的企业将不得不定期增发一些股票才能跟得上。由于这是一种成本很高的做法，所以企业可能会倾向于低股利支付率。

股利限制　在某些情形下，一个企业在股利支付方面会受到限制。例如，正如我们在第 6 章讨论的那样，债务合同的共同特征之一是：包含对股利支付不能超过一定水平的限制条款。而且，如果股利数额超过了企业的留存收益，股利支付就可能被各州的法律所禁止。

支持高股利政策的现实因素

在本节中，我们要考虑的是为什么一个企业可能向其股东支付较高的股利，即使这意味着企业必须发行更多的新股票来筹措用于支付股利的资金。

对当前收入的期望　很多人认为，许多个人投资者希望获得当前的收入。典型的例子是一群退休的人和其他靠固定收入生活的“孤寡老人”。据称这些人愿意为获得较高的股利而付出额外的费用。

1　实际上，资本利得税有时可以完全避免。尽管我们并不推荐这种特殊的税收避免策略，资本利得税可以因死亡而豁免。你的继承人不被认为有资本利得，所以当你死的时候税收责任也就不复存在。在这种情况下，你就可以带着税收一起走了。

然而，可以很容易地看出，在我们的简单情形里，上述观点并没有什么了不得。因为，一个喜欢高现金流量却持有低股利证券的人可以很容易地将这些证券换成所需要的资金。同样，喜欢较低的当前现金流量但却持有高股利证券的人也可以将这些股利进行再投资。因此，在一个没有交易费用的世界里，高股利政策对于股东来讲是没有意义的。

偏好当前收益的观点对于现实世界来讲可能是很中肯的。在现实世界中低股利股票的销售会产生经纪费用和其他交易成本。这样的销售可能也会造成资本利得税的增长。这些直接现金费用可能在高股利证券的投资中得以避免。除此之外，股东自己在销售证券时的时间支出和对耗尽本金的自然（虽然不一定是理性的）恐惧会进一步导致许多投资者偏好高股利证券。

高股利政策在税收与法律上的好处　前面我们已看到，股利课税对于个人投资者来说是不利的。这个事实是支持低股利支付政策的一个有力论据。不管怎样，还是有一些投资者可以持有高股利股票但不会遭遇高税收。

企业投资者　当一个企业向另一个企业投资时，对股利税收差异的考虑就显得极为重要。一个获得普通股或优先股股利的法人股东可以得到 70%（或者更多）的股利税收减免。由于资本利得不能有这 70% 的税收减免，资本利得的税负实际上就可能相对更高。

作为股利减免的结果是，高股利、低资本利得的股票可能会更适合企业持有。事实上，这就是为什么企业持有相当大比例优先股的原因。股利的这种税收减免优势也导致许多企业愿意持有高收益的股票，而非长期债券。因为债券的法人持有者在收到利息时不会获得类似的减免。

免税的投资者　我们已经指出了低股利支付政策在税负上的优缺点。当然，这种讨论对于那些零税率的人来说是无关的。这群人包括一些最大的投资者，例如退休基金、捐助基金和信托基金。

大型机构偏好高股利收益存在一些法律原因。首先，投资机构如退休基金和信托基金设立的目的，通常是为其他人管理资金。这些机构的管理者有对资金进行谨慎投资的义务。购买没有确定股利记录的企业的股票在法律上被认为是有欠谨慎的。

其次，诸如大学捐助基金和信托基金这些机构时常被禁止动用本金。这类机构因此可能会偏好高股利收益的股票，以使它们有支付能力。与寡妇和孤儿一样，这些人也偏好当前收益。而不同之处是，这些人所拥有的股票数量非常之大。

总体来讲，个人投资者（无论出于何种原因）可能很看中当前收益，并可能因此愿意支付股利税。除此之外，一些非常大的投资者诸如企业和免税机构对高股利支付率有很强的偏好。

客户效应：现实因素的解决

在前面的讨论中，我们看到一些群体（例如富有的个人）有寻求低股利（或零股利）股票的积极性。其他的群体（例如企业）有寻求高股利股票的积极性。因此支付高股利的企业会吸引一些人，而支付低股利的企业也会吸引一些人。

这些不同的群体被称为客户，我们所描述的被称为“**客户效应**”（clientele effect）。“客户效应理论”是说不同的投资群体偏好不同股利水平的股票。当一个企业选择特定的股利政策时，惟一的效应是吸引一些特定的客户。如果这个企业改变了股利政策，那么它就会吸引另外一些客户。

我们接下来要讨论的是一个简单的供求理论。假如 40% 的投资者偏好高股利股票，但只有 20% 的企业支付高股利。高股利企业将会供不应求。因此，它们的股票价格将会上升。相应地，低股利企业将会发现改变股利政策是有利的，直到支付高股利的企业达到 40%。在这一点，股利市场处于平衡点。此时，股利政策的进一步改变就没有意义了，因为所有的客户都得到了满足。现在任何单个企业的股利政策都成为无关紧要的了。

要想知道你自己是否理解客户效应，请思考下面的问题：尽管存在股利政策是无关的和企业不应该支付股利的论据，但许多投资者还是对支付高股利情有独钟。因此，一个企业可以通过很高的股利支付率来抬高其股票的价格。这到底是对还是错呢？

如果存在客户理论的话答案是“否定”的。只要有足够的高股利企业来满足那些喜好股利的投资者，一个企业将无法通过支付高股利来提高其股票价格。要想做到这一点必须存在未满足的客户，而事实上没有证据能够证明这一点。

14.3 制定股利政策

本节我们将重点探讨制定股利政策的一种特别的方法，该方法将能够反映财务主管的许多态度和目标，以及我们能观察到的许多公司的股利政策。

剩余股利法

在前面的章节里，我们已经注意到，采取高股利政策的企业将不得不更经常地发行新股。正如我们所看到的那样，此类出售并不普遍，而且成本也很高。与此一致，我们将假定企业希望最大程度地降低销售新股的需要。我们也将假定企业希望保持当前的资本结构。

假如企业希望避免增发新股，那将不得不依赖从企业内部产生的资金来源来为新的、净现值大于 0 的项目[1]提供资金，剩余的部分才能用于支付股利。因而这种股利政策被称为**剩余股利法**（residual dividend approach）。

根据剩余股利法，企业的目标是在股利支付前满足投资需求并保持希望的债务–股权比率。在此目标下，那些拥有许多投资机会的企业会仅将其盈余的一小部分用来支付股利，而那些投资机会较少的企业将其盈余的较大部分支付股利。这个结果看起来正和现实的一样。年轻、快速增长的企业通常采用较低的股利支付率，而那些较老的、发展速度较慢的处于成熟行业的企业则采用较高的股利发放比率。

固定股利

剩余股利法的关键是只有当所有有利可图的投资机会都满足以后才支付股利。当然，一个严格的剩余股利法可能会导致股利支付非常不稳定。假如一个时期的投资机会较多，股利将会很低或者是零。相反，假如投资前景暗淡的话，下个时期的股利可能很高。

看看大百货公司（Big Department Stores，Inc.）的例子，它属于商品零售企业，

1 我们在第 3 章中讨论的可持续增长率与此相关。我们假定公司具有固定的资本结构、利润率和资本集中率。如果公司不对外筹集新的权益资本并且希望按照目标比率增长，那么公司将有惟一的股利支付率同这些假定相吻合。

其年收益预计每年相等，但一年内各季度之间的收益差距很大。每年的第一季度收益会很低，这是圣诞节后的商业萧条造成的。尽管盈余的增加在第二、三季度的增长幅度很小，但由于圣诞节的影响会使得第四季度的盈余大大增加。企业盈余的曲线反映在图 14.3 中。

企业至少可以在两种股利政策之间作出选择。首先，每个季度的股利可以是本季度盈余的固定比例，股利在一年内会发生变动，这是周期股利政策；其次，每季的股利可以是年度收益的固定比例，意味着每个季度的股利都是相同的，这就是固定股利政策。这两种股利政策体现在图 14.4 中。

大多数财务主管都会同意，固定股利政策符合企业和股东的最佳利益。特别的

图 14.3

大百货公司的盈余

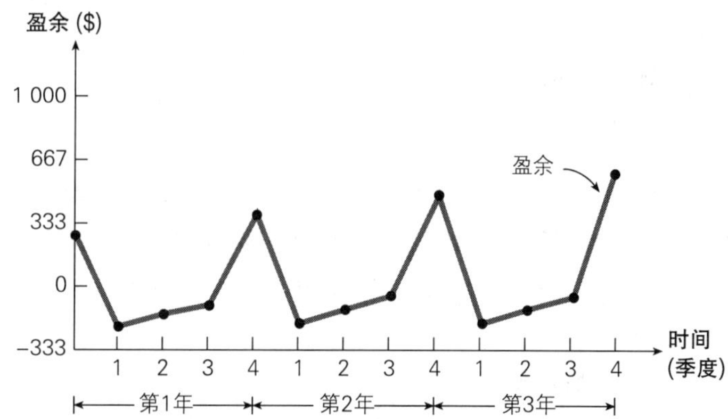

图 14.4

大百货公司的可选股利政策

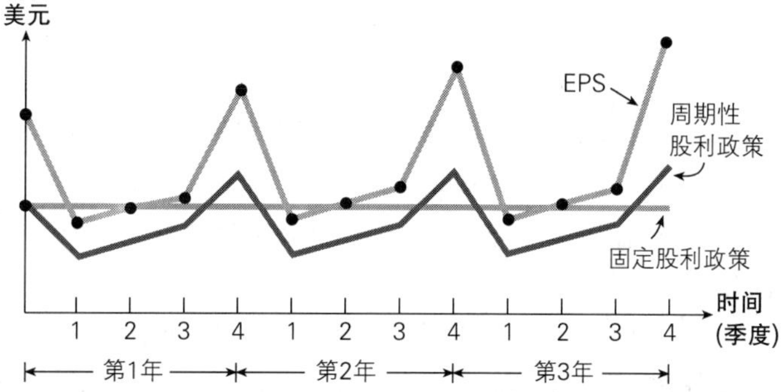

周期性股利政策：在每个支付日股利是盈余的固定比例。

固定股利政策：股利在一个收益周期内是盈余的固定比例。

股利削减被认为是极不受欢迎的，因为这种削减通常被解释为财务危机的信号。因此，大多数企业将试图长期保持稳定的股利政策，只有当管理部门自信新股利将会永远保持下去的时候才会提高股利。

折衷股利政策

实践中，许多企业看起来都是遵循折衷股利政策的。这样的股利政策基于下面5个主要目的：

1. 避免由于支付股利而放弃净现值大于0的项目；
2. 避免削减股利；
3. 避免产生增发新股的需求；
4. 保持目标债务–股权比率；
5. 保持目标股利支付率。

这些目标或多或少是按其重要性排列的。在严格的剩余股利法中，我们假定企业保持固定的债务–股权比率。而在折衷股利法中，债务–股权比率被视为一个长期的目标。如果必要的话，在短期内为避免股利削减或出售新的股权也可以改变原先的资本结构。

除了在削减股利方面表现出备感犹豫以外，财务主管倾向于按照收入的比例来支付股利，而且他们一般会认为投资者应该得到企业收益的“合理”比例。这个比例就是长期**目标股利支付率**（target payout ratio），而且这是正常情况下企业期望作为股利支付的盈余部分。这被视为长期目标，所以如果必要的话在短期内也可以改变。因此，从长期来看，股利的增长伴随着盈余的增长，但会有一点滞后。

我们可以通过建立两种股利政策类型来降低股利的变动性：正常的和额外的。对于采用这种方法的企业来说，正常股利最有可能是永久收益的相对较少的部分，以便可以很容易地保持。如果预计收益的增加仅是临时性的时候，企业便发放额外股利。

由于投资者将额外股利视为奖金，如果额外股利不能重复的话，多少会给他们带来一些失望。虽然额外股利法看起来相当敏感，实践中却很少采用。其中的一个原因是股票回购（我们接下来将会讨论）也能达到类似效果，而且还有一些额外优点。

14.4　股票回购：现金股利的替代方案

当一个企业打算向其股东发放现金时，通常都是利用现金股利政策。但还有另一种方式，就是**股票回购**（repurchase）。最近几年股票回购已经成为一项主要的财务活动，而且看起来会持续下去。

现金股利与股票回购

假定有一家拥有 300 000 美元闲余现金的全股权企业。企业没有支付股利，而且在年度结束时的净收益为 49 000 美元。年度结束时的市场价值平衡表如下所示：

市场价值平衡表（支付闲余现金之前，$）

闲余现金	300 000	负债	0
其他资产	700 000	股权	1 000 000
总计	1 000 000	总计	1 000 000

流通在外的股票共有 100 000 股。股权的市场价值总计是 100 万美元，所以股票的售价是每股 $10。每股盈余（EPS）是 $49 000/100 000 = $0.49，市盈率（PE）是 $10/$0.49 = 20.4。

企业当前的一种考虑是发放每股 $300 000/100 000 =$3 的现金股利。企业的另一种方案是考虑利用现金来回购 $300 000/$10 = 30 000 股的股票。

假如在我们的例子中不考虑佣金、税收和其他非理想因素，股东对采纳哪种方案是无需担心的。这是否有点奇怪？实际上不会。在这里企业将所有的 300 000 美元现金都支付了股利。新的平衡表如下所示：

市场价值平衡表（支付闲余现金之后，$）

闲余现金	0	负债	0
其他资产	700 000	股权	700 000
总计	700 000	总计	700 000

假如现金以股利的形式支付，流通在外的股票仍是 100 000 股，所以每股价值是 7 美元。

每股价值由 10 美元下降到 7 美元这一事实，不是一个需要考虑的因素。考察一下一个持有 100 股股票的股东，股利发放前每股的价格是 10 美元，总价值是 1 000 美元。

在支付 3 美元股利以后，这个股东持有的 100 股股票每股价值 7 美元，总价值 700 美元，加上 100 × $3 = $300 的现金，总价值是 1 000 美元。这同我们前面看到的一致：如果不存在市场缺陷，现金股利不会影响股东的财富。在本例中，除权以后的股票价格将很自然下降了 $3。

而且，由于总收益和发行在外的股份没有变化，EPS 仍是 49 美分。然而，市盈率下降到了 $7/$0.49=14.3。为什么我们要分析会计收益和市盈率在下面体现得很清楚。

另一方面，如果企业回购了 30 000 股股票，剩余的股票将是 70 000。平衡表看起来是一样的。

市场价值平衡表（股票回购以后，$）

闲余现金	0	负债	0
其他资产	700 000	股权	700 000
总计	700 000	总计	700 000

企业的价值又一次成为 $700 000，所以剩余股票的每股价值是 $700 000/70 000 = $10。我们的持有 100 股股票的股东显然没有受到影响。例如，假如他们愿意，他们可以出售 30 股股票，从而获得 $300 的现金和价值 $700 的股票，同企业支付现金股利的情形相同。

在第二个例子中，EPS 上升，因为总收益保持一致而股票的数量减少了。新的 EPS 将是每股 $49 000/70 000 =$0.70。然而，需要注意的一件重要的事是 PE 的比率是 $10/$0.70 = 14.3，和发放股利以后相同。

这个例子说明了重要的一点：假如不存在市场的缺陷，现金股利和股票回购在本质上是相同的。这是当不存在税收与其他市场缺陷时股利政策无关的又一例证。

股票回购过程中的现实考虑

我们刚刚讨论过的例子表明，在不存在税收和交易成本的情况下，股票回购和现金股利是相同的事情。在现实世界里，股票回购和现金股利之间存在一些会计上的差别，但最重要的差别在于税收的处理。

根据当前税法，股份回购比起现金股利来讲有重要的税收优势。股利是按照普通收入全额征税的，而股东对于是否接受股利无法选择。在股份回购中，股东只有在下面的情况下才会交税：（1）股东实际上选择了出售股票；（2）股东在售出股票时存在资本利得。

假如这种优势让你感到好得难以置信，很可能你是正确的。IRS 不允许仅由于避税目的而进行股票回购，要这样做必须有同商业相关的理由。最重要的理由很可能是"该股票是一项好的投资"。第二个最常见的理由是"投资该股票是对现金的良好使用"，或者"该股票的价值被低估了"等。

无论出于什么样的理由，最近几年一些企业对于股票的回购乐此不疲。例如，尽管进行了积极的扩张行为，美国玩具反斗城在 1994 年依然发现存在多余的现金没有利用。企业因此宣布了价值 10 亿美元的股票回购。依据当时 $39 的市价，回购部分将会占到所发行股票的 12%。大约在同一时间，麦当劳也宣布在今后 3 年回购价值 10 亿美元股票的计划。根据消息宣告日的股价，这次回购将约占到麦当劳流通在外的 3.5 亿股股票的 5%。

关于股份回购，需要提醒一点：公司宣布了回购它的部分股票后，并没有必须履行的法律责任。实际上许多宣布了的回购计划从未完成过。尽管如此，股份回购是一项很大的业务，而且这种业务似乎越做越大，越来越普遍。

股票回购与EPS

你可能在流行的金融出版物上看到过股票回购是有利的，因为每股收益上升了。正如我们看到的那样，事实上的确如此。原因很简单，股票回购降低了发行在外的股份数量，但它对总收益没有影响。其结果是，EPS 上升了。

然而，金融出版物可能过度地强调股票回购协议中 EPS 数字的影响。在上面的例子中我们可以看到，股票的价值并不受 EPS 变化的影响。实际上，现金股利同股份回购相比，市盈率正好相等。

由于每股收益的上升伴随着每股价格的上升，所以不存在净影响。换种说法，EPS 的上升仅是一项会计调整，它能（正确）反映流通在外股票的数量变化。

在现实世界中，就股票回购对企业的好处来讲，我们认为之所以会这样，主要是由于我们上面谈过的税收影响造成的。

14.5 股票股利和股票分割

股利的另一种形式是用股票来支付，这种股利形式称为**股票股利**（stock dividend）。股票股利并不是真正的股利，因为它不是以现金支付的。股票股利的影响是提高了每个持有者的股票数量。由于流通在外的股票数量增多了，因此每股的价值会减少。

股票股利通常是按照百分比来表述的：例如，20% 的股票股利意味着股东每 5 股股票会增多 1 股。由于每个股东持有的股票增加了 20%，股票的总数量也就上升了 20%。正如我们马上就会看到的那样，其结果是每股股票的价值减少了约 20%。

股票分割（stock split，或称股票拆细）同股票股利本质上是一样的，只是分割是用比率来表述的，而不是百分比。在宣布进行股票分割时，每一股通过分割产生了更多的股份。例如，在 1 对 3 的分割中，每 1 股分成了 3 股。

按照惯例，低于 20%~25% 的股票股利称为小股票股利，高于 20%~25% 的股票股利称为大股票股利。大股票股利并不常见。例如，1999 年，百思买和戴尔都宣布了 100% 的股票股利，从而使得股票数量增大了 1 倍。除了一些相对小的会计差异，这与 1 拆 2 的股份拆细的效果是一样的。

股票分割与股票股利的价值

逻辑法则告诉我们，股票分割和股票股利都会使得：（1）企业的价值不受影响；（2）提高企业价值；（3）降低企业价值。不幸的是，这个问题太复杂了，以至于没有人可以轻易地确定这三个关系哪个会成立。

基准情形 有一个说服力很强的例子可以表明，股票股利和股票分割既不会改变股东的财富也不会改变企业的总价值。原因是它们仅是账面交易，仅仅改变发行股份的数量。例如，假如一家企业宣布进行 1:2 的分割，那么其结果是股份的数量增加了一倍，结果每股股票的价值也就减少了一半。总价值并未受到影响。

尽管简单的结论相对很明显，很多理由可以表明这些行动可能会有其有利之处。典型的财务管理者很清楚现实世界的复杂性，而且由于这个原因，股票分割或股票股利的决策在实践中处理起来并不轻松。

通行的交易范围　股票股利和股份分割的倡议者总是声称证券有合理的**价格变动范围**（trading range）。当证券的定价高于这个水平时，许多投资者没有足够的资金来购买 100 股（即一手）的普通股交易单位。尽管证券可以以不足一手的形式出售（不足 100 股），但这样佣金会较高。因此，企业将通过股票分割来保持价格在交易变动范围内波动。

尽管这是一个很流行的证据，但由于一系列的原因，其效果尚存在疑问。共同基金、退休基金和许多其他机构投资者自第二次世界大战以来稳步提高了其交易活动的规模，如今已在交易总量中占到相当大的比例（例如，订单总量达到纽约股票交易所交易量的 80%）。由于这些机构的买卖规模很大，因此很少考虑个股的价格。

而且，我们有时会注意到股票的价格很高，但看起来并不会带来问题。举一个极端的情形，世界上最大的企业（从所发行股票的总市值的角度来讲）是日本电信巨头 NTT。1994 年初，NTT 股票的交易价格约为每股 9 000 美元，所以一手股票的成本将会是很酷的 90 万美元。这已经相当贵了，但有的股票的每股股价却可以高于 20 000 美元。离家门更近的伯克希尔 – 哈撒韦——一家备受赞誉的企业，1994 年的股票价格约是每股 16 000 美元（2002 年秋季每股售价达到了 70 100 美元）。

最后，有证据表明股份拆细可能实际上降低了企业股票的流动性。伴随着一次 1:2 的股份拆细，如果股票的流动性增强了的话，所交易的股票的数量将不止翻了一倍。虽然看起来这种情形并不会发生，但事实上结果往往相反。

股票反拆细

股票反拆细（reverse split）是一种不常见的财务运作。例如，1999 年，只有 79 家在纳斯达克上市的公司采用了股份反拆细，2000 年则仅有 36 家。股份反拆细通常由 2:1 到 10:1 不等。在 3 对 1 的反拆细中，每个投资者用 3 股老股票交换 1 股新股。在此过程中，股票面值变为原来的 3 倍。正如在前面的股份拆细和股票股利中提到的那样，我们会发现有些情形使得股份反拆细没有什么实质作用。

由于现实世界中存在的缺陷，有三个相关的原因可以解释股票反拆细。首先，股东的交易成本在股票反拆细以后可能会降低；其次，当价格提高到流行的交易范围的时候，企业股票的流动性和可交易性可能会改进；第三，股票低于一定的价格水平销售被认为是不体面的，意味着股东低估这些企业的盈余、现金流量、增长性和稳定性。一些财务分析家认为一次股票反拆细可以立即赢得尊重。同股份拆细的情形一样，这些原因中没有一个具有很强的说服力，尤其是第三个。

股份反拆细还存在另外两个理由。第一个是，证券交易所对每股股票的最低价格有规定。一次股份反拆细可使股价抬高到这个最低限价以上。在 2001 年股份反拆细中，这一动机日益重要，有 106 家公司要求他们的股东同意股份反拆细。最普遍的原因是，如果公司的股价持续 30 天跌到每股 1 美元以下，纳斯达克就要将其摘牌。许多公司，特别是与网络有关的技术公司，都处在被摘牌的危险中，因此都通过采用股份反拆细来抬高股价。其次，企业有时在进行股份反拆细的同时，能让那些持有股票的数量低于一定额的股东出局。

例如，自从 NCR 从 AT&T 独立出来，NCR 有 60 万股东（总股东数为 100 万）持有的股票数不足 10 股。在 1999 年早些时候，NCR 计划采取 10:1 的股份反拆细，随后又用现金购买了所有持股不到 1 股的股东手里的股份，这样就买断了小股东并节省了数以百万计的邮寄费和其他费用。这一方案特别具有想象力之处是，在股份反拆细后刚 1 分钟，NCR 就准备做一个 1:10 的股票拆细，以使股票回到原来的价值水平！

第 15 章

融 资

2006 年 5 月 24 日，在热切的期待中，信用卡巨头万事达公司上市了。在投资银行高盛的协助下，万事达公司以每股 39 美元的价格向公众出售了 6 150 万股股票。由于公众对信用卡消费趋之若鹜，当天万事达公司的股票收盘价高达 46 美元，也即一天之内股价上涨了 18%。而到 2007 年 1 月，该股票的价格已经涨到 100 美元。万事达公司首次公开发行（IPO，initial public offering）是属于相当大的一次筹资了，但是还无法和中国银行的 IPO 相比，中国银行和万事达在同一天上市，却是历史上最大的一次 IPO。虽然中国银行的股票发行价格只有 0.38 美元，却售出了超过 260 亿股，募集资金将近 100 亿美元。在本章中，我们将学习像万事达这样的企业向公众出售股票的过程、股票发行的成本以及投资银行在这一过程中所起的作用。

企业无论大小，有一点是相同的：它们都需要长期资本。本章讲述的是企业如何获取长期资本，尤其关注企业财务生命周期中很可能是最重要的阶段，即首次公开发行（IPO）。发行上市是由私有企业向公众企业转变的过程。对于许多企业家来说，创立企业、使企业发展壮大、带领企业上市是他们的终极梦想。

所有企业都必须在不同的时间获得资本支持。要做到这一点，企业要么借钱（债务融资），要么将企业的一部分出售（股权融资），要么同时采用两种方法。企业如何筹措资本在很大程度上取决于企业的规模、生命周期中所处的阶段，以及成长的前景。

本章我们要对企业实际筹资的一些方法进行考察。我们通过对企业生命周期早期阶段的考察以及风险资本在此类企业中的作用来开始，接下来我们考察上市的过程和投资银行的作用。在此过程中，我们讨论同出售证券相关的许多问题，以及它们对不同类型企业的意义。最后，我们通过对债务资本来源的讨论来结束本章。[1]

15.1 企业的财务周期：早期融资和风险资本

一天，你和一位朋友对一种新的计算机软件产品产生了许多构想，它可以帮助用户使用互联网来沟通。充满着企业家的激情，你将产品命名为互联通讯并开始将其引入市场。

通过不分昼夜的工作，你现在可以创作出产品的雏形了。它实际上还无法应用，但至少可以借此来阐述你的构想。为了实际开发产品，你需要招聘程序员、购买计算机、租赁办公地点等等。不幸的是，由于你们只是大学生，你们的资产加在一起也不足以举办一次比萨聚会，更别说是创立一家企业了。你需要通常所说的OPM——其他人的钱（other people'money）。

你的第一个想法可能是向一家银行寻求贷款。然而，你很可能会发现，银行一般对提供贷款给刚刚初创、没有资产（除了想法）、由初出茅庐没有经验的企业家所经营的企业不感兴趣。相反，在对资本的寻找过程中，你很可能将会被带入**风险资本**（venture capital，VC）市场。

风险资本

风险资本这一术语并没有准确的定义，但是它一般是指向新创立的、通常具有较高风险的企业提供融资。例如，在上市之前，网上拍卖公司易趣就得到了风险资

1 我们感谢佛罗里达大学的 Jay R. Ritter 对本章提出的有用的意见和建议。

本融资。风险资本家用他们自己的资本投资，而风险投资企业则专注于来源广泛的资金并对其进行投资。这类企业的主要资金来源包括个人、养老基金、保险公司、大企业，甚至大学捐助基金。一个较宽泛的术语*私募股权*常被用来表示目前增长迅猛的、为非上市公司进行的权益融资。[1]

风险资本家和风险投资企业认识到，许多企业，甚至大多数新企业不会成功，但成功的企业也会偶尔出现。一旦这样的情形发生，潜在的利润是巨大的。为限制他们的风险，风险资本家通常在各个阶段提供融资。在每一阶段都需要足够的现金投资，以便达到下一个里程碑或者所计划的阶段。例如，*第一阶段（或称首轮）融资*可能足够进行模型的创建和制造计划的完成。根据这些结果，*第二阶段融资*可能主要是投资于实际开始制造、营销和分销。可能存在很多这样的阶段，每个阶段都代表了企业成长过程中的关键一步。

不同的风险投资企业通常专注于不同的阶段。一些风险投资企业会专注于“种子资金”（seed money financing），或者地板融资（ground floor financing）。相比而言，后期融资可能来自于那些专注于所谓的中间融资（mezzanine level financing）的风险资本家，这里中间水平是指仅高于地板的水平。

不同阶段都会获得融资，特定目标可以得到配套资金这样的事实，对于企业创立者来说是一个很强的激励因素。通常，创立者所获得的薪水相对较少，而且他们个人资产的很大部分是同企业联系在一起的。在每一个融资阶段，创立者的权益的价值都会上升，而且企业成功的可能性也在上升。如果目标没有达到，风险资本家将停止融资，以减少进一步的损失。

除了提供融资以外，风险资本家通常积极地参与企业的经营，提供以前新创企业的经验和企业管理专家。这在企业的创立者对于管理企业缺乏或者没有经验时尤其常见。

风险投资的一些事实

尽管存在很大的风险资本市场，但事实上风险资本的获取途径非常有限。风险投资企业会收到大量主动提供的投资建议书，其中的大部分只会过一个文件程序，而没有人会去阅读。风险投资家在很大程度上依赖于非正式的工程师、科学家、律师、

1 所谓的风险资本家专注于投资那些已成立的但处于财务危机的企业。

会计师、银行家和其他风险资本家网络来帮助识别潜在的投资项目。因此，私人接触对于进入风险资本市场是很重要的，它在很大程度上是一个“介绍”市场。

另外一个简单的事实是风险资本贵得令人难以置信。在一次典型的交易中，风险投资家将会要求（而且得到）企业 40% 或者更多的股权。风险投资家总是喜欢持有有投票权的优先股，在企业被出售或清算的时候拥有不同的优先权。风险投资家一般要求（而且得到）在企业的董事会占有几个席位，甚至可能在高级管理层委任几名成员。

选择风险投资家

一些新创立的企业，尤其是那些由有经验的、已颇为成功的企业家领导的企业，才能超脱资金需求的压力而去选择风险投资家。在这种情况下需要考虑关于风险资本家的一些关键因素，我们将其总结如下 ：

1. 关注财务实力。风险资本家应该有足够的资源和财务储备，以便在后续的融资阶段及时提供资金。但这并非意味着越大越好，而是出于下一步的考虑。
2. 考虑不同类型。一些风险资本家希望能够大量参与日常的经营和决策的制定，而其他一些风险资本家则满足于每月的报表。哪种类型更好则取决于企业需求以及风险投资家的业务能力。除此之外，一家大的风险投资企业可能不如小的“零售店”灵活，而且大企业官僚作风更强。
3. 参考以往业绩。该风险资本家在类似的企业成功过吗？同样重要的是，该风险资本家是如何应付难以处理的情形的？
4. 注重关系运筹能力。一个风险资本家可能会将企业推介给潜在的重要客户、供应商和其他业内关系户，而不仅仅是能够帮助企业进行融资和管理。风险投资企业通常专注于少数几个特定的行业，而这种专业化被证明是很有价值的。
5. 研讨退出战略。风险资本家一般不是长期投资者。在什么情况下风险资本家将会怎样从企业“撤资”，需要对此做认真的分析和评估。

结 论

假如一家新创立的企业成功了，在企业出售给另一家企业或上市的时候通常会有很高的收益。无论是哪一种方式，投资银行家通常会介入其过程。

15.2 向公众出售证券的基本程序

我们将在下面几个部分中讨论向公众出售证券的程序，尤其关注企业上市的过程。

围绕证券的销售过程存在一些规则和条例。1933 年证券法案是对各州之间的证券发行进行联邦管制的开端。1934 年证券交易法案是对已发行证券进行管制的基础。证券与交易委员会（简称 SEC）对这两个方法进行管理。

在向公众发行证券时涉及一系列步骤。一般的基本过程如下：

1. 在向公众发行任何证券时，第一步是要获得董事会的批准。在某些情况下，需要增加普通股发行授权额度时，就要求股东进行投票表决。
2. 企业必须准备一份**上市申请书**（registration statement）并在 SEC 备案。招股说明书对于所有公开的跨州证券发行都是必需的，只有一些例外。

然而，上市申请书一般包含许多页的财务信息，包括财务历史信息、现有经济业务的细节、融资计划和未来规划。

3. 在等候期限内 SEC 对登记表进行考察。在这一时段，企业可能会发布初始**招股说明书**（prospectus）。招股说明书包含许多上市申请书中的信息，并提供给企业的潜在投资者。初始招股说明书有时被称为**证券募资说明书**（red herring，红鲱鱼），部分原因是因为封面上印着粗体红字母。

上市申请书在备案以后的第 20 天开始生效，除非 SEC 在此期间发出一封修改建议信。在这种情况下，在进行修改以后，会重新开始 20 天的等候期。有一点很重要，就是 SEC 并不考虑所提议的证券销售的经济价值，它只是确保各种规则和条例都得到遵守。而且，SEC 通常并不检查招股说明书所提供信息的精确性和真实性。

上市申请书最初不包括新发行证券的价格。通常，价格修正是在等候期结束或接近结束的时候才会进行，登记在此时也就生效了。

4. 企业在等候期不能够销售这些证券。然而，口头报价是可以的。

This announcement is neither an offer to sell nor a solicitation of an offer to buy any of these securities.
The offering is made only by the Prospectus.

New Issue

11,500,000 Shares

World Wrestling Federation Entertainment, Inc.

Class A Common Stock

Price $17.00 Per Share

Copies of the Prospectus may be obtained in any State in which this announcement is circulated from only such of the Underwriters, including the undersigned, as may lawfully offer these securities in such State.

U.S. Offering

9,200,000 Shares

This portion of the underwriting is being offered in the United States and Canada.

Bear, Stearns & Co. Inc.

Credit Suisse First Boston

Merrill Lynch & Co.

Wit Capital Corporation

Allen & Company Incorporated　Banc of America Securities LLC　Deutsche Banc Alex. Brown

Donaldson, Lufkin & Jenrette　A.G. Edwards & Sons, Inc.　Hambrecht & Quist　ING Barings

Prudential Securities　SG Cowen　Wassertein Perella Securities, Inc.　Advest, Inc.

Axiom Capital Management, Inc.　Blackford Securities Corp.　J.C. Bradford & Co.

Joseph Charles & Assoc., Inc.　Chatsworth Securities LLC　Gabelli & Company, Inc.

Gaines, Berland Inc.　Jefferies & Company, Inc.　Josephthal & Co. Inc.　Neuberger Berman, LLC

Raymond James & Associates, Inc.　Sanders Morris Mundy

Tucker Anthony Cleary Gull　Wachovia Securities, Inc.

International Offering

2,300,000 Shares

This portion of the underwriting is being offered outside of the United States and Canada.

Bear, Stearns International Limited

Credit Suisse First Boston

Merrill Lynch International

图 15.1 “墓碑”广告的一个例子

5. 在上市申请书生效的那一天，价格就被确定而且全面的促销努力就可以开始了。最后的招股说明书必须附带证券的交付或销售的确认，任何一者先行均可。

证券发行公告（tombstone，简称“墓碑”广告）是承销商在等候期和等候期之后所使用的广告。图 15.1 是“墓碑”广告的一个例子。“墓碑”广告包括发行者的名字（在本例中是世界摔跤联盟，WWF），它提供了有关发行的一些信息，而且列出了参与发行的投资银行的名字。投资银行在销售证券时的作用将在下面有更完整的探讨。

根据它们对发行的参与程度，投资银行可以分为几个等级，而且在每个等级中它们的名字按照字母顺序排列。这些等级被视为一种社会等级。一般地，等级越高，承销商的声望也越高。

15.3 其他发行方法

当一家企业决定发行新的证券时，它可以选择公募或是私募。如果采取公募的话，要求企业在 SEC 进行登记。但是，如果发行对象不超过 35 个投资者，这一过程可以采取私募的形式。在这种情况下，并不要求进行登记陈述。[1]

对于股权销售来讲，存在两种公开的发行方式：**一般的现金公募**（general cash offer）和**配股发行**（rights offer）。对于现金公募来说，证券按照“先到先得”的原则进行公众发行。而对于配股发行来说，证券只是向现有的股东发行。配股发行在很多国家是很普遍的，但是在美国却相对少见，尤其是近几年。因此本章我们将主要对现金公募进行考察。

企业所进行的初次股份发行称为**首次公开发行**（initial public offering），或者说首次公开上市，英文缩写为 IPO。当企业决定上市时便会采取这样的发行方式。很明显，所有的首次公开招股都是现金公募。假如一家企业的现有股东希望购买股票，企业就不必首先进行公开发行。

股票增发（seasoned equity offering，SEO）对于那些已经发行过证券的企业来讲

---

1 私募发行可以采取许多种不同的安排。发行未经登记的证券避免了遵守 1934 年证券交易法案规定的成本。未经登记证券的换手受到严格的管制。例如，购买者应持有该证券至少 2 年。然而在 1990 年，对大型机构投资者的许多限制有了明显的放宽。私募发行债券会在接下来的内容中讨论。

表 15.1　新证券的发行方法

方法	类型	定义
公寡		
传统的协商式现金公募	包销式现金公募	企业同一家投资银行协议承销和发售新股。承销商购买特定数量的股票然后以更高的价格销售出去。
	代销式现金公募	投资银行以协商的价格为企业销售尽可能多的股票。这种方式对于筹资量的多少并没有保证。
优先认购	直接增资配股	企业直接向现有股东发行新股。
	备用增资配股	同直接增资配股一样，这种方式给现有股东提供了优先认购安排。承销商保证募集的资金额度。
非传统的现金公募	开架现金公募	合格的企业可以得到在两年内按需发行股票的授权，并在需要的时候进行发行。
	竞争性企业现金公募	企业可以以公开拍卖的形式而非协商来选择承销商。
私募	直接募集	证券直接向购买者发售，这些人一般至少在两年内不能出售这些股票。

是一个新的问题。也常用到术语“二级发行”和“后续发行”来描述公司这一行为。再次股权发行可以采取现金公募或者增资配股的方式。

这些新证券发行的不同方法如表 15.1 所示。它们将在第 15.4~15.9 节进行讨论。

15.4　承销商

如果证券采取现金公募的方式，通常会涉及到**承销商**（underwriter）。对于大型投资公司，例如对美林证券来讲，承销是一项重要的业务。承销商为发行证券的企业提供如下服务：

1. 设计证券的发行方法；
2. 对新证券进行定价；
3. 销售新证券。

一般来说，承销商以低于发行价购买证券并承担不能卖出的风险。承销商购买和出售证券的价格差异被称为**买卖价差**（spread），或者折扣。这是承销商的主要收益。有时候承销商会得到现金之外的其他收益，如认股权证[1]或者股票。

由于承销会有风险，承销商需要组建一个称为**辛迪加**（syndicate）的承销组来共同承担风险并帮助进行股票销售。在辛迪加中需要有一个或多个管理者对发行进行组织或者共同管理。这个管理者被指定为发行主管或主承销商。主承销商一般负责对证券进行定价。辛迪加中的其他承销商主要进行证券的分销。

选择承销商

企业会依据竞价原则由出价最高的承销商来发行，或者直接同承销商协商发行价格及承销费用。除了少数较大的企业之外，企业通常采用协议发行的方式进行债务和股份的发行。那些例外是公共事业控股公司，它们必须采取竞价承销的方式。

有证据表明竞价承销要比协议承销更为便宜，在美国协议承销占统治地位的原因是一个受到争议的问题。

承销的类型

现金承销涉及两种主要类型：包销和代销。

包　销　在采用**包销**（firm commitment underwriting）的情况下，发行者将所有的股票都出售给承销商，由承销商进行销售。这是美国最为常见的承销方式。包销实际上是一种先买后售安排，而且承销费就是差价。对于再次发行股票的企业来说，承销商可以按市价来决定发行价格，发行中有 95% 采用包销的方式。

假如承销商不能够依据协议发行价将所有股票都卖出去的话，它可能不得不降低未售出的股票的价格。即使如此，对于包销发行来说，发行企业得到了协议规定的款项，所有同出售股票相关的风险都转移到承销商那里。

由于发行价通常是在承销商对市场接受情况进行考察以后才能作出，所以风险通常是很小的。而且，由于发行价通常在销售开始前才能确定，发行者只有到那时才能确切地知道究竟能够获得多少净现金流入。

1　认股权证本质上是期权：在某一确定时间内以某一确定价格购买股票的选择权。

代　销　采取**代销**（best efforts underwriting）的方式，承销商在法律上要“尽最大努力”按照协商价格进行销售。除此之外，承销商并不保证究竟能够销售出多少股票。最近几年这种承销方式已经变得不很普遍，而包销是当前主要的方式。

绿鞋条款

许多承销合同包含了**绿鞋条款**（green shoe provision，有时被称为超额认购权），该条款赋予承销组成员从发行人那里以发行价购买额外股票的选择权。[1] 几乎所有的IPO和SEO都包含这样的条款，但是一般的债券发行不提供这样的条款。绿鞋条款是为了满足更多的需求和超量认购。绿鞋条款通常持续大约30天，所涉及的数量不超过新发行股票的15%。

上市后

证券首次公开发行后的一段时期称为上市后。承销商通常在证券初次公开上市后一段相对较短的时间内，要保持或支持其市场价格的稳定。具体做法之一是让其实际发行量达到公开发行量的115%，即如果在上市后股价上升，承销商就可以执行绿鞋条款，来购买那15%的超量股票。但是如果股价下跌，承销商将介入二级市场并购买股票来支持股价。在第二种情形下，承销商允许绿鞋条款失效。

锁定协议

尽管法律没有规定，但几乎所有的承销合同都包含所谓的**锁定协议**（lockup agreement）。这种协议具体规定了内部人需要等到IPO过后多久，才能出售他们的部分或全部股票。锁定期（lockup period）近些年已经变得很标准化，为180天。因此，在IPO过后的6个月，内部人才能出售股票，这样就确保了他们在公司上市时为公司的经济利益着想。

锁定期是重要的，因为被锁定的股票数超过公众持有的股票数的情况并不少见，

1　有时候，当承销商停止稳定价格的努力后，价格会出现大幅下跌。在这种情况下，华尔街幽默家（那些没有购买任何股票的人）将后期市场之后的期间称为“余波”。

有时前者甚至是后者的好多倍。锁定期终止的那天，可能会有大量股票抛入市场使得股价下跌。事实表明，一般来说，依靠风险资本的公司尤其容易在锁定期终止日承受价值损失。

静默期

IPO 发生后的 25 天内，证券交易委员会（SEC）要求公司和承销商履行“静默期”。这意味着与公众的信息交流仅限于普通的公告和对事实的报告。SEC 的逻辑是：所有相关信息应包含在招股说明书中。SEC 的规定所产生的重要影响是，杜绝了承销商的分析员向投资者推荐某只股票。然而，只要静默期一过，承销商通常发布研究报告，以及经常与报告相伴随的有倾向性的“投资”建议。

15.5 IPO与股价低估

对于首次公开上市来说最重要的事是确定合理的发行价格。如果发行价格定得太高或者太低的话，发行企业就要面对潜在的成本。如果发行价定得太高，发行可能不会成功，从而不得不撤回。如果发行价低于市场真实价值，现有股东就可能因售价低于价值而遭受损失。

股价低估是相当常见的。很显然它会使新股东获得更高的收益。然而，发行股票企业的原有股东不会因股价低估而有所助益。对他们来说，这是发行新股的一项间接成本。例如，Krispy Kreme——多纳圈食品的制造商，在 2000 年 4 月 5 日上市。它以每股 21 美元的价格出售 300 万股股票，从而筹得了 6 300 万美元。尽管 Krispy Kreme 的经营漏洞百出，但它的股票倒是不错。在第一个交易日结束之际，股票的市价为每股 37 美元，当天涨幅为 76%。根据当天的交易数据，显然，Krispy Kreme 的每股股票被低估了 16 美元，意味着公司错失了本能筹到的额外的 4 800 万美元。这可值很多的多纳圈啊。不过和 eToys 这样的公司的损失比起来，就不算什么了。eToys 1999 年初次公开发行 820 万股股票，每股被低估了 57 美元，总损失近 5 亿美元！ eToys 本来是可以得到这笔钱的（至少老股东们这么认为）。该公司在两年内破产了。2002 年 5 月，eToys 起诉了它的主要承销商，控告他故意将发行价定得过低。

股票价格低估的证据

图 15.2 提供了一个股价低估现象的更全面的数据。图中所示的是以月为单位在 SEC 登记的 IPO 股价低估情况。图中的时间范围是 1960~2005 年。图 15.3 反映同期每月的股票发行数量。

图 15.2 反映股价的低估程度会非常大，在某些月份超过了 100%。在这些月份里，IPO 的量要比平均值扩大一倍以上，有时在几个小时里就能超过平均值。而且

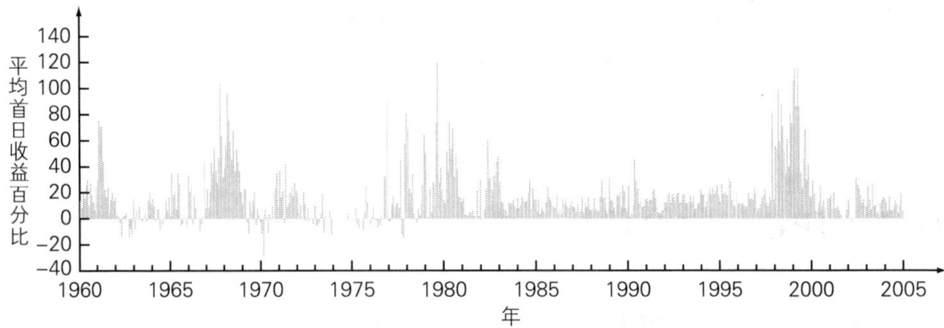

图 15.2　按月计算的在 SEC 登记的 IPO 的平均首日收益：1960~2005 年

资料来源：R. G. Ibbotson, J. L. Sindelar, and J. R. Ritter, "The Market's Problems with the Pricing of Initial Public Offerings," *Journal of Applied Corporate Finance* 7 (Spring 1994), as updated by the authors.

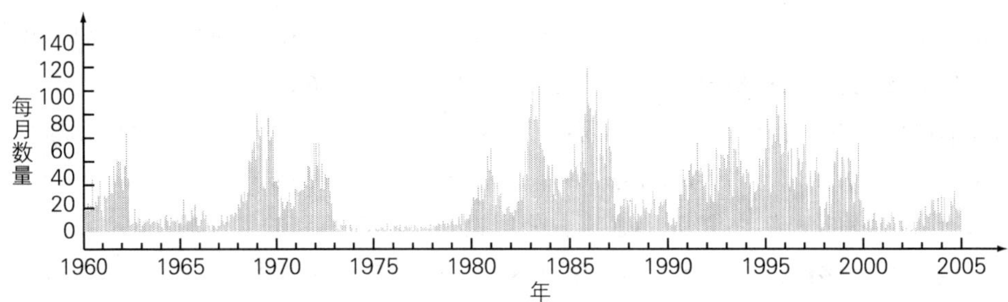

图 15.3　在 SEC 登记的 IPO 的每月数量：1960~2005 年

资料来源：R. G. Ibbotson, J. L. Sindelar, and J. R. Ritter, "The Market's Problems with the Pricing of Initial Public Offerings," *Journal of Applied Corporate Finance* 7 (Spring 1994), as updated by the authors.

股价的低估程度因时而异，严重低估（市场炙手可热时）之后总是伴之以微量低估（市场冷清时）。例如在 20 世纪 60 年代，IPO 价格平均被低估了 21.25%。而在 70 年代，平均低估程度就低多了（8.95%），而且低估的总量实际上很小，甚至其低估程度是负的（亦即被高估了）。最后，在 1990~1999 年，IPO 平均被低估了 21.1%，在 2000~2005 年，IPO 平均被低估了 29%。

从图 15.3 看出，很显然 IPO 的数量在不同时间变化的幅度也很大。而且，低估的幅度和 IPO 的量都存在显著的周期。比较图 15.2 和图 15.3 我们发现，在出现显著的股价低估后的 6~12 个月内，发行新股的数量就会增加。原因可能是当企业发现市场对新股的接受能力很强时，会做出上市决策。

在表 15.2 中，以年为单位对 1975~2005 年的股价低估进行了总结。如表所示，该项分析中包括主要的 7 597 家公司。在所考察的 31 年里，股价被低估的程度平均达到 17.3%。30 年中只有 1 年股价的平均价格是被高估的。1975 年股票价值平均下降 1.5%。另一个极端是在 1999 年，有 487 只股票被低估，而且平均被惊人地低估了 69.5%。

IPO价格低估：1999~2000年的情况

表 15.2、图 15.2 和图 15.3 都显示 1999 年和 2000 年是 IPO 市场不寻常的两年。这两年中将近有 900 家公司上市，而且平均首日收益率约为 65%。在这段时间内，194 起 IPO 的股票价值在第一天翻了一番，甚至更多。VA Linux 公司竟涨了 698%！而 1999 年之前的 24 年里，总共仅有 39% 的公司股价翻了一番。

1999 年的融资额为 650 亿美元，紧随其后的是创纪录的 2000 年的 660 亿美元。1999 年股票低估非常严重，致使 IPO 公司将另外 360 亿美元“留在了桌子上”，其金额远远高于从 1990 年到 1998 年的金额之和。2000 年，总损失至少也有 270 亿美元。换言之，在 1999 年和 2000 年，IPO 公司由于发行价低估而损失了 630 亿美元。

1999 年 10 月 19 日是这 2 年中最有纪念意义的一天。世界摔跤联盟和 Martha Stewart Omnimedia 双双上市，这样就在 Martha Stewart 和“Stone Cold”Steve Austin 之间上演了一场华尔街版的 MTV 电视台名人死亡竞赛。Martha Stewart 在第一天就获利 98%，相比之下 WWF 仅获利 48%，这印证了好题材（通常）能获得成功。

2001 年 IPO 市场明显降温。目前，许多观察家称 1999 ~ 2000 年这段时期为网络“泡沫”期。在本文中，“泡沫”是指价格被抬升到非理性的、难以为继的水平时

表 15.2

上市企业的数量、平均首日收益率，以及股票初次发行的毛融资额：1975~2005 年

年度	上市企业数量 *	平均首日收益率（%）†	毛融资额（百万美元）‡
1975	12	−1.5	262
1976	26	1.9	214
1977	15	3.6	127
1978	20	11.2	209
1979	39	8.5	312
1980	75	13.9	934
1981	197	6.2	2 367
1982	81	10.7	1 016
1983	521	9.0	11 225
1984	222	2.5	2 841
1985	216	6.2	5 492
1986	480	5.9	15 816
1987	341	5.6	12 911
1988	128	5.4	4 125
1989	119	7.9	5 155
1990	112	10.5	4 225
1991	287	11.7	15 398
1992	395	10.1	21 777
1993	505	12.7	28 899
1994	412	9.8	17 784
1995	461	21.1	28 745
1996	687	17.0	42 572
1997	483	13.9	32 478
1998	317	20.1	34 585
1999	487	69.6	65 069
2000	385	55.4	65 627
2001	81	13.7	34 368
2002	70	8.6	22 136
2003	68	12.4	10 122
2004	186	12.2	32 380
2005	169	9.8	28 677
1975~1979	112	5.7	1 124
1980~1989	2 380	6.8	61 880
1990~1999	4 146	21.1	291 531
2000~2005	959	29.0	193 310
1975~2005	**7 597**	**17.3**	**547 845**

* 上市企业数量不包括发行价低于 5 美元的 IPO、美国存托凭证（ADRs）、代销、自行发行、按 A 条款发行的股票（小规模发行，在 20 世纪 80 年代的筹资额低于 150 万美元），不动产投资信托（REITs）、合伙企业和封闭型共同基金。

† 首日收益率是依据首日收盘价对照发行价计算出的百分比回报率。

‡ 毛融资额的数据由证券数据公司提供，不包括超额认购选择权，但包括国际发行部分（如果有的话），没做任何关于通货膨胀的调整。这些数据与图 15.1 和 15.2 中所用数据有所不同，因为它们不包括代销、自行发行、发行价低于 5 美元的 IPO、美国存托凭证（但包括国际发行部分）。在有些年份里，这些扣除因素会大大降低毛融资额。

资料来源：Professor Jay R. Ritter, University of Florida.

的情形。例如在 1999 年，IPO 的公司中有 323 家为网络公司，即这些公司的大部分或全部业务都是在网上进行的，或者公司的产品用于电脑或网络。到了 2001 年 4 月，1999 年 IPO 的网络公司中仅有 12 家公司（占 4%）的股票交易价格高于它们的发行价，仅有 4 家公司（占 1%）的股票交易价格高于它们第一天的收盘价。这真的是泡沫吗？至少我们可以这样说，这些都是现实经济条件下难以合理正确估价的例子。

为什么会存在股价被低估的情况

根据我们考察过的证据，一个很明显的问题是，为什么股价被低估的现象会持续存在？正如我们所讨论的那样，这个问题存在不同的解释。但是，到目前为止，研究人员之间还不存在一个公认的正确观点。

通过强调对前述讨论的两个重要判断，我们来提供一些对股价低估困惑的思考。首先，我们所考察过的平均数字倾向于包含这样一个事实：即许多明显的价值低估可归因于那些发行量较小、投机性较强的股票。这一点在表 15.3 中有所体现，其中

表 15.3 按 IPO 的年销售额归类的平均初始收益率：1980~2005 年 *

股票上市公司的年销售额（美元）	1980~1989 年		1990~1998 年		1999~2000 年		2001~2005 年	
	公司数量	平均首日收益率	公司数量	平均首日收益率	公司数量	平均首日收益率	公司数量	平均首日收益率
$0 ≤ sales<$10m	393	10.1%	671	17.2%	328	69.8%	77	6.1%
$10m ≤ sales<$20m	253	8.7%	377	18.7%	139	79.9%	27	10.5%
$20m ≤ sales<$50m	492	7.6%	777	18.7%	152	74.5%	70	9.7%
$50m ≤ sales<$100m	345	6.5%	574	13.0%	89	60.4%	72	16.1%
$100m ≤ sales<$200m	241	4.6%	444	11.9%	54	35.5%	79	14.7%
$200m ≤ sales	278	3.5%	628	8.7%	87	26.0%	209	10.9%
All	2 002	7.1%	3 471	14.8%	849	64.6%	534	11.3%

* 数据来源于证券数据公司，并经作者修正，所有的销售收入均按消费者价格指数转化为 2003 年美元的购买力。最近 12 个月的销售额将马上公布，除去 IPO 每股发售价格低于 5 美元、自行发行、（不动产信托）美国存托凭证（ADRs）、封闭式基金和一些遗漏的销售情况，共有 6 856 次初次公开发行，首日平均收益率为 18.5%（销售额以百万美元为计算单位）。

资料来源：Professor Jay R. Ritter, University of Florida.

显示了 1983~2005 年间 7 000 家企业的股票被低估的程度。在这里，按照 IPO 之前 12 个月的企业总销售额进行归类。

正如表 15.3 所示的那样，价格低估显然集中于那些在前一年销售额很少或者没有销售额的企业。这些企业倾向于年轻的企业，此类年轻的企业是一项风险很大的投资。可以论证的是，平均而言，它们必定被大大低估了，其目的是为了吸引投资者，这是对股价低估现象的一个解释。

第二个告诫是：实际上，只有相对较少的新股购买者能够得到我们所观察到的 IPO 高额平均收益率，相反，许多人实际上是在赔钱。尽管总体来讲，IPO 有正的初始收益，有不少股票仍会出现价格下跌。而且，当价格太低的时候，通常会出现“过度认购”。这就是说投资者将无法购买到所有他们所期望的股份，承销商将要在投资者之间进行股份分配。

普通投资者将会发现他们难以得到“成功”发行（股票价格上涨）的公司股票，因为所发行的股票数量是有限的。另一方面，一个盲目递交 IPO 购买单的投资者可能会得到更多价格下跌的股票。

为说明这一点，让我们来看两个投资者的故事。史密斯很精确地知道 Bonanza 公司的股票在发行时究竟值多少钱。她相信股票被低估了。约翰只是知道 IPO 之后的 1 个月股票通常会上涨。有了这些知识，约翰决定对每个 IPO 都购买 1 000 股股票。他是否确实能够在初发行股票上获得超额收益?

答案是否定的，而且至少有一个理由是在史密斯那里。由于对 Bonanza 公司很了解，史密斯会将所有的钱投在其 IPO 上。当股票被过度认购的时候，承销商不得不以某种方式在史密斯和约翰之间将股票进行分配。其结果是当一只股票被低估的时候，约翰就无法买到他所期望的数量。

史密斯还知道蓝天公司（Blue Sky Corporation）被高估了。在这种情况下，她会完全避开 IPO，其结果是约翰得到了所有的 1 000 股。这个故事告诉我们，当有更多知情的投资者蜂拥购买一只被低估的股票时，约翰只能买到很少的股票，而当聪明的投资者避开一只股票时，约翰会得到他所希望的任意多股股票。

这是一个“赢者的诅咒”的例子，并被视为为什么 IPO 有这样高的平均收益率的一个原因。当一般投资者“获胜”并得到所有配额的时候，可能是因为有一些更精明的人在避开这只股票。承销商要同赢者的诅咒抗衡并吸引一般投资者的惟一方法是将新发股票低估，以使一般投资者仍能获利。

股票价值低估的另一个原因是股价低估是对投资银行的一种保险。不难想象，如果一直将股价高估，投资银行可能会吃那些恼怒的客户的官司。至少从一般意义上讲，股价低估不会在客户那里有什么麻烦。

15.6 新股发售与企业价值

我们现在转而探讨增发新股，即我们前面所讨论的，由那些已经发行过证券的企业增发新股。似乎有理由相信，新的长期融资安排是由那些企业将所有净现值为正的项目累加起来以后才做出来的。因此，在公布外部融资声明的时候，企业的市场价值理应上升。有趣的是，事实却并非如此。股票价格在新股发行的声明之后趋于下跌，而在债务融资声明之后却没有多大的变化。很多学者都对这个问题进行了研究。针对这个奇怪结果的具说服力的理由包括：

1. 管理层信息。假如管理层拥有更多信息来支持对本公司股票价值的判断，那么当企业价值被高估的时候他们应该会知道这一点。如果确实如此，当市场价值超过正确价值的时候,管理层会倾向于发行新股。而这将有利于现有股东。然而，潜在的新股东也不傻，他们会估计到这些内幕信息并在新股发行日将价格打折到较低的水平。
2. 债务的使用。一家企业增发新股可能会暴露企业有过多的债务或太低的清偿能力。这个观点声称，增发股票给市场发出了一个不利的信号。毕竟，假如新项目是有利可图的，为什么企业要让新股东分享其所带来的利润？企业完全可以选择发行债券并让现有的股东得到所有的利润。
3. 发行成本。正如我们接下来将要讨论的那样，证券的发行要伴之以很高的成本。

新股发行声明所导致的现有股票价格的下跌，是证券发行的间接费用的一个例子。对于典型的工业企业来说，跌幅一般都在 3% 上下（对于公用事业公司来说要低一些）。所以，对于一家大企业来说，这将是一笔数量不菲的费用。在下面对新股发行成本的讨论中我们将这种下跌称为非正常损失。

15.7 发行证券的成本

向公众发行证券不是免费的，而且发行成本是我们是否采用该方法的重要决定因素。同发行新证券相关的成本一般称为发行成本。本节我们要进一步考察向公众出售股权的发行成本。

出售股票的成本如下表所示被归为 6 类：（1）差价；（2）其他直接费用；（3）间接费用；（4）非正常损失（前面讨论过）；（5）股价低估；（6）绿鞋条款。

	证券的发行成本
1. 差价	差价包括发行者支付给承销团的直接费用——发行者所得到的价格同发行价之间的差额。
2. 其他直接费用	除了向承销团支付的报酬外，发行者所支付的各种直接费用。这些费用包括文档费、律师费和税收——都在招股说明书里有报告。
3. 间接费用	这些成本不反映在招股说明书里，包括为上市而花费的管理时间。
4. 非正常损失	对于再次发行的股票来说，新股发行被宣布的时候现有股票的价格平均会下降 3% 左右。这种下跌被称为非正常损失。
5. 股价低估	对于初次公开招股来说，低于真实价格出售股票而带来的损失。
6. 绿鞋条款	绿鞋条款允许承销商以发行价购买更多的股份。

表 15.4 按照（1990~2003 年）美国公司以 IPO、SEO、直接（普通）债券和可转换债券等方式所筹资金总额的一定百分比来计算直接成本。这些仅仅是直接成本，没有包括间接费用，即绿鞋条款、股价低估（针对 IPO）和非正常损失（针对 SEO）。

表 15.4 显示直接成本可能会非常之大，尤其是相对于那些较小的发行（少于 1 000 万）来说。例如，对于一次较小的 IPO 来说，总的直接成本会达到筹资总额的 15.36%。这意味着假如一家企业发售了价值 1 000 万美元的股票，其实际拿到的款项只有 850 万美元；另外的 150 万美元是付给承销商的差价和其他的直接费用。企业初次招股付给承销商的差价在 5%~10% 之间，但是，对于表 15.4 中所涉及的半数 IPO 来说，差价刚好是 7%，所以说，这是目前最常见的差价。

总的来说，表 15.4 中有四个明显的模式。首先，对于直接债务发行这种可能的例外情形来说（我们在后面会详细讨论），存在很大的规模经济效应。承销商所得的差价对于较大的发行规模来说是很小的，而其他成本所占总筹资额的比重下降得也

表 15.4 直接成本占国内经营企业股权筹资（IPO 和 SEO）和直接、可转换债券总筹资额的百分比（1990~2003 年）

	股权融资							
	IPO				SEO			
融资金额（百万美元）	发行数量	总差价	其他直接成本	总的直接成本	发行数量	总差价	其他直接成本	总的直接成本
2~ 9.99	624	9.15%	6.21%	15.36%	267	7.56%	5.32%	12.88%
10~ 19.99	704	7.33	4.30	11.63	519	6.32	2.49	8.81
20~ 39.99	1 336	6.99	2.82	9.81	904	5.73	1.51	7.24
40~ 59.99	771	6.96	2.25	9.21	677	5.28	0.92	6.20
60~ 79.99	403	6.88	1.77	8.65	489	5.07	0.74	5.81
80~ 99.99	245	6.79	1.55	8.34	292	4.95	0.61	5.56
100~199.99	438	6.48	1.19	7.67	657	4.57	0.43	5.00
200~499.99	197	5.91	0.81	6.72	275	3.99	0.27	4.26
500 及以上	72	4.66	0.49	5.15	83	3.48	0.16	3.64
合计	4 790	7.17	3.22	10.39	4 163	5.37	1.35	6.72

	股权融资							
	IPO				SEO			
融资金额（百万美元）	发行数量	总差价	其他直接成本	总的直接成本	发行数量	总差价	其他直接成本	总的直接成本
2~ 9.99	8	5.73%	2.78%	8.51%	70	1.39%	2.35%	3.74%
10~ 19.99	20	5.26	2.90	8.16	104	1.33	1.59	2.92
20~ 39.99	27	4.74	1.72	6.46	159	1.22	0.90	2.12
40~ 59.99	33	3.29	1.01	4.30	152	0.72	0.63	1.35
60~ 79.99	61	2.70	0.61	3.31	113	1.52	0.76	2.28
80~ 99.99	17	2.16	0.56	2.72	159	1.39	0.56	1.95
100~199.99	100	2.56	0.39	2.95	677	1.60	0.52	2.12
200~499.99	53	2.34	0.22	2.56	333	1.43	0.37	1.80
500 及以上	17	2.05	0.11	2.16	118	0.62	0.20	0.82
合计	336	2.99	0.81	3.80	1 885	1.36	0.61	1.97

资料来源：Inmoo Lee, Scott Lochhead, Jay Ritter, and Quanshui Zhao, "The Costs of Raising Capital," *Journal of Financial Research* 1 (Spring 1996), calculations and updates by the authors.

表 15.5
1990~2003 年间 IPO 股权发行的直接与间接成本

融资金额（百万美元）	发行数量	总差价	其他直接费用	总的直接成本	股价低估
2~ 9.99	624	9.15%	6.21%	15.36%	18.18%
10~ 19.99	704	7.33	4.30	11.63	10.02
20~ 39.99	1 336	6.99	2.82	9.81	17.91
40~ 59.99	771	6.96	2.25	9.21	29.57
60~ 79.99	403	6.88	1.77	8.65	39.20
80~ 99.99	245	6.79	1.55	8.34	45.36
100~199.99	438	6.48	1.19	7.67	37.10
200~499.99	197	5.91	0.81	6.72	17.12
500 及以上	72	4.66	0.49	5.15	12.19
合计	4 790	7.17	3.22	10.39	23.55

资料来源：Inmoo Lee, Scott Lochhead, Jay Ritter, and Quanshui Zhao, “The Costs of Raising Capital,” *Journal of Financial Research* 1 (Spring 1996), calculations and updates by the authors.

很快，反映了此种成本的固定属性。其次，同出售债券相关的成本要大大低于股权成本。第三，IPO 的费用要高于 SEO，但是其差价可能并没有当初所猜想的那样大。最后，普通债券的发行成本要低于可转换债券。

正如我们所讨论的那样，企业首次招股价格的低估对于发行者来说是一项额外成本。为了对上市的总成本有一个更好的理解，表 15.5 将表 15.4 中的 IPO 信息同这些企业所经历的股价低估数据结合起来。将总的直接成本（第 5 栏）同低估的价格（第 6 栏）对比，我们发现它们大致是相等的，所以直接成本大约只是总成本的一半。总之，对于各种规模的组织来说，总的直接成本大约是筹资额的 10%，而股价的低估程度大约是 24%。

最后，对于债务的发行来说，发行成本一般有一个常见的模式，其在表 15.4 中多少有些含糊。回顾一下在第 6 章里债券有不同的信用评级。评级高的债券被认为是投资级的，而评级较低的债券被认为是非投资级的。表 15.6 是在投资级和非投资级被分开后对债券发行成本的详细分类。

表 15.6 澄清了同债券发行相关的三个主要问题。首先，这里也存在很大的规模经济效应；其次，投资级的发行有较低的直接成本，尤其是针对那些直接债券来说；

表 15.6
1990~2003 年间国内发行债券的平均总差价与总直接成本

	可转换债券					
	投资级			非投资级		
融资金额（百万美元）	发行数量	总差价	总直接成本	发行数量	总差价	总直接成本
2~ 9.99	0	—	—	0	—	—
10~ 19.99	0	—	—	1	4.00%	5.67%
20~ 39.99	0	—	—	11	3.47	5.02
40~ 59.99	3	1.92%	2.43%	21	3.33	4.48
60~ 79.99	4	1.65	2.09	47	2.78	3.40
80~ 99.99	3	0.89	1.16	9	2.54	3.19
100~199.99	28	2.22	2.55	50	2.57	3.00
200~499.99	26	1.99	2.18	17	2.62	2.85
500 及以上	12	1.96	2.09	1	2.50	2.57
合计	76	1.99	2.26	157	2.81	3.47

	可转换债券					
	投资级			非投资级		
融资金额（百万美元）	发行数量	总差价	总直接成本	发行数量	总差价	总直接成本
2~ 9.99	40	0.62%	1.90%	0	—	—
10~ 19.99	68	0.50	1.35	2	2.74%	4.80%
20~ 39.99	119	0.58	1.21	13	3.06	4.36
40~ 59.99	132	0.39	0.86	12	3.01	3.93
60~ 79.99	68	0.57	0.97	43	2.99	4.07
80~ 99.99	100	0.66	0.94	56	2.74	3.66
100~199.99	341	0.55	0.80	321	2.71	3.39
200~499.99	173	0.50	0.81	156	2.49	2.90
500 及以上	97	0.28	0.38	20	2.45	2.71
合计	1 138	0.51	0.85	623	2.68	3.35

资料来源：Inmoo Lee, Scott Lochhead, Jay Ritter, and Quanshui Zhao, “The Costs of Raising Capital,” *Journal of Financial Research* 1 (Spring 1996), calculations and updates by the authors.

最后，有相对较少的非投资级的发行被归为小规模发行类别，反映此种发行更常见的是私募发行，有关这些内容将在下一节讨论。

15.8 发行长期债券

公开发行长期债券的一般程序和股票是一样的。发行债券同样要到 SEC 登记，而且必须有一个发行说明书等。然而，公开发行债券的登记表和普通股是不同的。对于债券来说，登记表必定意味着是一项契约。

另一个重要差别是超过 50% 的债券都是非公开发行的。长期融资的两种非公开方式是：定期贷款和私募。

定期贷款（term loans）是直接的企业贷款。这些贷款的期限从 1~5 年不等。大多数定期贷款需要在贷款期内偿还。出资人包括商业银行、保险公司和专业从事企业融资的其他出资人。**私募**（private placements）同定期贷款很相似，只是到期日要长一些。

直接非公开长期融资同公开发行债券的重要差别在于：

1. 直接长期贷款避免了在证券交易委员会的登记费；
2. 直接募集一般有更多的限制性条款；
3. 在出现违约时定期贷款或私募的情形更容易磋商解决。而公开发行债券的情形下很难进行协商，因为所涉及的债券持有人成千上万；
4. 人寿保险公司和养老基金在债券市场的私募领域居主导地位。商业银行是定期贷款市场的重要参与者；
5. 在非公开市场发行债券的成本较低。

定期贷款和私募债券的利率通常要高于那些在同等条件下的公开发行。这一差别可能反映了高利率与一旦出现财务危机时更灵活的财务安排之间的权衡，以及同非公开募集相关的较低的发行成本之间的折衷。

另一个非常重要的方面是：债券的发行成本要大大低于发行股票的相关成本。

15.9 框架登记

为简化证券发行的程序，1982 年 3 月，SEC 临时采纳了第 415 号条例，并且在 1983 年 11 月使其成为一项永久性规则。第 415 号条例允许进行框架登记。债券与股票都可以进行框架登记。

框架登记（shelf registration）条例允许企业进行证券发行登记，只要在接下来的两年内，可以合理地预期这些证券会得以发行。而在登记之后，在未来的两年内，企业就可以在认为必要的时候将证券出售。例如，2000 年 2 月 18 日，计算机生产商巨头惠普公司宣布对 30 亿美元的债券、优先股和普通股及其他债券的发行的框架登记。对于惠普公司，该框架登记条例允许“优先登记证券以及可按融资需要和市场情况利好信息出现而依次发行。”并非所有的企业都适用第 415 号条例。其要求的主要资格是：

1. 企业必须达到投资级；
2. 企业在过去的 3 年里没有债务违约的情形；
3. 企业所发行股票的市场价值之和必须超过 1.5 亿美元；
4. 企业在过去的 3 年里不能有违反 1934 年证券法的行为。

这一规则曾引起广泛的争论。反对框架登记的主要理由是：

1. 证券发行的成本可能会上升，因为采用这种方法，承销商可能无法向潜在投资者提供足够的当前信息，所以投资者的购买价会降低。因此零散地出售证券的费用可能要高于一次性出售所有的证券。
2. 一些投资银行声称框架登记将会导致“市场悬垂”而压低市场价格。换句话说，企业在任何时候提高股票供应的可能性对当前的股票价格都会产生负面影响。然而很少有证据可以对这一立场进行支持。

第16章

短期财务规划

2007年初，电脑芯片产业面临供过于求的问题，这其中的部分原因要归结于众多厂商高估了圣诞节人们对MP3播放器、手机和个人电脑的需求。据估计，整个行业有将近43亿美元的芯片库存过剩，而与其相反的是，2005年有7.26亿美元的库存短缺。在电脑芯片行业，随着其日新月异的技术变化，库存过剩成为一个大问题，因为库存产品很快就会过时。2006年，领先的芯片制造商英特尔公司就面临该问题，为了保住市场份额，该公司被迫大幅降低芯片的价格。同时，由于个人电脑的销量放缓，使英特尔在推出新一代电脑芯片时再处理旧芯片更是雪上加霜。

短期财务规划是与企业中每一个人都相关的一项活动，正如本章所示的，这种规划需要很多因素的配合，包括来自于营销部门的销售预测、会计部门的成本数据、生产运作部门的存货需求，以及其他因素。或许对很多人来说，学习本章的一个特别好的理由是短期规划和管理经常是公司新聘人员工作的起点，尤其在财务和会计领域。而且，这种规划对小企业尤其重要，因为缺乏充足的短期财务资源是一个导致小企业失败的屡屡被引证的原因。

至此，我们已描述了许多长期财务决策，例如资本预算、股利政策以及财务结构。在本章，我们开始讨论短期财务。短期财务主要涉及影响流动资产和流动负债的决策分析。

*净营运资本*这一术语通常与短期财务决策有关。我们在第 2 章及其他地方已经谈到，净营运资本是流动资产和流动负债之差。短期财务管理经常被称为*营运资本管理*，两者是同一个意思。

对短期财务没有一个普遍接受的定义。短期和长期财务最重要的区别是现金流量的时机。短期财务决策通常包括发生在 1 年或更短时期内的现金流入和流出。例如，当公司订购原材料、用现金支付货款并且预期在 1 年内售出产成品并收回现金时，涉及到短期财务决策。而公司购买 1 台将降低今后 5 年营运成本的专用设备时，涉及的是长期财务决策。

在短期财务方面能够提出什么类型的问题？这里仅列举几个：

1. 用于支付账款而持有在手边（银行）的现金的合理水平有多高？
2. 公司应该在短期内有多少借款？
3. 公司应该向顾客提供多少信用？

本章介绍了短期财务决策的基本要素。我们首先讨论公司的短期经营活动，然后介绍一些备选的短期财务政策。最后，我们简述短期财务规划的基本要素并且描述短期融资工具。

16.1　跟踪现金和净营运资本

在本节，我们考察年复一年不断变化的现金和净营运资本的组成。在第 2 和第 3 章，我们已就该问题的各个方面进行了讨论。由于它们跟短期财务决策的关系，我们在这里进行简单回顾。我们的目标是描述公司的短期经营活动以及它们对现金和营运资本的影响。

首先，回忆一下，*流动资产*包括现金以及其他预期在一年内能转换成现金的资产。流动资产按照其会计流动性的顺序——它们转换成现金的难易程度以及需要的时间——列示于资产负债表。资产负债表的流动资产部分可以见到的四个最重要的项目分别是现金及其等价物、有价证券、应收账款以及存货。

类似于对流动资产的投资，公司使用数种短期债务，叫作*流动负债*。流动负债是预期在一年内需要用现金支付的债务。流动负债中的三个主要项目分别是应付账款、应付费用（包括应计的工资和税款）和应付票据。

由于我们想重点探究现金变动，所以我们从以资产负债表的其他要素来定义现金作为开始。这样我们可以分离出现金账户，探寻公司经营和财务决策带来的现金上的影响。资产负债表的基本恒等式可以写为：

净营运资本 + 固定资产 = 长期负债 + 股东权益 [16.1]

净营运资本指现金加其他流动资产，减流动负债，即：

净营运资本 =（现金 + 其他流动资产）− 流动负债 [16.2]

如果用上式代替资产负债表的基本恒等式中的净营运资本并加以整理，我们看到：

现金 = 长期负债 + 股东权益 + 流动负债
− 除现金外的流动资产 − 固定资产 [16.3]

这就从大体上告诉我们一些活动自然增加现金而一些减少现金。我们在这里加以列举，并各附上一个实例：

增加现金的活动

增加长期负债（筹借长期债务）

增加股东权益（出售部分股票）

增加流动负债（获得一笔 90 天的贷款）

减少除现金外的流动资产（出售部分存货以变现）

减少固定资产（出售一些财产）

减少现金的活动

减少长期负债（还清一笔长期债务）

减少股东权益（回购部分股票）

减少流动负债（还清一笔 90 天的贷款）

增加除现金外的流动资产（用现金购进部分存货）

增加固定资产（购入一些财产）

注意这两个列表的内容恰好相反。例如，发行一笔长期债券增加现金（至少在收到资金的时候），而还清一笔长期债券则减少现金。

增加现金的活动叫做现金的来源，减少现金的活动叫做现金的运用。再回顾我们的列表，我们看到现金的来源总是与负债（或权益）的增加或者是资产的减少有关。这是由于增加一项负债意味着我们通过借款得到了资金，而出售公司的股份也能筹措到资金。资产的减少则意味着我们出售抑或是清理了一项资产。在任何一种情况下，都有现金的流入。

现金的运用正好相反。现金的运用涉及通过偿付某笔债务而减少负债，或者可能购入某物而增加资产。这两种活动都要求公司支出一些现金。

例 16.1　来源和运用

这里是对你理解来源和运用程度的快速检查。如果应付账款增加 $100，这是来源还是运用？如果应收账款增加 $100，这又是来源还是运用？

应付账款是我们欠供应商的，它是一种短期负债。如果它上升了 $100，我们实际上借到了这笔资金，故是现金的来源。应收账款是顾客所欠我们的，所以应收账款上升 $100 意味着我们贷出了这笔资金。这是现金的运用。

16.2　经营周期和现金周期

短期理财主要关心公司短期的经营活动和财务活动。对一家典型的制造企业来说，这些短期决策可能由下面一系列的事件和决策组成：

事件	决策
1. 购买原材料	1. 订购多少存货
2. 支付现金	2. 是否借款或者削减现金余额
3. 生产产品	3. 选择何种生产技术
4. 销售产品	4. 是否应该向某特定顾客提供信用
5. 回收现金	5. 如何收款

这些活动产生了现金流入和流出的不同形态。这些现金流动既不同步也不确定。不同步是因为，例如，支付原材料款和收到销售货款并不同时发生。不确定性是因为未来的销售和成本都不可能精确预测。

定义经营周期和现金周期

我们从一个简单的例子入手。某天，姑且称第 0 天，你赊购了价值 1 000 美元的存货。你在 30 天后付款。然后又过了 30 天，某人以 1 400 美元买走了你的 1 000 美元存货。买主实际上 45 天后才付款。我们将这些事件按时间顺序小结如下：

第 x 天	活动	现金效果
0	购进存货	无
30	支付货款	−$1 000
60	赊销库存	无
105	回收货款	+$1 400

经营周期　在本例里有几个地方值得注意。首先，整个循环，从我们购进存货直到收取货款的时间，共花了 105 天，这叫做**经营周期**（operating cycle）。

正如本例所示，经营周期是从购进存货、出售直至收回货款所花的时间。循环由两个不同部分组成。第一部分是从采购到出售库存所花的时间。这段时间，在我们的例子中是 60 天，叫做**存货周转天数**（receivable period）。第二部分是回收货款所花的时间，本例中为 45 天，其叫做**应收账款周转天数**（accounts receivable period），或者简称周转天数（或收账期）。

基于我们的定义，经营周期显然正是存货周转天数和应收账款周转天数之和：

经营周期 = 存货周转天数 + 应收账款周转天数

105 天 = 60 天 + 45 天　　[16.4]

经营周期描述的是一件产品如何经过各流动资产账户。其从存货出发，当被出售后转变成应收账款，当我们回收货款时最终转换成现金。请注意，在每一步骤，该资产都离现金更近一步。

现金周期　需注意的第二件事是现金流和导致现金流发生的事件在时间上是不一定

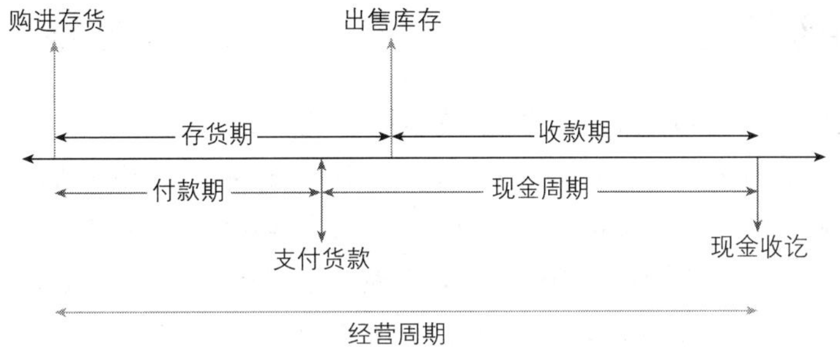

图 16.1
典型制造企业的现金流量时间线与短期经营活动

经营周期是从购进存货到收到现金的时间段。现金周期是从付出现金直至收到现金的时间。

同步的。例如，我们实际上在购进存货 30 天后才支付货款。这其间的 30 天时间叫做**应付账款周转天数**（accounts payable period）。此外，我们在第 30 天支付现金，但我们直到第 105 天才收回现金。不管如何，我们必须设法为 1 000 美元进行 105 − 30 = 75 天的融资，这段期间叫做**现金周期**（cash cycle）。

因而，现金周期是从我们实际为一笔存货支付现金开始，到我们收到此笔存货的销售款为止所经过的天数。请留意，基于我们的定义，现金周期是经营周期与付款周转天数之差：

$$\text{现金周期} = \text{经营周期} - \text{应付账款周转天数}$$
$$75\text{ 天} = 105\text{ 天} - 30\text{ 天} \qquad [16.5]$$

通过现金流量时间线，图 16.1 描述一家典型制造公司的短期经营活动以及现金流量。如图所示，**现金流量时间线**（cash flow time line）由经营周期和现金周期组成。在图 16.1 中，对短期融资管理的需求体现在现金流入和流出之间的间隔上。该间隔又与经营周期和应收账款周转天数的长度紧密相关。

短期流出和流入之间的间隔，既可以通过借款也可以通过持有流动性储备（如现金或有价证券）来填充。另外，该间隔可以通过改变存货周转天数、应收账款周转天数及应付账款周转天数加以缩短。这都是我们将在下面和以后章节所要讨论的选择方案。

经营周期与公司组织架构

在我们进一步探讨经营周期和现金周期之前，有必要先看一看公司流动资产和负债的管理人员。如表 16.1 所示，大公司的短期财务管理涉及许多财务主管和非财务主管。观察表 16.1，我们发现产品赊销至少涉及三个人员：信用经理、营销经理以及会计长。在这三人之中，只有两位对财务副总裁负责（营销经理通常与营销副总裁相联系）。因而，这里存在冲突的可能，特别当不同的经理仅专注在这幅架构的一角的时候。例如，如果营销部门正努力发展一个新客户，它可能会拿更宽松的信用条件作为刺激手段。然而，这样可能增加公司对应收账款的投资或者增大其坏账风险，于是冲突就可能产生。

计算经营周期和现金周期

在我们的例子中，每个周期中不同阶段的时间长度很容易判断。但如果仅有财务报表信息，我们需要稍微多费些功夫。我们在随后演示其计算过程。

首先，我们需要确定各种变量，诸如平均而言需要多长时间售出存货以及应收

表 16.1
处理短期财务问题的经理

职 位	与短期财务管理相关的职责	影响的资产 / 负债
现金经理	收款、集中、付款；短期投资；短期借款；银行关系	现金、有价证券 短期贷款
信用经理	监视和控制应收账款；信用政策决策	应收账款
营销经理	信用政策决策	应收账款
采购经理	采购、供应商决策；可能谈判支付条件	存货、应付账款
生产经理	制定生产计划和材料需求	存货、应付账款
应付账款经理	支付政策及是否接受（现金）折扣决策	应付账款
会计长	现金流量的会计信息；应付账款协调；基于应收账款安排支付活动	应收账款 应付账款

账款周转天数平均是多久等。我们从汇集一些资产负债表信息入手，如下例（单位：千美元）：

项目	期初	期末	平均
存货	2 000	3 000	2 500
应收账款	1 600	2 000	1 800
应付账款	750	1 000	875

此外，从最近的损益表上，我们还可能见到下列数据（单位：千美元）：

销售净额	11 500
产品销售成本	8 200

现在需要计算一些财务比例。我们已在第 3 章对此做过详细论述，这里仅根据需要加以定义和使用。

经营周期　首先需要计算存货周转天数。我们在存货上花费了 820 万美元（产品销售成本），而我们的平均存货是 250 万美元。因而，我们的存货在当年周转了 8.2/2.5 次：[1]

$$存货周转率 = \frac{产品销售成本}{平均存货}$$

$$= \frac{820\text{ 万}}{250\text{ 万}} = 3.28\text{ 次}$$

这个数字大体上说明我们在当年购进和售出存货 3.28 次。这就意味着，平均而言，我们持有存货的时间为：

$$存货期 = \frac{365\text{ 天}}{存货周转率}$$

$$= \frac{365}{3.28} = 111.3\text{ 天}$$

1　注意这里计算存货周转次数时，我们使用的是平均存货而非在第 3 章所用的期末存货。在实际中，两种方式均有使用。此处使用平均数，在本章计算各种比例时我们都使用此种方式。

因而存货周转天数大约为 111 天。换言之，存货售出前在公司平均存放 111 天。[1]

同理，应收账款平均为 180 万美元，而销售额为 1 150 万美元。假定所有销售均为赊销，则应收账款周转率为：[2]

$$应收账款周转率 = \frac{赊销额}{平均应收账款}$$

$$= \frac{1\ 150\ 万}{180\ 万} = 6.4\ 次$$

如果我们的应收账款一年周转 6.4 次，则应收账款周转天数为：

$$收款期 = \frac{365\ 天}{应收账款周转率}$$

$$= \frac{365}{6.4} = 57\ 天$$

应收账款周转天数也叫做应收账款天数或者平均收款款期。不管何种称呼，它说明顾客平均在 57 天后才支付货款。

经营周期是存货周转天数和应收账款周转天数之和：

$$经营周期 = 存货周转天数 + 应收账款周转天数$$

$$= 111\ 天 + 57\ 天 = 168\ 天$$

这说明，平均而言，从我们购进存货到售出货物并收回货款，期间经过了 168 天。

现金周期　现在需要计算应付账款周转天数。根据上面的信息，平均应付账款为 87.5 万美元，产品销售成本为 820 万美元。则应付账款周转率为：

$$应付账款周转率 = \frac{产品销售成本}{平均应付账款}$$

$$= \frac{820\ 万}{87.5\ 万} = 9.4\ 次$$

1　概念上，这个量度与我们在第 3 章讨论的 day's sales in inventory 一致。

2　如果赊销的比例不足 100%，我们需要一些其他信息，即当年的赊销额。关于此量度，参看第 3 章的讨论。

应付账款周转天数为：

$$付款期 = \frac{365\ 天}{应收账款周转率}$$

$$= \frac{365}{9.4} = 39\ 天$$

即我们平均在 39 天后支付购货款。

最后，现金周期是经营周期和应付账款周转天数之差：

$$现金周期 = 经营周期 - 应付账款周转天数$$

$$= 168\ 天 - 39\ 天 = 129\ 天$$

所以，平均而言，从我们支付购货款到我们收回货款之间的间隔为 129 天。

例 16.2　经营周期和现金周期

你手头拿到了 Slowpay 公司的下列信息。

当年赊销总额为 $50 000，而产品销售成本为 $30 000。Slowpay 公司多长时间才能收回应收账款？其货物售出以前在公司库存多长时间？公司多长时间才支付其货款？

我们可以首先计算 3 个周转比例：

项目	期初（$）	期末（$）
存货	5 000	7 000
应收账款	1 600	2 400
应付账款	2 700	4 800

存货周转率 = $30 000/$6 000 = 5 次

应收账款周转率 = $50 000/$2 000 = 25 次

应付账款周转率 = $30 000/$3 750 = 8 次

利用这些数计算 3 个期间：

存货周转天数 = 365/5 = 73 天

应收账款周转天数 = 365/25 = 14.6 天

应付账款周转天数 = 365/8 = 45.6 天

这些说明 Slowpay 回收货款时间为 14.6 天，存货在公司库存 73 天，约 46 天后才支付购货款。经营周期是存货周转天数和应收账款周转天数之和：73 + 14.6 = 87.6 天。现金周期是经营周期与应付账款周转天数之差，即 87.6 – 45.6 = 42 天。

诠释现金周期

我们的例子显示现金周期依赖于存货周转天数、应收账款周转天数及应付账款周转天数。当存货和应收账款周转天数延长的时候，现金周期随之延长。如果公司能够拖延付款从而延长应付账款周转天数，现金周期则会缩短。

大多数公司的现金周期都为正，他们因而需要对存货和应收账款进行融资。现金循环越长，所需要的融资也越多。而且，公司现金周期的变化经常被作为一个预警信号进行监测。周期变长可能表明公司在流转存货或者回收应收账款方面出现麻烦。公平地讲，这类问题也可能由于应付账款周转天数延长而被屏蔽，因而二者都需要监测。

回忆公司盈利能力和增长的两个基本要素之一——总资产周转率（销售额 / 总资产），可以清楚地看到公司的现金周期与其盈利能力之间的联系。在第 3 章我们看到，总资产周转率越高，公司资产报酬率（ROA）以及权益报酬率（ROE）也越高。因而，在其他因素相同的情况下，现金周期越短，公司在存货和应收账款上的投资也越小。总之，公司的资产越低越好，而总周转率则越高。

16.3 短期财务政策的一些方面

公司采用的短期财务政策至少从以下两个方面反映出来。

1. 公司对流动资产的投资规模。这通常根据公司的总体营业收入水平来衡量。弹性（flexible）的，或者说可调节的短期财务政策通常维持较高的流动资产对销售额的比例。限制性（restrictive）的短期财务政策只需要较低的流动资产对销售额的比例。[1]

---

1 一些人将弹性政策（flexible）称为保守（conservative）政策，将限制性（restrictive）政策称为激进（aggressive）政策。

2. *流动资产的融资*。可根据短期负债（即流动负债）和用于流动资产融资的长期负债之间的比例来衡量。限制性的短期财务政策意味着短期负债对长期融资的比率较高，而弹性的财务政策则意味着短期负债对长期负债的比率较低。

如果把这两方面综合来考虑，我们看到实施弹性政策的公司对流动资产的投入相对较大。它使用较少的短期负债来融通这部分投资。因而弹性财务政策的净效果是相对较高水平的净营运资本。总之，采取弹性财务政策的公司的流动性水平较高。

公司的流动资产投资规模

与流动资产有关的弹性短期财务政策包括诸如以下的活动：

1. 保持现金和有价证券的较高余额；
2. 对存货进行大量投资；
3. 授予宽松的信用条件，从而引起较高的应收账款水平。

限制性短期财务政策正好和上面相反：

1. 保持现金和有价证券的较低余额；
2. 对存货进行少量投资；
3. 很少甚至没有赊销，从而将应收账款降至最低水平。

确定对短期资产的最优投资水平需要了解各种备选的短期财务政策的成本。其目标是权衡限制性和弹性财务政策的成本，从而达到最佳状态。

在弹性短期财务政策下，流动资产的水平最高，而限制性政策则恰好相反。由于需要对现金和有价证券、存货以及应收账款进行大量投资，弹性的财务政策成本更高。然而，在弹性政策下，我们可预期未来现金流入量也会更高。例如，通过给顾客提供宽松的信用政策可以刺激销售。手头（“货架上”）保持大量产成品存货使向顾客交货更为迅速因而也可能增加销售。同理，大量的原材料存货可以减少由于库存短缺造成的生产停顿。

限制性的短期财务政策很可能减少未来销售，低于在弹性政策下可能达到的水平。另外一种可能是在弹性营运资本政策下，对顾客开出的价格更高。消费者为可能愿意支付较高的价格以获得交货的及时和更宽松的信用条件，这些隐含在弹性政策里面。

管理流动资产可以看成是一项权衡：随着流动资产投资规模的水平，而使得成本出现涨落之间的决策权衡。随着流动资产规模的增加而上升的成本称为**持有成本**（carrying cost）。公司对流动资产的投资越大，持有成本也越高。随着流动资产规模的上升而下降的成本，称为**短缺成本**（shortage cost）。

大体上看，持有成本是与流动资产联系的机会成本。与其他资产相比，流动资产的收益率很低。例如，美国国库券的收益率通常远低于10%，与公司总体上的收益率相比非常低（美国国库券是现金和有价证券中的重要成分）。

当公司对流动资产的投资较少时则会发生短缺成本。如果某公司的现金入不敷出，它将被迫出售有价证券。当然，如果公司用完现金而又不能迅速出售有价证券，它可能不得不借款或者导致违约。这种情形叫做现金短缺（cash-out）。而如果公司发生存货短缺（短缺的一种）或者不能向顾客提供信用，它可能丢失顾客。

从更广义的角度，有两类短缺成本：

1. 交易或者订购成本。订购成本是为订购增量现金或者增量存货而导致的成本（例如佣金成本和生产准备成本）。
2. 与安全储备不足相关的成本。包括销售额减少、客户流失、遭受商誉损失以及导致生产计划中断等带来的成本。

图16.2的上部分显示了在持有成本和短缺成本之间基本的权衡抉择。垂直轴代表以美元计算的成本，而水平轴代表流动资产的水平。持有成本始自零点，然后随流动资产增长而直线增长。短缺成本开始很高，而后逐步下降。持有流动资产的总成本是二者之和。注意总成本如何在CA^*点达到最低点。这点就是最优的流动资产水平。

在弹性政策下，最优流动资产持有量将可能很高。弹性政策适用于当持有成本相对于短缺成本显得较低时。这是图16.2中的情况A。与之相对，当持有成本相对短缺成本显得较高时，限制性流动资产政策就较为适用，因而导致低流动资产持有水平。这是图16.2中的情况B。

流动资产的备选融资政策

在前几节，我们考察了流动资产投资水平的基本决定因素，因此注意力集中在

短期融资政策：对流动资产的最优投资

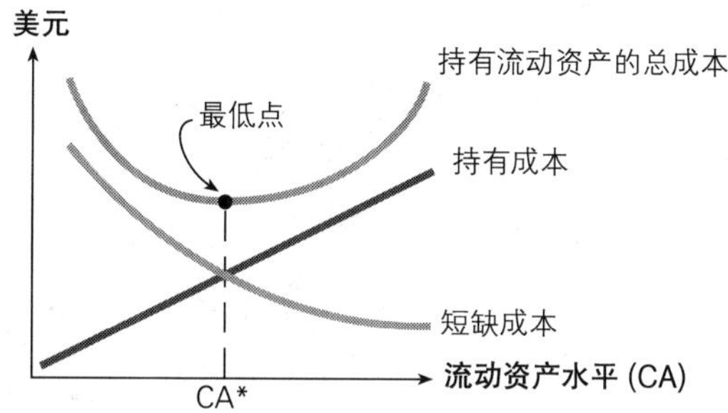

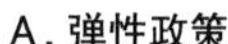
CA*代表最优的流动资产投资水平，持有这一水平能使总成本最小化。持有成本随着流动资产投资的增加而增加，包括保持其经济价值的成本和机会成本。短缺成本随流动资产投资水平的增加而减少，包括交易成本和流动资产发生短缺而产生的相关成本 (例如，现金短缺)。公司的政策可描述为弹性政策或限制性政策。

A. 弹性政策

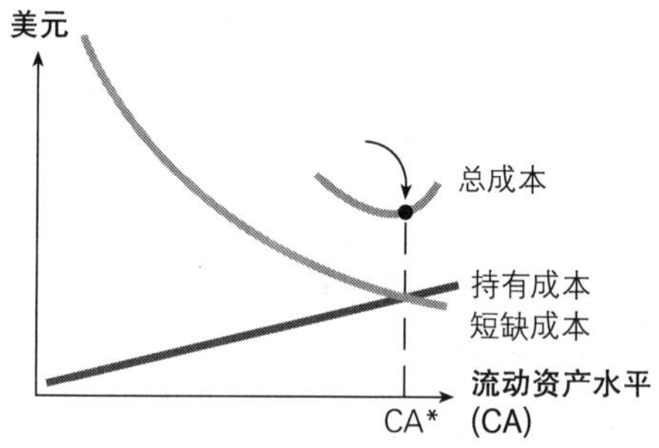

弹性政策更适用于当持有成本相对于短缺成本显得较低时。

B. 限制性政策

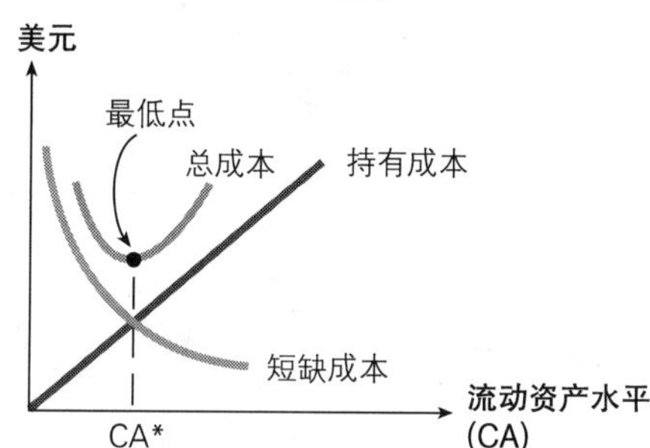

限制性政策适用于持有成本相对于短缺成本显得较高时。

图 16.2　持有成本和短缺成本

资产负债表的资产方。现在我们转向此问题的融资方面。这里我们主要关心短期和长期负债的相对量，假定对流动资产的投资保持不变。

一个成长型公司，为了保证有效运作，通常需要拥有短期和长期资产所组成的总资产需求。总资产需求随时间变化而变动，原因包括：(1) 总增长趋势；(2) 趋势中的季节性变动；(3) 不可预测的每日及月度波动。图 16.3 描绘了这种情况 (我们没有显示总资产需求中的每日及月度波动)。

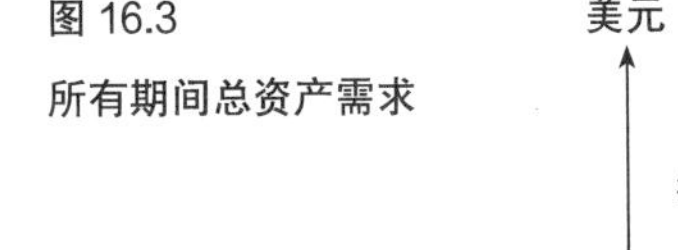

图 16.3
所有期间总资产需求

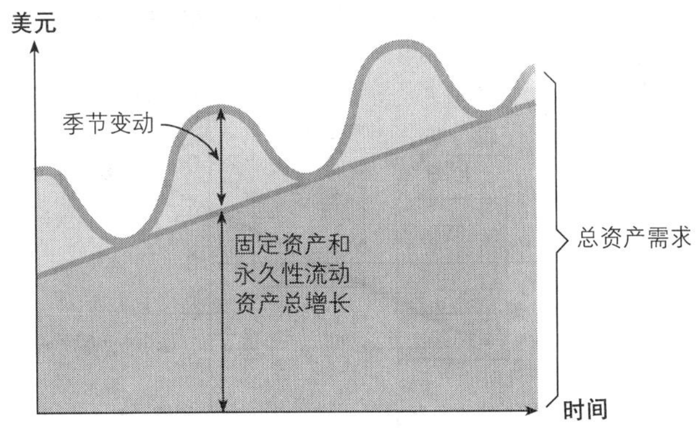

政策 F

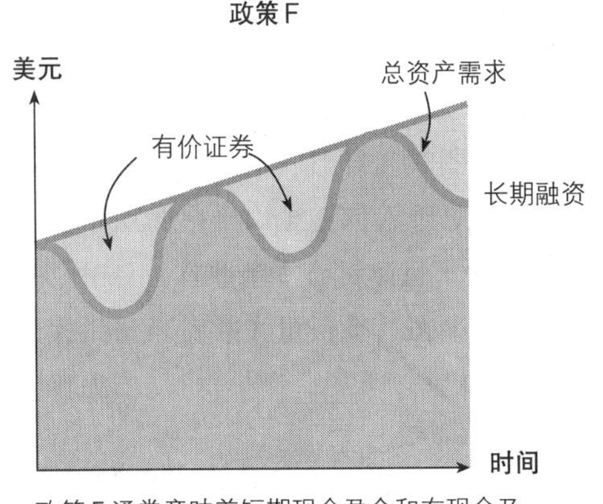

政策 F 通常意味着短期现金盈余和在现金及有价证券上的大量投资。

政策 R

美元
总资产需求
短期融资
长期融资
时间

政策 R 对长期资产需求仅采用长期融资，而对季节性变动采用短期融资。

图 16.4 备选的资产融资政策

图 16.3 中的波峰和波谷代表公司在不同时期的总资产需求。例如，对一家草坪和花园供应公司而言，波峰可能代表春天热销季节前的存货积累，而波谷由于较低的非季节性存货而出现。为满足这种周期性需求，该公司可以采取两种策略。首先，公司可以保留一笔金额相当大的有价证券。当对存货和其他流动资产的需求开始上升时，公司售出有价证券并将这笔现金用于各种采购。一旦存货售出，存货水平开始下降，公司重新投资于有价证券。这种方式正是图 16.4 中政策 F 代表的弹性政策。注意到公司实质上使用一系列有价证券作为针对不断变化的流动资产需求的缓冲器。

在另一个极端，公司可以维持相对较少的有价证券。当对存货和其他流动资产的需求开始上升时，公司只是筹措必要的短期现金。当对资产的需求回落时，公司随即归还这部分贷款。这种方式正是图 16.4 中政策 R 代表的限制性政策。

在比较图 16.4 中的两种策略时，注意到两者之间的主要区别在于用何种方式对季节性变化的资产需求进行融资。在弹性政策下，公司用其自身的现金和有价证券在内部进行融资。在限制性政策下，公司从外部筹借短期资金。正像我们在前面谈到的，所有因素都相同时，采取弹性政策的公司对净营运资本的投资更大。

哪种融资政策最好

最合适的短期借款量是多少？在这一问题上没有明确的答案。正确的分析需要考虑如下几点：

1. 现金储备。弹性融资政策意味着过量的现金和较少的短期借款。这种政策减少了公司遇到财务困难的可能性。公司可能不必对重复出现的短期债务而担忧。不过，投资于现金和短期有价证券的净现值至多为零。
2. 期限配比。大多数公司努力使资产和负债的期限能够配比。他们用短期银行贷款来投资存货，用长期融资来投资固定资产。公司尽量避免用短期借款来投资长期资产。这种到期日的不匹配需要频繁的再融资，而且由于短期利率比长期利率的波动性大，其风险更高。
3. 相对利率。短期利率通常低于长期利率。这意味着，平均而言，与短期借款相比，依赖于长期融资的成本更高。

当然，我们在上面讨论的两种政策——F 和 R 都是极端情况。采用政策 F，公司不做任何短期借款；采用 R，公司则没有任何现金储备（对有价证券的投资）。图 16.5 显示这两种政策，以及两者的折衷——政策 C。

在这个折衷方案下，公司在融资需求达到高峰时借入短期资金，但在低谷时则以有价证券形式维持一定量的现金储备。当其他流动资产的需求不断上升时，公司可以在短期借款前使用这部分储备。这使得公司有能力在借助于短期借款之前，使其他流动资产上升到一定规模。

图 16.5
折衷的融资政策

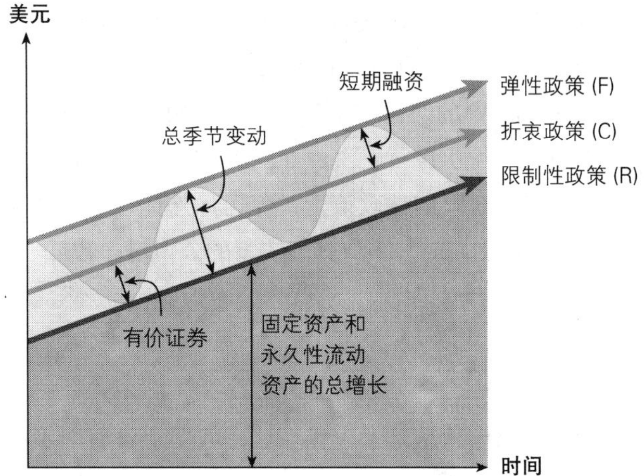

利用折衷政策，公司保持一些流动资金的储备，以备初期的财务季节性波动对现金的需要。当储备枯竭时，只能借助于短期借款。

实践中的流动资产和流动负债

短期资产是公司全部资产的一个重要部分。对美国制造、采矿以及贸易公司来说，20 世纪 60 年代，流动资产约占总资产的 50%。今天，这个数字接近 40%。这种减少是由于更有效的现金和存货管理。而在同期，流动负债从占总负债和股东权益的约 20% 上升到将近 30%。其结果是流动性（以净营运资本占总资产的比例）下降，标志着向限制性更强的短期政策的转变。

由于不同的产品和行业情况，一些行业的现金周期要长于其他行业。通过表 16.2 中对四个不同行业的流动资产和负债比例的比较，可以看出这一点。在四者之中，飞机和导弹行业对存货的投资高于其他行业一倍以上。这意味着飞机和导弹生产商的效率更低吗？未必。相反，这种相对较高的存货可能主要由在建的飞机构成。由于它们是生产周期很长的贵重产品，存货价值自然较高。

表 16.2
1990 年数个行业流动资产和流动负债占总资产的百分比

	亚马逊	波音	戴尔	沃尔玛
流动资产				
现金	3.2%	1.2%	3.7%	1.2%
有价证券	2.2	0.8	5.6	2.7
应收账款	13.8	14.4	15.8	15.4
存货	7.1	11.2	18.9	40.2
其它流动资产	4.5	3.5	1.6	1.5
总流动资产	30.8%	31.1%	45.6%	61.0%
流动负债				
应付票据	3.7%	6.9%	3.7%	3.9%
应付账款	5.7	6.6	10.2	8.8
应计及其他流动负债	8.7	9.7	12.2	38.3
总流动负债	18.1%	23.2%	26.1%	51.0%

16.4　现金预算

现金预算（cash budget）是短期财务规划的主要工具。它可以让财务主管识别短期财务需求和机会。重要的是，现金预算帮助经理研究短期借款需求。现金预算的设想很简单：它记录现金收入（现金流入）和支出（现金流出）的估计数。其结果是对现金盈余或赤字的估计。

销售收入和现金收款

我们从 Fun 玩具公司的例子入手。我们将准备一份季度现金预算，当然也不妨按月、周甚至日来准备。选择季度，一是便利的缘故，另外也因为季度是很常用的短期业务计划期。

Fun 玩具公司的所有现金流入来自于玩具销售。因而 Fun 玩具公司的现金预算应从下一年度的季度销售预测开始：

	Q1	Q2	Q3	Q4
销售收入（百万）	$200	$300	$250	$400

需注意这些是预测的销售，因而会存在预测风险，实际的销售额可能或多或少。此外，Fun 玩具公司在该年初的应收账款等于 1 200 万美元。

Fun 玩具公司的应收账款周转天数 (或者称平均收款周转天数) 为 45 天。这意味着在任何一个季度的销售将有一半在下个季度收款。这是因为在该季度的前 45 天发生的销售可以在当季度收款，而后 45 天发生的销售将在下季度收款。注意我们假定每季度为 90 天，因而 45 天的应收账款周转天数就是半季度应收账款周转天数。

基于以上的销售预测，现在我们需要估计 Fun 玩具公司预计的现金收款情况。首先，任何在季度初的应收账款都会在 45 天之内收款，因此它们将在该季度的某个时间回款。其次，正如我们所讨论的，任何在前半季度发生的销售都可以在当季度收款，故总的现金收款量为：

$$现金收款 = 期初应收账款 + 1/2 \times 销售收入 \qquad [16.6]$$

以一季度为例，现金收款等于期初应收账款 120 美元加当期销售收入的一半（1/2 × \$200 = \$100），总计 220 美元。

由于全部期初应收账款连同当期销售收入的一半在当期收回，期末应收账款将等于销售收入的另一半。一季度的销售收入预测为 200 美元，所以期末应收账款等于 100 美元，即二季度初的应收账款。二季度的现金收款等于 100 美元加预计销售额 300 美元的一半，总计 250 美元。

依此类推，我们可以得出 Fun 玩具公司的现金收款情况，如表 16.3 所示。

在表 16.3 中，现金收款是惟一的现金来源。当然，实际情况可能有所不同。其他的现金来源包括资产变卖、投资收益以及长期融资而来的资金。

表 16.3
Fun 玩具公司的现金收款
（百万美元）

	Q1	Q2	Q3	Q4
期初应收账款	120	100	150	125
销售收入	200	300	250	400
现金收款	220	250	275	325
期末应收账款	100	150	125	200

现金收款 = 期初应收账款 + ½ × 销售收入

期末应收账款 = 期初应收账款 + 销售收入 − 现金收款

= ½ × 销售收入

现金流出

接下来我们考察现金支付（或付款）。这里可以分为 4 大类：

1. 应付账款支付。这是指对供应商提供的产品（如原材料）或者提供的服务的付款。通常，这些付款将在购买后的某个时间支付。
2. 工资、税款及其他费用。该类费用包括：经营业务所要求的以现金进行实际支付的所有其他的常规性成本。折旧通常也看做是企业的常规性成本，但由于没有发生现金流出而不包括在内。
3. 资本性支出：为购买长期资产所支付的现金。
4. 长期融资费用。该类费用包括长期负债的利息支付以及向股东发放的股利，等等。

Fun 玩具公司从供应商处的采购（美元）等于下季度预计销售收入的 60%。公司对供应商的付款等于上季度的采购额，因而应付账款周转天数为 90 天。例如在刚刚结束的季度，Fun 玩具公司从供应商处订购了 0.60 × \$200 =\$120 的货物。这批货款实际上要到下年度的第一季度（Q1）支付。

工资、税款及其他费用一直占销售收入的 20%，利息和股利目前为每季度 20 美元。此外，Fun 玩具公司计划在第二季度花费 100 美元进行厂房扩建工程。汇集所有这些信息，公司的现金流出如表 16.4 所示。

现金余额

预计的净现金流入为现金收款和现金支付之差。Fun 玩具公司的净现金流入如表 16.5 所示，可以看到在第一季度和三季度有净现金流入，而第二季度和四季度为净现金流出。

	Q1	Q2	Q3	Q4
支付账款（销售的 60%）	120	180	150	240
工资、税款及其他费用	40	60	50	80
资本性支出	0	100	0	0
长期融资支出（利息和股利）	20	20	20	20
总现金支出	180	360	220	340

表 16.4
Fun 玩具公司的净现金流入（百万美元）

表 16.5
Fun 玩具公司的净现金流入（百万美元）

	Q1	Q2	Q3	Q4
总现金收款	220	250	275	325
总现金支出	180	360	220	340
净现金流入	**40**	**−110**	**55**	**− 15**

表 16.6
Fun 玩具公司的现金支付（百万美元）

	Q1	Q2	Q3	Q4
期初现金余额	20	60	−50	5
净现金流入	**40**	**−110**	**55**	**−15**
期末现金余额	60	−50	5	−10
最低现金余额	−10	− 10	−10	−10
累计盈余（赤字）	50	− 60	−$5	−20

我们假定 Fun 玩具公司在年初的现金余额为 20（单位为百万美元，以下略同），并假定公司维持 10 的最低现金余额以应付不测之需和预测误差。因此一季度初的现金为 20，当季现金增加 40，期末余额变为 60。其中 10 为最低储备，我们将其扣减得到一季度的现金盈余为 60 − 10 = 50。

Fun 玩具公司第二季度初的现金为 60（上季度的期末余额），当季净现金流入等于 −110，期末余额变为 60 − 110 = −50。我们需要 10 现金余额作为最低储备，因此总的赤字为 60。上述运算以及后两个季度的数据如表 16.6 所示。

自第二季度开始，Fun 玩具公司出现 60 的现金缺口。这是由销售的季节性（后两季度较高）、收款的延迟以及计划的资本性支出造成的。

Fun 玩具公司的现金状况在第三季度有所改善，赤字变为 5，但是到年末，公司仍然还有 20 的赤字。如果没有某种形式的融资，这些赤字将会进入下一年度。我们在下一节讨论这个问题。

至此，我们大体上可以对 Fun 玩具公司的现金需求作出以下评论：

1. 公司在第二季度的大笔现金流出并不一定是问题的征兆。它是由于销售的收款延迟和计划的资本性支出（假定是有利可图的）引起的。
2. 所有数据都是基于预测得出的，实际销售可能要比预测数据差（好）得多。

16.5 短期借款

Fun 玩具公司存在短期融资问题，公司在第二季度无法利用内部资源满足预计的现金流出。如何融通这部分缺口取决于公司的财务政策。在弹性的财务政策下，公司可能寻求 6 000 万美元的长期债务融资。

此外，注意到大部分的现金赤字是由大笔的资本性支出引起的，因而有充分理由选择长期融资。尽管如此，由于我们已经在其他地方述及长期融资，我们在这里将集中在两种短期借款选择上 :（1）无抵押贷款 ;（2）抵押贷款。

无抵押贷款

融通临时现金赤字的最常见方式是 : 安排一项短期无抵押银行贷款。使用短期银行贷款的公司通常安排信贷额度。**信贷额度**（line of credit）是公司可以从银行借款至某个最高额度的一种协定。为确保额度用于短期目的，借款方有时被要求在一年中的某个时间还清额度并保持一段时期不动用该额度（通常为 60 天，称为清理期间）。

短期信贷额度分为承诺型和非承诺型。后者是公司可以在没有签署正常的借贷协议（如同申请信用卡）的情况下向银行借款至以前规定的某个最高额度的一种非正式约定。周转信贷协议（revolving credit arrangement 或 revolver）类似于信贷额度，但有效期多为两年或更长，而普通的信贷额度通常每年进行评估。

承诺型信贷额度是较正式的法律协议，通常还包括公司付给银行的承诺费。信贷额度的利率通常都是浮动的。公司为承诺型信贷额度支付的承诺费实质上相当于公司购买一份保险，保证银行不能撕毁协议（借款人的地位没有实质性变化）。

抵押贷款

银行和其他金融公司对短期贷款通常和对长期贷款一样需要抵押。短期贷款的抵押物通常包括应收账款、存货，或者二者兼具。

应收账款融资 **应收账款融资**（accounts receivable financing）包括让售或者保理应收账款。在让售中，贷款方将应收账款作为抵押物，但如果一项应收账款不能收回，借款人仍然负有还贷的责任。在传统的保理中，应收账款折价出售给贷款方（保理商）。一经出售，收账就是保理商的事情，保理商承担全部坏账风险。在到期保理中，保理商在双方议定的将来某日将资金交给公司。

例 16.3 保理的成本

在刚结束的年度，LuLu's Pies 公司的平均应收账款为 \$50 000，信用销售额为 \$500 000。LuLu's 按 3% 的折价，或者说按 1 美元售 97 美分的价格将应收账款保理出去。这项短期融资的实际利率为多少?

为确定利率，我们首先要知道应收账款周转天数。在该年度，LuLu's 的应收账款周转了 \$500 000/\$50 000 = 10 次。平均应收账款周转天数因而为 365/10 = 36.5 天。

这里支付的利息是一种"折价利息"。在本例中，LuLu's 为每 97 美分的融资支付了 3 美分的利息。每 36.5 天的利率因此为 0.03/0.97 = 3.09%。APR 等于 10×3.09% = 30.9%，但有效年利率为：

EAR = 1.030910 − 1 = 35.6%

本例中保理实际上成为成本较高的资金来源。

我们应该注意到如果保理商承担了顾客违约的风险，那么保理不仅能及时回收现金而且还提供了保险。从更广的意义上，保理商实际上接管了公司的信用业务。这样可以大大地节约成本。因而，我们计算的利率被高估了，尤其是当违约的概率较大时。

存货贷款 **存货贷款**（inventory loan），用于购买存货的短期贷款。通常有三种基本形式：一般性存货留置权、信托收据以及存货抵押收据。

1. 一般性存货留置权（也称地毯式存货留置权）。一般性存货留置权给予贷款方以借款方所有存货的留置权（地毯"覆盖"所有东西）。
2. 信托收据。信托收据的设计思路是：借款人持有的某些特定的存货，在法律上乃以"信托"的方式替贷款人持有，而这些存货便成为贷款的抵押品。例如汽车经销商融资就是利用信托收据完成的。这种类型的抵押融资也称为场内计划，意指放在展厅地板上的存货。不过，要对诸如面粉这样的产品使用信托收据就有些麻烦了。

3. 外围仓库融资。在外围仓库融资中，公共仓储公司（专门从事存货管理的独立公司）扮演监控机构的角色为贷款人监控存货的状况。

其他来源

公司还使用其他各种短期融资来源。其中最重要的两类是商业票据和商业信用。

商业票据主要是指由大型和高信用级别的公司发行的各类短期票据。通常，这类票据的到期日很短，在 270 天以内不等（超过这一限度，公司必须向证券交易委员会提交注册声明）。由于公司直接发行票据，公司支付的利率可能远远低于银行收取的直接贷款的利率。

公司的另外一个选择是延长应付账款周转天数。换言之，它可以用更长的时间来支付账款。这相当于以商业信用的方式从供应商处借款。对小企业而言，这是一种尤其重要的融资方式。我们将在第 17 章讨论到，使用商业信贷可能导致公司为其采购的产品付出高价，因而这也可能是一种成本极高的融资来源。

16.6　短期财务规划

为演示一个完整的短期财务规划，我们假定 Fun 玩具公司对任何资金缺口都安排短期借款。利率为 APR 20%，按季度计息。从第 5 章我们知道每季度利率为 20%/4 = 5%。我们还假定 Fun 玩具公司年初时没有短期负债。

在表 16.6 中，Fun 玩具公司在第二季度有 6 000 万美元的现金赤字。我们必须筹借这些资金。随后一个季度的净现金流入为 5 500 万美元。其中我们需要支付 \$6 000 × 0.05 = \$3 000 000 的利息，剩余 5 200 万美元可以偿还部分借款。

在三季度末我们有 6 000 万 − 5 200 万 = 800 万美元的现金，故第四季度的利息为 800 万 × 0.05 = 40 万美元。此外，最后一季度的净现金流入为 −1 500 万美元，所以我们总共需要借款 1 540 万美元，使总借款额达到 1 540 万 + 800 万 = 2 340 万美元。表 16.7 在表 16.6 的基础上包括了这些计算。

注意，期末短期负债刚好等于整个年度的累计赤字 2 000 万美元加上该年度支付的利息 \$300 + \$40 = \$3 400 000，总额为 2 340 万美元。

这个财务规划非常简单。例如，我们没有考虑短期负债的抵税效果。我们也没

表 16.7
Fun 玩具公司的短期财务规划（百万美元）

	Q1	Q2	Q3	Q4
期初现金余额	20	60	10	10.0
净现金流入	40	−110	55	−15.0
短期新借款	—	60	—	15.4
短期借款利息	—	—	− 3	− 0.4
短期借款偿还	—	—	−52	—
期末现金余额	60	10	10	10.0
最低现金余额	−10	−10	−10	−10.0
累计盈余（赤字）	50	0	0	0.0
期初短期借款	0	0	60	8.0
短期债务变化	0	60	−52	15.4
期末短期负债	0	60	8	23.4

有考虑第一季度的现金盈余可以挣得部分利息（需要纳税）。我们可以对此作一些修正。即便如此，我们的规划强调的是在约 90 天之内，Fun 玩具公司大约需要筹措 6 000 万美元的短期借款。现在是对各种短期资金来源加以排序的时候了。

我们的例子还显示了该年度公司融通短期资金的利息成本（税前）大约为 340 万美元。这是 Fun 玩具公司评估各备择方案以降低成本的起点。例如，计划的 1 亿美元的资本性支出能否推迟或者分批投入？每季度 5% 利率的短期信贷代价是很昂贵的。

而且如果 Fun 玩具公司的销售保持持续增长，那么 2 000 多万美元的期末累计赤字也可能保持增长，对额外融资的需求将是永久性的。Fun 玩具公司可能希望筹集长期资金以弥补这部分需求。

第 17 章

营运资本管理

在大多数情况下，当一个公司的现金流出现短缺时，这个公司的经营就出现问题了。但在 2007 年，很多公司的情况却不是这样的。例如，根据建筑产品巨头 Louisiana Pacific 公司目前的财务报表，该公司的现金约结余 11.8 亿美元，同时，该公司的股票总市值高达 23.9 亿美元，由此看来，Louisiana Pacific 公司 49% 的价值是由现金构成的。其他拥有大量现金结余的公司包括 IBM 公司（结余现金 110 亿美元）、辉瑞公司（结余现金 133 亿美元）及埃克森 – 美孚公司（结余 373 亿美元）。然而，现金结余太多未必是件好事。2006 年末，互联网搜索巨头谷歌公司的总资产是 144 亿美元，而其现金结余却高达 98 亿美元。由于其现金流结余过多，为避免被作为共同基金管制，谷歌被迫在 SEC（美国证券交易委员会）做出特别备案。

本文讨论营运资本管理的多个方面。在很多情况下，对营运资本管理的责任要跨越企业的多个部门。会计部门通常负责应收和应付账款，生产运作部负责存货，财务部负责现金管理。由于销售预测是营运资本需求的一个决定因素，营销部门也在营运资本管理中起着关键作用。因此，了解营运资本管理对企业中的任何一员都很重要。

本章考察如何进行营运资本管理。请回忆一下我们在第 1 章中解释的营运资本的管理涉及了企业的短期（或流动）资产和负债。企业的流动负债主要由短期借款组成。我们在前面的章节里讨论了短期借款，因此本章的讨论主要集中在流动资产，尤其是现金、应收账款和存货上。

17.1 浮账和现金管理

我们对营运资本管理的分析从考察企业如何进行现金管理开始。现金管理的基本目标是：在保证企业的经营效率和效益的前提下，尽可能减少在现金上的投资。这个目标通常可以用格言“早收款晚还款”来概括。因而，我们将讨论加速收款以及管理付款的不同方式。

此外，企业必须将临时的盈余资金投资于短期有价证券。我们在很多地方都讨论到，这些有价证券可以在金融市场进行买卖。从整体上看，它们的违约风险相当低，而且多数都有很高的流动性。这些所谓的货币市场有价证券的种类很多，我们将在稍后讨论其中最重要的几种。

持有现金的原因

约翰·梅纳德·凯恩斯在其巨著《就业、利息和货币通论》中，指出了流动性很重要的三个原因：投机动机、预防动机以及交易动机。我们将依次进行讨论。

投机动机和预防动机　**投机动机**（speculative motive）是为了充分利用诸如价格可能上涨的廉价采购机会、诱人的利率以及（对国际化企业）有利的汇率波动而持有现金的需求。

对大多数企业而言，储备借款能力和有价证券可以用来满足投机需求。因而，对现代企业而言，可能存在对流动性的投机需求，但不一定是对现金本身的需求。这样设想：如果你有一张有很高信用额度的信用卡，那么你不用携带任何现金便可以抓住任何偶然的廉价机会。

在更广泛的意义上，这点也适用于预防动机。**预防动机**（precautionary motive）是指需要财务储备以保障安全的需求。需要再一次指出，预防动机要求资产具备一定程度的流动性。不过，考虑到货币市场工具的价值相对稳定并且如国库券（T-bill）

一类的工具具有极高的流动性，持有大量的现金以用于预防性目的的需求实际上并不存在。

交易性动机　满足**交易动机**（transaction motive），需要持有现金用于支付账款。与交易相关的需求来自于企业正常的收支活动。现金的支付包括支付工薪、商业债务、税款和股利。

现金流入源自销售、出售资产和新的融资。现金流入（收款）和流出（付款）并不是完全同步的，持有一定水平的现金余额可以作为缓冲。现金所具有的完全流动性的特点，使现金可以满足交易动机。

随着电子资金转账和其他高速、"无纸化"支付方式的不断发展，甚至对现金的交易需求也几乎消失了。不过，即使出现这种情况，对资产的流动性以及有效管理的需求仍然存在。

持有现金的益处　当企业持有的现金超过必要的下限时，机会成本便随之发生。持有超额现金（以货币或存款形式）的机会成本是其被最有效的利用所产生的收益，如有价证券投资取得的收益。

既然持有现金存在机会成本，那么企业为什么要持有超额现金？原因在于必须维持一定的现金余额以提供必要的流动性，从而满足交易需求——支付账款。如果企业维持的现金余额过低，则可能出现现金短缺。假如发生这种情况，企业可以考虑临时筹集现金。这可能涉及出售有价证券或者借款。

出售有价证券和借款等行为涉及各种成本。我们已经讨论过持有现金会产生机会成本。为确定合适的现金余额，企业必须在持有现金的收益与成本之间权衡。我们将在下一节对此作详细讨论。

理解浮账

你肯定知道，你的支票簿上资金额可能与银行认为你持有的资金额差异甚大。原因是有些你已经签发的支票还没有提交给银行进行兑付。对企业也是如此，企业账簿上显示的余额称为企业的账面余额（book、ledger 或 balance），在银行账户上可以用于支付的现金余额称为可用余额（available 或 collected balance）。可用余额和账面余额之差称为**浮账**（float），它代表在清算过程（经过银行系统）中的支票（实际兑付情况）的净差额。

付款浮账 公司签发的支票产生付款浮账，导致公司账面余额减少而可用余额没有变化。例如，假定通用机械公司（GMI）目前在银行有10万美元存款。在6月8日公司购进一批原材料后付出一张10万美元的支票。结果公司的账面余额立即减少10万美元。

然而，在该支票被提交给GMI的银行要求付款（如6月14日）之前，GMI的银行都不会看到这张支票。在此期间，公司的可用余额一直高于账面余额10万美元。换言之，6月8日以前，公司的浮账量为0：

浮账 = 公司的可用余额 − 公司的账面余额
= \$100 000 − \$100 000
= \$0

而GMI在6月8~14日的余额为：

付款浮账 = 公司的可用余额 − 公司的账面余额
= \$100 000 − 0
= \$100 000

在支票清算这段期间，GMI的银行余额为10万美元。它可以利用支票的清算浮游期获取这些现金收益。例如，可用余额可以临时投资于有价证券以赚取利息。我们稍后再回到这一主题上来。

收款浮账和净浮账 公司收到的支票产生收款浮账。收款浮账增加账面余额但并不立即改变可用余额。例如，假定GMI在10月8日从客户处收到一张10万美元的支票。同样，如前假设，公司在银行里有10万美元的存款而且浮账为0。在将支票存入银行之后，公司的账面余额上升了10万美元，达到20万美元。然而，在GMI公司的开户银行向其客户的开户行出具支票并收到10万美元之前，实际上并没有得到这笔增量。这将会一直持续到10月14日（比如说）。而在此期间，GMI公司的现金余额将反映为一项10万美元收账浮游。我们可以简单概括如下：

10月8日以前，GMI公司的余额为：

浮账 = 公司可用余额 − 公司账面余额
= \$100 000 − \$100 000
= \$0

GMI 公司从 10 月 8 日到 10 月 14 日的余额为：

收款浮账 = 公司可用余额 − 公司账面余额

= $100 000 − $200 000

= −$100 000

通常，企业的支付行为产生付款浮账，而收款行为导致收款浮账。其净差额，即总收款浮账和总付款浮账的差额，就是净浮账。在任何时点，净浮账可以简单地等同于企业的可用余额和账面余额的差额。如果净浮账是正的，说明企业的付款浮账超过了收款浮账，而其可用余额也超过了账面余额。倘若可用余额少于账面余额，则意味着企业有净收款浮账。

企业应该关心自己的净浮账和可用余额甚于账面余额。如果财务主管知道本公司开出的某张支票在数日内不会兑现，那么，他就可以在银行账号上仅仅保留较少的现金余额（相对于支票需求）。这将产生一大笔利润。

譬如，以 2002 年中期石油巨人埃克森 – 美孚公司为例，2002 年中期埃克森公司的日销售额大约是 5.5 亿美元。如果埃克森公司的收款期能够缩短一天，那么就能释放出 5.5 亿美元用于投资。用一个相对折中的日利率 0.01% 计算，埃克森公司每天可以多得 55 000 美元的利息收入。

例 17.1 关于浮账

假定你有 $5 000 存款。某天签发了一张 $1 000 的支票用于购书，往银行存入支票 $2 000。你的付款浮账、收款浮账以及净浮账各为多少?

在签发 $1 000 支票后，你的账面上还剩下 $4 000，但当支票处于清算过程中时，可用余额保持在 $5 000。这意味着你有 $1 000 的付款浮账。

在存入 $2 000 支票后，你的账面余额变为 $6 000，但当支票处于清算过程中时，可用余额保持不变。这意味着你有 −$2 000 的收款浮账。净浮账为收款浮账和付款浮账之和，即 −$1 000。

大体上，你的账面显示余额为 $6 000，银行显示 $7 000 的余额，但由于你的存款还没有完成清算，可用余额只有 $5 000。可用余额和账面余额之间的差异为净浮账 −$1 000，这对你是不利的。如果你再签发一张 $5 500 的支票，很可能会由于可用资金不足而被银行退票。这就是财务主管应该对可用余额而不是账面余额给予更多关注的原因。

浮账管理 浮账管理主要涉及现金的收支控制。现金收款的目标是加速收款并减少客户支付账款与款项变现之间的时滞。现金付款的目标是控制付款并尽量降低与付款相关的成本。

总收款和付款时间可以分成三个部分:邮寄时间、处理延迟和到账(变现)延迟。

1. **邮寄时间**是收款和付款过程中支票处于邮政系统的时间。
2. **处理延迟**是支票接收方处理付款和将支票存入银行准备收款的时间。
3. **到账延迟**指的是支票在银行系统进行清算所需的时间。

加速收款包括缩短这些成分中的一项或数项,延缓付款则需要延长其中的一项或数项。我们将在下面讨论管理收款和付款的一些程序。

伦理和法律问题 现金主管需要掌握银行可用现金余额而不是公司的账面余额(反映已经存入银行但尚未收款的支票)。如果没有做到这一点,现金主管可能会提取尚未入账的现金,以作为短期投资资金来源。大多数银行对使用未入账资金要收取罚息。不过,银行可能没有足够有效的会计和控制程序来掌握使用未入账资金的情况。这样就产生了公司的伦理和法律问题。

例如,在 1985 年 5 月,E. F. Hutton(一家大型投资银行)的董事长罗伯特·福蒙对与公司在 1980~1982 年间进行的一桩阴谋有关的 2 000 项邮件和电报诈骗的指控表示服罪。E. F. Hutton 的雇员签发了总计上亿美元的空头支票。所得款项投资于短期货币市场资产。这种系统性的账户透支(或者习惯称为开空头支票)既不合法也不合伦理,不过显然并没有在企业间蔓延。此外,Hutton 所利用的银行系统中的无效率之处现在已经基本上消除了。

在公司方面,E. F. Hutton 支付了 200 万美元罚金,偿还政府(美国司法部)75 万美元并且额外提取了 800 万美元的储备用于赔偿受骗银行。我们应该注意的是,在 Hutton 案件中,问题的关键不是浮账管理本身,而是不同于浮账管理的故意签发空头支票的做法。

电子数据交换:浮账的末日? **电子数据交换**(electronic data interchange,EDI)是对各种企业间越来越多的直接的电子信息交换的统称。EDI 的一个重要用途,通常称为金融 EDI 或者 FEDI,是在交易双方间以电子方式传递财务信息和划拨资金,这样便消除了发票、书面稽核、邮寄以及处理过程。例如,如今可以安排每个月直接借记你的支票账户来支付各种款项,各个公司现在都定期将薪金存到员工的账户上。

更一般的意义上，EDI 允许卖方直接将账单以电子方式发给买方从而省却了邮寄过程。买方随后通过电子系统进行支付。买方的开户行将资金转账至卖方在别的银行开立的账户上。其净效应是开始和结束一项交易的时间大大缩短了，我们原来认为的浮账也大大减少甚至消失了。随着 FEDI 的使用不断增加，浮账管理也将发展到更加关注与计算机信息交换和资金转账有关的问题上。

17.2　现金管理：收款、付款和投资

作为现金管理的一部分，公司必须对从客户处收款、向供应商付款以及投资手头超额现金做好规划。我们的讨论从考虑公司如何收账和集中现金开始。

现金收款和集中

根据前面的讨论，我们知道收款拖延对公司不利。因此，在其他条件相同的情况下，公司将采取措施加速收账从而缩短收款时间。此外，如果现金已经收回，公司需要对这些现金加以集中，使之得到最佳利用。我们随后讨论一些常用的收账和集中程序。

收款时间的构成　基于上面的讨论，我们可以将现金收入过程的基本部分描绘如下：此过程中的总时间由邮寄时间、支票处理延迟以及银行的到账延迟三部分构成。

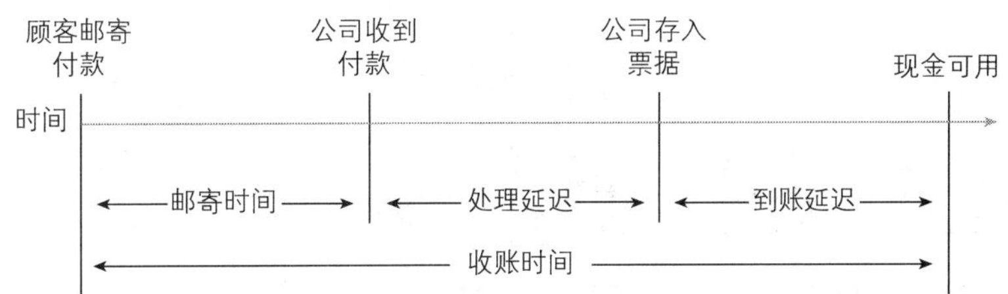

现金收款过程每个部分花费的时间取决于公司的客户及银行的地理位置以及公司现金收账的效率。

现金收账　公司如何从顾客处收款在很大程度上取决于业务的性质。最简单的情况可能是诸如连锁餐馆之类的企业。大多数顾客使用现金、支票或者信用卡在销售点

付款（这叫做柜台收账），没有邮寄延迟之虞。通常，这些资金都存在一家本地银行，公司可以通过某些方式（下面讨论）使用这些资金。

当公司所收到的款项中的一部分或者全部都是通过邮寄到达的支票时，将涉及到收账时间的所有三个部分。公司可能选择让所有支票都寄至一个地点，或者，更常见的做法是公司确定许多邮寄点以减少邮寄时间。此外，公司可以自己收账或者雇用专门从事收账的公司。下面还要详细讨论这些问题。

还有一些别的收账方式。一种逐渐通行的方式是授信支付体系。使用这种协议，付款金额及日期都事先约定好。当合约的时间一到，款项自动地从顾客的银行账户转到公司的账户，迅速降低甚至消除收账迟延。拥有在线终端的公司也使用这种方式，销售一旦完成资金便即刻划拨到公司账户上。

锁　箱　当公司准备接受邮递支票时，它必须决定支票寄至哪个地点以及如何收取这些支票并存入银行。审慎选择收账点的数目及位置可以大大缩减收账时间。许多

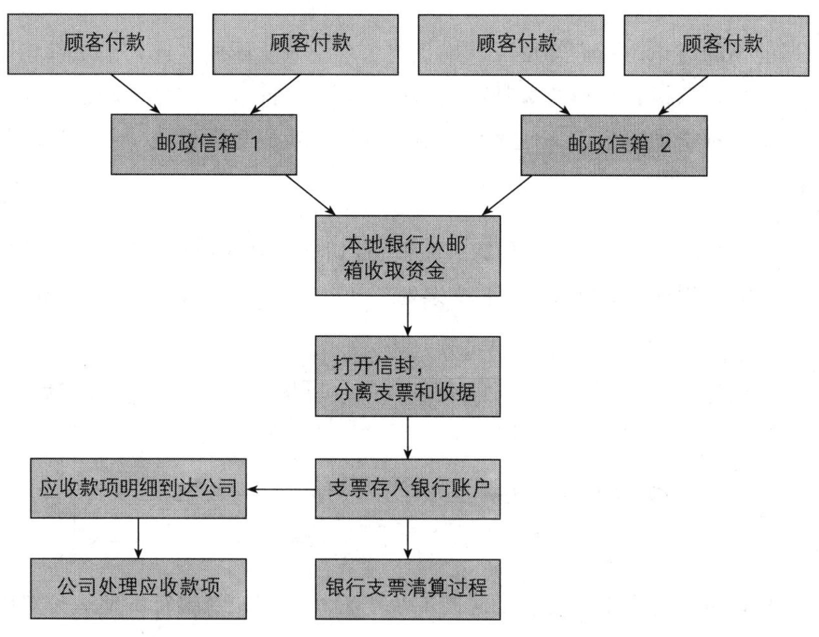

流程开始于顾客将汇款邮寄到邮政信箱而非公司。每隔几天银行会从邮局锁箱中收集票据，然后将支票存入公司银行账户。

图 17.1　锁箱流程一览

公司使用特别邮政信箱［称为**锁箱**（lockboxes）］接收款项以加速现金收款。

图 17.1 展示了一个锁箱系统。收款过程自顾客将支票寄至指定的邮政信箱而不是直接寄至公司开始。锁箱由本地银行进行维护。一家大型公司可能在全国拥有 20 余个锁箱。

典型的锁箱系统中，本地银行每隔数天从邮局收取一次锁箱中的支票。银行然后将支票直接存入公司账户。交易的细节（以某种电脑格式）被记录下来并发给公司。

由于是从就近的邮局而不是公司总部来收取支票，锁箱系统减少了邮寄时间。因为公司不用去拆开信封并将支票存入银行，锁箱还减少了处理时间。总而言之，银行锁箱应使公司的收款能比其在总部收取支票然后亲自将支票送交银行进行清算的情况下得以更快地处理、存入和清算。

现金集中　承前所述，一家公司通常有许多现金收款点，其结果是现金收款分散在多家银行及银行账户。这时，公司需要采取步骤将这些现金转到其主账户上。这个过程叫做**现金集中**（cash concentration）。通过定期集中公司现金，公司减少了需要追踪的账户数目从而大大简化了现金管理。而且，借助于更大的可用资金库，公司可以进行各种融通或进行短期投资以获得更高的收益率。

在建立集中系统时，公司通常使用一家或多家集中银行。集中银行将同一地理区域内的本地银行获得的资金集中起来。集中系统通常与锁箱系统一并使用。图 17.2 展示了一个完整的现金收款和现金集中体系的概况。

现金付款管理

从公司的角度看，付款浮账对公司是有利的，因而管理付款浮账的目标是尽可能减缓支付。为此，公司可以设法增加其签发支票的邮寄浮账、处理浮账以及到账浮账。此外，许多公司还开发了尽量减少用于备付的现金余额的流程。我们在下面讨论最常用的类型。

增加付款浮账　我们已经知道延缓付款的浮账来自于邮递、支票处理以及到账的时间。通过签发地理位置较远的银行的支票可以增加付款浮账。例如，对纽约的供应商可以用洛杉矶银行开出的支票付款。这会增加支票在银行体系中清算所花的时间。从遥远的邮局邮寄支票是公司延缓支付的另一种途径。

付款浮账最大化的策略无论在伦理上还是在经济上都有争论。首先，我们在后

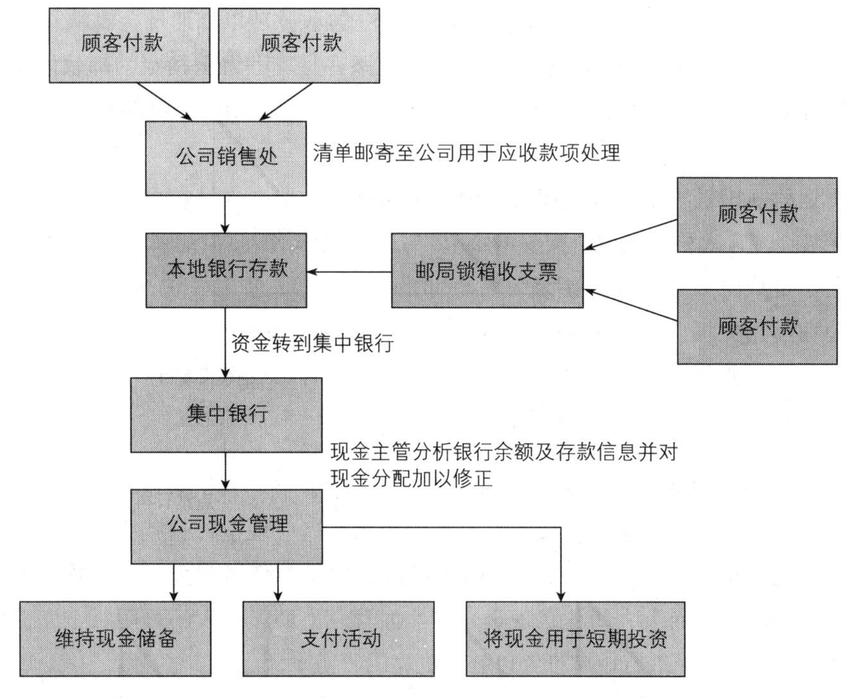

图 17.2 现金管理体系中的锁箱和集中银行

面将讨论到付款条款几乎总是提供很大的折扣鼓励尽快付款。这种折扣通常远高于“玩弄浮账游戏”带来的任何节约。在这种情况下，如果付款方按照收到支票的日期（常规做法）而不是邮戳日期付款，增加邮寄时间毫无益处。

除此之外，供应商也不太可能受延缓支付的愚弄，与供应商关系恶化的负面影响可能代价高昂。从更广泛的意义上，故意通过利用邮寄时间或者供应商的经验不足来延缓支付可能会造成到期未付的情况，这是一个不合商业伦理的行为。

支付控制　我们已经看到使付款浮账最大化可能是一种笨拙的商业行为。不过，公司仍然希望在支付过程中占用尽可能少的现金。很多公司因而推出了有效管理支付过程的系统。这类系统的目的是在银行存款账户上保有不超过最低付款金额的现金。下面我们讨论一些达到此目标的途径。

零余额账户　利用**零余额账户**（zero-balance account），企业与银行合作，保持一个主账户和一系列子账户。当从某个子账户签发的支票需要支付时，所需要的资金立

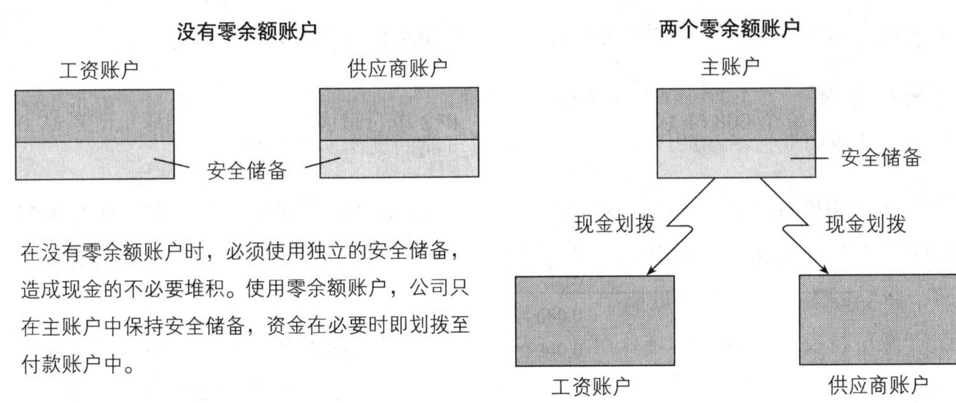

图 17.3 零余额账户

即从主账户划拨过来。图 17.3 说明了这种系统的运行方式。在这个例子中，企业拥有两个支付账户：一个用于供应商，一个用于工资。由图可见，如果企业不使用零余额账户，那么每个账户都必须保有一定余额的安全现金量以备不测之需。而如果企业使用了零余额账户，它就可以仅在主账户保持一定的安全储备，然后在必要时将资金划拨到子账户中。关键是在零余额账户安排下，作为缓冲的现金总量变小了，从而有更多的现金可派作其他用途。

控制型支付账户 使用**控制型支付账户**（controlled disbursement account），企业在上午即已掌握当天的几乎所有付款需求，银行将总数通知企业，企业立即（以电子方式）划拨所需的资金。

投资闲余现金

如果企业有暂时的闲余现金，可以将其投资于短期证券。我们已经多次提到，短期金融资产的市场称为货币市场。在货币市场进行交易的短期金融资产的到期日为 1 年或更短时间。

大多数大企业通过银行和交易商管理它们的短期金融资产。某些大企业和很多小企业则使用货币市场共同基金。这是一种投资于短期金融资产以收取管理费的基金。管理费是支付基金经理的专业技能以及多元化投资的报酬。

在各种货币市场共同基金中，有一些基金专门服务企业客户。此外，银行也提供在每个工作日结束后将企业所有的可用资金用于投资的服务。

临时现金盈余 企业由于各种原因会持有临时的闲余现金。其中两个最重要的原因是季节性或周期性活动的需求以及为计划或可能的支出所作的融资安排。

季节性或周期性活动 一些企业的现金流量形态是可以预测的，它们在1年中的某段时间有现金盈余而在其他时间为赤字。例如，玩具零售企业玩具反斗城就有受圣诞节影响的季节性现金流量形态。

像玩具反斗城这样的企业可以在现金盈余出现时购买有价证券，而在现金流量赤字时卖出这些证券。当然，银行贷款是另一种短期融资工具。使用银行贷款和有价证券以应对临时融资需求的安排如图17.4所示。在这个例子中，企业采用的是我们在以前章节讨论过的折衷的营运资本政策。

计划的或可能的支出 企业经常需要累积大量临时的有价证券投资以便为厂房扩建计划、股利支付或者其他大额支出准备现金来源。为此，企业可以在需要现金之前发行债券和股票，将所得款项投资于短期有价证券，然后在需要时出售这些证券以融通现金支出。而且，企业有时还可能面临不得不进行巨额支付的风险。一个明显的例子是：当企业在重大诉讼中面临败诉的可能性时，企业需要积累现金盈余以应付此类或有事项。

图17.4

季节性现金需求

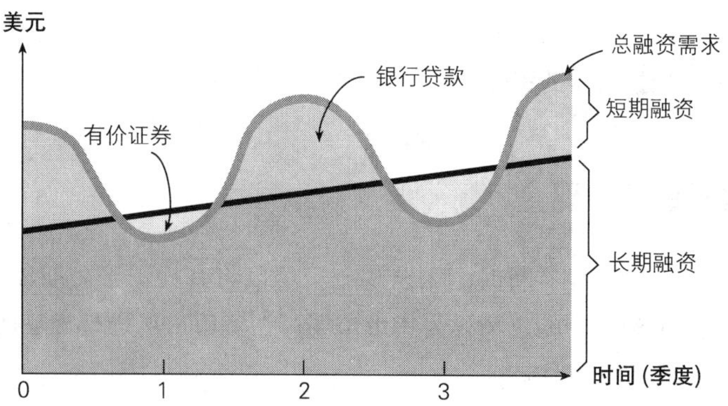

时间1： 现金盈余出现，对流动资产的季节性需求低。盈余部分投资于短期有价证券。

时间2： 现金赤字出现，对流动资产的季节性需求高，现金赤字用出售有价证券和银行借款来融资。

短期有价证券的特性 假如企业有一些临时的闲余现金，有很多种短期有价证券可供其投资。这类短期有价证券最重要的特性包括期限、违约风险、流通性和税负。

期限 期限是指涵盖利息和本金支付所需的期间。在第 6 章中，我们知道对于利率水平的某种变化，期限长的证券的价格变化要比到期期限短的大。因此，企业通常会将自己的有价证券投资局限于那些在 90 天以内到期的证券，以避免由于利率变化导致价值损失的风险。

违约风险 违约风险是指在到期日不能支付（或者根本不付）允诺的利息和本金的可能性。当然，有些证券的违约风险几乎可以忽略不计，例如美国国库券。考虑到企业投资多余现金的目的，企业通常会避免投资于违约风险高的有价证券。

流通性 流通性是指将一项资产转换成现金的容易程度。因此，流通性和变现力指的是同一个意思。一些货币市场的工具的流通性要大大强于其他品种，最高的是美国国库券，它可以很便捷且低成本地进行买卖。

税负 来自那些不属于政府债券（包括联邦政府和州政府债券）的货币市场证券的利息所得，在地方、州以及联邦一级都要纳税。美国财政部债券诸如国库券可以免除州税收，但其他一些有政府背景的债券利息则不可以。市政证券免收联邦税，但在州一级则可能要征税。

货币市场证券的一些不同类型 大体上，货币市场证券变现力很高、期限很短、违约风险低。它们由美国政府（例如美国国库券）、国内和国外银行（例如定期存单 CDs）以及企业（例如商业票据）发行。这里的类型很多，我们只对其中最常用的几个加以说明。

美国国库券是在 90、180、360 天内到期的美国政府债务。90 天和 180 天的国库券每周通过竞价发售，而 360 天的国库券则每季发售。

短期免税证券是由州、市政府以及其他机构发行的证券。由于可以看做是市政债券，它们都可以免除联邦税。短期免税券违约风险高于国库券，同时变现力也稍低。因为其利息免除联邦所得税，免税券的税前收益低于同类证券如美国国库券。而且，企业投资免税券还面临一些限制。

商业票据指金融企业、银行以及大型企业发行的短期证券。通常，商业票据是无抵押的，期限从几周到 270 天不等。

商业票据没有特别活跃的二级市场，因而其变现力可能较低。不过，发行商业票据的公司通常在到期之前直接进行回购。商业票据的违约风险取决于发行方的财务实力。

定期存单（CDs）是提供给商业银行的短期贷款。这些通常是大额 CDs——超过 10 万美元。3 个月、6 个月、9 个月以及 12 个月的 CDs 都存在活跃的市场。

由于一家公司从其他公司收取的股利的 70%~80% 都是免税的，优先股相对较高的股利收益率具有很强的吸引力。惟一的问题是普通优先股的股利率是固定的，因而其价格可能会出现较大波动，对短期投资者而言就显得不大理想。而所谓的货币市场优先股是以浮动股利为特点的最近出现的一项创新。其股利率的调整相当频繁（通常隔 49 天），因此，这类优先股与普通优先股相比，其价格的波动性就小得多，也因而越来越受到欢迎。

17.3 信用和应收账款

当企业销售产品或提供服务时，它可以在交付日当天或之前收取现金，也可以向顾客提供信用，允许延缓付款。

企业为什么要提供信用销售？原因很明显：提供信用可以刺激销售。与信用销售相关的成本并不低。首先，存在顾客不付款的概率；其次，企业必须承担持有应收账款的成本。因此，信用政策的制定需要在促销的益处和信用销售的成本之间进行权衡。

从会计的角度看，信用一旦授予，即产生一项应收账款。这些应收账款包括给其他企业的信用（叫做商业信用）以及给消费者的信用（叫做消费者信用），消费者信用是美国企业金融资源的一项主要投资。同时，商业信用也是大企业很重要的一项融资来源。无论我们如何看待，应收账款和应收账款管理都是企业短期财务政策很重要的方面。

信用政策的构成

如果企业准备向顾客提供信用，它需要建立一套授予信用以及收款的程序。具体说来，企业需要处理信用政策的下列要素。

1. **销售条款**（terms of sale）。销售条款明确了企业如何销售其产品和提供服务。如果企业对某个顾客提供信用，销售条款将明示（也可能暗示）信用期间、现金折扣和折扣期以及信用工具的类型。
2. **信用分析**（credit analysis）。在授予信用时，企业需要决定花多少气力来区分将要付款和不会付款的顾客。企业使用一系列的工具和程序来确定顾客不付款的概率，这些分析统称为信用分析。
3. **收账政策**（collection policy）。授予信用以后，企业存在账款到期时收回现金的潜在难题，因此必须建立收账政策。

在以下几节中，我们将讨论组成授信决策的信用政策的组成部分。

销售条款

如上所述，销售条款由三个不同的要素组成：

1. 信用授予的期间（信用期间）；
2. 现金折扣和折扣期间；
3. 信用工具的类型。

在同一个行业，销售条款通常是相当标准的，但这些条款在不同行业之间可能差异很大。很多情况下，销售条款非常古老并且可以追溯到好几个世纪以前。类似当前惯例的有组织的商业信用体系可以轻易地追溯到中世纪欧洲的重大事件，而且几乎可以确信它们远在那时之前就已经存在了。

基本形式　理解销售条款最简便的方式是考虑一个例子。对散装糖果，销售条款可以表示为“2/10，净 60”。这意味着顾客应在发票日（下面讨论）60 天后全额付款。不过，如果是在 10 天之内付款，则可以享受 2% 的折扣。

考虑一名买主发出 $1 000 的订单，并假设销售条款为“2/10，净 60”，买主有在 10 天之内支付 $1 000 × (1−0.02) = $980 的选择权，或者在 60 天后全额支付 $1 000。如果销售条款仅为“净 30”，顾客可以在发票日 30 天内付款，但任何提前付款都不能享受折扣。

大体上，信用条件可以以下述方式来解释。

（从发票价格中享受折扣数）/（如果你在这些天内付款），

（否则在这些天内全额付款）。

因而，“5/10，净 45”指的是如果你在 10 天之内付款，可享受发票金额 5% 的折扣，否则须在 45 天内全额付款。

信用期间 **信用期间**（credit period）是授予客户信用的基本时间长度。不同行业的信用期间差别很大，但几乎都在 30~120 天之间。如果提供现金折扣，信用期间则包括两个部分：净信用期间和现金折扣期间。

净信用期间是顾客必须付款的时间长度。现金折扣期间，正如名称中所指，是可以享受现金折扣的时间。例如“2/10，净 30”表示净信用期间为 30 天，现金折扣期间为 10 天。

发票日 发票日是信用期间的起始日。**发票**（invoice）是交付给买方货物的书面凭证。对单个项目，按照惯例，发票日通常是装运日或者开单日，而不是买方收到货物或账单的日子。

信用期的长度 有很多因素影响信用期的长度，其中最重要的两项是买方的存货期和经营周期。在其他条件相同的情况下，这两个期间越短，信用期通常也越短。

根据我们在第 16 章的讨论，经营周期有两个组成部分，存货期和应收账款期。存货期是买方从我方购进存货、处理并进行销售所花费的时间。应收账款期是买方收回销售账款所用的时间。请注意我方提供的信用期实际上是买方的付款期。

通过授予信用，我们为买方的经营周期提供了一部分资金融通，从而缩短了买方的现金周期。如果我们的信用期超过买方的存货期，那么我们不仅为买方的存货采购提供了资金融通，还同时承担了买方的部分应收账款的资金融通。

此外，如果我们的信用期超过了买方的经营周期，那么我们给客户经营所提供的资金融通实际上已经超出了客户对我方产品直接的购买和出售期间。原因在于在货物被转售之后，买方实际上仍在享受我方提供的信用，而买方可将此信用资金用于其他目的。由于这个原因，买方经营周期的长度通常被认为是信用期较适当的上限。

还有很多其他因素会影响信用期。其中许多因素也影响我们客户的经营周期。因此，再次指出，许多因素是相互关联的。其中最重要的因素如下所示。

1. 易腐烂性和抵押价值。易腐烂货物周转率较高而且抵押价值相对较低。此类商品信用期间因而较短。
2. 消费者需求。老字号产品周转率通常较高，新产品或者销路不畅的产品信用期通常较长，以吸引买主。
3. 成本、盈利性和标准化。相对便宜的商品的信用期也较短，对相对标准化的商品和原材料也是如此。它们的加价通常较低而周转率较高，这些都导致了较短的信用期。
4. 信用风险。买方的信用风险越高，信用期很可能就越短（假定无论如何还须给予信用）。
5. 订单大小。如果订单很小，信用期可能稍短一些，因为小订单的管理成本高，而且此类客户也相对不太重要。
6. 竞争。当处在高度竞争的市场中时，作为吸引顾客的手段，卖方可能提供较长的信用期。
7. 顾客类型。卖方可能针对不同的买主提供不同的信用条件。例如，一家食品批发商可能要供应杂货店、面包房以及餐馆。每个群体都可能有不同的信用条件。从更广的意义上，卖方通常既有批发又有零售客户，他们通常对这两种类型给予不同的信用条款。

现金折扣　我们已经看到**现金折扣**（cash discount）通常是销售条款的一部分。在美国对现金购买给予折扣的做法最早始于国内战争时期。原因之一是利用现金折扣来加速收款。这样做的结果是减少了信用额，公司必须将其与折扣成本进行权衡。

注意，当给予现金折扣时，在折扣期内信用额实质上是免费的，购买方只需在折扣期满后付款。假设信用条件为“2/10，净 30”，理智的买主会选择在第 10 日付款以最大程度地利用免费信用，或者在第 30 天付款以最长时间地使用资金，作为放弃现金折扣的交换。因而，通过放弃折扣，买方实际得到了 30−10=20 天的信用。

使用现金折扣的另一个原因在于：现金折扣是对被给予信用的顾客索取较高价格的一种途径（现金折扣的存在，使得企业可以在赊销时索取较高的价格）。在这个意义上，现金折扣是向被给予信用的顾客索价的一种便利方式。

在我们的例子中，可以看到折扣的比率相当低。例如对“2/10，净 30”的信用条件，提前付款的买主仅得到 2% 的折扣。这是顾客提前付款的重要因素吗？答案是肯定的，因为这里的隐性利率非常高。

为说明折扣为什么相当重要，我们下面对没有提前付款的买主的成本进行计算。为此，我们将考察买主为取得商业信用而实际支付的利息率。假定订单金额为 1 000 美元，买主可以在 10 天内付款 980 美元，或者再过 20 天之后支付 1 000 美元。很显然，这里实际上相当于买主借到一笔期限 20 天、金额 980 美元的款项，“贷款”的利息为 20 美元。利率如何计算？

对 20 美元的利息和 980 美元本金，利率等于 \$20/\$980 = 2.0408%，数值相当小。但请注意这是 20 天的利率。一年之内有 365/20 = 18.25 个这样的时段，因此，如果放弃折扣，买主支付的有效年利率为：

$$\text{EAR} = 1.020408^{18.25} - 1 = 44.6\%。$$

从买方的角度看，这是成本相当高的融资来源。

考虑到折扣所意味的利率如此之高，卖方不太可能受益于客户提前付款。如果忽略买方违约的概率，客户放弃现金折扣的做法几乎都有利于卖方。

例 17.2 利率为多少？

普通瓷砖通常按“3/30，净 60”的条件出售。如果买方放弃折扣，其实际支付的有效年利率为多高？如果需要年百分率 APR（annual percentage rate）的数值，则 APR 为多少？

此处对 60 − 30 = 30 天信用期的折扣率为 3%，每 30 天的利率为 0.03/0.97 = 3.093%，每年有 365/30 = 12.17 个这样的时段，故有效年利率为：

$$\text{EAR} = 1.03093^{12.17} - 1 = 44.9\%$$

APR 始终等于每时段的利率乘以时段数：

$$\text{APR} = 0.03093 \times 12.17 = 37.6\%$$

按 APR 计算的利率常常被称为商业信用的成本，殊不知，正如本例所说明的，这样可能严重低估其实际成本。

信用工具 **信用工具**（credit instrument）是债务的证据。大多数商业信用是通过赊销提供的。这意味着与货物一同发给顾客并由顾客签章表明货物已经收到的发票是惟一正式的信用工具。随后，企业和顾客在各自的账簿记录该笔交易。

有时企业会要求顾客签发一张*本票*。这是一种基本的借据，可以用于订单较大或者预期有收款问题的时候。本票并不常用，但它可以消除今后关于债务是否存在的争执。

本票的问题是：它们是在交付货物之后才签发的。在货物交付前从买方得到信用承诺的一种方式是使用*商业汇票*。通常，企业签发一张商业汇票要求顾客在某个特定日之前支付指定的金额。汇票然后随同装运发票送交顾客的开户银行。

如果要求立即付款，这种汇票称为*即期汇票*。如果不要求立即付款，这种汇票称为*定期汇票*。当汇票出示并得到买方“承兑”后（意味着买方承诺在将来付款），则该汇票称为*商业承兑汇票*，汇票随后被送回卖方企业。卖方可以持有该汇票或者将其出售给第三方。如果银行承兑了该汇票，意味着银行保证付款，则该汇票称为*银行承兑汇票*。这种做法在国际贸易中很普通。

最优信用政策

原则上，最佳的信用量取决于这样一个临界点：促销效应带来的增量现金流量恰好等于增加应收账款投资引起的增量持有成本。

总信用成本曲线 在给予和不给予信用之间进行权衡并不难，难的是精确的量化。因此，我们只能描述一种最优的信用政策。

首先，与给予信用相关的持有成本存在三种形式：

1. 应收账款要求收益率；
2. 坏账损失；
3. 管理信用和回收账款的成本。

我们已经讨论了前两点。第三项成本，即信用管理的成本，是与信用部门的运作相关的成本，不提供信用的企业无此部门也没有这项费用。随着信用政策的放宽，这三种成本都随之升高。

如果企业采取的是很严格的信用政策，那么这三种成本都很低。在这种情况下，企业出现信用“紧缩”，故这里存在机会成本。机会成本是指由于拒绝提供信用，而导致本来可以通过信用销售获得的额外潜在利润的损失。因而放弃的收益来自两个方面：销售数量的增长以及可能的较高价格。随着信用政策的放宽，这些成本随之

图 17.5
授予信用的成本

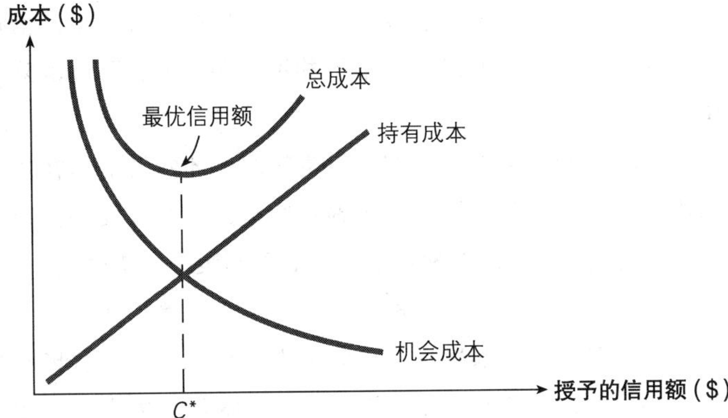

持有成本是授予信用而必须发生的现金流量，它与提供的信用量正相关；机会成本是拒绝信用导致的销售损失，随着给予信用而逐渐下降。

降低。

对特定的信用政策，持有成本和机会成本之和称为**总信用成本曲线**（credit cost curve）。图 17.5 显示了这种曲线。从图 17.5 可见，存在一个总信用成本最小的点 C^*。该点与最优信用额，或者，同等意义上，与最优应收账款投资额，是一致的。

如果企业提供的信用超过该点，新顾客带来的额外现金流量将不能抵销应收账款投资的持有成本；如果应收账款额低于该点，企业实际上在放弃有价值的利润机会。

大体上，提供信用的成本和收益取决于特定的企业和行业性质。例如，其他条件等同的情况下，拥有如下特征的企业（1）多余的生产能力；（2）较低的经营性变动成本；（3）顾客基本上是老客户，将很可能比其他企业更容易提供更多的信用。想一想，你是否能够解释为什么上述因素会促使企业采取更宽松的信用政策？

信用管理的组织　对外提供信用的企业承担着运行信用管理部门的成本。在实务中，企业通常选择将全部或者部分信用管理职能分包给保理商、保险公司或者附属金融公司。我们在第 16 章讨论了保理，一种企业出售应收账款的协议。根据特定的协议，保理商可能对信用审查、核准和收款负全部责任。对小企业而言，这种协议要比单独管理信用部门的成本更低。

纯粹在企业内部管理信用的企业，在面临违约风险时，将处于自我保险状态，即它们将承担所有的客户违约风险。解决方法之一是向保险公司购买信用保险。保险公司对应收账款提供一个预先设定限额的保险。正如你所能预料的，客户的信用度越高，所能得到的限额的上限也就越高。对于出口商来讲，这种保险尤其重要。而政府保险通常提供给某几类特定出口。

大型企业通常通过**附属金融公司**（captive finance company）提供信用。简单地说，这种附属公司是为母公司执行信用职能的全资子公司。通用汽车金融服务公司（GMAC）是有名的例子。通用汽车将汽车出售给经销商，再由经销商销售给顾客。GMAC 除了为经销商的汽车存货融资外，还为购买汽车的用户提供融资。

信用分析

至此，我们的讨论一直集中在确定信用条款上。一旦企业准备向客户提供信用，它的下一步工作便是建立一套标准，来确定哪些顾客可以进行赊购。*信用分析*指的是确定是否向某一特定用户提供信用的过程。它通常包含两个步骤：搜集相关信息和确定客户信誉度。

信用信息　如果公司想得到顾客的信用信息，有很多渠道可供选择。常用的评估客户信誉度的信息来源包括以下几个方面：

1. *财务报表*。公司可以要求顾客提供财务报表，如资产负债表和损益表。比如我们在第 3 章讨论的财务比率的一些最低标准和经验法则，均可以用作提供或拒绝提供信用的基准。
2. *客户向其他公司付款历史的信用报告*。有不少组织出售有关企业信用实力和信用历史的信息。这类公司中名声最响、规模最大的公司是 Dun & Bradstreet，该公司给订户提供信用参考书以及单个公司的信用报告。Experian（前身为 TRW）是另一家著名的信用评级公司。许多公司（包括很小的公司）的评级和信用信息都可以得到。Equifax、Trans Union 以及 Experian（前身为 TRW）是公司信用信息的主要提供商。
3. *银行*。在获取其他公司的信誉度信息方面，银行通常会向其客户提供协助。
4. *客户向本公司付款的历史记录*。欲知客户不付款的概率，最简单的方式就是考察它们是否都付清了以前的账款，以及以多快速度付清账款。

信用评估和评分　评估客户不付款概率的万能公式是不存在的。从很广泛的意义

上，传统的 **5*C* 原则**（five *C*s of credit）是评估的基本要素：

1. 品性（character）：客户履行到期债务的愿意程度；
2. 能力（capacity）：客户用经营性现金流量履行到期债务的能力；
3. 资本（capital）：客户的财务储备；
4. 抵押（collateral）：为违约担保而抵押的客户的资产；
5. 条件（conditions）：客户所在行业的宏观经济状况。

信用评分（credit scoring）是指基于收集到的信息，对客户进行量化打分的过程。基于打分结果然后决定是否提供信用。例如，利用获取的所有有关该客户的信息按照信用的 5*C* 逐项进行从 1（很差）到 10（很好）的打分，然后根据各项加总求出总的信用评分。根据经验，公司可能选择向某个分数（如 30 分）以上的客户提供信用。

诸如信用卡发行商等此类公司，他们建立了详细的统计模型来进行信用评级。通常，他们研究了很多顾客群的特征，包括法律特征和可观察的特征，来发现顾客账款拖欠率的历史联系。在这个基础上，才有可能确定顾客付款与否的最佳预测这一变量，然后根据这些变量来进行信用评分。

由于信用评级模型和程序决定了谁具有和谁不具有信用度，因此它们作为政府管制目标一点也不奇怪。可用于信用决策的背景和人口统计之类的信息尤其是有限的。

收账政策

收账政策是信用政策的最后一个要素，收账政策包括监控应收账款以及时发现问题和收回逾期账款。

监控应收账款　为了追踪客户的付款情况，大多数公司都对尚未付清的账款加以监控。首先，公司通常监控其平均收款期（ACP）。如果一家公司的业务显现季节性，平均收款期通常会在一年间有些波动，但如果平均收款期出现意外的增长，就应加以关注。其原因要么是大多数客户都延长了付款期，要么是部分应收款已严重逾期。

账龄分析表（aging schedule）是监控应收账款的第二个基本工具。在准备账龄分析表时，信用部门将应收账款按账龄加以分类。假定一家公司有 10 万美元的应收账款，其中的一些只有几天历史，但其他的则有较长的时间，如下表所示。

账龄分析表		
账龄	金额（$）	占应收账款总额的百分比（%）
0~10 天	50 000	50
11~60 天	25 000	25
61~80 天	20 000	20
81 天以上	5 000	5
	100 000	100

如果该公司的信用期为 60 天，那么意味着有 25% 的账款逾期未付。这个问题是否严重将取决于公司收款政策和客户的性质。超过一定时限的账款通常无法收回。因此监控应收账款的账龄十分重要。

销售呈季节性的公司会发现账龄分析表中的百分比数在一年中会发生变化。例如，如果本月的销售非常高，那么总应收账款也会急剧升高。这意味着时间较长的账款，按照其占总应收账款的比重，变得较小并且可能显得微不足道。一些公司因而对账龄分析表加以修正，使其能够较好地反映销售额的高低变化。

收账工作　对于逾期不付账款的客户，公司通常采取以下的步骤：

1. 发送过失函，通知客户账款已经逾期；
2. 打电话通知客户；
3. 雇用收账代理；
4. 付诸法律行动。

有时候，在余款付清之前，公司可能会拒绝向客户提供信用。而这一举措可能会激怒平常关系较好的客户。这也体现了收账部门和销售部门之间存在的潜在利益冲突。

17.4　存货管理

与应收账款类似，存货是很多公司的一项重要投资。对一家典型的制造型企业，存货通常超过资产的 15%；对一家零售商，存货可以占到资产的 25%。从第 16 章的讨论我们知道公司的经营周期由存货期和应收账款收款期组成。这也是我们在同一章中讨论信用政策和存货政策的原因之一。除此之外，信用政策和存货政策都用来促进销售，二者必须协调以确保购进存货、出售以及收回账款的过程能够平稳进行。例如，用信用政策的变化来刺激销售必须同时有充足的存货作保证。

财务主管和存货政策

不论企业存货投资的规模大小，企业财务主管通常对存货管理没有直接的控制权。相反，别的职能部门如采购、生产及营销部门一般能分享其决策权。存货管理已经变成一项越来越重要的独立决策领域，而财务主管通常只能在决策过程中提供数据和决策建议。我们将在以下几节里讨论存货和存货政策的一些基础知识。

存货类型

对制造商而言，存货通常可以归为3类。第一类为*原材料*。这是企业在生产过程的起点所用的所有物品。原材料可能是钢厂的铁矿石那样的基础产品，也可以是计算机制造商的软驱那样精密的设备。

第二类存货是*在产品*，从其名称就可以知道这是未完工产品。这部分存货占多大比重很大程度上取决于生产过程的长度。例如，飞机制造商的在产品可能非常可观。第三类也是最后一类存货是*产成品*，即准备装运或出售的产品。

对于存货类型，有三点需要牢记在心。首先，由于一家企业的原材料可能是另一家的产成品，不同类型的名称可能会产生一些误导。例如，再以钢厂为例，铁矿石是原材料而钢材是其产成品，一家汽车外壳冲模企业再把钢材作为原材料生产出成品（汽车外壳），而汽车装配厂则拿汽车外壳作为原材料生产出成品（整车）。

第二件需要牢记的是不同类型存货的流动性可能大相径庭。已经商品化或者相对标准化的原材料可以轻易变现。在产品可能没有变现力并且仅有一点残值。而产成品的流动性则总是取决于产品的特性。

最后需要注意的是，产成品和其他类型存货之间有一个很重要的差异：如果某种存货类型将成为另一种存货类型的一部分，则对该存货类型的需求通常称为*衍生的*或*依赖性需求*，原因在于企业对这些存货的需求取决于其对产成品的需求。相反，企业对产成品的需求不是衍生于对其他存货项目的需求，所以有时也叫做独立性需求。

存货成本

我们在第 16 章讨论了对所有流动资产，尤其对于存货，有两类基本的成本与之相联系。第一类为持有成本。这里，持有成本表示持有存货的所有直接成本和机会成本，其中包括：

1. 仓储和保管成本；
2. 保险和税款；
3. 由过时、毁坏或者盗窃引起的损失；
4. 所占用资金的机会成本。

这些成本之和可能非常可观，大约每年占存货价值的 20%~40%。

第二类与存货有关的成本是短缺成本。这是与存货短缺相关的成本。短缺成本的两个因素是再订货成本以及与安全储备有关的成本。根据企业的业务，再订货成本或订购成本既可能是向供应商订购的成本，也可能是启动一次生产的成本。与安全储备相关的成本是机会损失成本，诸如存货不足引起销售损失或商誉损失。

因为持有成本随存货水平升高而增加，而短缺成本或再订货成本则随存货水平升高而下降，存货管理中存在基本的权衡需要。而存货管理的基本目标是：使这两类成本之和最小化。我们将在下一节讨论实现这一目标的途径。

17.5　存货管理技术

我们在前面已经描述了存货管理的目标通常是成本最小化。本节将讨论三种技术，从相对简单到非常复杂。

ABC法

ABC 法是存货管理的一种简单方法，其基本思路是将存货分成三组（或更多组）。基本道理是数量很小的存货可能具有很高价值。例如，这种情况在一些使用相对贵重、高科技的部件和一些相对低廉的基础材料以生产产品的制造商中是存在的。

图 17.6 显示了 ABC 分类法，标准乃按每组所代表的存货价值所占之百分比和其

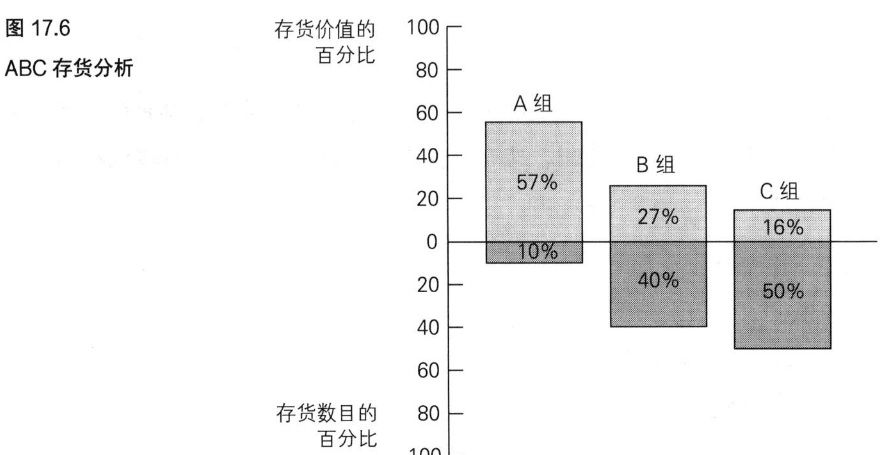

图 17.6
ABC 存货分析

数量所占的百分比的比较。如图 17.6 所示，A 组仅占存货数量的 10%，但它占了存货总价值的一半以上。对 A 组项目因而要严加监控，存货数量也应保持在较低的水平；相反，有些基本存货项目，例如螺母和螺栓，由于是关键部件并且比较便宜，可以大批量订货并大量持有，这些就属于 C 组的项目；而 B 组则由介乎二者之间的存货组成。

经济订货量模型

经济订货量（EOQ）模型是明确建立最优存货水平的最著名的方法。其基本思想如图 17.7 所示，图中绘出针对不同的存货量（在横轴上）及持有存货（在纵轴上）有关的各种成本。如图所示，随着存货量上升，存货持有成本增加而再订货成本下降。回忆一下我们在本章讨论的总信用成本线，存货管理总成本的基本曲线相当眼熟。利用 EOQ 模型，我们将努力找出最小总成本点 Q^*。

在下面的讨论中，需要牢记的一个要点是存货本身的实际成本并没有包括在内。原因在于企业在既定年份需要的存货总量是由销量所决定的，我们这里分析的是：在某一特定时刻，企业应该在手头持有多少存货。更准确地说，我们力图确定企业在重新订购存货时，应该订多大规模的量。

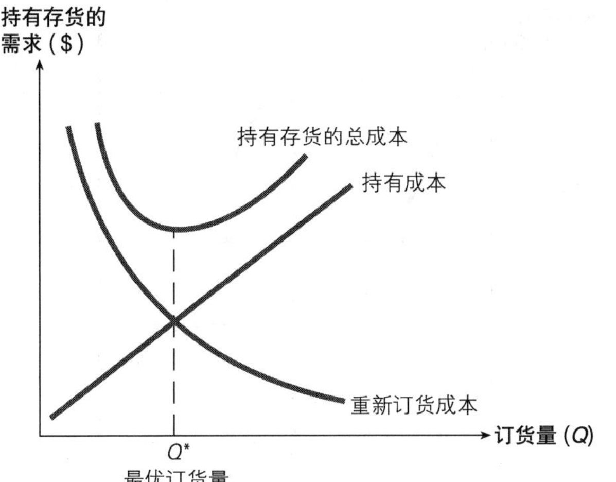

图 17.7
持有存货的成本

当企业持有少量存货时再订货成本最高，而当企业有大量存货在手头时持有成本最高，总成本是持有成本和再订货成本之和。

存货消耗 在推导 EOQ 时，我们假定企业的存货匀速售出直至售完，在该点，企业重新订购某个理想水平的存货。例如，假定 Eyssell 公司在今天开始销售某种产品，其现有库存为 3 600 件。该产品的年销售量为 46 800 件，大约每周 900 件。如果 Eyssell 每周售出 900 件，那么四周后所有存货都将售完，而 Eyssell 将另行订购（或生产）3 600 件存货并开始销售。这种销售和补充存货过程产生了存货持有量的锯齿特征，图 17.8 显示了这种特征。如图所示，Eyssell 总是以 3 600 件存货开始并以零存货结束。因此平均存货为 3 600 的一半，即 1 800 件。

持有成本 如图 17.7 所示，我们通常假设持有成本与存货水平成正比。假定 Q 为 Eyssell 每次订货的数量（3 600 件），我们称其为重新订货数量。平均存货为 $Q/2$，即 1 800 件。如果假定 CC 为每年每单位的持有成本，Eyssell 的总持有成本将等于：

$$\text{总持有成本} = \text{平均存货} \times \text{单位持有成本}$$
$$= (Q/2) \times \text{CC} \qquad [17.1]$$

在 Eyssell 的例子中，如果持有成本为每年每单位 0.75 美元，那么总持有成本将等于平均存货 1 800 乘以 0.75 美元，即每年 1 350 美元。

图 17.8

Eyssell 企业持有的存货

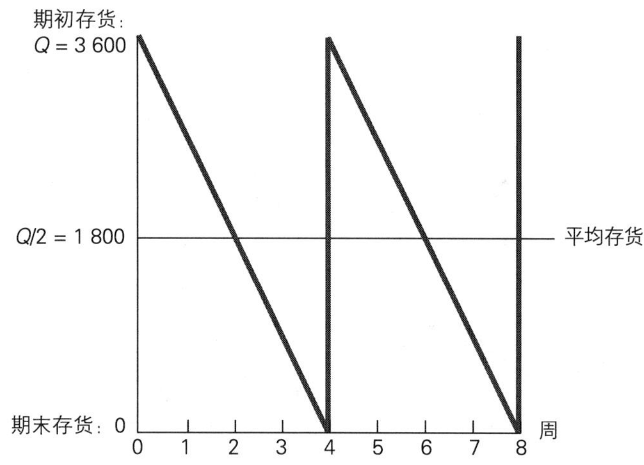

Eyssell 公司从 3 600 件存货开始，到第四周周末，存货水平降为零，这段期间的平均存货为 $Q/2 = 3\ 600/2 = 1\ 800$ 件。

再订货成本　这里，我们的讨论将集中于再订货成本。实际上，我们假定企业从来不会真正出现存货短缺，因此与安全储备相关的成本不太重要。不过，我们将在下面探讨这一问题。

再订货成本通常假定为每次都是固定的成本。换言之，每次我们发出订单，与每次订货（记住这里不考虑存货本身的成本）相关的成本都是固定的。假定我们设 T 为企业每年的销售量，如果企业每次订购 Q 单位，则总共需要发出 T/Q 份订单。Eyssell 的年销售量为 46 800 单位，订购规模为 3 600 单位，每年总共订货 46 800/3 600 = 13 次。如果每次订货的固定成本为 F，则当年的再订货成本总额为：

$$\text{再订货总成本} = \text{每次订货的固定成本} \times \text{订货次数}$$
$$= F \times (T/Q) \qquad [17.2]$$

Eyssell 的订购成本为每订单 50 美元，故 13 次订货的再订货成本总额为每年 \$50 × 13 = \$650。

总成本　存货管理总成本等于持有成本和再订货成本之和：

$$\text{总成本} = \text{持有成本} + \text{再订货成本}$$
$$= (Q/2) \times CC + F \times (T/Q) \qquad [17.3]$$

我们的目标是发现使成本最小化的重新订货量 Q 的数值。为看清推导过程，我们可以计算不同 Q 值下的总成本。对 Eyssell 公司，持有成本（CC）为每年每单位 0.75 美元，固定成本（F）为每订单 \$50，而总销量（T）为 46 800 个单位。利用这些数据，一些可能的总成本（作为练习计算其中几个）为：

重新订货量 (Q)	总持有成本 ($Q/2\times$CC)	+	再订货成本 ($F\times T/Q$)	=	总成本
500	\$187.5		\$4 680.0		\$4 867.5
1 000	375.0		2 340.0		2 715.0
1 500	562.5		1 560.0		2 122.5
2 000	750.0		1 170.0		1 920.0
2 500	**937.5**		**936.0**		**1 873.5**
3 000	1 125.0		780.0		1 905.0
3 500	1 312.5		668.6		1 981.1

从这些数据中我们发现总成本在最初接近 5 000 美元，而后一直降到不足 1 900 美元。成本最小化的订货量似乎大约为 2 500 单位。

为得出精确的使成本最小化的订货量，再回顾一下图 17.7。我们发现成本最小化点在两线交叉的位置上。在该点持有成本等于再订货成本。对于我们在此假设的特定成本类型，这点总能成立。因此，让这两种成本相等并求出 Q^*，便可以找到成本最小化点：

持有成本 = 再订货成本

$$(Q^*/2\times \text{CC}) = F\times (T/Q^*) \qquad [17.4]$$

运用一些代数运算，我们得出：

$$(Q^*)^2 = \frac{2T\times F}{\text{CC}} \qquad [17.5]$$

将等式两边同时开平方根，便可求出 Q^*：

$$Q^* = \sqrt{\frac{2T\times F}{\text{CC}}} \qquad [17.6]$$

这个使总存货成本最小化的再订货量，称为**经济订货量**（economic order quantity，EOQ）。对于 Eyssell 公司，EOQ 如下所示。

$$
\begin{aligned}
Q^* &= \sqrt{\frac{2T \times F}{\text{CC}}} \\
&= \sqrt{\frac{(2 \times 46\,800) \times \$50}{0.75}} \\
&= \sqrt{6\,240\,000} \\
&= 2\,498 \text{ 单位}
\end{aligned}
\tag{17.7}
$$

因而，对 Eyssell 公司，实际的经济订货量为 2 498 单位。在这一订货水平上，再订货成本和持有成本是一样的（均为 936.75 美元）。

例 17.3 持有成本

Thiewes 鞋店每年年初持有 100 双的旅游鞋库存，这些存货在当期用完并重新订货。如果每双鞋的持有成本为每年 $3，旅游鞋的总持有成本为多少？

存货总是从 100 单位开始至 0 单位结束，故平均存货为 50 单位。按照每单位年成本 $3，总持有成本为 $150。

例 17.4 再订货成本

在上例（例 17.3）中，假定 Thiewes 鞋店每年销售 600 双旅游鞋。Thiewes 每年需要订货多少次？假定再订货成本为每订单 $20。再订货成本总额为多少？

Thiewes 每次订购 100 双。总销量为每年 600 双，故 Thiewes 每年订 6 次货，大约每两个月一次。再订货成本等于 6 批订单 × $20 每订单 = $120。

例 17.5 经济订货量

根据上两个例子，为实现成本最低，Thiewes 应该安排多大规模的订单？多长时间订购一次存货？持有和再订货成本总额为多少？总成本呢？

我们已知每年订购的总量（T）为 600 双，再订货成本（F）每订单为 $20，而持有成本（CC）为 $3。Thiewes 鞋店的经济订货量计算如下。

$$\begin{aligned}\text{EOQ} &= \sqrt{\frac{2T \times F}{\text{CC}}} \\ &= \sqrt{\frac{(2 \times 600) \times \$20}{3}} \\ &= \sqrt{8\ 000} \\ &= 89.44 \text{ 单位}\end{aligned}$$

由于 Thiewes 鞋店每年的销量为 600 双，鞋店需要重新订货 600/89.44 = 6.71 次。再订货成本总额为 \$20 × 6.71 = \$134.16，平均存货等于 89.44/2 = 44.72 双，持有成本等于 \$3 × 44.72 = \$134.16，与再订货成本一致，故总成本为 \$268.33。

经济订货量模型的扩展

到目前为止，我们一直假设公司让其存货消耗至零然后重新订货。实际上，有两个因素决定了公司希望在存货耗尽之前便重新订货。首先，始终在手头保持一定量的存货，可以使公司的存货短缺风险及因之而来的销售和客户的损失最小化。其次，公司在重新订货时，在存货到达之前存在一定的时滞。因而，为完成对经济订货量的讨论，我们作两个补充：安全存货和再订货点。

安全存货 安全存货是公司保留在手头的最低存货水平。一旦存货量降至安全存货水平便进行再订货。图 17.9 的 A 部分显示了安全存货可以怎样融合到经济订货量模型中去。请注意持有安全存货量仅仅意味着公司不再将存货消耗至零。除此之外，这里的情况与我们前面讨论经济订货量模型是一致的。

再订货点 为了预留出交货时间，公司需要在存货达到某个关键点之前发出订单。**再订货点**是公司实际发出存货订单的时间，如图 17.9 的 B 部分所示。从图中可见，再订货点在存货预计降为零以前的某个相对确定的天数（或者周、月）前出现。

公司保持安全存货的原因之一是考虑到了交货时间的不确定性。因而，我们可以将对再订货点和安全存货的讨论合并至图 17.9 的 C 部分。结果产生一般经济订货量模型：公司在预期的需求到来之前订货并且保持一定的安全存货，以防备需求和交货时间的出乎意料的波动。

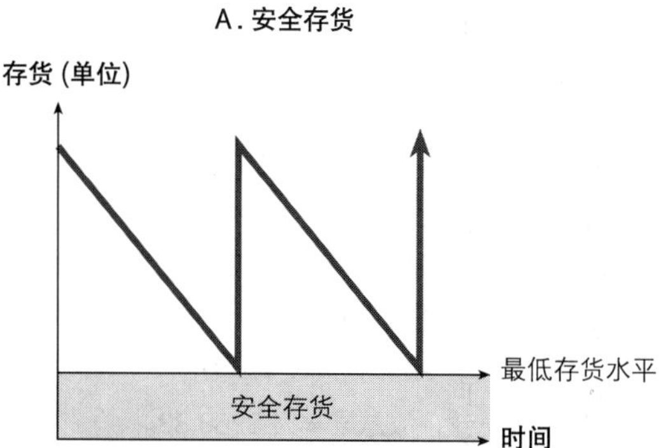

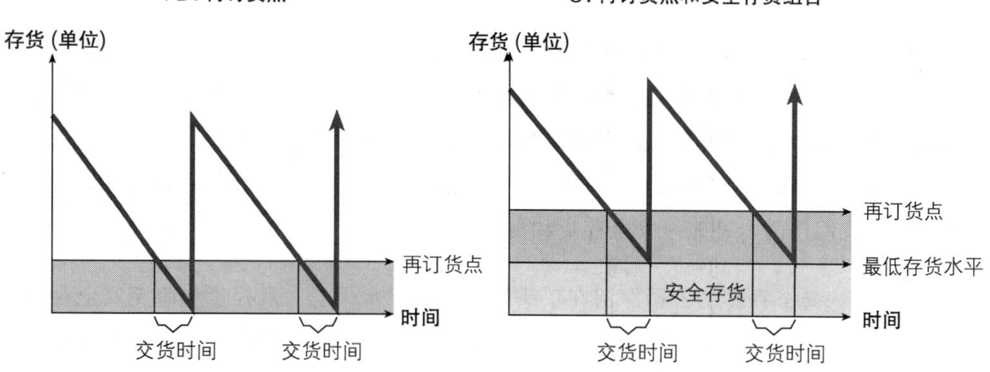

图 17.9　安全存货和再订货点

衍生需求型存货的管理

第三种存货管理技术用于管理衍生需求型存货。我们在上面已经讨论到，对某些类型存货的需求衍生于或者依赖于对其他存货的需求。汽车制造行业是一个很好的例子，对产成品的需求衍生于顾客需求、营销计划以及与预测的销售数量有关的其他因素。而对诸如轮胎、电池、前灯以及其他部件的需求则完全取决于计划的汽车产量。材料需求规划（MRP）和适时存货管理系统是管理衍生需求型存货的两种方法。

材料需求规划　生产和存货管理专家开发了用于需求依赖性存货的订货和生产安排的计算机系统。这类系统统称为**材料需求规划**（materials requirements planning，MRP）。MRP 的基本思想是：一旦产成品的数量确定下来，为满足产成品需求的在产品的存货水平是可以确定的；在这个基础上，需要在手头持有的原材料也是可以确定的。能够从产成品存货一直向后推算，是由在产品和原材料存货的依赖性所决定的。对于那些需要大量部件生产的复杂产品，MRP 尤其重要。

适时存货管理系统　**适时存货管理系统**［just-in-time（JIT）inventory］是一种管理依赖性存货的现代方法。JIT 的目标实质上是尽量减少此类存货的持有量，从而提高周转率。这种方法起源于日本，它也是日本很多制造哲学的基础。正如其名称所暗示的，JIT 的基本目标是：仅在手头持有恰能满足即刻生产所需要的存货。

JIT 系统的结果是需要频繁地重新订货。让这样一种系统运转并避免缺货，需要和供应商之间的高度协作。日本的制造商通常拥有一批相对较小、紧密结合的供应商群体，他们可以与这些供应商紧密合作以实现必要的高效率协作。这些供应商是大型制造商（如丰田）的工业集团或财阀的一部分。每个大型制造商几乎都有自己的财阀。JIT 系统还有助于供应商分布在附近区域，这在日本是很常见的情况。

*看板*是 JIT 系统的主干，因此 JIT 有时也叫做看板系统。看板的字面意思是“卡片”或者“记号”，但是一般说来，看板是要求供应商发送更多存货的信号。例如，看板可以是附在一箱部件上的卡片。当工人拖走箱子时，卡片留下来并交给供应商，供应商据此供应一箱存货。

JIT 系统是大型生产规划过程的一个重要部分。对其完整的讨论将会使我们的焦点从财务转到生产和运作管理上，因此我们的讨论到此为止。